Lust an der Geschichte

SERIE PIPER
Band 1350

Zu diesem Buch

Geschichte hat im Programm des Piper Verlages immer eine große Rolle gespielt, begriffen sowohl als Auseinandersetzung des Menschen mit der Vergangenheit wie auch als das Erzählen davon, »wie es denn wirklich gewesen«. Um diese beiden Pole kreisen auch die Texte für dieses Lesebuch, die eine Auswahl aus den einschlägigen Büchern darstellen. Es enthält Texte von Hannah Arendt, Arno Borst, Fjodor M. Dostojewski, Richard Friedenthal, Joachim C. Fest, Richard Feynman, Werner Dahlheim, Brigitte Hamann, Natalie Z. Davis, Ruth Elias, Garrett Mattingly, Alexander Solschenizyn und anderen – also von Historikern ebenso wie von Zeitzeugen, von Schriftstellern ebenso wie von Wissenschaftlern oder Künstlern.

Ulrich Wank, geboren 1958, Studium der Geschichte und Politikwissenschaften, ist Verlagslektor in München. Von ihm herausgegeben liegt außerdem vor: »Der neue alte Rechtsradikalismus« (SP 1857).

Lust an der Geschichte

Ein Lesebuch

Herausgegeben von Ulrich Wank

Piper
München Zürich

In der Serie Piper liegen außerdem vor:
Lust an der Natur (550)
Lust am Reisen (650)
Lust am Forschen (1050)
Lust am Lachen (1170)
Lust an der Kunst (1250)
Lust am Denken (1610)
Lust am Lesen (1620)
Lust am Weiterlachen (1750)
Lust an der Musik (8250)

ISBN 3-492-11350-8
Originalausgabe
September 1992
2. Auflage, 16.–21. Tausend Mai 1994

Umschlag: Federico Luci,
unter Verwendung des Gemäldes »Die Zeit vergeht« (1985)
von Adelchi-Riccardo Mantovani

Gesamtherstellung: Clausen & Bosse, Leck
Printed in Germany

Inhalt

VORWORT

Jeder Herausgeber ist gehalten, die Prinzipien offenzulegen, nach denen er seine Auswahl getroffen hat, und zu belegen, aus welchem Material er geschöpft hat. Das ist im vorliegenden Fall besonders einfach. »Lust an der Geschichte« heißt eine Reihe in der Serie Piper, die Quellentexte zu bestimmten Ereignissen oder Epochen versammelt. Da lag die Idee nahe, einen Band mit Texten zur Geschichte in dieser Reihe vorzulegen, der aus dem gesamten Programm des Piper Verlages Texte zur Geschichte auswählt, erzählende ebenso wie analysierende. Vorbild waren dabei die Bände zur Musik (SP 8250), zur Natur (550), zur Kunst (1250), zum Reisen (650), zum Lesen (1620) und zur Forschung (1050). Da der Piper Verlag seit 1945 in der Geschichte einen seiner Programmschwerpunkte sieht, gab es in der »backlist« wie im aktuellen Programm viele Bücher zu entdecken, die dem Publikum in Auszügen vorgestellt werden können. Vollständigkeit in dem Sinne, daß nun jede Epoche repräsentativ berücksichtigt werden konnte, wurde dabei nicht angestrebt. So ist beispielsweise der Komplex der Neuesten Geschichte, besonders die Zeit von 1933 bis 1945, überproportional vertreten, was durchaus die Programmpolitik des Piper Verlages widerspiegelt.

Die Texte sind in sechs Abschnitte gegliedert. Als *Einführung* dient ein Dialog mit der Geschichte: Arno Borst imaginiert ein Gespräch mit Hermann dem Lahmen, jenem Mönch von der Bodenseeinsel Reichenau aus dem 12. Jahrhundert, über den er schon seit Jahren forscht. Nun kommt Hermann – ebenso unaufgefordert wie der Historiker in die Vergangenheit – aus der Vergangenheit in die Gegenwart und stellt Fragen an den Historiker Borst.

Der *zweite Abschnitt* ist den Biographien gewidmet. »Read no history: nothing but Biography, for that is life without theory«: Man muß diesem Ratschlag Benjamin Disraelis nicht ausschließlich folgen; dennoch enthält er den wahren Kern, daß »Geschichte« immer eine Beschäftigung mit Menschen und ihren Schicksalen ist. Demgemäß sind die »Prominenten«, die hier geschildert werden, höchst unterschiedlich: Kaiser und Revolutionäre, Verbrecher und Heilige. Ebenso unterschiedlich ist der Blickwinkel der Autoren, der sich auf prägende Persönlichkeitsmerkmale richtet, den Aufstieg einer Person beschreibt, den privaten Bereich schildert oder eine Person in ihrer Gesamtheit zu analysieren versucht.

Der *dritte Abschnitt* beschäftigt sich mit den großen Augenblicken der Geschichte – nicht immer »Sternstunden der Menschheit«, jedenfalls aber entscheidende Momente, Wendepunkte, manchmal auch Katastrophen. Diese Momente sind oft militärisch oder machtpolitisch entschieden worden, so wie in den ersten drei Beiträgen dieses Kapitels. Ebenso wichtig sind aber auch andere Weichenstellungen: Die »Erfindung der Post« (Wolfgang Behringer) zum Beispiel, die das europäische Kommunikationssystem der frühen Neuzeit revolutioniert und ganz wesentlich das Aufkommen einer modernen Gesellschaft begünstigt hat; oder auch die Zündung der ersten Atombombe, die ein daran mitarbeitender Physiker beschreibt (Richard Feynman).

Der *vierte Abschnitt* zielt auf die dunkle Seite all dieser historischen Prozesse. Die Verfolgung Andersdenkender, die Vernichtung Mißliebiger, nicht zuletzt der Krieg – das alles darf in einem historischen Lesebuch nicht fehlen. Auch hier liegt der Schwerpunkt auf der Zeit der nationalsozialistischen Gewaltherrschaft.

Der *fünfte Abschnitt* versammelt Zeugnisse aus dem Alltag der »kleinen Leute«, versucht der Frage nachzugehen, wie denn das Leben beschaffen war in der guten alten Zeit. Neben erzählenden stehen hier auch zwei analytische Texte, die sich mit der Familie zu Beginn der Neuzeit beschäftigen (Elisabeth Badinter) beziehungsweise den sozialen, ideologischen und medizinischen Umständen der Geburt im 18. Jahrhundert.

Dem wird im *sechsten Abschnitt* der Alltag der »feinen Leute« gegenübergestellt, der naturgemäß besser dokumentiert ist. Besonders hinzuweisen ist hier auf den einzigen autobiographischen Text dieses Kapitels, Willy Ritter Liebermanns Erzählung von einem Duell. Der Autor schrieb seine Erinnerungen 1936, als die Judenverfolgung bereits begonnen hatte, aber noch vor ihrem grausamen Höhepunkt.

Im Programm des Piper Verlages hat seit 1945 die Frage nach der besonderen deutschen Geschichte eine große Rolle gespielt. Deshalb ist der *letzte Abschnitt* ihr gewidmet. Zum einen ist es natürlich die »Schuldfrage« (Karl Jaspers), zum anderen die Bedeutung dieser Vergangenheit für die neue deutsche Staatlichkeit: Wie sollen wir mit dieser Vergangenheit umgehen? Der mit Erbitterung geführte Historikerstreit des Jahres 1986/87 hat gezeigt, daß diese Frage noch nicht abschließend beantwortet ist. Deshalb bildet auch das (bislang ungedruckte) Vorwort zu dem gleichnamigen Band, der 1987 in der Serie Piper erschien, den Schluß des Kapitels wie des ganzen Bandes.

Die Idee des Buches war es, Vergangenheit aus möglichst vielen Blickwinkeln lebendig werden zu lassen, soweit Programmsubstanz und Phantasie des Herausgebers es zuließen. Deshalb ist dies kein Lesebuch zur Geschichtswissenschaft geworden und schon gar keines mit wissenschaftlichem Anspruch. Es versammelt analysierende Texte, Berichte von Zeitzeugen, erzählende Texte, Schilderungen und Autobiographien, Texte von Historikern, Schriftstellern, Naturwissenschaftlern, Künstlern. Wenn die ausgewählten Lesestücke »Lust an der Geschichte« wecken, dann hat dieses Lesebuch seinen Zweck erfüllt.

Eine redaktionelle Bemerkung zum Schluß. Wo Texte innerhalb eines Abschnittes gekürzt wurden, ist dies durch eckige Klammern deutlich gemacht. Anmerkungen wurden – mit drei Ausnahmen – weggelassen. Auf Erläuterungen des Herausgebers wurde verzichtet; die Texte sollen für sich selbst sprechen. Für ihr Mitdenken und Mitlesen danke ich meinen Eltern Hildegard und Günter Wank.

Schäftlarn-Neufahrn, im Juni 1992 Ulrich Wank

I.
STATT EINER EINLEITUNG EIN DIALOG MIT DER GESCHICHTE

Arno Borst unterhält sich mit Hermann dem Lahmen

Angenommen, es wäre bei mir in Konstanz. An der Haustür würde geklingelt und in den Flur ein Rollstuhl geschoben. Darin säße ein etwa vierzigjähriger Mann mit schwarzer Kutte, durch eine spastische Lähmung gekrümmt. Mühsam begänne er zu sprechen, ungefähr so:

Er sei der Kollege von nebenan, dessen Schriften ich gerade untersuchte. Hermann der Lahme, Mönch der Abtei Reichenau, gestorben 1054. Er komme wegen meiner Dankrede neulich in Darmstadt. Sie rühme meine Zeitgenossen, die Lehrer und Leser, übergehe aber meine Helfer aus dem Mittelalter. Wahrscheinlich teilte ich die Meinung eines modernen Zunftgenossen, historische Untersuchungen sollten die unsichtbare Fesselung der Lebenden an die Toten lösen oder wenigstens lockern. Wenn die Freiheit der Lebenden in den Monolog ausweiche, müßten die Behinderten, nämlich die Toten, den Dialog von sich aus anknüpfen. Außerdem ärgere ihn der antike Brauch der Dichter, Totengespräche ins Jenseits zu verlegen. Ob ich bereit sei, ihm etwas von meiner Lebenszeit zu opfern und den Rollstuhl ins Arbeitszimmer zu fahren? –

Er danke mir und entschuldige sich, daß er den Besuch nicht angekündigt habe. Aber wir Heutigen lüden uns in sein Mittelalter auch ungefragt ein. Nach kurzer Besichtigung fällten wir das Urteil, und daß die Damaligen nichts erwiderten, verstünden wir als Eingeständnis ihrer Schuld. Wenn er in unsere postmoderne Epoche einbreche, wisse er, daß er ungelegen komme. Er wolle nichts bestreiten, seine Leidenschaft sei das Fragen. Ob er mich ausfragen dürfe, auf den Kopf zu? –

Alsdann zur Lebenszeit. Wie alt ich sei? Er gratuliere, ihm seien einundzwanzig Jahre weniger geschenkt worden. – Dafür, daß der jetzige Durchschnitt um weitere neun Jahre höher liege, dankten wir wohl jeden Morgen unserem Schöpfer. – So, so, wir hätten es dem Fortschritt der Heilkunst zu verdanken.

Ob einer meiner Verwandten früh gestorben sei? – Ein Bruder mit zweiundzwanzig gefallen, er kondoliere. Derlei hätten schon seine Zeitgenossen dem Fortschritt der Kriegskunst verdankt. Wie lang der letzte Krieg zurückliege? – Diesen Fortschritt bewundere er aufrichtig; er habe Frieden in Deutschland als unerhörte Wohltat begrüßt.

Nun zum Wirkungsraum. Wo ich zur Welt gekommen sei? – Mit seinem oberschwäbischen Heimatdorf Altshausen vergleichbar? – Weshalb ich von Kleinstadt spräche, verlaufe großstädtisches Leben anders? – Hunderttausende in einer Gemeinde, das denke er sich berauschend. – Die Kehrseite erschrecke auch ihn. Kleine Siedlungen böten vermutlich mehr Platz für anhängliche Nachbarn. – Wieso nicht? – Mein früher Ortswechsel erkläre wenig. Auch er habe lediglich die ersten sieben Jahre in Altshausen verbracht, die übrigen vierunddreißig auf der Insel Reichenau. Ob ich noch öfter umgezogen sei? – Ja dann! Könne man bei derartiger Unrast irgendwo bleibende Erinnerungen mitnehmen und hinterlassen? –

Nichts für ungut, er habe ebenso vom Aufbruch in die Ferne geträumt und wäre gern wie sein Bruder Werner nach Jerusalem gepilgert. – Weil ihn die Füße keinen Schritt weit trügen, habe er die Erde wenigstens am Rechenbrett durchmessen. – Seine Berechnung des Erddurchmessers sei zwar methodisch richtig, aber im Ergebnis falsch gewesen. Er beneide uns um die genauen Messungen und die daraus folgenden schnellen Bewegungen. – Die Reise ins Universum übersteige seine Fassungskraft. Doch eigentlich heiße ›universum‹ das auf ein Ziel Gerichtete, und wohin unsere Weltraumflüge zielten, errate er nicht. Vielleicht komme er dahinter, wenn er sich nach der Gesellschaft erkundige.

Als Stadtbewohner erfreute ich mich bestimmt des Titels ›Bürger‹. – Beleidigend, o weh! Der Ehrenname ›civis‹ habe einst der Stadt Rom, dem Gemeinwesen schlechthin gehuldigt. – Daß wir dennoch zivilisiert leben möchten, höre sich nach Gaukelei an. Verkomme die Anrede ›Bauer‹ ebenfalls zum Schimpfwort? – ›Kultur‹ bedeute wörtlich Ackerbau, ob wir das noch wüßten? – Unsere Vorliebe fürs Rustikale wirke auf ihn wie Mummenschanz. Sei etwa das Noble gleichzeitig im

Schwang? – Trotzdem gelte als Sonderling, wer sich als ›Adliger‹ ausgebe, nicht wahr? – Seltsame Halbheit, wir hätten das Wort ›edel‹ mit abschaffen sollen. – Er verstehe durchaus: Wir benutzten die alten Standesbegriffe zu Wortspielen. –

Keineswegs schwöre er auf Stände als statische Wirklichkeiten. Das Stabilste an mittelalterlichen Gesellschaften sei die ständige Forderung gewesen, jeder Freie solle endlich so sein, wie er heiße: nobel, urban, geistlich. – Ganz recht, dieser Maßstab eigne sich nur für Unabhängige, die Verantwortung annehmen könnten, nicht für Marschälle und Minister. – Was es da zu lachen gebe? – Höchst angesehen, nanu! Früher habe man Pferdeknechte Marschälle, unfreie Verwalter Minister geheißen und ihre beschränkten Tätigkeiten geringgeschätzt. – Wenn sich moderne Arbeit mehr am Haben als am Sein ausrichte, sei er neugierig auf diese Art von Wirtschaft.

Womit meine Großväter ihr Brot verdient hätten? – Feinbäcker und Schuhmacher, die Spezialisierung der Handwerke ängstige ihn. Sie entferne den Arbeitenden von seinem Urbild, dem Schöpfer einer ganzen Welt. Und mein Vater? – Volksschullehrer, das freue ihn. Durch Generalisierung der Kenntnisse nähere sich der Tätige dem Ebenbild Gottes. Wo ich meinen Beruf ausübte? – Eine Universität aus Fächern, merkwürdig. Allgemeinbildung sei doch schwerlich durch Arbeitsteilung zu erreichen? – Für ihn sei ›universitas‹ ein Personenverband, kein Fächergestell. In welche Fächer meine Kinder gezwängt würden? – Physik und Psychologie, damit verbinde er Mutmaßungen über Unergründliches, und wir? – Die Auffächerung der Berufe führe also zu gezielten Eingriffen in Seele und Natur, zur Umbildung von Mensch und Welt, ja? –

Jetzt erkenne er, worauf wir hinauswollten, von der Hinnahme des Unvermeidlichen zur Herstellung des Denkbaren. Was habe diese Tätigkeit noch mit ›Wirtschaft‹ zu tun, mit der Bewirtung der unbehausten Kreatur, zu der wir nach wie vor gehörten? – Er spotte nur ein wenig über unsere Scheuklappen und staune vielmehr über unseren Wagemut. Jedoch vermisse er die Sache, auf die sich unsere Arbeit angeblich beziehe. – Der Mensch wäre ihr Ziel nur dann, wenn wir ihn zur Sache verformten. Ob wir das in Kauf nähmen? –

Im kulturellen Bereich gehe es um den Menschen, das wolle er hoffen. Wie ich Historiker geworden sei? – Geschichte als Universitätsfach studiert, ach je. Und was noch? – Das sei keine Kunst. Deutsch rede man im Lande sowieso, Latein verstehe jeder Gebildete auf der Welt. Er denke an Künste wie Musik und Astronomie. – Nein? Er schäme sich danach zu fragen, aber ob ich die Mondepakten für dieses Jahr auswendig wisse? – Schade. Ob ich von seinem Astrolab wenigstens die Stunde des Tages ablesen könne? – Das Ding an meinem Handgelenk zeige doch keine richtige Zeit an! – Gelebte Menschenzeit, Morgen und Abend, Sommer und Herbst, Sterben und Gebären, stehe das auf der Teufelsuhr? – Er beruhige sich ja schon. Anscheinend gehe die Verkümmerung der Sinne mit der Vermehrung des Wissens einher, etwa mit dem Aufschwung des Schriftwesens.

Wie viele Bücher in meinen Regalen stünden? – Soviel Pergament hätte sein Kloster nie aufbringen können. Schlachte man dafür noch immer Schafe und Kälber? – Papier, humaner und weit billiger. Woher wir zuverlässige Vorlagen und Abschreiber nähmen? – Hunderte von gleichen Exemplaren, phantastisch! – Mein Achselzucken befremde ihn. Wie lange habe er in St. Gallen gebettelt, daß ihm ein Manuskript ausgeliehen würde, und wie arg sei sein Buch zur Zeitrechnung von faulen Schreibern verstümmelt worden! – Er übertreibe nicht. Ob eine einzige Schrift von ihm unbeschädigt bis zu mir gelangt sei? – Eben. Während wir unbehindert mit Autoren aus aller Welt verkehrten, jammerten wir über die Menge des Gedruckten, warum nur? – Wohl wahr, man könne sich auch dumm lesen. Ein Lesender müsse immer »ingenium exercere«, den Geist üben, das verlange Vielseitigkeit. – Er bastle gern Präzisionsinstrumente und spiele oft Zahlenkampf, eine Art Schach mit viel Kopfrechnen. – Nichts für mich, er merke es schon.

Womit Gebildete heute die Phantasie anregten? – Kommunikation durch Medien, er stolpere über den Zwiespalt der Worte. Eine Mitteilung, ›communicatio‹, wirke als Zeichen der Liebe beflügelnd und einigend, ein Mittel, ›medium‹, zu anderen Zwecken wirke unterdrückend und spaltend. – Ihm schwebe unvermittelte Geselligkeit vor, warum nicht in der

Universität? – Diesen Trübsinn der Jüngeren kenne er aus der Klosterschule zur Genüge. Und die Älteren, übten sie Diskretion? – Das mönchische Wort sei uns sichtlich abhanden gekommen, es bedeute Unterscheidung des Gesprächs vom Geschwätz. – Sitzungen? Warum setzten sich Langeweiler auch noch zueinander? – Er empfinde Verwaltungsgeschäfte als Strafe Gottes und wundere sich, daß wir diesen Zeitvertreib mit Politik verwechselten. –

Das sei etwas anderes. Auch er habe das Schreiben als öffentlichen Dienst aufgefaßt, freilich nicht, um den Unarten des Kaisers und seiner Bediensteten zu frönen, sondern um sie an Grundsätzen der ›Res publica‹ zu messen. Wo denn die öffentlichen Versammlungen des Geistes geblieben seien? – Er meine inspirierte Zusammenkünfte, einen Chor mit bewegenden Hymnen, ein aufregendes Gespräch unter Gelehrten und dergleichen. – Aha, Kongresse. Leidenschaftlich um Eintracht und Klarheit ringend, wie ein großes Konzil? – Das sehe uns ähnlich, Dutzende von Päpsten im Parkett, unverbindlich miteinander plaudernd.

Von meiner ›Cathedra‹ herab verkündete auch ich die Historie gewiß wie ein Papst. – Wenn nicht unfehlbar, dann umfassend, oder? – Also gut, ohne Antike. Auch seine Chronik beginne erst mit Christi Geburt. Aber bis zur Gegenwart müsse jeder Historiker kommen; genauer gesagt, er müsse von seinen Tagen nach rückwärts gehen, um das für ihn Förderliche zu entdecken. – Um so hinderlicher finde er eine Arbeitsteilung, die mich auf das Mittelalter festlege. – Schwerpunkte, zweifellos. Doch bei Beschränkung auf das fränkische Frühmittelalter hätte er sogar die Jahreszählung verfehlt und von den wiederkehrenden und den wandelbaren Eigenschaften der Menschen überhaupt nichts wahrgenommen. –

Einverstanden, ebenso kurzsichtig seien Historiker, die bloß auf ihre Gegenwart starrten. Weil alle Einsicht auf Vergleichen beruhe, habe er seine miterlebten Jahre in den Rahmen des erforschten Jahrtausends gerückt. – In der Tat halte er wenig von historischer Abstraktion. Wer Geschichte zum Prinzip erkläre, vermenge Tatsache und Begriff, pflege Allegorese, Zahlensymbolik oder sonst eine schiefe Verbindung zwischen Besonderem und Allgemeinem. – Weit gefehlt! Theorie begeistere ihn, der Bauplan von Versstrophen, Tonarten, Planetenbahnen, alles Zählbare. Aber Geschichte vollziehe sich in der unberechenbaren Praxis; auch ihre Untersuchung bedürfe mehr des langen Atems als der raschen Folgerungen. –

Er überlasse die Historie beileibe nicht den ältlichen Banausen. Nur Manichäer zertrennten Theorie und Praxis, Geist und Natur, Geistes- und Naturwissenschaften. Alle Wissenschaft drehe sich um den ganzen Menschen, der aus Leib und Seele bestehe, und erfordere ungeteilte Hingabe und Sorgfalt, ›diligentia‹ und ›curiositas‹. – Damit meine er weder die Spiele der Dilettanten noch die Kniffe der Experten, sondern die beiden menschlichsten Fähigkeiten, lateinisch ›diligere‹ und ›curare‹. Aus Liebe unterscheiden und aus Sorge heilen, daher komme und dahin führe Wissenschaft. – Sie sei nicht schon die Wahrheit, nur einer der vielen Zugänge zu ihr, so wie die Kunst. Alle zusammen würden gebraucht. – Leider trage Sachverstand nicht mit wenig Kunst sich selber vor. Die Anleitung zum Dividieren sei ihm sprachlich so schwergefallen wie die Kreuzeshymne. –

Natürlich habe er sich gewandelt. In jungen Jahren sei ihm die Schönheit der Proportionen über alles gegangen. Später habe er gelernt, daß sich das Kostbarste der Harmonisierung versage. – Im Alter habe er es Menschlichkeit genannt und als allseitigen Versuch beschrieben. Die unabsehbaren Möglichkeiten und die verwundbare Wirklichkeit des Humanen spiegelten sich am klarsten in Poesie und Historie. – Jawohl, solche Kunstgebilde könnten keine Anweisungen zum täglichen Handeln erteilen, jedoch zu Haltungen erziehen, die den Bestand des Gemeinwesens über den Tag hinaus verbürgten. – Den Wunsch Jacob Burckhardts mache er sich gern zu eigen: »Nicht sowohl klug für ein andermal als weise für immer werden.«

Er habe nun genug geredet. Wenn ich das Verhör fortsetzen wolle, werde er nicht ausweichen. – Er stehe zu den antiken Lehrmeistern der Weisheit, Horaz und Vergil. Er bekenne auch seine Liebe zu den schönen Musen, den Töchtern des Zeus, und gönne Frömmlern den Ärger darüber. – Als Christ habe er es nur theoretisch leichter, weil er Ursprung und Ziel der Geschichte genauer als ein Heide zu kennen glaube. In der Praxis sei der schnurgerade Lebenslauf des Christen ein Leidensweg. Sein Märtyrerbuch male das drastisch aus. – Daß die Postmoderne nicht an den christlichen Himmel glaube, bedaure er. Im Jenseits spreche man immer weniger Latein und immer mehr Arabisch. – I wo, mit Muslimen verstehe er sich gut, nicht allein der Sternkunde wegen. – Wenn wir nicht zu unseren Vorfahren in den Himmel wollten, kämen wir nicht hin, bitte sehr.

Wir müßten die anderen Verwandtschaften nicht mit verleugnen, die zwischen den Menschenaltern auf Erden. – Mehr als das Verwirklichte bedenke er das Mögliche. Wiewohl aus dem elften Jahrhundert gebürtig, hoffe er noch im neunundzwanzigsten Jahrhundert Geprächspartner zu treffen. – Ob es dazu komme, stehe nicht mehr bei seinesgleichen, sondern derzeit beim zwanzigsten Jahrhundert. – Wenn wir an der Brücke weiterbauen möchten, könnten wir es, um so leichter, als wir zwei Menschenalter für eines besäßen. – Wir sollten uns nicht so wichtig nehmen und einsehen, daß wir von den Toten kämen und zu den Toten gingen. – Angst vor den Toten sei Selbstmord. Um den Tod zu überwinden, müßten wir uns mit seinen Opfern verbünden. – Solange wir sie verdrängten, drehe sich unsere ganze Beweglichkeit im Kreis und trudle in einen Zustand, den er als zweiten Tod, als Hölle bezeichne. –

Zugegeben, der begrenzte Gesichtskreis des Mittelalters verenge mit der Vorstellung von Himmel und Hölle auch den irdischen Weg. Um seinen Wahlspruch zu erfüllen, daß ihm nichts Menschliches fremd sei, habe er sich bloß in den Dörfern bei Altshausen umsehen müssen und den Rest aus den Büchern der Reichenau und von deren Besuchern erfahren. – Idyllisch, je nun. Das einfache Leben der wenigen behindere die Menschlichkeit. – Wodurch? Um vom Alltag der Kriege zu schweigen, er habe als Kind 1022 eine Pestepidemie, als Erwachsener 1044 eine Hungersnot erlebt. – Wenn die deutsche Phantasie wieder einmal versage, könnten wir die Medien einschalten. Anderswo litten noch ganze Völker unter den Plagen seines Jahrhunderts. – »Wie im finstern Mittelalter«, damit rede sich heraus, wer nirgends näher hinzusehen wage. – Sicher, wer die Geschichte fürchte, hasse die Fremden. Zum Beispiel hätten schon seine Landsleute gern übersehen, was sie seit Jahrtausenden mit den Juden verbinde. –

Ich dürfe es ruhig laut sagen, er spreche tatsächlich nicht für die verstummte Mehrheit seiner Zeitgenossen. – Sehr wahr, von außen gesehen hätten Grafensöhne wie er unbesorgt, Mönche wie er wohlversorgt gelebt. Die Innenansicht nehme sich weniger paradiesisch aus. – Beispielsweise im Adel. Wir klagten im Moment über Sozialneid, ahnten aber nichts vom mörderischen Ehrgeiz zwischen Geschlechtern, die einander seit Generationen bis aufs Blut reizten. – Seine Moraldichtung halte dem Adel auch die andere Todsünde vor, eine geschlechtliche Brutalität, die sich häufiger an Gleichrangigen als an Abhängigen austobte. – Ob ich im Ernst dächte, seine Standesgenossen hätten Krüppel verwöhnt? –

Wenn ich schon bei dem Wort ›Krüppel‹ zusammenzuckte, hätte ich seinen Vater Wolfrat hören sollen, als er merkte, daß sein Sohn Hermann, »der Mann fürs Heer«, weder ein Streitroß noch einen Bischofsthron würde besteigen können. – Kein Generationskonflikt. Den Vater habe Angst um das politische Überleben der ganzen Familie getrieben. – Ja, der Mutter Hiltrud sei er als Schmerzenskind ans Herz gewachsen, doch habe sie für das physische Überleben der ganzen Familie sorgen müssen. – Von fünfzehn Kindern seien ihr acht weggestorben, ob mir die Zahlen genügten? – Mangelnde Elternliebe im Mittelalter, diese Nörgelei der Historiker mache ihn rasend. – Abschiebung ins Kloster, na und? Ob ich ein besseres Pflegeheim für Spastiker wisse? –

Richtig, sogar im Kloster sei mancher Behinderte verkümmert. Vor geistiger Lähmung habe ihn allein sein Vater Bern bewahrt. – Er meine, was er sage: ›Abt‹ bedeute ›Vater‹. Andere hätten Abt geheißen, Bern sei es gewesen. – Beinahe wortlos. Der Abt habe ihm befohlen, alte Bücher neu zu bearbeiten, und dreingeschaut, als hinge daran der Fortbestand des Konvents. – Die Mitmönche? Gutmütig, indes gegen Kritik empfindlich. Seine neue Musiktheorie habe den ganzen Kirchenchor verstimmt. – Geistige Autorität, daß er nicht lache!

Unheimlich sei er den Braven geworden, als er bei der Mondfinsternis 1049 gerechnet habe statt zu beten. –

O nein, die Gleichgesinnten vergesse er nicht. Aufgeweckte Schüler wie Benno, gelehrte Partner wie Berthold im Haus, anregende Freunde wie Herrand weit weg, doch mit Briefen zur Stelle; mithin Gesellschaft genug. – Ermutigung durch die große Geschichte, nicht daß er wüßte. – Was unsere Lehrbücher so forsch als Aufbruch Europas ins Hochmittelalter darstellten, sei am Bodensee als Erschütterung jeglichen Herkommens verspürt worden. – Bedürftig sei die Zeit gewesen, dürftig nicht. Er habe sich vieles an ihr anders gewünscht, ohne sich je in eine andere Zeit zu wünschen. –

Allerdings würde seine kleine Geschichte traurig aussehen, wenn er sich der Herausforderung entzogen und dem Mitleid ergeben hätte. Statt dessen habe er sich auf die Wissenschaft geworfen, um in seiner schwankenden Zeit einen Standpunkt zu begründen und für seine enge Welt Ausblicke zu eröffnen. Das sei ihm halbwegs geglückt und habe auch andere heiter gestimmt. – Zum Vorbild für uns tauge er nicht; im Urwald bewege man sich anders als auf dem Marktplatz. Zuviel Geschichte stehe zwischen seinem Zeitalter der Behinderten und unserer Epoche der Ausweicher. – Vielleicht fehle es auch uns an Standfestigkeit und Zielsicherheit, aber ganz und gar nicht an Standpunkten und Gesichtspunkten. –

Daß er für unsere Zerfahrenheit mitverantwortlich sei, nehme er sich zu Herzen. Er habe beigetragen zu der Fortbildung des Menschen und zu der Entgrenzung der Welt, mit deren Folgen wir fertig werden müßten. – Den erbetenen Rat dürfe er nicht verweigern; auch wenn wir darüber lachten, sei uns schon geholfen. Er empfehle etwas weniger Eigenlob und Selbstkritik, etwas mehr Nachdenken über Sprache und Geschichte: Sich auf ursprüngliche Bedeutungen der Worte besinnen, zumal der alltäglichen, und sich an ferne Freunde erinnern, zumal aus anderen Zeiten. –

Jetzt sei das Lachen an ihm, denn ich drehte ihm das Wort im Mund herum. Mit mir befreunde er sich erst nach mehreren Runden Zahlenkampf. – Daß er ein grober Geselle sei, wisse er schon von den Buchauer Nonnen. Statt inniger Marienlieder habe er ihnen bissige Strafreden gedichtet. – Doch, doch auf lange Sicht sei es ihnen gutbekommen. Das wünsche er uns auch. Es klingle draußen, man erwarte ihn. – Ob er wiederkomme, hänge von unseren Fortschritten ab. Wohlgemerkt, er hoffe auf Fortschritte nicht der Bedürfnisse oder gar der Behinderungen, sondern der Einsichten. Noch klüger könnten wir kaum werden, ein bißchen weise schon. Ade. –

So ungefähr könnte Hermann der Lahme reden, wenn er käme. Weil er noch nicht gekommen ist, läßt sich nichts Bestimmteres sagen. In den hinterlassenen Schriften klingt seine Stimme ganz leise, wenn wir ihn geradezu befragen. Vernehmlich wird sie, wenn er zu seinen Zeitgenossen spricht. Was ich bis jetzt von dieser indirekten Rede verstehe, halte ich für bemerkenswert genug, um es in die Sprache meiner Zeitgenossen zu übersetzen, anstelle der Dankrede, die ich ihnen schulde.

II.
BIOGRAPHISCHES

Reinhard Raffalt

Wie man einen Kaiser macht: Nero

Wer war dieser Mann, der seine Mutter ermorden ließ, Rom in Brand setzte, die Christen grausam verfolgte und gleichwohl vom römischen Volk über den Tod hinaus mit solcher Anhänglichkeit geliebt wurde? Seine Spuren sind vielfach verwischt, aber sein Name lebt. Wir kennen die Tragödien, die sich um ihn abgespielt haben. Aber welche Tragödie mag in ihm selbst vorgegangen sein?

Als dem römischen Patrizier Gnaeus Domitius Ahenobarbus von seiner Gattin Agrippina im Jahre 37 nach Christus ein Sohn geboren wurde, soll der Vater zynisch ausgerufen haben: »Was von der und von mir kommt, kann ja ein nettes Früchtchen werden.« Damit ist auf das Charakter-Erbe angespielt, das von Vater und Mutter her dem Knaben zugeströmt war. Beide gehörten dem julisch-claudischen Hause an, dessen Begründer der Kaiser Augustus war. Sehen wir uns erst die väterliche Linie an, der Nero entstammt.

Die Familie der Domitier war alt und reichbegütert. Ihre männlichen Mitglieder führten aufgrund eines flammenden Bartwuchses den Spitznamen »Ahenobarbus« – Rotbart. Neros Vater war Statthalter in Germanien gewesen und hatte die langen Brücken durch das Sumpfland zwischen Rhein und Ems gebaut. Nach Rom zurückgekehrt, gab er sein Geld im Zirkus aus, war selbst ein geschickter Wagenlenker, finanzierte Tierhetzen und Gladiatorenspiele und mußte sich von Augustus einen Leuteschinder schimpfen lassen, weil er seine Angestellten und Sklaven skandalös behandelte. Sueton bescheinigt ihm Anmaßung, Verschwendungssucht und Grausamkeit, ein anderer Chronist, Velleius Paterculus, lobt ihn als Vorbild nobler Einfachheit. Schon Neros Großvater zeigt also jenes zwiespältige Charakterbild, das sich im Enkel gefährlich vergrößern sollte. Dennoch muß Augustus den Großvater Neros geschätzt haben, denn er machte ihn zu seinem Testamentsvollstrecker und gab ihm seine Nichte Antonia zur Frau. Aus dieser Ehe stammt Neros Vater Gnaeus, den Sueton als einen Mann schildert, »dessen Leben in jedem Teil zu verabscheuen war.« Tatsächlich war Cnaeus durch Ehebruch, Inzest, Brutalität und Verrat eifrig bemüht, das Urteil der Umwelt zu bekräftigen. Seine um vieles jüngere Gattin war eine Urenkelin des Augustus, Agrippina. Ihr Bruder Caligula wurde im gleichen Jahr Kaiser, in dem Nero zur Welt kam.

Dieser Caligula spielt im Leben von Neros Mutter Agrippina eine bedeutsame Rolle. Als er den Thron bestieg, war alle Welt entzückt. Er vereinte Mutterwitz, Freigebigkeit und Eleganz, strahlte die Hoffnungen seiner fünfundzwanzig Jahre aus und zeigte einen Familiensinn, der die Römer rührte. Seine Schwestern Agrippina, Livilla und Drusilla erhielten den Rang kaiserlicher Prinzessinnen, ihre Namen mußten bei den Segensformeln von Verträgen und Urkunden neben dem Namen des Bruders genannt werden. Niemand konnte ahnen, wie dieser Mensch fünf Jahre später aussehen sollte: von Verfolgungswahn gepeitscht, von Macht und Blut berauscht, todeslüstern und geistesgestört. Caligula war das erste Beispiel für jene seelische Krankheit, die seither den Namen Cäsarenwahn trägt. Sie brach bei Caligula langsam aus und steigerte sich rapid. Zunächst verfiel er schrankenlosem Luxus. Er verschenkte bei seinen Gastmählern Hände voll Juwelen. Riesige Vergnügungsbarken wurden gebaut, die Festsäle, Bäder, Gärten und Säulenhallen trugen und am Bug mit Edelsteinen geschmückt waren. Um sich das Geld für seine Capricen zu verschaffen, belegte er selbst Freudenmädchen mit besonderen Steuern, die pikanterweise auch rückwirkend eingezogen werden konnten, falls die Dienerinnen der Liebe sich schon vom Gewerbe zurückgezogen hatten. Um Adel und Kaufmannschaft zu schröpfen, verhökerte er persönlich Sklaven und Gladiatoren und zwang die reichen Leute, astronomische Summen dafür zu bieten. Mit so gewonnenem Geld baute Caligula seinem Rennpferd Incitatus einen Stall aus Marmor und Elfenbein, weil er die Absicht hatte, das Tier zum Konsul zu machen.

Da solche entwürdigenden Narrheiten ohne Kritik hingenommen wurden, reifte in dem jugendlichen Irren auf dem Kaiserthron langsam die Idee, ein Übermensch, ein Gott zu sein. Gleichzeitig stieg seine Grausamkeit. Es bereitete ihm Vergnügen, auf dem Nacken schöner Frauen die Linie des Henkerschwertes vorzuzeichnen. Gleich dem höchsten Gotte Jupiter fühlte er sich als der absolute Herr über das Schicksal der Menschen, der sich nur milde stimmen ließ, wenn man ihm Weihrauch streute und ihn anbetete. In dem uralten Gottkönigtum der ägyptischen Pharaonen fand Caligula für all dies ein Vorbild, das nicht nur ihm, sondern vor allem seinen Schwestern gefährlich werden sollte.

Die Herrscher Ägyptens pflegten seit Jahrhunderten Geschwisterehen einzugehen, weil sie der Überzeugung waren, daß durch jede andere Verbindung ihr göttliches Blut entheiligt würde. Caligula strebte danach, es ihnen gleichzutun, und blickte begehrlich auf seine jüngste Schwester Drusilla. Bevor es zur Ausführung des Vorhabens kam, bewahrte ein früher Tod Drusilla, die überdies glücklich verheiratet war, vor dem Inzest mit dem Bruder. Der Witwer, Marcus Aemilanus Lepidus, empfand seine Familie durch die Absicht Caligulas geschändet und schwor, seine Ehre zu rächen. Vielleicht wäre es aber doch nur bei dem Vorhaben geblieben – denn Caligula verstand sich meisterhaft auf die Kunst, panische Angst zu verbreiten –, wenn nicht ein Mensch den wahren Geisteszustand des Kaisers tiefer durchschaut hätte als alle anderen: seine Schwester Agrippina. In ihr kann man die treibende Kraft vermuten, die den Lepidus veranlaßte, eine Verschwörung gegen das Leben des Kaisers zustande zu bringen. Der kleine Nero ging damals in sein drittes Lebensjahr.

Mit dem Instinkt des Raubtieres deckte Caligula das Komplott auf. Lepidus wurde hingerichtet, Agrippina gezwungen, die Asche ihres angeblichen Geliebten nach Rom zu tragen. Gleichzeitig sah sie sich verbannt auf die pontischen Inseln, während der Knabe Nero zu einer entfernten Tante in Kost gegeben wurde. Um ihre Schmach vollzumachen, übergab der Kaiser Agrippinas gesamte Korrespondenz, mit allen Intimitäten der Öffentlichkeit.

Kaum war Agrippina in die Verbannung gegangen, traf sie ein weiteres Unglück. Der Vater Neros starb an Wassersucht.

Vielleicht, um den Kaiser versöhnlich zu stimmen, hatte er in seinem Testament nicht nur Nero bedacht, sondern auch Caligula zum Miterben eingesetzt, was dieser mit der Beschlagnahmung des Gesamtvermögens quittierte. Agrippina befand sich in der Tiefe eines Lebenstales, aus dem ein Wiederaufstieg, selbst zu bescheidener Höhe, kaum zu hoffen war. Ohne finanzielle Mittel, ohne Bewegungsfreiheit, ohne Komfort, ausgesetzt auf einer öden Insel, mußte sie täglich mit dem Auftauchen von Häschern rechnen, die im Interesse des kaiserlichen Wüstlings einen straflosen Mord an ihr begehen konnten.

Agrippina war damals fünfundzwanzig Jahre alt, schön, gewandt und stark. Wahrscheinlich hat sie in der Einsamkeit der Verbannung den Entschluß ihres Lebens gefaßt: in Rom nie mehr die Zweite zu sein. Sie hatte einen Sohn, Nero, den sie beherrschen und dann zum Kaiser machen wollte. Was sie nicht hatte, war Geld. Im Jahr darauf wurde Caligula von einem Offizier seiner Garde ermordet. Agrippina kehrte in die Hauptstadt zurück, erlangte das Vermögen ihres Gatten wieder und stellte fest, daß es trotz seiner Größe nicht ausreichend war für ihr Ziel.

Da gab es einen vielfachen Millionär, Gaius Sallustius Crispus Passienus, einen angenehmen Menschen. Er war der Freund des Philosophen Seneca und mit Agrippinas Schwägerin Domitia verheiratet. Mit der Dämonie, die Frauen entwikkeln, wenn sie nur ihrem Willen leben, vermochte Agrippina den freundlichen Millionär davon zu überzeugen, daß man einer bläßlichen Frau schnell den Scheidebrief schickt, wenn eine Agrippina vor der Türe steht. Zwei Jahre später starb Sallustius Crispus eines plötzlichen Todes, vielleicht durch Gift, das Agrippina ihm reichte, nachdem er sie zur Alleinerbin seines ungeheuren Vermögens eingesetzt hatte. Der Reichtum war geschaffen, der Weg frei.

Nach der Ermordung des Caligula hatten Soldaten der Prätorianergarde in einem Winkel des Palastes einen dünnbeinigen, triefnasigen Mann gefunden, der sich hinter einem Vorhang verborgen hielt. Er war ein Onkel des Caligula und der Agrippina namens Claudius. Man kannte ihn als leicht schwachsinnig, gutmütig, pedantisch und gefährlich. Er hatte die fünfzig

Jahre seines Lebens hauptsächlich mit Büchern, Essen und guten Weinen verbracht, stotterte ein wenig und litt an Gicht. Sein Lächeln war gewinnend, sein Lachen zu laut. Im ganzen bot er das Bild eines weltfremden Sonderlings, der in Gelehrsamkeit dilettierte und von niemand ernst genommen wurde. Diesen Mann zerrte man nun aus seinem Versteck hervor und rief ihn kurzerhand zum Kaiser aus. Der Senat stimmte erleichtert zu, in der Hoffnung, nach dem wahnsinnigen Caligula den beschränkten Onkel Claudius um so einfacher lenken zu können. Aufmerksam verfolgte Agrippina die Vorgänge am Hof und wartete auf ihre Stunde. Ehe diese schlug, sollten aber noch acht Jahre vergehen.

Der gutmütige Onkel Claudius entpuppte sich als ein Genie der Verstellungskunst. Lächelnd bekannte er dem Senat, er habe seiner Umwelt nur deshalb jahrzehntelang den Trottel vorgespielt, weil er entschlossen war, am Leben zu bleiben. Als erstes ließ er die Mörder Caligulas hinrichten. Daß sie das Reich von einem Irrsinnigen befreit hatten, konnte für Claudius den Mord an einem Kaiser nicht entschuldigen. Sodann nahm er die Eroberung Englands wieder auf, die Cäsar begonnen hatte, und brachte sie zu einem glücklichen Ende. Nach Rom zurückgekehrt, feierte er einen Triumph, in dem der gefangene König der Briten mitgeführt wurde. Ein uralter Brauch wollte es, daß man solche Gefangene zu Ehren der römischen Götter im mamertinischen Kerker erdrosselte. Claudius brach mit der grausamen Gepflogenheit, schenkte dem König das Leben und machte ihn zum Verbündeten.

Das Reich war unter der Regierung des Claudius besser verwaltet als in den Zeiten des Augustus. Der Kaiser bediente sich dazu mehrerer Minister aus dem Freigelassenen-Stande, duldete nachsichtig, daß sie reich wurden, und verließ sich auf ihre durch keine Geldsorgen gefährdete Loyalität. Zwei dieser hervorragenden Minister aber, Narcissus und Pallas, sollten bald zu Helfern Agrippinas werden – auf dem Weg zum Thron der Welt.

Agrippina versuchte sehr geschickt, das Augenmerk des Claudius auf sich zu lenken. Sie war auf dem Höhepunkt ihrer sinnlichen Schönheit, eine große Dame, die durch liebenswürdiges Benehmen, klangvolle Sprache und die Intelligenz ihrer Gedanken bestach. Claudius aber gönnte ihr keinen Blick. Er war bis zur Hörigkeit verliebt in seine vierte Gattin, die um zweiunddreißig Jahre jüngere Valeria Messalina. Sie war nicht anziehend, hatte ein rotes Gesicht und einen etwas verbildeten Oberkörper. Wahrscheinlich hatte sie den Claudius aus Versorgungsgründen und in der Absicht geheiratet, ihn weidlich zu betrügen – ohne allerdings zu ahnen, daß sie zwei Jahre nach der Hochzeit schon Kaiserin sein würde. Als solche setzte Messalina dem gutgläubigen Claudius jahrelang öffentlich Hörner auf, ließ aber zu seinem Trost stets ein paar hübsche Kammerkätzchen in seiner Nähe schlafen und wachte im übrigen eifersüchtig darüber, daß große Damen wie Agrippina ihm nicht gefährlich wurden. Schließlich trieb sie das Spiel zu weit. Als regierende Kaiserin vermählte sie sich in den Gärten des Sallust mit dem hübschen Playboy Silius, während Claudius in Ostia badete. Der Minister Narcissus setzte den Kaiser von dem Skandal in Kenntnis, fand ihn todunglücklich, aber immer noch unentschlossen, Messalina zu bestrafen. Da Narcissus sich ausrechnen konnte, daß es ihn den Kopf kosten würde, wenn Messalina des Kaisers Verzeihung erreichte, schlug er auf eigene Faust zu. In den Armen ihrer Mutter wurde Messalina von Soldaten niedergemacht, die Narcissus geschickt hatte. Der tief getroffene Claudius erwähnte Messalina nie wieder und erklärte den Prätorianern voller Reue, sie dürften ihn bedenkenlos umbringen, wenn er sich jemals wieder verheirate.

Nun war Agrippinas Rivalin besiegt. Der Rest war das Werk eines Jahres. Zunächst machte Agrippina den Finanzminister Pallas zu ihrem Geliebten. Mit seiner Hilfe erhielt sie Zutritt zu Claudius, der in seiner plötzlichen Vereinsamung die zärtliche Nichte höchst wohltuend empfand. Bald hatte Agrippina den alternden Herrscher so entflammt, daß er sie mit allen Sinnen begehrte. Unter dem Gewitzel der Prätorianer begab sich Claudius in den Senat und verlangte, man solle ihm zum Wohle des Staates eine neue Heirat befehlen. Nero war elf Jahre alt, als seine Mutter Kaiserin wurde.

Agrippina war zweiunddreißig und voller Kraft, Claudius siebenundfünfzig und müde. Ihre Ehe dauerte fünf Jahre. Dieser Zeitraum genügte Agrippina, um alles ins Werk zu setzen, was sie sich damals in der Verbannung vorgenommen hatte: ihren Sohn Nero so zu erziehen, daß sie ihn beherrschen konnte, ihn dann zum Kaiser zu machen und durch ihn die Macht nach ihrem Willen auszuüben. Da des Claudius Kräfte nachließen, konnte sie ihren Einfluß schnell vermehren. Stufe für Stufe ließ sie vom Kaiser ihren Rang erhöhen, bis sie schließlich als offizielle Mitherrscherin neben ihm auf dem Throne saß. Von dort aus regierte sie so zielbewußt und sparsam, daß die Provinzen sie als heilbringend feierten. Narcissus, der den Fehler beging, sie zu durchschauen, wurde bespitzelt, ihr Geliebter, der Finanzminister Pallas, gefördert. Nach außen war die Macht gefestigt. Nun galt es, den Sohn auf seine Rolle vorzubereiten.

In den Jahren von Neros Kindheit hatte Agrippina dem empfindsamen Jungen immer wieder das Gefühl eingegeben, von ihr allein könne er Liebe, Sicherheit und Schutz erwarten. Sie hatte stets für ihn Zeit, erwiderte seine Zärtlichkeit, hielt seine Unarten in Grenzen und umhegte ihn mit jener egoistischen Wärme, durch die manche Mütter die Abhängigkeit ihrer Söhne erzeugen wollen. Was er an Kenntnissen erlernen mußte, ließ sie ihm von zwei Freigelassenen beibringen, deren einer Anicetus hieß. Dieser Anicetus hatte auf den Knaben mehr Einfluß, als Agrippina wußte. Von Anicetus lernte der junge Nero, daß es im menschlichen Leben auch Gefühle gibt, die außerhalb der Mutterbindung liegen – etwa die Freundschaft. Da Nero die Freundschaft zu Anicetus instinktiv vor der Mutter verheimlichte, mußte er schon früh sein komödiantisches Talent entwickeln, um Agrippina weiterhin überzeugend vorzuspielen, sie sei die einzige Zuflucht seines Lebens. Noch bevor die eigentliche Ausbildung des Prinzen begann, war Agrippinas Hoffnung, ihn gänzlich zu beherrschen, zur Illusion geworden.

Nero sollte in den Stand gesetzt werden, dem Kaiser Claudius als der einzig mögliche Nachfolger auf dem Throne zu erscheinen. Dies war so einfach nicht, denn Claudius hatte aus der Ehe mit Messalina selbst einen Sohn, den Britannicus. Glücklicherweise war Nero drei Jahre älter als sein Konkurrent. So riskierte Agrippina den Wettlauf mit der Zeit. Der große Philosoph Seneca wurde aus der Verbannung zurückgerufen und mit der Oberleitung von Neros Erziehung beauftragt. Zwei griechische Philosophen und der Römer Burrus standen ihm zur Seite. Agrippina griff fortwährend in den Ausbildungsplan ein, beschnitt die Stunden in Philosophie, weil diese zum Regieren untauglich mache, verlangte dagegen gründliche Ausbildung in der Kunst der Rede. Nero erkannte schnell, wie den Forderungen seiner Lehrer beizukommen war. Sobald man ihn tadelte, lief er zu seiner Mutter und konnte damit rechnen, von ihr in Schutz genommen zu werden.

Im dritten Jahr trug die Erziehung die erste Frucht. Claudius war bereit, den Sohn seiner Frau zu adoptieren. Dadurch wurde Nero zum älteren Bruder des Britannicus und erhielt alle Rechte des kaiserlichen Erstgeborenen. Ein Jahr später, als er dreizehn war, erklärte man ihn durch das Anlegen der Männertoga für mündig. Mit fünfzehn stand er zum erstenmal als Redner vor dem Senat und erwies sich durch seinen anmutigen Stil als geschickter Schüler Senecas. Im gleichen Jahr brachte Agrippina den Claudius dazu, seine – ebenfalls aus der Ehe mit Messalina stammende Tochter – Oktavia, ein zwölfjähriges Kind, dem Nero zur Frau zu geben. Nunmehr hatte Nero gegenüber dem Claudius eine dreifache Rechtsbindung. Durch die Ehe seiner Mutter war er der Stiefsohn des Claudius, durch Adoption sein echter Sohn, durch die Ehe mit des Claudius Tochter der Schwiegersohn des Kaisers. Die Krönung ihres Werkes aber erreichte Agrippina während einer Erkrankung des Claudius. Sie ließ den geschwächten Greis vor dem Senat erklären, im Falle seines Todes werde Nero fähig sein, das Reich zu regieren. Über Britannicus, den leiblichen Sohn des Claudius, wurde kein Wort mehr verloren.

Als der Kaiser sich wieder erholt hatte, bereute er den unüberlegten Schritt und erwog den Gedanken, nun doch den Britannicus zum Erben einzusetzen. Leider hütete er seine Zunge zuwenig. Für die hellhörige Agrippina genügte eine halbe Andeutung, um den Plan des Kaisers zu erraten. Entschlossen, ihr Werk zu verteidigen, handelte sie schnell und ohne Skrupel. Eine berufsmäßige Giftmischerin namens Locusta wurde herbeizitiert und bereitete ein Gift, das dem Kaiser in einem köstlichen Pilzgericht zum Abendessen serviert wurde. Programmgemäß befiel den Claudius eine furchtbare Übelkeit –, aber er starb nicht. Doch auch für diesen Fall hatte Agrippina vorgesorgt. Der griechische Leibarzt Stertinius Xenophon steckte dem Kaiser eine Feder in den Hals, um ihn zum Erbrechen zu bringen. Das Gift, das an dieser Feder haftete, war tödlich. Nero war Kaiser.

Am Abend des nächsten Tages gab der neue Herr der Welt zum erstenmal die Parole für die Garde aus. Sie lautete: »Optima Mater« – die beste Mutter. Nero war siebzehn, Agrippina neununddreißig. Der neue Kaiser suchte den Senat auf und zeigte Bescheidenheit. Er entschuldigte sich wegen seiner Jugend und gab bekannt, er wolle von allen kaiserlichen Rechten nur den Oberbefehl über die Armee behalten. Agrippina frohlockte, weil sie glaubte, der Rest dieser Rechte würde ihr zufallen. Und einen Augenblick lang schien es wirklich, als regiere nicht der Kaiser, sondern seine Mutter. Sie empfing Gesandtschaften, gewährte Gnadenerweise; auf den Münzen erschien ihr Bildnis mit der Inschrift »mater Augusti« – die Mutter des Erhabenen. Ihr alter Feind Narcissus sah sich seines Vermögens beraubt und in einen Kerker geworfen, aus dem er nicht mehr hervorkommen sollte. Der Statthalter der Provinz Asien wurde hingerichtet, weil Agrippina ihm einen Staatsstreich zutraute, den er nie geplant hatte. In beiden Fällen hatte Agrippina den Nero nicht einmal gefragt. Sie fühlte sich als Alleinherrscherin, die auf den Gehorsam ihres Sohnes zählte.

Nero verkündete inzwischen sein Programm. Es hieß: Milde. Er reduzierte die Steuerlast, ließ verarmten, aber verdienten Senatoren einen Ehrensold auszahlen und seufzte bei der Unterschrift eines Todesurteils: »Hätte ich doch niemals schreiben gelernt.« Er veranstaltete prächtige Spiele, war freundlich zu jedermann und wies es weit von sich, daß der Senat ihm goldene Statuen errichten wollte.

Gleichzeitig aber förderte er die Macht seiner beiden Lehrer Seneca und Burrus, deren Vorstellungen von der Regierung des Reiches sich naturgemäß mit den Ansprüchen Agrippinas kreuzen mußten. Tatsächlich hatte auch Agrippina in Seneca und Burrus bald die wahren Feinde ihrer Herrschaft erkannt. Sie wußte: beide waren hervorragende Fachleute, denen sie weder in der Politik noch in der Verwaltung das Wasser reichen konnte. Was sie erstrebte, war ein Gleichgewicht zwischen den beiden Regierungsmännern einerseits und den Herrschern Agrippina und Nero andererseits. Um so empörter war sie, als offenbar wurde, mit welch virtuoser Verstellungskunst Nero ihr die Ehren ließ, während er die Macht der Gegenseite zuschob. In einem Anfall von Unbeherrschtheit äußerte Agrippina, sie wisse wohl, wer der eigentliche Thronerbe sei: nicht Nero, sondern Britannicus. Wenn sie wolle, könne sie den Sohn ebenso rasch vom Throne stürzen, wie sie ihn hinaufgebracht habe. Diese Worte kosteten den Britannicus das Leben. Im Verhältnis zwischen Nero und seiner Mutter aber bedeuten sie den großen Bruch.

Nero hatte den Britannicus stets in Ruhe gelassen. Nun aber, da die Kaisermutter den harmlosen Prinzen zum Werkzeug benützen wollte, um ihren eigenen Sohn zu stürzen, mußte sich Nero mit dem Britannicus befassen. Die Raffinesse, mit der er vorging, sollte Agrippina zeigen, daß er nicht nur der gehorsame Sohn, sondern der gelehrige Schüler seiner Mutter war – und begabter als sie. Wieder wurde die Giftspezialistin Locusta bemüht. Sie versprach dem Kaiser ein absolut sicheres Präparat – aber Nero, der sich an den Tod des Claudius noch lebhaft erinnerte, verlangte, das Gift solle vorher mehrmals an Tieren verschiedener Größe erprobt werden. Locusta gehorchte und lieferte wenig später einen tödlichen Stoff, der dem Britannicus ins Essen gemischt wurde. Der Erfolg war vollständig. Wie vom Blitz getroffen brach Britannicus bei Tisch zusammen und starb auf der Stelle. Agrippina, die sofort unterrichtet wurde, floh voller Entsetzen aus der Stadt.

Wir können nur vermuten, was in Mutter und Sohn damals vorging. Agrippina wird sich gefragt haben, warum Nero den Britannicus aus eigener Initiative beseitigt hatte. Wollte er ihr nur zeigen, daß er sich seiner Feinde selbst erwehren konnte? Oder schlimmer: Wollte er der Mutterbindung entfliehen, die sie mit soviel Mühe ihm eingepflanzt und durch die starke Fessel gemeinsamen Verbrechens gesichert zu haben meinte?

Welches Schicksal wartete ihrer, wenn der Sohn die Mutter nicht mehr brauchte?

Nero dagegen hatte jahrelang darunter gelitten, seiner Mutter gegenüber eine Abhängigkeit zur Schau tragen zu müssen, die er nicht fühlte. Er hatte seine Entwicklungsjahre ohne jede Rebellion verbracht, war folgsam von Stufe zu Stufe geklommen, wie die Mutter es geplant und befohlen hatte, weil ihm das ferne Ziel lohnend schien. Er hatte sich gängeln und bevormunden lassen, stets das gefügige Werkzeug gespielt und nach des Claudius Tod der Herrschsucht seiner Mutter ein weites Feld eingeräumt. Daß aber Agrippina es wagte, dem Kaiser Roms mit dem Sturz zu drohen, falls er den gewohnten Gehorsam verletzte, das verschob die empfindliche Balance seiner Haßliebe zur Mutter zugunsten des Hasses. Britannicus starb durch Neros Willen, aber die Ursache seines Todes hieß Agrippina.

Zwei Jahre später war die Entfremdung vollständig. Agrippina hatte einen großen Teil ihrer Ehren eingebüßt, Nero hatte sie aus dem Palast gewiesen, ihr die Leibwache gestrichen und das Münzrecht genommen. Unterstützt wurden all diese Maßnahmen von Seneca und Burrus, die für ihr Regierungsprogramm Handlungsfreiheit brauchten und das steigende Wohlergehen des Reiches nicht der Herrschsucht einer Mutter opfern wollten.

Kaum aber war Agrippina entfernt, sahen die beiden Minister eine neue Gefahr aufsteigen: Nero zeigte Ansätze, ihnen seinerseits dreinzuregieren. Um dies zu verhindern, fand Seneca einen skrupellosen Ausweg. Er ließ den Nero seine angeborene Sinnlichkeit schrankenlos ausleben. Der junge Kaiser fand bald Vergnügen an orgiastischen Gastmählern – manchmal hat allein der Blumenschmuck eine halbe Million Mark gekostet –, trieb sich nachts vermummt in Gassen und Bordellen herum – wobei er einmal von einem Senator, der ihn nicht erkannte, verprügelt wurde –, und wußte bald mit seiner sittenstrengen, etwas trockenen Gemahlin Oktavia nichts mehr anzufangen.

Als Neros Triebleben vollends ins Ordinäre abzugleiten drohte, verbündete sich Seneca mit dem hochkultivierten

Skeptiker Petronius, der den Zynismus aufbrachte, Neros Geschmack zu einem gewissen Höhenflug zu verführen. Von diesem Petronius gibt der Geschichtsschreiber Cornelius Tacitus ein klassisches Bild: »Er verbrachte den Tag mit Schlaf, die Nacht mit den Geschäften und Vergnügungen des Lebens; trotzdem ward er nicht für einen Schlemmer und Verschwender, sondern für einen gebildeten Lebemann gehalten. Desgleichen wurden seine Reden und Handlungen, je ungenierter sie waren, desto günstiger als vermeintliche Einfachheit aufgenommen. Nero nahm ihn unter seine wenigen Vertrauten als Richter des Geschmacks, indem er nichts für angenehm und behaglich hielt, als was ihm Petronius empfohlen hatte.«

Zunächst war die Wirkung des Petronius auf den Kaiser beträchtlich. Nero begann, seine hemmungslose Gier im Essen durch Sport auszugleichen, brachte es in einigen Disziplinen der Leichtathletik zu netten Leistungen und erwarb im Lenken vierspänniger Rennwagen eine Geschicklichkeit, die ihn bald veranlaßte, unter dem Jubel der Massen an öffentlichen Spielen teilzunehmen. Wichtiger als den Sport nahm Nero durch des Petronius Einfluß die Kunst. Er malte und gravierte mit Talent, versuchte sich in der Skulptur, übte seine Stimme zum Rezitieren und Singen, wobei er sich selbst auf der Harfe begleitete, und verfaßte Verse, die oftmals besser waren als die seiner Hofdichter. Eines Abends überraschte er die Senatoren mit kunstreichem Spiel auf einer neuen Wasserorgel und erklärte ihnen deren Konstruktion. Sein sehnlichster Wunsch war, in einer öffentlichen Vorstellung zuerst als Organist aufzutreten, dann Flöte und Dudelsack zu spielen, hierauf als Schauspieler sein Publikum in Rührung zu versetzen, und es schließlich als Tänzer mit einer Pantomime zu erheitern. Neros Ehrgeiz hatte ein Ventil gefunden: Er wollte ein Künstler sein, dem man Beifall spendete. Vielleicht hätte seine Begabung ausgereicht, Größeres zu leisten, wenn die Kunst sein einziges Ziel gewesen wäre. So aber war ihm die Kunst nur Mittel zur öffentlichen Zustimmung. Er wollte sich als Persönlichkeit, als der Mensch Nero bestätigt sehen – auf einem Gebiet, worin seine Mutter nichts zu bieten hatte. Immer noch war die innere Befreiung von Agrippina Neros schwerste Aufgabe.

Sie wurde nicht durch ihn vollendet, sondern durch eine Frau, die ehemalige Sklavin Claudia Acte. Eine kleinasiatische Griechin, hatte sie von ihrem einstigen Herrn nicht nur die Freiheit erhalten, sondern auch ein bedeutendes Vermögen geerbt. Schön, warmherzig, sanftmütig und treu, verkörperte sie ein Ideal des weiblichen Wesens, dem Nero vorher nie begegnet war. Der Kaiser verliebte sich in Acte bis über die Ohren – sie aber entdeckte bald, daß dieser weiche, verletzbare Jüngling die große Liebe ihres Lebens war. Seneca deckte den Frühling der Gefühle im Palast, so gut es ging, nach außen ab, konnte aber nicht verhindern, daß Agrippina davon erfuhr. Als Nero etwas unvorsichtig äußerte, er werde sich von Oktavia scheiden lassen, um Acte zu heiraten, ergriff Agrippina mit der gewohnten Entschlossenheit die neue Rolle, die sich ihr bot. Ohne danach zu fragen, wie ihr eigenes Vorleben mit einem Auftreten als Sittenrichterin zu vereinbaren sei, erschien sie bei Nero als Hüterin altrömischer Tugend. Sie verteidigte die Rechte der Oktavia, der Nero lediglich den Rang einer kaiserlichen Gemahlin gelassen hatte. Immer noch hielt Agrippina ihre Autorität für groß genug, den Sohn moralisch unter Druck zu setzen – wobei sie gleichzeitig hoffte, bei den Senatoren und den Garden neue Sympathie für sich selbst zu gewinnen. Der Auftritt mißglückte.

Zwar ließ Nero, wohl auch aus Prestigegründen, von Acte ab, aber nur, um sich einer viel gefährlicheren Frau zuzuwenden. Poppäa Sabina, von ausgezeichneter Familie, fünf Jahre älter als der zwanzigjährige Kaiser, war damals die Gattin des Marcus Salvius Otho. Dieser gehörte zu den Vertrauten des Kaisers und besaß die beklagenswerte Eigenschaft vieler Männer, im Freundeskreis den Körper und die Liebeskünste der eigenen Frau im Detail zu schildern. Nero, inzwischen weniger zimperlich, schickte den Otho kurzerhand als Gouverneur nach Portugal und belagerte die verlassene Schöne. Poppäa erklärte dem verdutzten Kaiser in ausgereifter Raffinesse, sie denke nicht daran, seine Geliebte zu werden. Nachdem sie den Herrn der Welt auf diese Weise noch eine Zeitlang gedemütigt hatte, fand sie sich schließlich bereit, ihn zum Gemahl zu nehmen, wenn er sich von Oktavia scheiden lasse. Nero, mittlerweile blind verliebt, gehorchte auf der Stelle.

Agrippina hatte eine Konkurrentin gefunden, der sie nicht gewachsen war. Sie muß sich – immer unter dem Vorwand, Oktavias Rechte zu schützen – so extrem gebärdet haben, daß das Gerücht aufkam, sie habe dem Sohn Inzest mit ihr selbst angeboten, um ihn von Poppäa abzubringen. Obwohl diese Nachricht sicher unwahr ist, hat doch Agrippinas Gesamtverhalten zweifellos Poppäas tödliche Feindschaft ausgelöst.

Poppäa war dem Nero eine höchst angenehme Gattin. Sie erschien nur, wenn sie erwünscht war, verbrachte den Rest ihrer Zeit mit der sorgfältigsten Pflege ihres Körpers und neckte beim nächtlichen Liebesspiel den Kaiser, indem sie ihm einredete, er sei noch lange kein richtiger Mann, da alle Welt sehen könne, wie sehr er sich vor seiner Mutter fürchte. So vorbereitet, empfing Nero aus Poppäas Mund schließlich die Nachricht, Agrippina habe die Garde auf ihre Seite gebracht und plane seinen Sturz. Der in Sinnlichkeit versinkende Kaiser glaubte ihr blind und beschloß, »die Frau umzubringen, die ihm das Leben und die halbe Welt geschenkt hatte«.

Gift erwies sich als unwirksam, weil Agrippina sich durch Gegengifte immun gemacht hatte. So beschloß man eine große Inszenierung, als deren Erfinder jener Anicetus auftritt, der einst Neros Jugendlehrer gewesen war und als erster die totale Mutterbindung seines Schülers zu mindern versucht hatte. Anicetus, inzwischen zum Flottenkommandeur am Kap Misenum aufgerückt, schlug vor, Nero solle Agrippina zu einem Fest in Baiae am Golf von Neapel verlocken und erklären, er wolle sich dort mit ihr aussöhnen. Für die Heimfahrt werde ein besonderes Schiff bereitstehen, das auf dem Meere durch einen sinnreichen Mechanismus in zwei Teile bersten könne. Nichts, so sagte Anicetus, nach des Tacitus Bericht, »nichts lasse so vielen Zufälligkeiten Raum, als das Meer. Und wenn Agrippina durch Schiffbruch umgekommen, wer würde so unbillig sein, einem Verbrechen zuzuschreiben, was Wind und Wogen verschuldet«?

Alles schien zu glücken. Zwar war die Nacht sternenklar – von Wind und Wogen keine Spur –, aber Agrippina hatte das Schiff ahnungslos betreten. Im Augenblick des Attentats jedoch funktionierte der Mechanismus nur halb. Agrippina, die sofort begriffen hatte, war an der Schulter verletzt, stürzte sich aber dennoch ins Meer und erreichte schwimmend die Küste. Von einer nahen Villa aus, die ihr gehörte, meldete sie dem Kaiser durch einen Boten ihre Rettung, obwohl sie wußte, daß der Anschlag von ihm ausgegangen war.

Nun war Nero nicht mehr zu halten. Er forderte den Anicetus auf, das grausige Werk auf irgendeine Weise zu Ende zu bringen. Anicetus verbreitete daraufhin die Nachricht, Agrippinas Bote habe einen Mordanschlag gegen Nero versucht. Daraus zog er die Rechtfertigung, Agrippinas Haus zu umstellen. Mit zwei besonders ausgesuchten Leuten drang Anicetus in das Schlafgemach ein und fand Agrippina auf alles gefaßt. Noch im letzten Augenblick zeigte diese außerordentliche Frau den Mut, der ihr ganzes Leben ausgezeichnet hat. Als die Häscher ihre Schwerter zogen, öffnete sie die Tunika, entblößte ihren Körper und sagte: »Trefft den Leib, der einst den Nero getragen hat.« Viele Male schlugen die Schergen zu, bis sie endlich starb. Wenig später stand Nero vor dem nackten Leichnam und sagte einige Worte, aus denen hervorgeht, wie gefährlich der ästhetische Zynismus des Petronius in ihm gewuchert hatte: »Ich habe gar nicht gewußt, daß ich eine so schöne Mutter besaß.«

Der Muttermörder war zweiundzwanzig Jahre alt und vollendete das fünfte seiner Regierung. Diese ersten fünf Jahre Neros, das quinquennium Neronis, galten noch bis an das Ende der Antike für die glücklichste Zeit in der ganzen Geschichte des Imperium Romanum. Sie gehen mit der Ermordung der Agrippina zu Ende. Die folgenden zehn Jahre bis zu Neros Sturz und Tod sind angefüllt mit Größenwahn, Laster, Grausamkeit und Mord. Poppäa starb in hochschwangerem Zustand durch einen Fußtritt in den Bauch, den Nero ihr versetzte. Dem Seneca und dem Petronius wurde der Selbstmord befohlen. Die Stadt Rom brannte, wahrscheinlich auf Neros Geheiß, zu zwei Dritteln ab, wobei viele tausend Menschen umkamen. Senatoren wurden hingerichtet, weil sie Neros Gesang nicht genügend gelobt hatten. Einen jungen Mann, dessen Gesichtszüge ihn an Poppäa erinnerten, ließ Nero kastrieren und heiratete ihn. Er beschuldigte die Christen der Brandstiftung Roms, stellte sie als lebende Fackeln in seinen Gärten auf und empfand körperliche Lust bei der Betrachtung ihrer Todesqualen.

Hinter all diesen Greueln kann man eine Triebkraft vermuten: Nero hatte Angst. Zehn Jahre mühte er sich mit überreizter Phantasie, den Fluch des Muttermordes loszuwerden. Es ist ihm nicht gelungen – nicht einmal nach seinem Tod. Die Nachwelt hat ihn zum schlechtesten aller Menschen gestempelt, der er von Natur aus nicht war. Um ihn posthum zu strafen, nannte man Hunde mit seinem Namen. Heute noch büßt er in den Geschichtsbüchern mehr für die Frevel, die an ihm begangen wurden, als für die Schandtaten, die er selbst verübte. Keines seiner Verbrechen ist entschuldbar. Aber die meisten werden verständlicher, wenn man bedenkt, was die skrupellose Herrschsucht seiner Mutter in dem zarten Knaben angerichtet hat. Als er Agrippina töten ließ, glaubte er, sich endgültig von seiner Mutter zu befreien – und merkte zu spät, daß er ihr erst jetzt die volle Macht über sich eingeräumt hatte. Auf der Flucht vor ihr glitt er schließlich in den Wahnsinn und geistert seither als ein böses Irrlicht durch die Geschichte.

Hans-Georg Beck

Die Schauspielerin an der Spitze Ostroms: Theodora

Was immer geplant und geschehen sein mochte, jedenfalls fand Theodora wohl um 520 nach Konstantinopel zurück, ohne deshalb wieder zur Bühne zu gehen. Wovon sie lebte und was sie trieb, wissen wir nicht – selbst Prokop weiß es offensichtlich nicht. Die spätere Legende freilich hat sich mit diesem Nichtwissen keinesfalls zufriedengeben wollen. Konstantinopel, die sehenswerte Hauptstadt mit Tausenden von Besuchern aus allen Provinzen und Nachbarländern, war das Paradies der Fremdenführer, und Fremdenführer sind auf Anekdotisches eingestellt. So entdeckte man später ein Häuschen in Konstantinopel, in dem Theodora damals gelebt und Wolle gesponnen haben soll, die sie dann verkaufte, um ihr Leben zu fristen. Später habe sie dann hier dem heiligen Panteleemon eine Kirche gebaut. Die Unwahrheit der Legende ist evident, denn wir wissen, daß diese Kirche zwar von einer Kaiserin Theodora erbaut wurde, aber diese Theodora die Gemahlin des Kaisers Theophilos war und dem 9. Jahrhundert angehörte. Es ist eben diese Kaiserin, die aus Paphlagonien stammte, die offenbar dafür herhalten mußte, auch unsere Theodora aus Paphlagonien stammen zu lassen. Andere wußten es anders: Theodora stamme aus Syrien, und zwar aus der Stadt Mabbug. Hier sei Justinian auf einem Feldzug gegen die Perser eingetroffen – weder zog Justinian jemals gegen die Perser, noch gab es vor seiner Heirat überhaupt einen Perserkrieg. Justinian habe Theodora hier als Tochter eines monophysitischen Priesters kennengelernt und bei ihrem Vater um ihre Hand angehalten. Der Vater gab seine Zustimmung erst, als Justinian beschwor, sie nie zu zwingen, »die Synode anzunehmen«, was soviel bedeutet, wie ihren monophysitischen Glauben zugunsten des orthodoxen aufzugeben.

Fest steht nur, daß spätestens nach ihrer Rückkehr aus Syrien Justinian, damals schon ein hoher Offizier, in nähere Beziehungen zu Theodora trat. Natürlich ist es nicht auszuschließen, daß er ihr schon früher, etwa bei Hekebolos, begegnet war. Man kann den Faden weiterspinnen: Diese hübsche, geistreiche und anziehende Frau könnte ihm in lockerer Erinnerung geblieben sein. Und warum sollte die Solotänzerin Makedonia aus Antiochia in einem ihrer Geheimberichte nicht einmal haben einfließen lassen, daß Theodora auf dem Rückweg nach Konstantinopel sei und wohl bald wieder zur Verfügung stehe? Vielleicht saß sie dann tatsächlich hin und wieder züchtig am Spinnrocken. Eine Garçonniere, ein zurückgezogenes Leben und ein Spinnnrocken obendrein – was konnte ein hoher Herr Besseres erwarten, wenn er seine nächtlichen Streifzüge nicht an die große Glocke gehängt haben wollte?

Jedenfalls fand das Paar zueinander, und Justinian verliebte sich hemmungslos. Ohne seine leidenschaftliche Zuneigung wäre es, wie die Verhältnisse lagen, kaum erklärlich, daß er bald alles daran setzte, diese »infame Person« heiraten zu können, mit der er sich zunächst nicht einmal in der Öffentlichkeit zeigen konnte, ohne böses Erstaunen zu erregen und Kaiser und Kaiserin zu kompromittieren.

Gegen die Heiratswünsche Justinians stand nun freilich ein altes Gesetz. Dieses verbot es Männern senatorischen Ranges, eine Schauspielerin (scaenica) oder eine ehemalige Schauspielerin zu heiraten. Natürlich hätte der alte Kaiser Justin dieses Gesetz jederzeit aufheben oder auf Zeit suspendieren können, auch wenn das in höchsten Kreisen auf jeden Fall böses Blut gemacht hätte. Aber es war Justins Frau, die Kaiserin Euphemia, die sich den Plänen ihres Neffen energisch widersetzte. Gewöhnlich mischte sie sich zwar nie in die Politik ihres Mannes ein, jedoch in Familienangelegenheiten war nicht mit ihr zu spaßen. Die Kaiserin – soviel ist sicher – stammte nicht aus aristokratischen Kreisen. Böse Mäuler schlossen aus ihrem ursprünglichen Namen Lupicina (Wölfchen), sie stamme von Barbaren ab, und wußten außerdem zu flüstern, der junge Justin habe sie auf dem Sklavenmarkt erworben und nie ordentlich geheiratet. Bäuerisch mag sie, wie Prokop vermeldet, ihr Leben lang geblieben sein, damit paßte sie sehr gut zu Justin. Doch dies hinderte sie nicht, sich in ihrer Stellung als Kaiserin das Prestigedenken der aristokratischen Kreise zu eigen zu machen. Solange sie lebte, gab es für Justinian keine Hoffnung; aber sie starb dann doch noch früh genug, wohl um 521. Und jetzt sah der alte Kaiser keinen Grund mehr, seinem hoffnungsvollen Neffen nicht entgegenzukommen. Er ließ eine lyrische Gesetzesnovelle aufsetzen und publizierte sie. Hier war zu lesen, daß es der kaiserlichen Güte entspreche, den Frauen, die aufgrund der Schwäche des weiblichen Geschlechtes sich einen unehrlichen Beruf gewählt hätten, die Möglichkeit zu geben, sich aus diesen Tiefen zu erheben und Anschluß an die anständige Gesellschaft zu finden. Würden sie ihren bisherigen Beruf aufgeben, dann sollte ihr guter Wille nicht an den Vorurteilen der sogenannten Ehrbaren scheitern. Kurz: die Damen konnten jetzt in die senatorischen Ränge einheiraten, wenn auch noch ein paar kleine Auflagen gemacht wurden.

Nun hatte Justinian freie Bahn und heiratete Theodora, die wohl zu diesem Zeitpunkt in den höfischen Rang einer Patricia erhoben wurde. Eine Schauspielerin war damit hoffähig geworden. Die finanzielle Ausstattung ließ nicht lange auf sich warten, folgte jedenfalls spätestens, nachdem Justinian Kaiser geworden war. Theodora besaß mindestens einen eigenen Palast in Konstantinopel und Güter in verschiedenen Provinzen Kleinasiens, für deren Verwaltung schließlich sogar ein eigener Curatorposten geschaffen wurde. Daß Prokop in alldem ein Zeichen für die Verschwendungssucht des Kaisers sieht und sich darüber mokiert, ist unberechtigt. Im Vergleich mit der Dotierung früherer Kaiserinnen fällt die Theodoras offensichtlich nicht aus dem Rahmen des Üblichen. Mit der Thronbesteigung wurde Theodora Mitregentin; sie war jetzt Augusta und ließ sich zum Ärger Prokops mit Domina titulieren. Das Münzrecht scheint sie nie beansprucht zu haben, aber die Beamtenschaft wurde ebenso auf sie wie auf den Kaiser vereidigt. Sie hatte zu schwören »sanctissimis nostris dominis Justiniano et Theodorae conjugi eius«. Auf Bauinschriften erscheint ihr Name neben dem des Kaisers, die Kapitelle in den Kirchen tragen immer wieder die Monogramme beider Herrscher, so wie Theodora auch zusammen mit dem Kaiser in der Hauptstadt in Mosaiken porträtiert wurde und eigene Standbilder aufgestellt bekam. Sie war mit anderen Worten Mitkaiserin im Vollsinn des Wortes. Sie korrespondierte in Staatsangelegenheiten mit den Persern im Osten genauso wie mit dem Gotenkönig Theodahat im Westen. Arabische Scheichs aus Ostsyrien wandten sich an sie, wenn sie bei Hof etwas erreichen wollten. Provinzgouverneuren erteilte sie ihre gemessenen Befehle, von denen der Kaiser durchaus nicht immer wußte, und sie konnte damit rechnen, daß diese Befehle umgehend ausgeführt wurden. Selbst die höchsten Reichsbeamten nahm sie an die Kandare. Mit ihr war keinesfalls zu spaßen, und es ergibt sich nicht nur aus Prokops Texten, sondern auch aus denen monophysitischer Historiker, die Theodoras Partei vertreten, daß die Männer sie ganz einfach fürchteten. Konnten sie etwas anderes von der Kaiserin erwarten, die mit eben diesen Männern ihre bitteren Erfahrungen gemacht hatte, von einer Kaiserin dazu, die nie etwas vergaß? Jetzt hatte sie die Macht, und sie scheint sie voll ausgeschöpft zu haben. Wahrscheinlich hat sie sie auch nicht selten mißbraucht.

Zunächst freilich schweigen die Quellen, und es schweigt auch Prokop über die frühen Jahre ihres Kaisertums. Prokop stand mit Belisar an der Ostfront und hatte kaum Kontakt mit der Hauptstadt, um über Hof und Politik Notizen zu sammeln. Aber wie schon erwähnt, wurde Belisar im Jahre 531 seines Kommandos enthoben und kehrte, sicher wieder in Begleitung Prokops, nach Konstantinopel zurück, wo er das Jahr 532 verbrachte, das Jahr des Nika-Aufstandes. Und hier war es Theodora, die durch ihre Rede den schwankenden Kaiser an der Flucht hinderte und damit seine und ihre eigene Herrschaft rettete. Diese Rede zeigt, daß Theodora spätestens in dieser Lage nicht mehr die demütige Frau spielte, die durch den Kaiser aus dem Sumpf des Schaugeschäfts gnädigst gerettet worden war und sich nun dem hohen Herrn ohne Unterlaß zu Dank verpflichtet fühlte, sondern daß sie gewachsen war und, vor allem, daß sie dem Kaiser gewachsen war, ja begann, sich ihm überlegen zu fühlen. Sie sagte doch in aller Härte: Wenn du fliehen willst, bitte, dann flieh, auch wenn du es bald bereuen wirst. Ich jedenfalls bleibe auf meinem Posten.

Spätestens seit dieser Zeit ließ der Kaiser Theodora freie

Hand, auch wenn sie nicht selten politische Wege einschlug, die nicht ganz die seinen waren. Er wußte, daß sie ihn und damit auch ihre eigene Herrschaft nie aufs Spiel setzen würde.

Von dieser Hochachtung gegenüber Theodora, die Prokop in seinen *Bella* in dem Bericht über den Nika-Aufstand zum Ausdruck bringt, spürt man später, vor allem in den *Anekdota*, nichts mehr. Jetzt ist sie vom Anfang bis zum Ende eine verdorbene Frau aus dem infamen Schaugeschäft, die selbst als Kaiserin dieses Geschäft nicht verlernt hat. »Auch die ernstesten Staatsgeschäfte wußte sie nach Laune in eine lächerliche Farce zu verwandeln.« Der Beweis wird sofort angetreten: Theodora läßt es zu, daß irgendein Vornehmer von ihrer Dienerschaft verspottet wird, weil er es sich unklugerweise hat einfallen lassen, die Schulden eines Dieners mit Hilfe einer Intervention der Kaiserin selbst eintreiben zu wollen, da er nicht genug Mut besaß, um seine großen Außenstände bei Senatoren, also Standesgenossen, zurückzufordern. Dies sind für Prokop »ernsthafte Staatsgeschäfte«!

Im übrigen findet er das Äußere der Kaiserin durchaus ansprechend. »Sie war schön von Angesicht und insgesamt anmutig, etwas klein von Gestalt und von blasser Gesichtsfarbe. Ihr Blick unter zusammengezogenen Brauen war durchdringend.« Aber wenn sie gut aussah, dann eben, weil sie allzuviel Zeit auf Kosmetik verwandte. »Ihren Körper pflegte sie mehr als nötig, doch immer noch weniger, als sie selbst gewünscht hätte. Auf schnellstem Wege ging sie ins Bad, und erst nach ausgiebigem Gebrauch verließ sie es wieder und begab sich dann zum Frühstück. Hierauf pflegte sie wieder der Ruhe. Sie schlief gewöhnlich sehr lange, den Tag über bis zum Anbruch der Dunkelheit und nachts bis Sonnenaufgang. Obschon die Kaiserin derart jeder Maßlosigkeit verfallen war, glaubte sie doch, in den wenigen verbliebenen Stunden das ganze Römerreich regieren zu können.« Es sieht ganz danach aus, daß Prokop sich bemüßigt fühlte, die Kammerzofen der Kaiserin auszuhorchen. Woher sollte er sonst diese Intimitäten erfahren haben? Daß sich Theodora gründlicher wusch, als er selbst es wohl getan hat, erregte ihn offenbar besonders – vielleicht sogar hoffnungslos erotisch.

Doch zu den Zofen kommen als Informanten die kaiserlichen Kammerdiener. Denn wenn Theodora zuviel schlief, dann der Kaiser zuwenig: »Er schlief mitunter eine Stunde; den Rest der Nacht verbrachte er mit dauerndem Herumgehen. Dieses dauernde Wachsein, all diese Mühen und Qualen nahm er zu dem einzigen Zweck auf sich, täglich noch schlimmere Übel für seine Untertanen auszuhecken.«

Mit solchen und ähnlichen Feststellungen ist der Grundton der *Anekdota* ein für allemal klar und deutlich angeschlagen: Justinian und Theodora sind ein Paar, das nur einen gemeinsamen Gedanken hegt, nämlich wie sie Reich und Untertanen ins Verderben stürzen und sich selbst bereichern können. Prokop variiert diesen Gedanken in manischer Eintönigkeit: »Justinians stetes Trachten war auf Menschenmord gerichtet, und immer steckte er mit seiner Gemahlin zusammen, um todbringende Anklagen auszusinnen.« An einer anderen Stelle: »Sie berieten sich ernsthaft miteinander, wie sie alle Geschlechter und Werke der Menschen möglichst einfach und schnell vernichten könnten.« Natürlich wählte sich das Paar auch seine Helfer und seine Dienerschaft unter der gleichen Zielsetzung aus: »Jedesmal, wenn sie wider Vermuten unter ihren Dienern einen anständigen und einwandfreien Menschen fanden, waren sie so bestürzt und empört und gaben sich alle Mühe, ihn so schnell wie möglich wieder loszuwerden.« So ist Justinian für Prokop eine Person, die den Eindruck vermittelt, »als habe die Natur die Schlechtigkeit aller anderen Menschen zusammengenommen und in die Seele dieses Mannes eingeschlossen«. Und Theodora wird geschildert als eine »ganz rohe Natur, bar allen menschlichen Empfindens und bestrebt, möglichst gleichartige Helfer um sich zu scharen«. Dann wieder geradezu groteske Behauptungen: »Wer besonders angesehen war und wer ihm – Justinian – besonders treu war, den lieferte er seiner Gemahlin zur alsbaldigen Beseitigung aus. Treulosigkeit war in all seinem Tun, abgesehen von Unmenschlichkeit und Habgier, sein deutlichstes Kennzeichen. Selbst in Dingen, die seine Gemahlin nie erreicht hätte, zwang sie ihm ihren Willen auf, wenn sie ihm nur Hoffnung auf großen Gewinn machen konnte. Denn diese beiden waren durchaus von verwandten Begierden beherrscht.

Auch darin, worin sie sich dem Anschein nach unterschieden, waren sie verbrecherisch und nur zum Verderben der Untertanen zeigten sie scharfe Gegensätze.«

Doch damit nicht genug: Theodora und Justinian sind »menschenfressende Dämonen«, und zwar im wörtlichen Sinne des Ausdrucks. Prokops ganze Aufgeklärtheit, mit der er sonst nicht selten prunkt, geht abhanden, wenn er darauf zu sprechen kommt: Dämonen schon im Schlafzimmer Theodoras, als sie noch gar nicht Kaiserin war; ein Dämon, der der Mutter Justinians beiwohnt; Höflinge, »Männer mit ganz reiner Seele«, sehen in später Stunde den Kaiser in seinem Gemach, wie plötzlich sein Kopf verschwindet und er kopflos seine Wanderungen durch den Palast aufnimmt; andere, wie sein Gesicht plötzlich zu einem Fleischklumpen wird. Ein Mönch gar, um das Bild abzurunden, sieht statt des Kaisers den »Fürsten der Dämonen« auf dem Throne sitzen. Prokop bemüht sich redlich, seine eigene Glaubwürdigkeit wenigstens bei uns Spätgeborenen so gründlich wie möglich zu untergraben. Natürlich kann man das, was Prokop von der Dämonie des Herrscherpaares zu berichten weiß, auf bekannte spätantike Vorstellungen von der Welt der Dämonen zurückführen. Viele mögen ähnliche Vorstellungen geteilt, ähnliche Märchen inbrünstig geglaubt haben. Doch unter der Feder Prokops, der, wie schon erwähnt, gern den Aufgeklärten spielt, werden sie ganz einfach zur Waffe einer üblen Polemik. In seiner unüberlegten und sich selbst richtenden Sucht zur Übertreibung geht Prokop so weit, daß er sich nicht entblödet, die unleugbare Liebe, die Justinian für Theodora hegte und die ihn bewog, alles in Bewegung zu setzen, nur um sie heiraten zu können, dahingehend zu deuten, daß Justinians wahres Motiv gewesen sei, mit eben dieser Theodora eine Frau auf seine Seite zu ziehen, mit der er das Volk besser als mit irgendeiner anderen ins Verderben stürzen konnte.

Überhaupt diese Heirat! Es gab unter Justinians Herrschaft ohne Zweifel eine oppositionelle Partei, die von diesen Halbbarbaren auf dem Thron, diesen Bauernburschen aus dem Balkan, die Justin und Justinian hießen, nichts wissen wollte. Ihr Groll zeigte sich deutlich während des Nika-Aufstandes, als sie die Kandidatur des Hypatios als Gegenkaiser unterstützten, der aus der grundsoliden byzantinischen Familie des Kaisers Anastasios stammte. Die Kandidatur schlug fehl, und Justinian zog das Vermögen dieser Senatoren ein, was ihm in jenen Kreisen sicher keine neuen Sympathien schuf. Daß dieser Klasse die unstandesgemäße Heirat Justinians ein Dorn im Auge gewesen sein muß, ist erklärlich. Und Prokop stellt sich rückhaltslos auf ihre Seite. Ob dies damit zusammenhängt, daß er aus ihren Kreisen stammte, oder ob es sein Snobismus war – für »Volk« hat er in seinem Geschichtswerk nur etwas übrig, wenn es in seine Tendenz paßt –, mag dahingestellt bleiben. Auffällig ist, daß er Belisars Heirat, die offensichtlich auch nicht standesgemäßer war als die des Kaisers, nicht angreift. Dies beweist nur wieder einmal, daß Belisar für Prokop Sonderrechte genießt, die anderen verwehrt sind. Zu seinem Haß gegen Theodora scheint dieser Standesunterschied einen wichtigen Beitrag geliefert zu haben.

»Justinian hatte keine Vorstellung von der Schmach, die er damit allen antat; er hätte doch im ganzen Römerreich seine Wahl treffen und das vornehmste Mädchen zu seiner Ehefrau nehmen können, das seine Erziehung in aller Stille erfahren hatte, Ehrgefühl, Verstand und blendende Schönheit besaß, eine reine Jungfrau ›mit aufrechten Brüsten‹, wie man so sagt. Justinian aber entblödete sich nicht, den weltbekannten Schandfleck sich zu eigen zu machen. Wer so ohne Schamgefühl für seine Taten sich erfrecht, allen ins Gesicht zu schlagen, der geht auch sonst jeden Weg der Gesetzlosigkeit, er trägt stets die Verworfenheit auf der Stirn und läßt sich spielend leicht und mühelos zu den schmutzigsten Taten herbei.« Dann freilich muß er zugeben, daß es gar keine Opposition gegen die Heirat gegeben hat. Kein Mitglied des Senats habe es gewagt, seine Empörung auszudrücken, die Priester ließen nichts davon merken, und das Volk, ihr früheres Publikum, fand ebenfalls nichts dabei, sogleich ihren Sklaven zu spielen. »Auch kein Soldat war darüber ergrimmt, wenn er nun für Theodoras Sache die Gefahren des Krieges auf sich nehmen mußte, nein, vielmehr ließen alle dem Schicksal freien Lauf.«

Natürlich darf nicht unterschlagen werden, daß sich in den

Anekdota auch Bemerkungen finden, die zeigen, daß Prokop nicht immer von allen guten Geistern verlassen war. So hat er deutlich gesehen, daß das Zusammenspiel des Kaiserpaares nicht immer erkennbar war und daß man sich gelegentlich darüber Gedanken machen konnte, ob sie nicht völlig entgegengesetzte Ziele verfolgten. Es war für die Kritiker offenbar besonders ärgerlich, wie das in ähnlichen Fällen immer zu sein pflegt, daß man das Paar nicht »auseinanderdividieren« konnte. Solange sie lebten, habe aber keiner etwas ohne den anderen getan, auch wenn lange Zeit der Eindruck bestand, sie dächten und handelten in entgegengesetzter Richtung. Später sei man gezwungen gewesen, dahinter einen wohldurchdachten Plan zu sehen: Die Untertanen sollten geteilter Meinung sein, damit sie nicht etwa auf den Gedanken kämen, geschlossen und gemeinsam gegen beide zu revoltieren.

Adalbert Podlech

Die Versuchung des Intellektuellen: Abaelard und Heloisa

Abaelard ist der erste geschichtlich greifbare Intellektuelle Europas. Er hat als einzelner gedacht und gehandelt, nicht im Schutz von Institutionen. Die Wirkung des rationalen Arguments hat er überschätzt und die Beharrlichkeit bestehender Interessen unterschätzt. Er war ein Mensch des Verstandes und seine Leidenschaft die Logik. Er betrieb sie besessen fast und nicht allein der Wissenschaft wegen. Sie war ihm Mittel zu zeigen, daß keiner ihm gleich sei. Mit 22 Jahren beschließt er, von Lehrern nichts mehr lernen zu können und eine eigene Schule zu gründen. Sein Erfolg trifft die Lehrer dreifach: Sie halten seinen Argumenten nicht stand, sie verlieren ihre Schüler an den Außenseiter, und dieser überschüttet sie zu alledem mit Hohn. So werden aus Gegnern Feinde. Und Gegner braucht Abaelard, um seine Einzigkeit immer neu zu beweisen. Der erstgeborene Sohn eines Ritters zieht umher – *peripateticus palatinus* wird er genannt – und sucht sich die Gegner, wie ein Ritter die Turnierpartner sucht. Ruhm (*gloria*) ist sein Verlangen. Seine Lanzenstiche des Wortes treffen nicht nur, sie verletzen und sollen verletzen. Der Erfolg jedoch gibt ihm recht. Von keinem Turnierplatz tritt er ruhmlos ab. Die Kunde des Ruhms (*fama*) läuft durch die Welt. Seine Gegner bezichtigt er des Neides (*invidia*). Mit 35 Jahren hat er das zu seiner Zeit Höchste erreicht, die Leitung der Domschule in Paris. Seine Konkurrenten hat er hinter sich gelassen, verbittert, erledigt, ja zerbrochen. Ohne ein Gespür für die Macht der Institutionen ahnt er nicht, daß sich in ihrem Schutz einige rächen werden.

Bis zu diesem Zeitpunkt hat Abaelard noch nicht gezeigt, daß er Menschen begegnen könnte, sie verstehen, sie nehmen, sie gar lieben könnte. Als er, fast vierzigjährig und situiert, bemerkt, daß es noch einen Turnierplatz gibt, der ihm fremd blieb, ist er der Überzeugung, daß keine Frau ihm widerstehen wird. Kühl, wie er meint, beschließt er, mit einem Mindestmaß an äußerem Aufwand und persönlichem Einsatz sich eine Geliebte zu nehmen, eine neunzehnjährige Schülerin zu verführen. Ahnungslos betritt er eine neue Welt.

Unvermittelt trifft ihn die Lust des weiblichen Körpers. Sie zerreißt von einem Tag auf den anderen die Fesseln der Disziplin, der ein mittelalterlicher Kleriker unterworfen war, der alles auf die wissenschaftliche Karriere setzte. Nie mehr will er diese Lust verlieren, und er ist bereit, Stellung und Karriere zu riskieren. Aber so aus jeder ihm bis zu diesem Zeitpunkt selbstverständlichen Ordnung gerissen, trifft ihn ebenso unvermittelt ein Zweites: die Liebe. Die Leidenschaft dieser Frau, zuerst ein auswechselbarer Körper nur, die Bedingungslosigkeit ihrer Liebe zu ihm, die Größe, mit der sie zu allem steht, was sie mit sich geschehen läßt und was sie tut, die Erfahrung, daß ein Geist ihm ebenbürtig ist: Heloisa durchbricht die narzißtische Vereinsamung Abaelards.

Nicht lange hat er Zeit, die neue Fähigkeit einzuüben, einem Menschen Mensch zu sein. Nach wenigen Monaten schon trifft ihn die erste Katastrophe. Er wird kastriert: eine Familienrache für die verführte Frau. Der Fähigkeit zur Lust für immer beraubt, nun endgültig aus allen seiner Zeit vorstellbaren Ordnungen geworfen, ohne die Gegenwart des geliebten Menschen droht die Gefahr, Aufgebrochenes für immer zu verschütten. Eine Abfolge von Katastrophen gliedert hinfort sein Leben. Der Verschnittene flüchtet in ein Kloster und überwirft sich mit dem Konvent: Der Individualist widersteht der üblichen Ordnung. Er beginnt Vorlesungen in Theologie, und ein Konzil zwingt ihn, diskussionslos sein Vorlesungsmanuskript zu verbrennen: die wissenschaftliche Rache lächerlich gemachter Mitschüler von einst. Er gründet den Parakleten als freie Hochschule in der Einöde und bricht unter Verfolgungswahn zusammen: Die Vorstellung, als Wissenschaftler der einzige zu sein, und die Unfähigkeit, Umwelt wirklich zu sehen, lassen ihn bedrohlich alles auf sich beziehen. Er nimmt die Wahl zum Abt eines bretonischen Klosters an und scheitert an der Inkongruenz zwischen seiner Spiritualität und der feudalmännischen Klosterwelt: Ein Mordversuch seiner Mönche macht ihn zum heimatlosen Flüchtling. Und als er schließlich an die Stätte seines ersten Wirkens zurückkehrt, auf den Genovefa-Berg in Paris, und die akademische Jugend ihm nochmals Erfolg schenkt, da tritt Bernhard von Clairvaux gegen ihn auf, der mächtigste Kirchenmann seiner Zeit, läßt ihn auf dem Konzil von Sens verurteilen und erwirkt vom Papst, seiner Kreatur, den Spruch ewigen Schweigens.

Diese Katastrophen treffen Abaelard jeweils doppelt. Außen sind sie immer wieder ein Abbruch mühsam erkämpfter Möglichkeiten, in einer neuen Umwelt zu leben. Innen sind sie ein Scheitern des eigenen Geltungsanspruchs. In der Abfolge dieser Katastrophen ist alles Bleibende von Heloisa bestimmt. Er schenkt ihr und ihren Nonnen den Parakleten, bewahrt sie vor der Heimatlosigkeit und gibt der beginnenden mittelalterlichen Frauenbewegung Regel und Deutung; er durchzieht für Heloisa, seinen Stolz überwindend, bettelnd die Ile-de-France zum Gespött der Leute; er entwickelt eine neue Theologie der Liebe, er denkt, schreibt, dichtet und komponiert für sie; er formuliert mit ihr eine neue Ethik, als Gewissensethik für das Mittelalter revolutionär, Heloisa die Selbstachtung ihrer nie verleugneten Liebe ermöglichend und den Menschen der Zeit den Widerstand gegen das moralische Diktat der Kirche; er hält mit Heloisa den Kampf um ihre Seele aus, die sie ganz ihm schenkt und die er deswegen vor Gott verloren fürchtet, er als ihr Geliebter Grund der möglichen Verdammnis, er als ihr Mann, der sie ins Kloster zwang, er als ihr Abt und Seelenführer vor Gott verantwortlich für ihr Heil; sie ist nach der Verurteilung von Sens der einzige Mensch, vor dem sich zu rechtfertigen ihn drängt: sie und er, zwei Menschen, die nicht mehr durch gesellschaftliche Rollen verbunden sind, sondern die einander *consortes* geworden sind, Teilhaber *eines* Geschicks und somit verbunden durch ihre Existenz, Menschliches in der Gestalt historischer Individuen, wie es Heloisa in der Anrede ihres ersten Briefes in der Benennung und Aufhebung der Rollen beschreibt, bis nur noch zwei Namen zwei Menschen nennen: »An ihren Herrn oder vielmehr Vater, ihren Mann oder vielmehr Bruder, seine Dienerin oder vielmehr Tochter, seine Frau oder vielmehr Schwester, an Abaelard Heloisa.«

Erst in der Abfolge von Katastrophen und in der Bindung

dieses Paares, in der er für sie Gott ist in dem bedrohlichen Sinn, den diese Erfahrung für Gläubige des 12. Jahrhunderts hat, und sie der einzige Mensch seines Lebens, der ihm als Mensch, als unwechselbarer und einziger begegnet, wird Abaelards Fähigkeit entbunden, etwas zu tun nicht zum eigenen Ruhm und in der Zerstörung anderer, Liebe zu erfahren und zu geben und aus dieser Liebe zu dichten und zu singen und eine neue Theologie der Liebe zu denken. Heloisa hat den Verstand des Intellektuellen Abaelard in die Liebe sublimiert, ihm Menschsein ermöglicht und das Christentum wieder vom Menschen her erfahrbar gemacht.

Richard Friedenthal

Das bürgerliche Leben eines Revolutionärs: Karl Marx und die »Heilige Familie«

»Die Heilige Familie«: So nannten später die Eingeweihten der Bewegung die Familie Marx in London, ironisch auf den Titel von Marx' früher Broschüre anspielend. Das Problem der Familie hatte seine Bedeutung für die Lehre; Marx selber nahm freilich dazu nur unbestimmte Stellung, Engels war entschiedener zwar, aber erst in später Zeit. Beide unterschieden sich auch wesentlich in ihrer Lebensführung: Marx war Familienvater mit durchaus patriarchalischen Zügen, die bis zur robusten Haustyrannei, besonders der jüngsten Tochter gegenüber, gehen konnten; Engels blieb hartnäckiger Junggeselle, der mit seiner Mary und dann deren Schwester Lizzie in freier Bindung lebte, wenn er auch im Falle der zweiten »Lebensgefährtin« der schon Sterbenden durch einen freundlichen anglikanischen Geistlichen eine Heiratsurkunde ausstellen ließ, was der frommen Katholikin erlaubte, als »honest woman« ihr Leben zu beenden. Er hatte auch keine Kinder, abgesehen von dem »Gefälligkeitswechsel«, den er seinem Freunde ausstellte, als dieser mit dem getreuen Lenchen den unehelichen Sohn Frederick Demuth gezeugt hatte, den Engels als seinen Sprößling anerkannte, um die Ehe Marx' nicht scheitern zu lassen.

Marx jedoch hatte Kinder, zahlreiche und geliebte. Von sieben haben wir dokumentarische Kenntnis; nicht alle blieben am Leben, und der Tod des Sohnes Edgar war für ihn nach seinem eigenen Zeugnis einer der schwersten Schicksalsschläge seines katastrophenreichen Lebens. Er hat diesen Verlust nie verwunden und immer wieder davon gesprochen, in Tönen, die sonst nie bei ihm vorkommen. Auch darin war er der Familienvater alten Schlages: Die Geburt von Töchtern teilte er en passant oder ausgesprochen enttäuscht mit. Die Tatsache, daß ihm dieser legitime Stammhalter entrissen wurde, mag auch, wir sagen das mit Vorbehalt, der Grund dafür gewesen sein, daß er seinen illegitimen Sohn bis zu einem Grade verleugnete, der ihm schwerste Vorwürfe wohlmeinender Nachfahren eingetragen hat, die von ihm die Tugenden ihres Herzens verlangten. Frederick Demuth starb als Proletarier 1929 in London ohne direkte Nachkommen; ein von ihm als »Sohn« bezeichnetes Kind erwies sich bei Fredericks Tode als adoptiert. Marx verblieben drei Mädchen, und auch für sie hatte der Tod des Bruders Folgen. Denn Marx, der sie nicht gut in Jungen verwandeln konnte, tat doch sein Bestes, ihnen die Rolle »Ersatz für Edgar« aufzuzwingen. Überhaupt wandte er seinen Töchtern gegenüber ohne jede Bedenken die ganze väterliche Autorität im traditionellen Sinne an, doch die Töchter haben sich immer gefügt und selbst bei herzzerbrechendem Kummer nie gewagt, dem vergötterten Vater seine Eingriffe zu verargen. Nun, Marx bezauberte auch die Töchter, sie hielten zu ihm, nicht zu der Mutter. Die nie aufhörende finanzielle Malaise im Hause Marx, die ja am schwersten auf der Mutter lastete, trug dazu bei. Jenny Marx war früh ein Wrack, durch Lebensbedingungen, die auch eine stärkere Natur zermürbt hätten. Sie konnte immer noch bei Besuchern großen Eindruck machen durch Haltung, Liebenswürdigkeit und intelligente Konversation, die zeigte, wie sie völlig mit den Gedanken ihres Mannes vertraut war. Innerlich aber war sie gebrochen, und sie hat das verschiedentlich Freundinnen gegenüber bekannt. Die zeitweilig nervenzerrüttende Jenny mag tatsächlich, wie Marx einmal schrieb, »die Mädchen fast zu Tode geplagt« haben mit Mahnungen oder dem Versagen von Wünschen, die nun einmal nicht zu erfüllen waren; sehr gerecht mutet Marx' Vorwurf nicht an. Pädagogisch waren weder er noch Jenny begabt.

Er erzog und verzog die Töchter nach jeder Richtung hin. Sie waren alle drei, Jenny, die älteste, Laura, die zweite, Eleanor, dann üblich Tussy genannt, die jüngste, begabt und hätten wohl unter leidlichen Umständen und etwas sinnvollerer Leitung im Leben ihren Platz finden können. Zwei von ihnen endeten durch Selbstmord, Jenny, die älteste, starb früh nach einer ziemlich verpfuschten Ehe.

Aber es war nicht alles Jammer und Trübsal. Die frühe Kindheit – und das waren eigentlich die Jahre der schlimmsten Armut, wenn wir die wöchentlichen Bittbriefe an den unermüdlich zahlenden Engels zu Rate ziehen – erschien den Töchtern als wundervoll durch den innigen Kontakt mit dem Vater. Der grimmige Chef der Weltrevolution war der liebevollste Kindervater und Spielkamerad. Er ließ sich von seiner Brut beliebig im Zimmer umherzerren, und es gab Ausflüge, Landpartien auf den Hampstead Heath mit großem Freßkorb, den das gute Lenchen schleppte; Vater Marx hatte nichts dagegen, sich als ungeschickter Eselreiter zu produzieren. Seine Briefe enthalten immer die zärtlichsten Grüße an die Kinder, die mit allerhand Spitznamen wie Kakadu, Täubchen, Quoquo tituliert wurden, während der Vater den englischen Kinderschreck-Namen für den Teufel, »Old Nick«, führte. Von Entfremdung, wie sie mit seinen Schwestern und der Mutter schon zur Studentenzeit praktiziert wurde, bis sie in völliger Kälte erstarrte, war nichts zu spüren. Analyse, sonst mitleidlos betrieben, fand den Töchtern gegenüber nie statt. Vielmehr jubelte der Familienvater, wenn die Töchter Schulpreise bekamen oder bei kleinen Partys durch Rezitationen oder in Theaterrollen brillierten. Halt hier! Theaterspielen im kleinen Kreise, das ließ Marx für seine Töchter gelten, es war gesellschaftlich – gesellschaftlich im bürgerlichen Sinne – nützlich, denn die Misses Marx sollten doch auch Bekanntschaften machen. Theater aber im Ernst, als Beruf? Seine Töchter als Schauspielerinnen, allen Gefahren und Verführungen ausgesetzt? Am Ende halbe Huren oder große Kokotten? Nein, niemals! Dabei träumten sowohl Jenny wie Tussy von nichts so leidenschaftlich wie vom Theater. Selbst die Mutter Jenny, oft für die »viktorianischen« Anschauungen im Hause Marx verantwortlich gemacht, träumte ein wenig mit, als ihr Bekannte Komplimente über das Spiel ihrer ältesten Tochter machten. Doch einer, vielleicht sogar von der Mutter erwünschten Karriere stand manches entgegen: Jenny, die Älteste, war kränklich als Kind und kränklich als Mädchen, litt ständig an Asthma; sie war keine Schönheit, das »Ebenbild des Vaters«, man konnte sie bestenfalls »pikant« aussehend nennen, wie die Mutter zugab. Es war gleichwohl dieser Traum, neben den ständigen Erbschaftshoffnungen, noch einmal der eigentümliche Komplex, »mit einem Schlage« die Wendung des Lebens herbeigeführt zu sehen, der im Hause Marx herrschte.

Tochter Jenny schlich heimlich zu einer Schauspiellehrerin; der Vater durfte davon nichts wissen, die Mutter war eingeweiht. Aber die Nerven des Mädchens hielten schon diese Lehrstunden nicht aus, sie mußte aufgeben. Shakespeare war bereits für das Kind *die* Lektüre, wie er überhaupt im Hause Marx *der* Dichter war. Die Mutter Jenny schrieb, als ihre Töchter schon vielfach Artikel publiziert hatten, eine Reihe von Feuilletons für die »Frankfurter Zeitung« über die neue Welle von Shakespeare-Interesse in England. Ihre Feuilletons sind ein schönes Zeugnis für ihre Begeisterungsfähigkeit und ihr Temperament; zugleich zeigen sie, wie im Hause Marx – denn alle schrieben da, der Vater, die Töchter, die Mutter – auch die Kunst der Bewegung zu dienen hatte. Eingeführt wurden die Feuilletons durch die noch blutjunge Tussy, die einen ihrer zahlreichen Verehrer, den stets hilfsbereiten und gefälligen Carl Hirsch, als Mittelsmann benutzte, um die Artikel zu plazieren. Dazu wurde etwas sensationell die Trommel gerührt: Vater Marx selber, schreibt Tussy, hätte am liebsten die Kritiken verfaßt, wenn ihm Zeit dazu geblieben wäre. »Wenn Sie Mamas Kritik in der ›Frankfurter‹ veröffentlichen lassen könnten, würden Sie uns eine große Freude bereiten. Vielleicht«, so meint sie hoffnungsvoll, »könnte man auch im ›Journal des Débats‹, im ›Temps‹ oder ›Siècle‹ etwas darüber bringen.« Als Nachschrift: »Mama trägt mir auf, Ihnen zu sagen, Sie wünsche nicht, daß ihr Name in der ›Frankfurter‹ erscheint, aber wenn Sie sagen wollen, wer die Kritik geschrieben hat, können Sie das ›unter Freunden‹ tun.«

Mutter Jenny schreibt robuster. Der »Fall Irving« – Henry Irving spielte erfolgreich »Hamlet« und »Macbeth«, wurde aber von der englischen Kritik überhaupt nicht anerkannt – ist für sie vor allem eine Gelegenheit, das englische Bürgertum zu »geißeln«. »John Bull schlägt sich auf seine Vollbrust, für seine glorreiche Konstitution, seinen Milton, den er nicht kennt, seinen pork-pie, den er sehr gut kennt, und last not least – für seinen William Shakespeare. Alles nur Phrase (nur mit seinem pork-pie nimmt er es ernst). Alles nationaler Dünkel und Scheinheiligkeit! Gilt es, dem ›Swan of Avon‹, dem größten aller Dichter, ein Denkmal zu setzen, so sind es nur die Scherflein der unteren Volksschichten, die es zur Ausführung bringen.« Nur die Arbeiter sind es, »die ihn aus billigen Schillingsausgaben kennen und ihren ›Will‹ im tiefen Herzen tragen«. Shakespeare war gänzlich vergessen, nur in den Arbeitervierteln tauchte einmal ein Hamlet oder Macbeth auf. Und erst ein junger Schauspieler, Henry Irving, wagte es, »der alten konventionellen Tradition vor den Kopf zu stoßen und statt des langgewohnten altherkömmlichen Hamlets ein eignes treues und originelles Gebilde Shakespeares zu schaffen«. Und zu dessen Macbeth noch handfester: »Sollte die englische Mittelklasse schon wieder ihrer Shakespeare-Fesseln, die der gute Ton ihr angelegt hatte, müde sein, sollte sich die Hautevolée schon wieder wegsehnen von wahren Kunstschöpfungen zu melodramatischen Spektakelstücken mit brennenden Schiffen, einstürzenden Felsen, leibhaftigen Fiacres, Pferden, Kamelen und Ziegen?« Der englische Philister ist »denkfaul: hat er doch jeden Morgen beim Frühstück mit obligater Eier- und Schinkenbegleitung seinen penny-a-liner parat, der für ihn denkt. Wie bequem ist es doch, mit den fertigen glatten Phrasen in der Tasche in den Omnibus zu steigen, in die City zu fahren oder im Clubhaus oder abends im Theater in der Loge zu sitzen. Da hat ihm ja morgens schon die ›Daily News‹ vorgepredigt, daß Irving den Macbeth falsch auffaßt.« Alle haben sie ihre fix und fertigen Meinungen in der Tasche. »Das ist der große Vorzug eines Arbeiterpublikums. Der Arbeiter läßt sich nicht von der Presse verblüffen. Er geht ins Theater, traut seinen eignen Augen und Ohren, klatscht und zischt nach Herzenslust.«

Jenny nimmt hier im Kern bereits die spätere Volksbühnenbewegung voraus. Was Irving angeht, so tat sie freilich des Guten etwas zuviel. Daß Kontroversen und Debatten um Schauspieler notwendig und nützlich für den Kritisierten und sein Renomee sind, ignoriert sie in ihrem Propagandaeifer. Kritisiert wurde an Irving vor allem, daß er den Persönlichkeitskult auf die Spitze trieb und »weder den Augen noch Ohren der Zuschauer je erlaubte, irgendeinen anderen Mitspieler zur Kenntnis zu nehmen«. Man kritisierte seinen manirierten, stelzenden Gang, seine affektierte Stimme und seine übertriebenen Gesten. Wenn Jenny in ihm gewissermaßen einen Vorkämpfer der

Arbeiterklasse sehen wollte, so hatte der sehr ehrgeizige Mime ganz andere Ambitionen. Er wollte seinen Stand des Schauspielers gehoben und von den immer noch lastenden Vorurteilen befreit sehen. Er hat es in der Tat erlebt, daß er als erster Akteur zum Sir ernannt wurde. Aber seine Vorschläge zur Besserung waren doch recht »bourgeois«: Vor allem sollten junge Leute aus den besseren Klassen zum Theater gehen, so tönte er bei einer Vorlesung vor der »Philosophical Institution« in Edinburgh, akademisch Gebildete, ernstlich Interessierte und solche »mit guten gesellschaftlichen Beziehungen«.

Jenny Marx berichtet auch über die ernsteren Shakespeare-Forschungen, vor allem über die neue »Shakespeare Society« des unermüdlichen F. J. Furnivall, für den die Tochter Tussy zeitweilig tätig war. Da hätte Jenny nun dem deutschen Publikum einen charakteristischen englischen Typus präsentieren können, der nur für die Schwarzweißmalerei nicht gut verwendbar war. Wir halten ihn für sehr geeignet, die vielfachen Schattierungen anzudeuten, die sich am Rande der sozialen Bewegung ergaben. Ein Barrister und eifriger Sportsmann beim Rudern zunächst, dann in der Bewegung der »Christian Socialists«; ein Mitbegründer des »Working Men's College in London«, wo er Vorlesungen über Literatur hielt. Das nächste Stadium: überzeugter Agnostiker und als solcher Vorsteher des College. Dann jedoch ein an Arbeitsamkeit und Anregungen kaum je übertroffener Sekretär der »Philological Society«, die das Riesenwerk des großen englischen Wörterbuches unternahm; ein Gründer von Gesellschaften für die frühen englischen Texte, für Chaucer, für Faksimileausgaben der Shakespeare-Quartos, für Wiclif, Robert Browning, Shelley – all das schwerlich immer von höchstem Gehalt, aber unendlich nützlich und fruchtbar. Engels hat ihn nur als eine Art Kauz geschildert: »Heute morgen begegnete mir Furnivall in blauem um den Leib gegürtetem Ulster und breitkrempigem Hut – er sah genau aus, als wäre er ein Pilgeram auf der Fahrt ins Heilige Land, um den Bart des heiligen Antonius zu holen.« Und derselbe Pilger gründete noch als Siebziger, lebenslänglich ein engagierter Ruderer, einen Ruderklub für Mädchen aus dem großen Kaufhaus Harrod's.

Das ist heute alles »am Rande« der großen sozialistischen Bewegung und mag nahezu unwichtig erscheinen. Am Rande war aber damals noch viel eher die Kanzlei Marx; Furnivall mit seiner Volkshochschule und seinen zahllosen literarischen Gesellschaften und schließlich seinem Ruderklub stand viel weiter im Vordergrund.

Es ist bezeichnend, daß Karl Marx keinerlei persönlichen Kontakt mit Engländern aus diesen Kreisen hatte. Er blieb einsam und wollte einsam sein. Und die »Heilige Familie«? Sie war unzweifelhaft eine »geschlossene Gesellschaft«, völlig beherrscht von den Gedanken des Vaters. Die Kinder schon wurden mit Geschichte, Politik und Sprachkenntnissen aus vier oder fünf Sprachen gefüttert. Die Älteste arbeitete sehr bald als Sekretärin des Vaters, sammelte Zeitungsausschnitte für dessen Arbeiten – auch für »Das Kapital« waren Zeitungsartikel eine wichtige Quelle. Sie schrieb selber Artikel zur irischen Frage und errang einen frühen Triumph, als sie sich der Angeklagten in einem Prozeß annahm, der gegen Mitglieder der »Fenian Society« geführt wurde, die gefangene Kameraden auf dem Transport ins Gefängnis befreit hatten, wobei ein Polizist erschossen wurde. Ihre Artikel, in dem Pariser Blatt »La Marseillaise« des Henri Rochefort erschienen, wurden auch von der Londoner Presse aufgenommen; es entstand eine Sympathiebewegung, das Parlament befaßte sich mit der Sache, und die Regierung Gladstone sah sich bewogen, die noch im Gefängnis verbliebenen Fenier freizugeben. »Sieg auf der ganzen Linie für Jenny!« triumphierte Marx im Brief an Engels. Jenny war die Lieblingstochter, sie war auch offenbar das Kind, das sich am innigsten mit dem Vater identifiziert hat. Sie konnte sich ein Leben ohne ihn nicht vorstellen, wie sie schrieb: »Obschon verheiratet, bleibt mein Herz, wie es immer war, an den Ort gebunden, wo mein Papa ist, und an einem anderen Ort würde das Leben für mich kein Leben sein.«

Der Ehemann der Tochter Jenny war ein französischer Student, Longuet, der zusammen mit seinem Freund Lafargue, dem späteren Mann der Tochter Laura, bei Studentenunruhen in Lüttich relegiert worden war und nach London kam, um dort sein Medizinstudium zu beenden. Die Jungverheirateten gingen nach Oxford, wo Longuet Sprachunterricht gab; doch die Atmosphäre der Universitätsstadt gefiel ihnen nicht. Sie zogen dann nach Paris, und bald kamen Klagen über den Ehemann, der, wie Marx schrieb, den ganzen Vormittag über im Bett lag und sich erst am Nachmittag von Argenteuil, wo das Ehepaar wohnte, nach Paris zu journalistischen Arbeiten begab. Es kam ein Kind nach dem andern; als Jenny mit 39 Jahren an Unterleibskrebs starb, hatte sie in den neun Jahren sechs Geburten hinter sich, und dies bei von Anfang an stark geschwächter Gesundheit. Wir hören in den Briefen der Familie nur von großer Reizbarkeit und aufgeregtem Verhalten Longuets; zur Nervenberuhigung übernahm der Ehemann die Hausarbeit, wenn die Frau krank war. Auch dabei konnte er nicht gut Ruhe halten: »Er kocht, schreit und argumentiert wie früher«, schreibt Mutter Jenny an einen Freund in New York.

Das Seltsame ist jedoch, daß gerade aus dieser offenbar so ziemlich verpfuschten Ehe die einzigen Nachkommen von Karl Marx hervorgingen, denen ein längeres Leben beschieden war, während die Kinder der zweiten, an und für sich viel gesünderen, Tochter Laura sämtlich starben und die Jüngste kinderlos blieb. Aus der Familie Longuet aber hat noch der Enkel Marx', Jean Longuet, im Ersten Weltkrieg als Vertreter eines Verzichtfriedens eine gewisse Rolle gespielt; er stand in Verbindung mit Romain Rolland in der Schweiz, in dessen Tagebuch er häufig erwähnt wird. Und beim 150. Geburtstag von Marx waren bei den Feiern in Moskau vier Urenkel, alle Longuets, zugegen, einer davon Bildhauer, ein anderer Maler, der dritte Rechtsanwalt, der vierte Grundbesitzer auf Madagaskar und Fachmann für Landwirtschaft. Keiner war Kommunist.

Die Heirat der zweiten Tochter mit dem französischen Sozialisten Lafargue bot Marx noch einmal Gelegenheit, seine Auffassungen von Ehe und Heirat auf das deutlichste zu dokumentieren. Paul Lafargue, Sohn eines Weinhändlers in Bordeaux, war auch Mediziner. Marx und seine Frau hielten die Familie für reich; die Vorfahren waren Plantagenbesitzer in Westindien, eine Großmutter sollte Mulattin gewesen sein, und Marx nahm darauf höchst abschätzig Bezug, wenn er sich über den Schwiegersohn ärgerte. Das war häufig der Fall; Lafargue und sein Freund Longuet waren Proudhonisten wie die meisten französischen Sozialisten, und das sollte für Marx bis zu seinem Ende ein ständiger Kummer sein. »Dieser verdammte Schlingel Lafargue belästigt mich mit seinem Proudhonismus und wird wohl nicht eher ruhen, bis ich ihm einmal tüchtig etwas auf seinen Kreolenschädel gegeben habe.« Er hatte sich bereits als Bräutigam mißliebig gemacht, diesmal nicht politisch, sondern durch sein Verhalten der Braut gegenüber. Marx war da prüde bis zur Groteske. Seine Freunde berichten auch, daß er, sonst bekannt für fröhliches Zoten, angstvoll zusammenschrak, wenn Gefahr bestand, daß ein Wort davon seinen Töchtern zu Ohren kommen könnte. Hier nun donnerte er den Bräutigam an, der sich zügellos seinem südländischen Temperament überlassen habe; es ist nicht gesagt, ob er etwa gewagt hat, die Marx-Tochter zu küssen oder gar unzüchtig zu umfassen. Mit Unmut, so heißt es in dem Vaterschreiben, habe er das Verhalten der Verlobten verfolgt: »Wahre Liebe äußert sich in der Zurückhaltung des Liebenden, bescheidenem Gebaren oder sogar Schüchternheit – nicht aber in hemmungsloser Leidenschaftlichkeit oder verfrühten Vertraulichkeiten. Wenn Sie sich zur Verteidigung auf Ihr kreolisches Temperament berufen sollten, so ist es meine Pflicht, mit meinem gesunden Menschenverstand zwischen Ihr Temperament und meine Tochter zu treten. Wenn Sie in ihrer Gegenwart Ihre Liebe nicht in einer Weise äußern, die dem Londoner Breitengrad entspricht, so müssen Sie sich damit abfinden, sie aus größerer Entfernung zu lieben. Sie verstehen mich sicher.«

Außerdem wünschte Karl Marx auch Aufklärung über Lafargues wirtschaftliche Lage. Und da fallen recht bezeichnende Sätze. Wir erinnern uns an den besorgten Brief seines Vaters Heinrich über die Verlobung mit Jenny von Westphalen; im Vergleich mutet Vater Marx allerdings merkwürdig »progressiv« an in seiner sehr vorsichtig und feinfühlig ausgedrückten Weise, unangenehme Probleme zu behandeln. Karl Marx indessen wünscht genauere Angaben über Vermögen und Berufsaussichten des Kandidaten. Er weiß nur, daß die medizinische Karriere des Lafargue durch seine Teilnahme an den Studentenunruhen in Lüttich halb gescheitert ist – solche Teilnahme scheint dem Chef der Weltrevolution recht bedenklich, falls es sich um einen Bewerber um die Hand seiner Tochter handelt. Für Fortsetzung der Studien in England fehlt Lafargue die Sprachkenntnis. Kurzum: seine Chancen sind nicht sehr gut. Durch eigene Beobachtung hat Marx sich zudem überzeugt, daß der Kandidat »von Natur nicht sonderlich arbeitsam ist«, allenfalls zeigt er dann und wann fieberhafte Aktivität und gute Absichten! Er ist also auf die Hilfe anderer angewiesen, wenn er mit der Tochter eine Ehe führen will. Von der Familie Lafargue weiß Marx gar nichts. Sollte sie vermögend sein? Hatte der Vater Weinhändler für die Ehe mit der Marx-Tochter nicht etwa 100000 Francs verlauten lassen? Im Hause Marx jedenfalls war wieder einmal große Erwartung auf einen finanziellen Donnerschlag, der alle Sorgen niederschlagen würde. Die Groteske, daß er offenbar erwartete, eine Marx-Tochter müsse die »Mitgift« von seiten des Bräutigams empfangen, eine Art Brautkauf nach Sitte der Urvölker, ist ihm nie zu Bewußtsein gekommen. Und in seinem besten antithetischen Stil beendet er die Epistel mit dem eleganten Satz: »Sie, der Sie doch ein erklärter Realist sind, können nicht gut erwarten, daß ich die Zukunft meiner Tochter als Idealist behandele. Sie als ein Mann, der sogar so praktisch denkt, daß er die Poesie abschaffen möchte, können nicht gut auf Kosten meines Kindes sich in Poesie ergehen.« Vielmehr: »Sie müssen erst etwas erreicht haben, ehe Sie an Ehe denken können, und daher wird für Sie wie Laura eine lange Probezeit bevorstehen.«

An einer anderen Stelle des Schreibens gibt Marx sehr bezeichnende Gedanken über die Ehe zum besten, die er auch sonst Engels gegenüber geäußert hat, wenn er meinte, ein Revolutionär sollte doch besser überhaupt nicht verheiratet sein. »Sie wissen, daß ich mein gesamtes Vermögen dem revolutionären Kampf geopfert habe. Ich bereue das nicht. Im Gegenteil. Und wenn ich meine Laufbahn noch einmal von vorn beginnen müßte, ich würde wieder so handeln. Aber: ich würde nicht heiraten. Ich beabsichtige alles, was in meiner Macht steht zu tun, um meine Tochter vor den Klippen zu bewahren, an denen das Leben ihrer Mutter gescheitert ist.«

Trotz allem: Laura heiratete, und Marx fand diese Tochter

immer recht »kühl«, weil sie sich ihm entzog. Der Mediziner Lafargue beendete sein Studium nicht; von seiner Familie kam keine nennenswerte Unterstützung. Er war anfangs kein guter Ehemann, wurde politischer Agitator und versuchte sich dann in England geschäftlich mit einem graphischen Kopierverfahren nach einem französischen Patent; auch Marx beteiligte sich an dem Unternehmen, verlor dabei aber sein Geld. Später hat sich Lafargue als Redner in den verschiedenen Wandlungen der sozialistischen Parteigründungen einen Namen gemacht.

Der gute Onkel Engels jedenfalls mußte anfangs immer wieder eingreifen mit Geldsendungen für eine anständige Ausstattung Lauras mit Wäsche und Kleidern, so wie er schon vorher geholfen hatte, wenn die Marx-Töchter Schulgeld benötigten oder Honorare für Malstunden und Zeichnen, für Reitunterricht, Klavierstunden, Klaviermiete und für Gymnastik. Sie sollten den ganzen Kursus der obligaten »höheren Töchter« durchmachen, auch in gesellschaftlicher Hinsicht. Es bedrückte den Vater und, mehr noch, die Mutter, daß sie sich bei ihren Bekannten aus besseren Kreisen nicht entsprechend »revanchieren« konnten, und die erste Gelegenheit wird benutzt, einen Ball für 50 jugendliche Personen zu geben, der diese Lücke endlich ausfüllt. Aber das war doch nur eine Seite. Daneben sollten die Töchter Mitarbeiterinnen ihres Vaters sein, eifrig in der weltrevolutionären Bewegung. Vater Marx notiert mit Befriedigung die politischen Artikel der Tochter Jenny über die irischen Revolutionäre und ihre Briefe, die sie mit F. S. unterzeichnete, was Fenian Sister, Schwester des Fenierbundes, bedeutet. Er nahm ohne Skrupel die Dienste der jüngsten Tochter Tussy in Anspruch, nachdem die beiden älteren durch ihre Heiraten gen Paris entschwunden waren. Zuweilen machte er sich einmal Gedanken darüber, daß er dieses Kind so ganz für sich und seine Pläne einspannte. Es entging seinem vergleichenden scharfen Auge auch nicht, daß das recht ähnlich der bürgerlichen Anschauung seiner Zeit war, wonach zum mindesten *eine* Tochter ihr Leben dafür zur Verfügung zu stellen hatte, den Vater bis an dessen Ende zu betreuen.

Im Fall der ältesten und der zweiten Tochter hat Marx nur

gewarnt und gedroht, als die Heiratskandidaten ihm nicht genügend erschienen. Im Fall der Jüngsten, die in den französischen Sozialisten Lissagaray verliebt war, hat er schlicht ein Heiratsverbot erlassen. Dieser Hyppolite-Prosper Lissagaray, aus einer alten, ehemals adligen baskischen Familie im Departement Gers stammend, war Journalist und Sozialist, Herausgeber einer ganzen Reihe kurzlebiger Journale und Teilnehmer an der Kommune von 1871. Er schrieb dann die ausführlichste und lange Zeit in verschiedenen Übersetzungen verbreitete Geschichte der Kommune, ein Werk, das Marx hoch schätzte und auf dessen weitere Auflagen er mit Verbesserungswünschen und Änderungen Einfluß nahm. Um kaum ein anderes Werk eines Zeitgenossen hat er sich solche Mühe gegeben, was jedoch die Frage der Heirat seiner Tochter nicht berührte. Da erließ der Vater sein ganz entschiedenes Verbot. Was er gegen Lissagaray einzuwenden hatte, ist nicht ganz deutlich. Es mag ihm zu Ohren gekommen sein, daß Lissagaray als ein »Hitzkopf« galt, der mehrere Duelle, auch mit erheblichen Verletzungen, absolviert hatte, daß er sich im anarchistischen Sinne gegen jede Form der behördlichen Organisation, auch der sozialistischen, geäußert hatte. Vor allem jedoch wollte Marx diese jüngste Tochter nicht hergeben, die noch eifriger als die beiden älteren als Sekretärin, Reisebegleiterin, bei Materialbeschaffung und Korrespondenz nach allen Seiten hin unentbehrlich wurde. Er mag anfangs nicht ganz unrecht gehabt haben, wenn er den romantischen Wünschen einer Neunzehnjährigen Halt gebot, aber er blieb starr und jahrelang bei dieser Haltung. Vergebens schrieb die Tochter nach sieben Jahren Brautschaft mit Lissagaray – ebenso lange, wie Karl Marx selber um die Mutter Jenny geworben hatte – einen flehenden Brief an den gestrengen Vater:

»Mein liebster Mohr,
ich will Dich um etwas bitten, aber erst mußt Du mir versprechen, daß Du nicht sehr ärgerlich sein wirst. Ich möchte wissen, lieber Mohr, wann ich L(issagaray) wiedersehen kann. Es ist so hart, ihn *nie* sehen zu dürfen. Ich habe mir die größte Mühe gegeben, geduldig zu sein, aber es ist so sehr schwer, und ich

habe das Gefühl, ich kann es nicht mehr aushalten. Ich erwarte nicht, daß Du sagst, er könne herkommen. Ich wünsche das nicht einmal, aber könnte ich nicht ab und zu einen kleinen Spaziergang mit ihm machen? Du erlaubst mir doch, mit Utin oder Frankel auszugehen, warum nicht mit ihm? Außerdem wird niemand sich wundern, wenn er uns zusammen sieht, denn alle wissen doch, daß wir verlobt sind.

Als ich in Brighton sehr krank war (und in einer Woche hatte ich zwei oder drei Ohnmachten am Tage), kam L(issagaray), um mich zu sehen, und jedesmal fühlte ich mich gekräftigt und glücklicher und eher in der Lage, die schwere Last zu tragen, die mir auferlegt ist. Es ist so sehr lange her, seit ich ihn sah, und ich beginne mich kreuzunglücklich zu fühlen, trotz aller Anstrengungen, mich zu halten, denn ich habe versucht, so gut es ging, vergnügt und munter zu sein. Ich kann es nicht länger ertragen. Glaub mir doch, lieber Mohr, wenn ich ihn ab und zu sehen könnte, dann würde mir das besser bekommen als alle Arztrezepte zusammen – ich weiß das aus Erfahrung.

Wenigstens, lieber Mohr, könntest Du mir doch sagen, wann ich ihn sehen darf, wenn das schon jetzt nicht sein kann. Ich hätte dann etwas für die Zukunft zu erwarten, und wenn die Zeit bis dahin nicht so unbestimmt wäre, würde mir das Warten weniger schwerfallen.

Mein liebster Mohr, bitte sei nicht ärgerlich über diese Zeilen, und entschuldige, wenn ich egoistisch genug bin, Dich wieder zu behelligen Deine Tussy. 23. 3. 1874«

Marx blieb in diesem Falle Sieger; ob zum Heil der Jüngsten, ist fraglich.

Michael Stürmer

Ziellose Jugend: Der junge Bismarck

Das Elternhaus hätte nicht preußischer sein können. Die Mutter Wilhelmine, Tochter des Geheimen Kabinettsrats Ludwig Mencken, kam aus der Tradition des aufgeklärten Beamtenabsolutismus. In seinem Zeichen stieg noch unter Friedrich dem Großen die hohe Bürokratie zur regierenden Kaste auf, die seitdem Reform von oben erst predigte und seit dem Zusammenbruch des friderizianischen Systems auch durchsetzte. Ludwig Mencken hatte man bei Hofe scherzend einen Jakobiner genannt, doch beschädigte das seine Karriere nicht. Seine Tochter hatte viel von seiner aufklärerischen Energie geerbt; ihre Kinder sollten sich selbst Bildung erwerben und nicht einfach Besitz erben. In ihr kam jener Kulturprotestantismus zu Wort, der über höhere geistige Bildung auch den Weg zu Gott sich ebnen sah – und den ihr Sohn in jungen Jahren abwarf und später mit Zorn und Kraft bekämpfte. Eine elegante Frau, belesen und zungenfertig, vom pädagogischen Idealismus der Aufklärung beseelt, rationalistisch und gleichmacherisch, verbrachte Wilhelmine von Bismarck die Winter in Berlin im Dunstkreis des Hofes, die Sommer in Pommern auf dem bescheidenen Gutshof Kniephof, den ihr Mann zusammen mit der Gutsherrschaft Schönhausen an der Elbe von seinen Vätern ererbt hatte.

Der Kontrast zu Ferdinand von Bismarck hätte nicht schärfer sein können. Mit zwölf Jahren eingetreten ins Reiterregiment Leib-Carabiniers, schied er schon mit 23 Jahren wieder aus, um in den fetten Zeiten nach dem Baseler Frieden 1795, als Preußen eine Insel der Neutralität wurde in einem Meer des Krieges, seine Güter zu bewirtschaften. Robust und den Freuden des Landlebens zugetan, von freundlicher Gesinnung gegenüber Standesgenossen und patriarchalischer Haltung gegenüber den Gutsleuten und Bauern, bedeutete er für die Entwicklung des Sohnes »als Persönlichkeit wenig, um so mehr als Typ«.

Man fragt sich, was den Vater und die Mutter miteinander verbunden haben mag, die intellektuelle Tochter des hohen Ministerialbeamten und den junkerlichen Landwirt aus ältestem märkischem Adel. Was dies alles für den Sohn bedeutete, der am 1. April 1815 in Schönhausen geboren wurde und bereits mit sieben Jahren, auf die Plamannschen Anstalten in Berlin fernab ins Internat geschickt, heimwehkrank den harten Erziehungsmethoden Jahnscher Prägung ausgeliefert war – das ist schon deutlicher. Die Ambivalenz des Elternhauses wurde, in Tradition und Widerspruch, die Ambivalenz seines Lebens. Der durchdringende Verstand seiner Mutter hat ihn dazu befähigt, ihre Ideale und Lebensmaximen mit äußerster Schärfe zu identifizieren und zurückzuweisen. Die junkerliche Lebensform des Vaters hat er zeitlebens gesucht und doch gewußt, daß sie ihm nicht bestimmt war, ihn nicht befriedigen konnte und längst auf Termin gestellt war. Die Doppelgesichtigkeit des Elternhauses war nicht nur die Doppelgesichtigkeit Preußens zwischen Reform und Revolution. Sie wurde auch zum inneren Leitmotiv der Existenz des ungewöhnlich energischen, willensstarken und begabten Sohnes.

Den Plamannschen Anstalten entkam er bald wieder und bewahrte ihnen fortan ein böses Andenken. Danach besuchte er das Friedrich-Wilhelm-Gymnasium und das Gymnasium zum Grauen Kloster. So sehr er später von seiner literarisch-historischen Bildung zu zehren vermochte: der Geist des Klassizismus, die Idee des Gesamtkunstwerks, das Erbe Palladios, Schlüters und Erdmannsdorffs blieben ihm zeitlebens fremd. Nichts davon hatte ihm die Schule vermitteln können, und noch im hohen Alter, Fürst geworden und reich dazu, lebte er im Gutshaus von Friedrichsruh wie in einem Gasthaus, vollgestellt mit den Hervorbringungen eines Jahrhunderts, das vergeblich einen Stil suchte. Die negative Prägung durch die Schule war stärker als alles andere. Das galt auch für die Abneigung gegen die Städte, die ihn als Kind zu Zorn und Tränen gezwungen hatten und die er später als Staatsmann mit scharfem Mißtrauen betrachtete. Die Norm seines Lebens blieb das ländliche Leben, wie es so lange gewesen war und doch nicht mehr sein konnte. Der Schule hat er in den »Gedanken und Erinnerungen« ironisch ein Denkmal gesetzt, als er schrieb, als normales Produkt der staatlichen Erziehung habe er sie verlassen, »Pantheist und wenn auch nicht Republikaner, doch mit der festen Überzeugung, daß die Republik die vernünftigste Staatsform sei«. Die ihm noch im Geist des Turnvaters eingebleuten »national-deutschen Eindrücke« indes, so wahrte er noch beim Diktieren der Erinnerungen die Distanzen seiner Jugend, seien gegen angeborene »preußisch-monarchische Gefühle« nicht angekommen.

Der Schule schloß sich das Studium der Rechte in Göttingen an, wo damals der Geist der englischen Verfassung und der hannoverschen Reformen im Niedergang begriffen war. Bismarcks junkerlicher Instinkt gegen den »Racker Staat« bedurfte nicht des Parlaments und der konstitutionellen Verfassung, um das absolute Königtum mit Mißtrauen zu betrachten. Er hat öfter davon gesprochen, daß die Bismarcks lange vor den Hohenzollern in der Mark gewesen sind – was sagen wollte, es gab da, hinter aller kurbrandenburgischen Vasallenloyalität, doch noch eine ältere Reserve gegen die neuen Herren aus dem Süden Deutschlands, die zu Potsdam und Berlin so fett im Regimente saßen. Was dem Studium Glanz verlieh, war der Beitritt zu einem feudalen Corps. Das Examen dagegen war ohne Glanz und die anschließende Zeit als Auskultator bei Landrat und Gericht – dem Dasein eines heutigen Rechtsreferendars entfernt vergleichbar – von langen Urlauben, entschiedenem Unwillen gegen das Aktenstudium wie auch vom unzerstörbaren Wohlwollen hoher Protektoren gekennzeichnet. Letzteres bewirkte, daß Bismarcks vielfach zur Schau getragene und niemals verschwiegene Abneigung gegen den Regierungsdienst ohne nachhaltige negative Konsequenzen für ihn blieb.

Den Militärdienst hat er nur pflichtgemäß und ohne besonderen Ehrgeiz hinter sich gebracht. Er suchte, wie er dem Vater schrieb, unter den Kompaniechefs »den civilsten« und wollte so wenig wie möglich von der Dressur des Exerzierens spüren. Der Gedanke gar, standesgemäß die Offizierslaufbahn einzuschlagen, war ihm fremd, ja erfüllte ihn mit entschiedener Abneigung. Die Historie liebt Ironie, und dazu gehört es, wenn das Publikum sich Bismarck, dem die Militärkarriere so wenig anziehend erschien und der später eher die Militärs sich unterwarf, als daß er sich zu ihrem Schuldner machen ließ, nur in Uniform vorzustellen vermochte. Auf das diplomatische Examen hat er sich überhaupt nicht erst eingelassen. »Wenn es dem Herrn von Bismarck gelingt, seine persönliche Faulheit zu überwinden, dann ist er zu allen hohen Staatsämtern fähig«, schrieben ihm seine Vorgesetzten zu Potsdam in die amtliche Beurteilung. So war es mit dem Staatsdienst in der militärischen wie in der zivilen Form bald vorbei.

Mit 23 Jahren zog er kühl Bilanz über Talente, Neigungen und Möglichkeiten. Aus dem Brief an eine Cousine, der durch die Abschrift für den Vater überliefert ist:

> »Daß mir von Hause aus die Natur der Geschäfte und der dienstlichen Stellung unserer Staatsdiener nicht zusagt, daß ich es nicht unbedingt für ein Glück halte, Beamter und selbst Minister zu sein, daß es mir ebenso respectabel und unter Umständen nützlicher zu sein scheint, Korn zu bauen, als administrative Verfügungen zu schreiben, daß mein Ehrgeiz mehr danach strebt, nicht zu gehorchen, als zu befehlen: das sind facta, für die ich außer meinem Geschmack keine Ursache anzuführen weiß, indessen dem ist so. Von allen Gründen, welche mich hätten veranlassen können, diese Abneigung zu bekämpfen, wäre wohl der würdigste gewesen der Wunsch, umfassender auf das Wohl meiner Mitbürger zu wirken, als es einem Privatmann möglich ist. Abgesehen davon, ob ich wirklich edel genug denke, um meine Kräfte mehr auf die Beförderung des Wohls Anderer als auf die des Eignen zu verwenden, bin ich, selbst bei der unbescheidensten Meinung von meinen Fähigkeiten der Ansicht, daß es für das Wohlergehen der Einwohner von Preußen keinen Unterschied machen würde, ob ich oder ein andrer von den vielen tüchtigen Leuten, die dieses Ziel erstreben, der Regierung einer Provinz angehöre oder vorstehe. Die Wirksamkeit des einzelnen Beamten bei uns ist wenig selbständig, auch die des höchsten, und bei den andern beschränkt sie sich schon wesentlich darauf, die administrative Maschinerie in dem einmal vorgezeichneten Geleise fortzuschieben. Der

preußische Beamte gleicht dem einzelnen im Orchester; mag er die erste Violine oder den Triangel spielen: ohne Übersicht und Einfluß auf das Ganze muß er sein Bruchstück abspielen, wie es ihm gesetzt ist, er mag es für gut oder schlecht halten. Ich will aber Musik machen, wie ich sie für gut erkenne, oder gar keine.«

Es folgte dann eine Kritik der preußischen Staatsverwaltung, wie sie härter nicht hätte sein können. Man darf sie allerdings nicht verwechseln mit der liberalen Kritik am Staat, kam jene doch aus älteren Welten, nämlich der feudalen Vergangenheit Brandenburgs und aus dem bitteren Ressentiment des Adels gegen den Staat, der ihn entmachtet hatte. Um an den öffentlichen Angelegenheiten teilnehmen zu können, müsse man »besoldeter und abhängiger Staatsdiener sein«. Man müsse vollständig der »Beamtenkaste« angehören, ihre Ansichten teilen, ob falsch oder richtig, und jeder Individualität in Meinung und Handeln entsagen. Der junge Herr von Bismarck erlaubte sich da Ansichten, die im ehemaligen Preußen nicht wohlgelitten sein konnten, und er wußte auch, daß »mein politischer Glaube dem von unserm Gouvernement anerkannten wesentlich zuwiderläuft«. Er wollte nicht unter die Fahne der Regierung treten, deren Grundsätze zu bekämpfen er für »eine meiner vornehmsten Pflichten gegen mein Vaterland« hielt.

Das alles aber bedeutete keineswegs Abstinenz von der Politik. Es bedeutet viel eher, die Situation erwarten und, wenn sie da war, sich in den Sattel schwingen. Es verriet brennenden Ehrgeiz und politische Tollkühnheit, als Bismarck eine Betrachtung hinzufügte, die, wenn sie ernstgemeint war – und warum sollte man daran zweifeln? –, entweder an die Spitze des Staates führen mußte oder vor ein Revolutionstribunal:

»Für wenige berühmte Staatsmänner, namentlich in Ländern absoluter Verfassung, war übrigens wohl Vaterlandsliebe die Triebfeder, welche sie in den Dienst führte; viel häufiger Ehrgeiz, der Wunsch zu befehlen, bewundert und berühmt zu werden. Ich muß gestehen, daß ich von dieser Leidenschaft nicht frei bin, und manche Auszeichnungen, wie die eines Soldaten im Kriege, eines Staatsmannes bei freier Verfassung, wie Peel, O'Connell, Mirabeau etc., eines Mitspielers bei energischen politischen Bewegungen, würden auf mich eine jede Überlegung ausschließende Anziehungskraft üben, wie das Licht auf die Mücke.«

Worauf wartete er? Auf Krisen und Katastrophen, die seinem Leben einen Sinn geben sollten, den es in den Geleisen der preußischen Verwaltung und Verfassung nicht gewinnen konnte. Solange wollte er Distanz bewahren, Freiheit und die Souveränität der Entscheidung. Es war indessen der preußische Staat, so wie er eben war, für solche Absichten ungeeignet. Bismarck schien sich eine Situation zu wünschen, die Preußen in Gefahr brächte, damit es der Rettung durch ihn bedürftig werde. Wie aber aus der Resignation eines 23jährigen an die Spitze des Staates gelangen? Und wie sollte »the Repose of Europe« einem Zustand Platz machen, der einem ehrgeizigen jungen Mann das große Los zuwarf, die Gesellschaft gegen sich selbst zu retten? Er wollte sein Ego nicht in die Fesseln der Verwaltung legen lassen und war fest entschlossen, »meine Überzeugung, meine Unabhängigkeit, meine ganze Lebenskraft und Tätigkeit nicht herzugeben«.

Wenig später übernahm Bismarck die väterlichen Güter, die durch die zurückliegenden Kriege und Wirtschaftskrisen und sein eigenes wildes Geldausgeben so stark verschuldet waren, »daß sie fraßen statt einzubringen« – klagte er brieflich seinem Freund Scharlach. Sechs Monate auf der Landwirtschaftsakademie zu Greifswald gaben ihm theoretische Kenntnisse, die er später mit Verachtung kommentierte. Aber auch das Dasein eines tüchtigen Landwirts, der die Familiengüter wieder hochbrachte und rentierlich machte, konnte ihn nicht befriedigen, obwohl der Kornpreis unaufhaltsam stieg und die Ernten vergoldete:

»Ich kann das einsame Landjunkerleben aber nicht länger aushalten und kämpfe mit mir, ob ich mich wieder im Staatsdienst beschäftigen oder auf weit aussehende Reisen gehen soll. Einstweilen habe ich mich vor 4 Monaten wieder bei der

Regirung anstellen lassen, 6 Wochen gearbeitet, die Leute und Geschäfte grade so schaal und unersprießlich gefunden wie früher, und bin seitdem auf Urlaub, treibe willenlos auf dem Strom des Lebens ohne anderes Steuer als die Neigung des Augenblicks, und es ist mir ziemlich gleichgiltig, wo er mich an's Land wirft.«

Ein wildes Kavaliersleben, abermals Militärdienst, Affären, Reisen füllten ihn nicht aus. Es bemächtigte sich seiner, wie er 1845 an den Schulfreund Scharlach schrieb, »eine an Lebensüberdruß grenzende Gelangweiltheit«. Welch ein Bild von sich selbst, das er mit 29 Jahren entwirft:

»Des vormittags bin ich verdrieslich. Nach Tische allen milden Gefühlen zugänglich. Mein Umgang besteht in Hunden, Pferden und Landjunkern und bei Letzteren erfreue ich mich einigen Ansehens, weil ich Geschriebenes mit Leichtigkeit lesen kann, mich zu jeder Zeit wie ein Mensch kleide, und dabei ein Stück Wild mit der Accuratesse eines Metzgers zerwirke, ruhig und dreist reite, ganz schwere Cigarren rauche und meine Gäste mit freundlicher Kaltblütigkeit unter den Tisch trinke. Denn leider Gottes kann ich nicht mehr betrunken werden, obschon ich mich dieses Zustandes als eines sehr glücklichen erinnere. So vegetire ich fast wie ein Uhrwerk, ohne besondere Wünsche oder Befürchtungen zu haben; ein sehr harmonischer und sehr langweiliger Zustand.«

Sehr belesen, sprachenkundig, arrogant gegenüber seinen Gutsnachbarn und fürsorglich für seine Leute, ein wilder Reiter, hatte er 1836 eine englische Liaison und war 1837 schon wieder in eine schöne Engländerin verliebt, die ihm ein wohldotierter Obrist abjagte. Damals war er drauf und dran, um der Tochter eines englischen Geistlichen willen Adelstitel und Revenuen, Preußen und die pommersche Gutsherrschaft, die Mark und alle uradligen Vorfahren hinter sich zu lassen und in der Welt herumzujagen – auf wie lang, wußte er selbst nicht. 1841 fand er sich, wohl ohne viel eigenes Zutun, für kurze Zeit standesgemäß verlobt, bis die besorgte Mutter der Braut alles wieder auflöste.

Merkwürdig ungeordnetes Leben auf der Suche nach einem Daseinszweck. Ungeheure Energien spielerisch verschwendet. Da wollte einer den Staat retten, wenn er nur endlich in Not geriet. Da wollte einer befehlen von ganz oben, ohne jemals das Gehorchen zu lernen. Es wollte da einer Revolutionär sein, aber von der weißen Sorte. Wie sollten sich die Verhältnisse dem fügen? Eine tiefe Unruhe hatte von dem Dreißigjährigen Besitz ergriffen, der doch – merkwürdige Blindheit – offenkundig nicht bemerkte, daß es längst die Unruhe seiner Epoche war. Dieselbe preußische Staatsverwaltung, die wenig später sich als Kartenhaus erweisen sollte, hielt der junge Bismarck noch für eine feste Burg der Ordnung, der Kontinuität, der bürokratischen Ewigkeit. Er wartete auf etwas, was er nicht zu beschreiben wußte und was vielleicht niemals kommen würde: »Mitspieler sein bei energischen politischen Bewegungen«. Der Landjunker war unterwegs, aber er wußte nicht, wohin. Er steuerte und hatte doch keinen Kompaß. Er wollte ankommen und wußte nicht, wo.

Jedem normalen Menschen wäre das adelige Landleben in den Jahren der großen Preishausse und stabiler Politik erstrebenswert erschienen; eine große Liebe im Leben ausreichend, oder auch mehrere kleine; die Sache mit Gott leicht aufschiebbar bis ins sorgenvolle Alter. Viele haben schlechter Deutsch geschrieben und werden doch als Meister des Wortes geehrt. Für den mit sich selbst zerfallenen, seiner Bestimmung nachgrübelnden Landwirt in Kniephof blieb da allerdings der Zweifel, daß sein Leben, das so viel Ehrgeiz, Talent und Versprechen enthielt, in der Banalität enden könnte. Stolz und Selbstbewußtsein forderten einen Zweck ohne jede Revisionsinstanz. War es nicht Gott, so mußte es die Macht sein. Wie aber zu Gott finden und wie zur Macht?

Einige Monate später – und dennoch wie durch Welten getrennt von den Spielereien und Nichtigkeiten der frühen Jahre – schrieb Bismarck über sich selbst:

»Ich habe manche Stunde trostloser Niedergeschlagenheit mit dem Gedanken zugebracht, daß mein und andrer Menschen Dasein zwecklos und unersprießlich sei, vielleicht nur ein beiläufiger Ausfluß der Schöpfung, der entsteht und vergeht, wie Staub vom Rollen der Räder; die Ewigkeit, die Auferstehung war mir ungewiß, und doch sah ich in diesem Leben nichts, was mir der Mühe wert schien, es mit Ernst und Kraft zu erstreben.«

Bismarck beschrieb das Gefühl, vor dem Nichts zu stehen. Lebenssinn zu suchen, wo es keinen gab, und ohne Hoffnung auf Gott zu leben. Als er an Herrn von Puttkamer auf Reinfeld schrieb, um die Hand der Tochter warb und seine Umkehr in den Hafen der Religion darlegte, beschrieb er das Bewußtsein der Modernität.

Brigitte Hamann

Der Preis der Schönheit: Sisi von Österreich

Selbst der preußische General Graf Moltke konnte sich bei seinem Wien-Besuch 1865 – also ein Jahr vor Königsgrätz – dem Zauber der jungen Kaiserin Elisabeth nicht entziehen. Er schrieb seiner Frau: »Das Gerücht hat nicht zu viel gesagt, die Kaiserin ist entzückend, noch anziehender als schön, eigenthümlich und schwer zu beschreiben... Sie scheint etwas schüchtern, spricht leise und ist nicht immer leicht zu verstehen... Nach der Tafel machten die Herrschaften Cercle und der Kaiserin fällt das, wie mir scheint, nicht schwer. Wenn man fertig sein soll, macht sie eine graciöse und ziemlich tiefe Verneigung, und man weiß, daß man entlassen ist.« Der Ruf dieser außerordentlichen Schönheit wurde belastender, je größer er wurde. Denn wie aus vielen Augenzeugenberichten zu ersehen ist, mußte Sisi bei jedem öffentlichen Auftreten den neugierigen und kritischen Blicken des Publikums standhalten, nicht anders als eine Schauspielerin, mit der sie sich auch öfter verglich. Ihre Kleider, ihr Schmuck, ihre Frisur: alles bildete ausgiebigen Unterhaltungsstoff. Jeder, auch der kleinste Toilette- oder Schönheitsfehler wurde bemerkt und kommentiert. Jede Sekunde mußte Elisabeth ihrem Ruf als größte Schönheit der Monarchie gerecht werden. Es gibt aber nicht das geringste Anzeichen dafür, daß sie das Aufsehen, das sie erregte, genoß, wie es andere in ihrer Situation getan hätten. Ganz im Gegenteil: ihre angeborene Schüchternheit und Menschenscheu wurde durch diese öffentlichen Auftritte nicht gemildert, sondern derartig verstärkt, daß sie eine regelrechte Angst vor fremden Menschen entwickelte.

Ängstlich und verkrampft bemühte sie sich, Schönheitsfehler zu verbergen, so etwa ihre schlechten Zähne. Diesen Makel hatte Erzherzogin Sophie schon vor der Ischler Verlobung bemerkt und gerügt. Er ließ sich auch zeitlebens durch die teuersten Zahnärzte nicht beheben. Elisabeths Unsicherheit wegen dieses Schönheitsfehlers war so stark, daß sie – vom ersten Tag in Wien an – beim Sprechen die Lippen so wenig wie möglich öffnete, um diese häßlichen Zähne nicht zu zeigen. Ihre Aussprache war deshalb extrem undeutlich, ja kaum verständlich, außerdem derart leise, daß es, wie viele Zeitgenossen beklagten, mehr ein Flüstern als ein Sprechen war. Die Unterhaltung beim »Cercle« wurde dadurch äußerst schwierig. Denn kaum jemand konnte die Worte der Kaiserin verstehen.

Diese mangelnde Kontaktfähigkeit der Kaiserin bei öffentlichen Auftritten gab Anlaß für manche Tratschereien in der Gesellschaft. Die preußische Kronprinzessin Viktoria schrieb zum Beispiel 1863 an ihre Mutter, Queen Victoria: »Die Kaiserin von Österreich spricht sehr leise, da sie ziemlich schüchtern ist. Neulich sagte sie zu einem schwerhörigen Herrn: ›Sind Sie verheiratet?‹. Der Herr antwortete: »Manchmal.« Die Kaiserin sagte: ›Haben Sie Kinder?‹ und der Unglückliche brüllte: »Von Zeit zu Zeit.«

Schließlich gab Sisi ihre kümmerlichen Konversationsversuche auf und begnügte sich damit, ihre Schönheit zu zeigen – mit geschlossenen Lippen. Ihr Schweigen jedoch (das auf Schüchternheit und Hemmungen wegen der schlechten Zähne beruhte), wurde als Ausdruck mangelnder Intelligenz gewertet und untermauerte ihren Ruf, ein »schönes Dummerl« zu sein. Sisi wiederum spürte in ihrer extremen Sensibilität diese negative Beurteilung und zog sich noch mehr von der wirklich oder vermeintlich feindlichen Umwelt in ihre selbstgewählte Isolation zurück. Noch zehn Jahre später schrieb die Frau des belgischen Gesandten über ihre Vorstellung bei der Kaiserin: »Sie ist äußerst hübsch: prachtvolle Gestalt und Haare, die, sagt man, bis zu den Fersen reichen. Ihre Unterhaltung ist nicht so glänzend wie ihre Figur.«

Die Bevölkerung glaubte ein Recht zu haben, dieses Wunder an Schönheit so oft wie möglich bestaunen zu können. Das Bewußtsein, eine in der ganzen Welt berühmte »Feenkaiserin« gleichsam zu besitzen, förderte den Patriotismus. Diesem Besitzdenken entzog sich die überaus scheue Elisabeth. Sie pflegte ihre Schönheit ausschließlich für sich selbst, zur Erhaltung ihres Selbstbewußtseins. Sie war nicht eitel in dem Sinne, daß sie die Bewunderung der Massen gebraucht oder gar genossen hätte. Sie betrachtete ihren Körper wie ein Kunstwerk, das zu kostbar war, um es vor aller Welt, allen Neugierigen und Gaffern auszustellen.

Ihre Schönheit gab ihr das Gefühl von Auserwähltsein, von Anderssein. Ihr Ästhetizismus, der sich auf ihre körperliche Erscheinung richtete, machte sie selbst zur ersten Bewunderin ihrer Schönheit. Ihr Narzißmus war ebenso unverkennbar wie ihre Menschenscheu. Sie lehnte es brüsk ab, ein »Schaustück allein für das Wiener Theaterpublicum« zu sein, wie Marie Festetics schrieb. Als die Gräfin der Kaiserin versicherte, »wie glücklich die Menschen sind, wenn Sie Euer Majestät sehen«, antwortete Elisabeth ungerührt: »O ja, neugierig sind sie – wie was zu sehen laufen alle, für den Affen, der am Werkl tanzt gerade wie für mich. Das ist die Liebe!«

Einen wahren Kult trieb Sisi mit ihrem Haar, das von dunkelblond auf kastanienbraun nachfärbte und im Laufe der Jahre eine Länge bis zu den Fersen erreichte. Mit diesen Haarfluten fertigzuwerden, sie gesund zu erhalten und in kunstvolle Frisuren zu verflechten, erforderte immense Friseurkunst. Sisis komplizierte Haarkrone, mit auf dem Kopf verschlungenen langen Zöpfen, wurde ihre berühmte »Steckbrieffrisur«, wie sie sie nannte, die vielfach – und fast immer vergeblich – kopiert wurde. Kaum eine andere Frau hatte so gesundes, kräftiges Haar, so viel Zeit und Geduld, es zu pflegen – und eine solche Künstlerin als Friseurin, wie Elisabeth. Der Aufwand für diese berühmten Haare war riesig. Die Haarwäsche alle drei Wochen (mit immer wieder neuen kostbaren Essenzen, schließlich aber bevorzugt Kognak und Ei) dauerte einen ganzen Tag, an dem die Kaiserin für alles andere unansprechbar war. Die tägliche Haarpflege war unter drei Stunden kaum zu schaffen.

Die Friseurin wurde eine wichtige Person am Hof. Von ihren Künsten hing die Laune Elisabeths zum großen Teil ab. Denn nichts konnte die Kaiserin mehr verdrießen, als wenn ihr Haare ausfielen, sie schlecht gekämmt war oder mit einer Friseurin zu tun hatte, die ihr unsympathisch war.

Sisi fand ihre Lieblingsfriseurin, Fanny Angerer, im Burgtheater. Bei einem Lustspiel fiel ihr der ausnehmend schön frisierte Kopf der Hauptdarstellerin, Helene Gabillon, auf. Sie erkundigte sich nach dem Namen der Haarkünstlerin. Es war die blutjunge Fanny, »ein Mädchen von pikanter Erscheinung« und »munterem Witz«, Tochter eines Friseurs am Spittelberg und seit kurzer Zeit Friseurin am Hofburgtheater. Um ihre Bestellung am Hof gab es ein langes Hin und Her, das bis in die Öffentlichkeit drang. Schließlich brachte die »Morgen-Post« im April 1863 unter »Tagesneuigkeiten« die folgende Meldung:

»Die seit Langem schwebende Frage, ob ein Friseur oder eine Friseurin in den Dienst Ihrer Majestät der Kaiserin treten werde, ist endlich entschieden. Fräulein Angerer entsagt der Ordnung der Coiffuren der Hofschauspielerinnen und dem dafür angesetzten Honorar und empfängt dafür eine Entschädigung von jährlichen 2000 fl., um als kaiserliche Friseurin sich dem allerhöchsten Dienste widmen zu können, wobei, wenn es ihre Zeit erlaubt, ein anderweitiger Kunstverdienst nicht ausgeschlossen ist.«

Die jährliche Gage von 2000 Gulden war sehr hoch und entsprach etwa der eines Universitätsprofessors. Die höchste Gage am kaiserlichen Hofburgtheater für Stars wie Joseph Lewinsky oder Charlotte Wolter betrug 3000 Gulden jährlich. Über den suffisanten Ton der Zeitungsmeldung war Erzherzogin Sophie sehr erbost und schimpfte in ihrem Tagebuch über die »impertinenten Hofnachrichten«.

Fanny Angerer war fortan die berühmteste Friseurin der Monarchie, ihr Anteil an Sisis Schönheit nicht zu unterschätzen. Die Damen der Gesellschaft bewarben sich nun geradezu um Fannys Gunst, um auch – zu besonderen Gelegenheiten – von ihr frisiert zu werden. (Dies brachte Fanny den »anderweitigen Kunstverdienst« ein, wie die Morgen-Post höhnte.) [...]

Je älter Elisabeth wurde, desto anstrengender wurde ihr Kampf um die Erhaltung ihrer berühmten Schönheit. Immer raffinierter und aufwendiger wurden die Mittel und die Zeit, die sie für die Schönheitspflege aufwenden mußte. Es gelang ihr, durch ständiges Hungern gertenschlank zu bleiben, durch stundenlangen täglichen Sport biegsam und anmutig. Die Hautpflege war höchst kompliziert. Da es ja noch keine kosmetische Industrie gab wie heute, waren die Damen, die auf sich hielten, auf meist selbstgemixte Schönheitsmittelchen nach mehr oder minder geheimen Rezepten angewiesen. Die Schönheitspflege erforderte großen Aufwand an Zeit und an Geld.

Die ständige Beschäftigung mit diesen für Elisabeths Selbstbewußtsein so wichtigen »Äußerlichkeiten« artete in einen wahren Schönheitskult aus. Elisabeths Nichte Marie Larisch charakterisierte dies später boshaft als »alles behrrschende, leidenschaftliche Liebe: »Sie betete ihre Schönheit an wie ein Heide seinen Götzen und lag vor ihr auf den Knien. Der Anblick der Vollkommenheit ihres Körpers bereitete ihr einen ästhetischen Genuß; alles, was diese Vollkommenheit trübte, war ihr unkünstlerisch und zuwider... Sie sah ihre Lebensaufgabe darin, jung zu bleiben, und all ihr Sinnen drehte sich um die besten Mittel zur Erhaltung ihrer Schönheit.«

Daß sie auch mit diesem ihrem Schönheitskult bei der Hofgesellschaft Spott erntete, kann kaum überraschen. Landgräfin Fürstenberg zum Beispiel stöhnte: »Ich muß so viel des Preises körperlicher Schönheit hören, daß mir davor ordentlich graut, umsomehr, als ich stets mehr zu Einsicht gelange, daß dieser Artikel ohne die entsprechenden moralischen Eigenschaften doch nur des Teufels Bild liefert.«

Marie Larisch überliefert die Mittel, mit denen die Kaiserin ihre Schönheit zu erhalten suchte: nächtliche Gesichtsmasken mit rohem Kalbfleisch, in der Erdbeerzeit eine Erdbeermaske, warme Olivenölbäder zur Erhaltung einer geschmeidigen Haut: »Aber einmal war das Öl fast kochend, und sie entging mit genauer Not dem furchtbaren Tode so mancher christlicher Märtyrer. Sie schlief oft mit feuchten Tüchern oberhalb der Hüften, um ihre Schlankheit zu bewahren, und trank aus demselben Grunde eine gräßliche Mixtur von fünf oder sechs Weißeiern mit Salz.«

Für das Ankleiden (gelegentlich mehrmals am Tag) brauchte Sisi täglich bis zu drei Stunden. Allein das berühmte »Einschnüren« dauerte nicht selten eine Stunde, bis die gewünschte »Wespentaille« schmal genug war. Um dem Ruf ihrer sprichwörtlich schlanken Taille gerecht zu werden, griff Sisi zu ungewöhnlichen, für ihre Zeit schockierenden Mitteln: sie verzichtete von den siebziger Jahren an zum Beispiel auf Unterröcke, trug nur dünne »Beinkleider« aus feinstem Wildleder. In ihre Kleider ließ sie sich jeweils einnähen – und das bei jedem Ankleiden und Umziehen. So erreichte sie zwar eine vielgerühmte schmale Taille, brauchte aber übermäßig viel Zeit für ihre Toilette, zusätzlich zu den drei Stunden täglicher Haarpflege.

Daß diese unerhört zeitaufwendigen Vorbereitungen auf die Repräsentation ihr immer lästiger und mühsamer wurden, daß sie es immer mehr vermied, sich »ins Geschirr« einspannen zu lassen und als erste Repräsentationsfigur des Reiches zu fungieren, ist von dieser Warte her vielleicht verständlicher. Andere Kaiserinnen vor ihr hatten nicht den Ruf einer märchenhaften Schönheit zu verteidigen. Sie konnten es sich leisten, schlicht gekleidet und weniger sorgfältig frisiert in der Öffentlichkeit zu erscheinen, ohne kritisiert zu werden. Eben dies aber war für Elisabeth um so unmöglicher, je strahlender der Ruf ihrer Schönheit wurde.

Sisis Tagesablauf in den siebziger und achtziger Jahren war ungewöhnlich für eine Kaiserin: Aufstehen im Sommer gegen 5, im Winter gegen 6 Uhr. Dann ein kaltes Bad und Massage. Anschließend Turnen und Gymnastik, ein karges Frühstück, manchmal gemeinsam mit der jüngsten Tochter Valerie, dann Frisieren. Diese Zeit nützte sie zum Lesen und Briefeschreiben, auch zum Ungarischstudium. Dann kam das Ankleiden (entweder in das Fechtkostüm, wenn sie fechten wollte, oder in das Reitkostüm, wenn es zum Training in die Reitschule ging.) Mit all diesen Tätigkeiten war der Vormittag ausgefüllt. Beim Essen dagegen sparte die Kaiserin Zeit: Ihr oft nur aus ein wenig Fleischsaft bestehendes Mahl war in wenigen Minuten beendet. Nach dem Imbiß ein mehrstündiger Spaziergang, besser gesagt ein Gewaltmarsch in großem Tempo über riesige Distanzen in Begleitung einer Hofdame. Gegen 17 Uhr neuerliches Umkleiden und Frisieren, dann kam Marie Valerie zum Spielen. Wenn es gar nicht anders ging, erschien Elisabeth gegen 19 Uhr beim Familiendiner – und sah dort ihren Mann meistens das einzige Mal am Tag. Diese Zusammmenkunft dauerte aber nicht lange. Denn Elisabeth zog sich so bald wie möglich zurück – zum täglichen Plausch mit der Freundin Ida Ferenczy, die die Kaiserin auch für das Schlafengehen herrichtete und ihr die Haare löste.

Jede auch noch so kleine offizielle Verpflichtung wurde als Störung dieses Zeitplanes empfunden. Die Kaiserin lebte ganz ihrer Schönheit und Gesundheit. Höfische und familiäre Pflichten (außer der Sorge um Valerie) hatten in diesem Tagesablauf keinen Platz.

Als die ersten Zeichen des Alters kamen – eine durch die Hungerkuren und den reichlichen Aufenthalt in frischer Luft faltige, gegerbte Haut, Gelenkschmerzen – wollte Sisi ihre vielgerühmte Schönheit mit Gewalt bewahren. Sie marterte ihren schmalen Körper mit stundenlangen gymnastischen Übungen – am Barren, an den Ringen, mit Hanteln und Gewichten aller Art.

In jedem der Schlösser, die sie bewohnte – selbstverständlich auch in der Ofener Burg und in Gödöllö – ließ sich Elisabeth Turnräume einrichten, die sie täglich ausgiebig benützte. Die ersten Nachrichten darüber in den sechziger Jahren erregten erhebliches Aufsehen – und ungläubiges Staunen. Niemand vermochte sich so recht eine leibhaftige Kaiserin von Österreich im Turnanzug am Reck oder Barren vorzustellen. Und so kam es zu geradezu grotesken Falschmeldungen in den Zeitungen wie der folgenden: »Es dürfte gewiß von großem Interesse sein zu vernehmen, daß der Rittersaal in der kaiserlichen Hofburg zu einem Turnplatze eingerichtet ist. Es befinden sich dort alle Turngeräte: die Schwingel, Recke, Barren, Klettergerüste etc. Es turnen daselbst, beinahe täglich durch 2 Stunden, Se. Majestät der Kaiser und die Herren Erzherzöge, vom Hofstaate unter Anderen selbst der greise FM. Heß, sämmtlich im Turnkleide...« Daß nicht die männlichen Mitglieder des Erzhauses, sondern die Kaiserin täglich Turnstunden absolvierte, erschien selbst den Journalisten damals (1864) undenkbar.

Franz Josephs Zorn über Artikel wie diesen ist durchaus verständlich – ganz abgesehen davon, daß als Ort der Turnübungen ausgerechnet einer der repräsentativsten Säle der Hofburg genannt wurde – eben jener, wo Kaiser Franz Joseph eine Zeitlang seine Thronreden hielt. »Ob die Sache nicht zu dumm ist, um als Lüge widerrufen zu werden, überlasse ich Ihnen zu entscheiden«, schrieb der Kaiser an Crenneville. Aber jedenfalls müsse man »irgend ein Mittel finden, um den Redakteuren des Fremdenblattes durch empfindliches Sekiren ihre Unanständigkeit fühlen zu lassen.«

Elisabeth setzte sich über alle Tratschereien hinweg und behielt eisern ihre täglichen Turnstunden bei – für eine Frau ihrer Zeit geradezu skandalös. Zuweilen machte sie sich ein Vergnügen daraus, Ahnungslose mit ihren gymnastischen Übungen zu schockieren, wie zum Beispiel ihren griechischen Vorleser Christomanos, der zu Neujahr 1892 in sein Tagebuch schrieb (Elisabeth war damals 54 Jahre alt): »Sie ließ mich heute vor dem Ausfahren nochmals in den Salon rufen. An der offenen Thüre zwischen dem Salon und ihrem Boudoir waren Seile, Turn- und Hängeapparate angebracht. Ich traf sie gerade, wie sie sich an den Handringen erhob. Sie trug ein schwarzes Seidenkleid mit langer Schleppe und von herrlichen schwarzen Straußenfedern umsäumt. Ich hatte sie noch nie so pompös gesehen. Auf den Stricken hängend, machte sie einen phantastischen Eindruck, wie ein Wesen zwischen Schlange und Vogel. Um sich niederzulassen, mußte sie über ein niedrig gespanntes Seil hinwegspringen. »Dieses Seil«, sagte sie, »ist dazu da, daß ich das Springen nicht verlerne. Mein Vater war ein großer Jäger vor dem Herrn, und er wollte, daß wir wie die Gemsen springen lernen.« Dann bat sie den verdutzten Studenten, die Lektüre der Odyssee fortzusetzen und erklärte ihm, sie müsse nachher einige Erzherzoginnen empfangen und sei deshalb so feierlich angezogen: »Wenn die Erzherzoginnen wüßten, daß ich in diesem Kleide geturnt habe, sie würden erstarren.«

Voll Stolz kam Elisabeth immer wieder auf die Lehren ihres Vaters Max zu sprechen (mit dem sie sich persönlich ja gar nicht gut vertrug). Er habe seinen Töchtern den richtigen Gang beigebracht, erzählte sie Christomanos: »Nur ein Beispiel sollten wir uns vor Augen halten: Die Schmetterlinge. Meine Schwestern Alençon und die Königin von Neapel sind berühmt wegen ihres Ganges in Paris. Aber wir gehen nicht, wie Königinnen gehen sollen. Die Bourbonen, die fast nie zu Fuß gegangen sind, haben eine eigene Gangart bekommen – wie stolze Gänse. Sie gehen wie wahre Könige.« Natürlichkeit war hier wie überall Elisabeths Ideal. Und selbst diese Gelegenheit nützte sie, um gegen die Unnatürlichkeit der »wahren Könige« zu polemisieren.

Der Erfolg des Hungerns wie des Turnens war jedoch unübersehbar. Für das neunzehnte Jahrhundert, das schon die Dreißigjährigen zu Matronen abstempelte, vor allem, wenn sie mehrfache Mütter waren, war Kaiserin Elisabeth eine außerordentliche Erscheinung. Rund dreißig Jahre lang – eine unerhört lange Zeit – dauerte der Ruhm ihrer Schönheit.

Noch die Auftritte der vierzigjährigen Kaiserin bei den großen Bällen waren von fast märchenhafter Pracht: Diamantensterne im Haar, die hohe schmale Gestalt in die prunkvollsten Kleider gehüllt, die europäische Schneider ersinnen konnten, stand sie inmitten des höfischen Trubels und Glanzes »nicht als wäre sie im Ballsaal unter all den Menschen, sondern stünde einsam auf einem Felsen am Meer, so verloren blickte sie ins Weite« – so unnahbar und unwirklich. Auf die bewundernde Notiz ihrer Nichte Marie Larisch, sie sei wie Titania, die Elfenkönigin, antwortete Elisabeth jedoch wie gewohnt sarkastisch: »Nicht Titania, sondern die Möwe, die gefangen ist und im Kastel sitzt!«

Wo auch immer Elisabeth auftauchte, da stahl sie allen anderen Frauen die Schau. Als das italienische Königspaar 1881 Wien besuchte, schrieb Alexander Hübner über das Zusammentreffen der beiden Monarchinnen: »die arme Königin Margherita schien eine Soubrette neben einer Halbgöttin.«

Und die jüngste Kaisertochter Marie Valerie wußte sich vor Stolz auf die schöne Mutter oft kaum zu fassen und schrieb zum Beispiel 1882 in ihr Tagebuch: »Diner. Mama schwarzes Perlen Tricot, im Haar schwarze Feder und um den Hals eine goldene Kette. O! sie war so schön, Mama sah auch nicht viel älter aus als ich.« (Was wohl übertrieben sein dürfte – denn Elisabeth war damals knapp 45 Jahre alt, ihre Tochter Valerie 14).

Daß Sisis Schönheit stets und überall Hoheit ausdrückte, erwähnen viele Zeitgenossen, auch der deutsche Kaiser Wilhelm II.: »sie setzte sich nicht, sondern sie ließ sich nieder, sie stand nicht auf, sondern sie erhob sich ...«

Auch Sisis Hofdame Festetics schwärmte: »Man wird nicht müde, wenn man mit Ihr geht. Neben Ihr ist es köstlich und auch hinter Ihr. Das Schauen schon genügt. Sie ist die Verkörperung des Begriffes Lieblichkeit. Einmal denke ich, sie sei wie eine Lilie, dann wieder wie ein Schwan, dann kömmt mir vor eine Fee – o nein, Elfe – zum Schluß wieder – nein! eine Kaiserin! vom Scheitel bis zur Sohle ein königliches Weib!! In allem fein und edel. Und dann fällt mir wieder all das Getratsch ein und ich denke, es mag viel Neid dabei sein. Sie ist so bezaubernd schön und anmuthig.« Doch schon bei der 34jährigen Kaiserin fiel der Hofdame auf: »es fehlt mir an ihr die Lebensfreude. Eine Ruhe liegt über ihr, die bei der Jugend ganz frappante ist! –«

Das esoterische, überempfindliche Wesen Sisis war mit einer gehörigen Portion Arroganz gekoppelt. Sie zeigte diese Arroganz in verletzender Weise, wann und wo immer es ihr paßte, vor allem gegenüber höfischen Kritikern. In den achtziger Jahren schrieb sie »An die Gaffer« folgendes Gedicht:

Ich wollt' die Leute liessen mich
In Ruh' und ungeschoren,
Ich bin ja doch nur sicherlich
Ein Mensch, wie sie geboren.

Es tritt die Galle fast mir aus,
Wenn sie mich so fixieren;
Ich kröch' gern in ein Schneckenhaus
Und könnt' vor Wut krepieren.

Gewahr' ich gar ein Opernglas
Tückisch auf mich gerichtet,
Am liebsten sähe ich gleich das,
Samt der Person vernichtet.

Zu toll wird endlich mir der Spass;
Und nichts mehr soll mich hindern;
Ich drehe eine lange Nas'
Und zeig ihnen den H . . . n.

Dieser Mißmut wurde mit den Jahren immer mehr zur Verachtung jeglichen öffentlichen Auftretens. In den achtziger Jahren sprach Sisi mit ihrer engen Freundin und Dichterkollegin Königin Elisabeth von Rumänien (Carmen Sylva) über den Wert ihrer Stellung. Sie stellte ihn als außerordentlich gering dar, ja hielt die Repräsentation für reine Schauspielerei. Königin Elisabeth von Rumänien fragte erstaunt: »Deine große Schönheit hilft dir nicht und nimmt dir keine Schüchternheit fort?«.

Darauf Sisi, die in dieser Zeit ganz mit Heines Dichtungen beschäftigt war: »Ich bin nicht schüchtern, es langweilt mich nur! Da hängt man mir schöne Kleider um und vielen Schmuck, und dann trete ich hinaus und sage den Leuten ein paar Worte, und dann eile ich in mein Zimmer, reiße das alles ab und schreibe, und Heine diktiert mir!«

Die kluge Gräfin Festetics, die ihre Kaiserin kannte und liebte wie kaum jemand anderer, schrieb Ende der siebziger Jahre in ihr Tagebuch, Elisabeth habe alle guten Eigenschaften, eine böse Fee aber habe sie alle in ihr Gegenteil verkehrt: »Schönheit! – Lieblichkeit! – Anmuth! – Vornehmheit! – Einfachheit! – Güte! – Edelmuth! – Geist! – Witz! – Schalkhaftigkeit! – Scharfsinn! – Klugheit!« Und nun der Fluch: »denn Alles kehrt sich gegen Dich – selbst Deine Schönheit wird Dir Leid nur schaffen und Dein hoher Geist wird eindringen so weit – so weit, bis er Dich auf Irrungen bringt.«

Joachim C. Fest

»Ein junger böser Todesgott«: Reinhard Heydrich

In der Vereinigung von sachlichen Fähigkeiten und körperlichen Merkmalen mochte er wie die Bestätigung der Theorie von der rassegebundenen Seele wirken: die Vorwegnahme jenes Typus des neuen Menschen, wie er durch »Verdrängungskreuzungen« aus dem getrübten biologischen Material des deutschen Volkes destilliert und auf besonderen Schulen herangezogen werden sollte, »des Menschen«, wie Hitler gelegentlich erklärte, »der Herr ist über Tod und Leben, Menschenfurcht und Aberglauben, der seinen Körper, seine Muskeln und Nerven ... zu beherrschen gelernt hat ... Der aber auch souverän ist gegenüber den Versuchungen des Geistes und einer angeblich freien Wissenschaft.«[9] Heydrich war großgewachsen, blond, sportlich und verband hohe Intelligenz mit jenem metallischen Zug im Wesen, der als Ausweis besonderer rassischer Begnadung galt. »Ein junger böser Todesgott«, wie Carl Jacob Burckhardt ihn nach einer Begegnung bezeichnete, wurde er unter seinen Gefolgsleuten bisweilen mit einer Mischung aus Schrekken und Bewunderung »die blonde Bestie« genannt, während »Das Schwarze Korps« von ihm schrieb: »Er war schon in seiner äußeren Erscheinung ein SS-Mann, wie er der Vorstellung des Volkes entspricht, ein Mann aus einem Guß.«[10]

Tatsächlich jedoch war Heydrich eine vielfach gebrochene Persönlichkeit. Hinter dieser drohenden Statur in ihrer scheinbar festgefügten, kompakten Unmenschlichkeit verbarg sich eine Existenz von nervös reizbarem Stoff, die ihre geheimen Ängste kannte und sich beständig von Spannungen, Bitterkeiten und Selbsthaßgefühlen heimgesucht sah. Lediglich jener Zynismus, der das Zeichen einer komplexen Schwäche und Verwundbarkeit ist, offenbarte, worüber seine federnde Jugendlichkeit hinwegtäuschte. Die Härte und Ungerührtheit, die ihn auszeichneten, waren weniger, wie das verbreitete Klischee seiner Erscheinung es will, im Hang zu sadistischer Grausamkeit begründet, sondern vielmehr die manierierte Gewissenlosigkeit eines Mannes, der seine Unbefangenheit dem Leben gegenüber eingebüßt hatte; denn Reinhard Tristan Eugen Heydrich war mit einem untilgbaren Makel behaftet und im Zustand der »Todsünde«, der ihn schwermütig machte: er hatte jüdische Vorfahren.

Zwar hatte er alle Beweisstücke zu beseitigen versucht. Er hatte aus Standesämtern und Kirchenbüchern, sobald er über die Möglichkeiten dazu gebot, sämtliche Unterlagen an sich gebracht, ohne freilich verhindern zu können, daß seine Gegner und Rivalen, für die solches Wissen in einem ganz realen Sinne Macht bedeutete, Belege für den rassisch getrübten Abstammungshintergrund besaßen. Zwar ist die gefürchtete Geheimkartei Martin Bormanns nach dem Kriege nicht aufgefunden worden, immerhin aber hat sich die gleichfalls von Bormann verwahrte Personalakte Heydrichs mit der Ahnenliste erhalten. Diese Liste reicht, auf der mütterlichen Linie, nicht über den ersten Grad hinaus und läßt Namen, Eltern und Herkunft der Großmutter unerwähnt. Eine in den Jahren 1932/33 auf Anregung des Gauleiters von Halle-Merseburg, Rudolf Jordan, durch Gregor Strasser in die Wege geleitete Untersuchung führte zu einem Gutachten durch die Auskunftsstelle bei der Parteileitung der NSDAP in München. Es beschränkte sich allerdings ausschließlich auf die väterliche Abstammungslinie, da Jordan den inkrimierenden Verdacht vor allem auf den Hinweis gestützt hatte, daß der Vater Bruno Richard Heydrich, der nicht nur ein außerordentlich begabter und vielseitiger Musiker, sondern auch der Gründer des Ersten Hallischen Konservatoriums für Musik, Theater und Lehrberuf war, in Riemanns Musiklexikon von 1916 als »Heydrich, Bruno, eigentlich Süß« verzeichnet stand. Das Gutachten kam zu dem Schluß, daß der Name »Süß« nicht belastend und der am 7. März 1904 geborene Sohn Bruno Heydrichs frei von jüdischem Bluteinschlag sei.[11]

Die Gerüchte verstummten indes nicht, und bis in das Jahr 1940 mußte Heydrich wiederholt Prozesse wegen angeblicher rassischer Verleumdung führen, die er als Chef der Politischen Polizei zwar leichterhand gewann, doch das quälende Bewußtsein blutmäßiger Unzulänglichkeit war damit nicht ausgelöscht. Auch Hitler und Himmler war die Fragwürdigkeit des heydrichschen Ahnenpasses bekannt, und sie machten sie sich auf ihre Weise, mit jener bezeichnenden Mischung aus Opportunismus und erpresserischer Berechnung, zunutze. Die ersten Hinweise erhielten sie bereits, bald nachdem der beschäftigungslose Marineoffizier, der Ende 1930 wegen einer Affäre mit einem jungen Mädchen ehrengerichtlich den Abschied erhalten hatte, zur SS gestoßen war.[12] Während Himmler, in der bigotten Einfalt des Strenggläubigen, zunächst an einen Ausschluß Heydrichs zu denken schien, urteilte Hitler nach einer längeren persönlichen Unterredung, »dieser Heydrich sei ein hochbegabter, aber auch sehr gefährlicher Mann, dessen Gaben man der Bewegung erhalten müsse. Solche Leute könnte man jedoch nur arbeiten lassen, wenn man sie fest in der Hand behielte, und dazu eigne sich seine nichtarische Abstammung ausgezeichnet, er werde uns ewig dankbar sein, daß wir ihn behalten und nicht ausgestoßen hätten, und werde blindlings gehorchen. Das«, so fügte Himmler seiner Äußerung selbstbewußt hinzu, »war dann auch der Fall.«[13]

Jedoch sah Himmler dieses Verhältnis auf seine eher voreingenommene Weise, und wie alle seine nachträglichen Äußerungen über Heydrich ist auch diese von dem Versuch nicht frei, die jahrelangen Gefühle der Unterlegenheit und sogar Furcht vor dem eigenen Untergebenen aus der Erinnerung zu verwischen; denn fraglos war Heydrich zu kühl und kontrolliert für die emotionalen Akte der Hörigkeit und weder zur Blindheit noch zu Gehorsam geschaffen. Gleichwohl hat er zeitlebens dafür aufkommen müssen, daß ihn sein Ehrgeiz ausgerechnet auf den Weg eines elitären arischen Ordens verschlug. Zusehends verfing er sich in den Widersprüchen zwischen Herkunft und ideologischem Anspruch, und die destruktive Dynamik, die ihn erfüllte, wird ganz verständlich erst als ständig wiederholter Ausbruchsversuch aus den Nöten einer Existenz, die sich von ihrer am Ende unlösbaren Problematik immer wieder eingeholt sah. »Er litt unendlich«, hat Himmler von ihm gesagt, »(und) kam eigentlich nie zur Ruhe und Entspannung, immer zerrte es in ihm irgendwie von neuem. Ich habe mich oft mit ihm unterhalten und versucht, ihm zu helfen, sogar gegen meine Überzeugung ihm gegenüber die Möglichkeit der Überwindung des jüdischen Blutanteils durch das bessere germanische Blut zugegeben und ihn selbst als Beispiel dafür bezeichnet... Im Augenblick war er mir für solche Hilfen zwar sehr dankbar und kam sich wie erlöst vor, aber genutzt hat es auf die Dauer nichts.«[14]

Die Wahrheit ist, daß Heydrich nicht zu helfen war. Zwar gibt es keinen Zweifel daran, daß auch er zur ideologischen Konzeption des Nationalsozialismus über jene opportunistische Beziehung verfügte, die in dergleichen Theorienwerk lediglich den willkommenen Dekor eines ambitionierten Machtegoismus erblickte und auf den gesinnungstüchtigen Eifer wie auf einen Begabungsmangel herabsah. Schon die Gründe innerer Selbstbehauptung zwangen ihn zu einem ideologischen Nihilismus, der sich auf nichts eingeschworen wußte, und wie er selbst bis zu seinem Eintritt in die SS »von Politik nichts verstand und«, dem späteren Zeugnis seiner Frau zufolge, »nie großes Interesse daran gezeigt hatte«, so legte er auch bei der Auswahl selbst seiner engsten Mitarbeiter weit weniger Wert auf weltanschauliche als auf persönliche Ergebenheit.[15] Aber den Einflüssen der ideologisch geprägten Wirklichkeit konnte er sich auf die Dauer doch nicht entziehen. Die Möglichkeit, mit Widersprüchen zu leben, blieb ihm in seiner selbstbezogenen analytischen Bewußtheit nicht minder versperrt als der Ausweg, die Tröstungen, nach denen er verlangte, in eiligen Redensarten zu finden, wie sie einem Robert Ley über die Fragwürdigkeit seines Ahnenpasses hinweghelfen mochten.

Aus solchen individuellen Zwangslagen entwickelte oder verfestigte Heydrich Eigenschaften, aus denen nur allzu deutlich das Bestreben sprach, Vergeltung am Leben zu üben. Die Kälte und Geringschätzung, mit denen er Menschen und Menschenleben betrachtete, mögen eine Ahnung davon vermitteln, wie er, in Stunden einsamer Selbstkonfrontierung, sich selbst behandelte. Lediglich der Alkohol und die mit forcierter Maßlosigkeit wahrgenommenen Vergnügungen des Nachtlebens, zu denen er wechselweise seine Untergebenen als Begleiter befahl, verschafften ihm jenes kurzatmige Vergessen, dessen er in der ständigen Zerreißprobe seiner Existenz bedurfte. Die Spanne der Gegensätze, die dieses Bild von jenem anderen trennt, das ihn als Familienoberhaupt, als besorgten Vater und passionierten Musikliebhaber zeigt, der seine freien Abende der Kammermusik vor allem Haydns und Mozarts widmete, war nicht, wie bei vielen Angehörigen gerade der SS, in der Fähigkeit begründet, mit dumpfem Gleichmut das Unvereinbare zu vereinen, sondern resultierte vielmehr aus dem Verlangen, das als unvereinbar Erkannte zu verdrängen. Einer seiner Mitarbeiter hat jene nahezu gespenstische und jedenfalls zutiefst bezeichnende Szene berichtet, da Heydrich nachts in seine hellerleuchtete Wohnung zurückkehrte und in einem großen Wandspiegel sich unversehens seinem Ebenbild gegenübersah. In einem Anfall kalter Wut habe er »die Pistole aus dem Halfter gerissen und zwei Schüsse auf diesen Doppelgänger abgegeben«, die immer und quälend präsente Verneinung seiner selbst, von der er sich zwar im Trunk und im zersplitternden Glas, doch nicht in der Wirklichkeit befreien konnte.[16] Er war ihr Gefangener, eingeschlossen lebte er in einer Welt, die von den selbstgeschaffenen Chimären eines feindseligen Mißtrauens bevölkert war, witterte hinter allem Verrat, Intrige oder die Schlingen verborgener Gegnerschaften und dachte nur in Abhängigkeitsverhältnissen – die eindrucksvollste Verkörperung jenes vulgärdarwinistischen Prinzips, in dem sich der nationalsozialistischen Ideologie die Welt entschlüsselte: daß Leben ausschließlich Kampf sei. Himmler hat von ihm gesagt, er sei »das verkörperte Mißtrauen« gewesen, ›der Oberverdachtsschöpfer‹, wie man ihn nannte, den man nicht lange ertragen konnte«.[17]

Vom Beginn seiner Laufbahn an, seit er den Machtwert der von Himmler begonnenen Personalkartei erkannt hatte, sammelte Heydrich Informationen, »von Dienstmädchen ebensosehr wie von Ministern«, überzeugt, daß nur die Kenntnis fremder Schwächen zuverlässige Bindungen schaffe. Unberührt von gefühlsbedingten Treuekomplexen, die er als Schwäche bewertete, hielt er sich sogar ein Dossier über Himmler und Hitler. In Berlin ließ er eigens zu diesem Zweck einen intimen Salon einrichten und durch doppelte Wände, Abhörgeräte und eine

Fernübertragungsanlage sicherstellen, daß jedes Wort festgehalten und an eine Zentrale übermittelt wurde.[18] Es wirft ein aufschlußreiches Licht auf den Charakter der in ihm nagenden Vergeltungssucht, daß er nach übereinstimmender Bekundung besonders begierig die Abstammungsverhältnisse führender Persönlichkeiten erforschte und ebensosehr über Hitlers ungeklärte Herkunft wie über jüdische Spuren in der Verwandtschaft Himmlers orientiert war, aber auch über die Goebbelsschen Privataffären, über Görings Ausschweifungen und Korruptionsneigungen oder die Korrespondenzpartner Rosenbergs.[19] Wie kein anderer seiner Partner und Konkurrenten verstand er sich auf die indirekten Mittel der Einflußeroberung, die fast unauffällig vorangetriebenen Machtverschiebungen, die erst im großen Augenblick des Rivalensturzes sichtbar wurden. Mit Ausnahme Bormanns, der sich dank seiner persönlichen Vertrauensstellung bei Hitler unangreifbar fühlen durfte, haben alle ihn gefürchtet, wie hoch sie innerhalb der protokollarischen Hierarchie auch über ihm stehen mochten, und mit einer Mischung aus Faszination und Ohnmacht seinen unaufhaltsam scheinenden Aufstieg wie ein näherrückendes Verhängnis beobachtet.

Tatsächlich war sein Ehrgeiz hochgespannt. Er, der jedwede zweite Position entweder als Stufe zum nächsthöheren Rang oder aber als Mißerfolg bewertete, zielte, dem Vernehmen nach, auf nichts Geringeres als die tatsächliche Führerschaft des Dritten Reiches, und höhere Funktionäre des Regimes haben ihm nach dem Kriege auch echte Erfolgschancen bei diesem Versuch eingeräumt.[20] Das mag, vor allem in manchen übermittelten Einzelheiten, immerhin übertrieben sein, bestätigt aber Richtung und Höhe seiner Aspirationen, die durchweg äußerst eigennützigen Charakter trugen. Anders als die Mehrheit seiner Führungspartner, die ihre Karriere auf Rücksichtslosigkeit, Mut und Glück bauten, war er keine in die Politik verschlagene Spielernatur, kein Hasardeur, sondern ein Rechner, und Macht war für ihn nicht das Ergebnis risikoreicher Einsätze, sondern eine plantechnische, mit rationalen Mitteln unbedingt lösbare Aufgabe. Wenn er ideologische Bindungen verschmähte, so gilt das auch im umfassenden Sinne der Ablehnung aller Machtzwecke überhaupt; denn Macht bedeutete ihm einen Wert an sich, und das Bedürfnis nach Orientierung des Willens und des Handelns an Wertvorstellungen, die über die unmittelbar ins Auge gefaßten Ziele hinausgingen, war ihm fremd: auch darin repräsentierte er nahezu unverfälscht den Typus des modernen Machttechnikers, der Ideologien den Taktiken unterordnet. Er fühlte sich nicht als Diener einer Sache, nicht einmal als Diener einer übergreifenden Staatsidee, und seine ganze jakobinische Radikalität war nicht der Ausfluß einer schrankenlos interpretierten Staatsraison, sondern Merkmal einer machtgierigen Privatraison. Wenn der berühmte Brief Machiavellis an Vettori aus dem Jahre 1517, in dem er das Vaterland über das eigene Seelenheil gestellt hatte, tatsächlich die Heraufkunft einer neuen Epoche angekündigt hat, so markierte eine Erscheinung wie diejenige Heydrichs einen neuen Einschnitt: Ihm galt das eigene Seelenheil weniger als die Exaltationen einer Macht, die nur noch sich selbst wollte.

Er war klug genug, seinen Ehrgeiz im Schatten eines anderen zu halten, und der Zufall bewies einen merkwürdigen Sinn, als er Heydrich mit dem umständlichen, engstirnigen Himmler zusammenführte, den die fatale Mischung aus Energie und Anlehnungsbedürfnis zum idealen Sachwalter fremder Zwecke schlechthin machte. An den Behauptungen, Himmler sei nur das Geschöpf Heydrichs gewesen, oder, wie Göring es formulierte: das »Gehirn hieß Heydrich«[21], ist wohl immerhin soviel richtig, daß die sinistren Züge im farblosen Spießerprofil Himmlers von Heydrich ausgeliehen waren. Was immer die Motive ihrer Verbindung waren, so ist doch kein Zweifel, daß jeder den anderen als Mittel seines persönlichen Machtstrebens betrachtete. Während der Führer der damals noch unbedeutenden, der SA unterstellten SS in dem hochbegabten, aber rassisch belasteten Gefolgsmann den Glücksfall eines Partners gefunden zu haben meinte, der ihm den Weg in den engsten Kreis der Machtbesitzenden ebnen könnte, ohne doch je zum Rivalen zu werden, figurierte er selbst in den Plänen Heydrichs vermutlich schon bald als bloßer Übergangswert.

Es war eine eigenartige Dioskurität, die sich da mit dem Beginn des Machtergreifungsprozesses von Bayern aus daranmachte, auf der innenpolitischen Szenerie die Schußlinien aufzubauen, vor die sie über kurz oder lang die Gegner ihrer persönlichen Ambitionen trieb: Himmler, der formal Vorgesetzte, aber voll der Bewunderung des deutschen Kleinbürgers für die ruchlose Glätte und den skrupellosen Schneid des anderen, verstiegen, geschwätzig, voll zielloser Inbrunst und so unsicher, daß er einem Beobachter zuweilen, nach den geschickt akzentuierten Sachvorträgen Heydrichs, »wie vergewaltigt vorkam« und sein voreilig gegebenes Einverständnis nicht selten in der Form von Führerbefehlen zurückzunehmen versuchte[22] – und Heydrich selbst, infolge seiner Abstammung auf demütigende Weise in der Hand Himmlers, aber jederzeit überlegen, dynamisch, immer konzentriert, unsentimental, zugleich gefährlich und doch nicht zu entbehren. Die abwegigen Lieblingsprojekte, denen Himmler sich mit überzeugungsvoller Verbissenheit widmete, stießen bei Heydrich auf nichts anderes als kritische oder sarkastische Reserve, und oft endeten die Auseinandersetzungen, wie die Frau Heydrichs später berichtet hat, mit dem erregten und bezeichnenden Ausbruch Himmlers: »Sie, Sie ... und Ihre Logik. Immer nur kommen Sie mit Ihrer Logik. Alles, was ich vorschlage, machen Sie mit Ihrer Logik herunter. Ich habe genug von Ihnen und Ihrer kalten rationalen Kritiksucht.«[23] Andererseits aber war es offenbar Heydrich, der Himmler noch vor dem Jahre 1933 auf die Möglichkeiten aufmerksam machte, die sich aus seiner Stellung als Reichsführer der Schutzstaffeln ergaben. Von ihm stammte der Plan, »aus der SS die Polizeimacht des Dritten Reiches zu entwickeln.«[24] Für sich selbst forderte er die Leitung des staatspolizeilichen Sicherungsdienstes.

Dahinter verbarg sich die ebenso einleuchtende wie zielstrebige Überlegung, daß in den modernen totalitären Herrschaftssystemen das Prinzip der Staatssicherheit keine Grenze kennt und folglich der Inhaber dieser Funktion zu annähernd unumschränkter Macht gelangen muß. Innerhalb eines Jahres eroberte er denn auch, immer im Verein mit Himmler, erst die Münchener Polizei, sodann die bayerische und nacheinander die Domänen der politischen Polizei aller deutschen Länder, zuletzt diejenige Preußens, deren Chef, Rudolf Diels, Geschicklichkeit und Protektion genug besessen hatte, um bis zum 20. April 1934 Widerstand zu leisten; dann mußten er und Göring nachgeben. Heydrich selbst wurde Leiter des Geheimen Staatspolizeiamtes (Gestapa) sowie des SD-Hauptamtes und erhielt 1936, als Himmler Chef der deutschen Polizei wurde, zusätzlich die Kontrolle über die Kriminalpolizei. Er war damals 32 Jahre alt und bereits einer der mächtigsten Männer des Landes. Aus den eroberten Kompetenzelementen organisierte er 1939 das Reichssicherheitshauptamt (RSHA) und stieß damit endgültig an die Spitze vor. Obwohl formal weiterhin Himmler unterstellt, begann er Amt und Tätigkeit zusehends zu verselbständigen. In einem Labyrinth zahlloser Referate entwickelte er ein Überwachungssystem, dessen argwöhnisches Riesenauge zunächst ganz Deutschland und später große Teile Europas erfaßte, dabei jedoch nicht nur den Umfang, sondern auch die Intensität seiner Wirksamkeit unablässig steigerte. Als einer der wenigen führenden Funktionäre des Dritten Reiches, dessen Aktionen nicht nur von einem instinktiven Machtwillen gesteuert, sondern rational kontrolliert und zu Ende gedacht waren, hatte er offenbar erkannt, daß die Aufgabe konsequent totalitärer Polizeiapparate nicht mit der Beseitigung aller gegnerischen Kräfte und Regungen endet, sondern zu diesem Zeitpunkt erst ihre spezifische Entfaltung beginnt. Während die negativen Sicherungsfunktionen der Anfangsperiode zurücktreten, wirkt die terroristische Allgegenwart der Geheimpolizei mehr und mehr auf die Etablierung der totalen Herrschaft selbst hin, deren Eigenart nicht in der Abwesenheit jeder Opposition, sondern in der »Verwirklichung der jeweiligen totalitären Fiktion« besteht: Sie zielt nicht darauf, den Zweifel zu ersticken, sondern den Glauben zu fördern oder doch die Öffentlichkeit unaufhörlich zu den akklamatorischen Akten eines vorgeblich spontanen Enthusiasmus anzutreiben.[25] Erst die Erkenntnis dieser Zusammenhänge, deren Durchsetzung im Rahmen des Dritten Reiches zwar nicht gelang, aber doch ansatzweise sichtbar wurde, offenbart die machttechnische Konzeption Heydrichs in ihren hochgesteckten Zielen.

Charakterliche Disposition und die eng damit verknüpften

Gefühle der herkunftsbedingten Unsicherheit führten dazu, daß von den Funktionen, die Heydrich über das Reichssicherheitshauptamt an sich zog, seine besondere Neigung dem Nachrichtendienst galt. Schon in den voraufgegangenen Jahren hatte dieser Ehrgeiz verschiedentlich zu Spannungen mit dem Chef der Abwehr, Admiral Canaris, geführt, obwohl Heydrich seit der gemeinsamen Zeit bei der Marine zu seinem einstigen Vorgesetzten und Förderer engere persönliche Beziehungen besaß. Der gelegentlich unternommene Versuch, in einer zehn Punkte umfassenden Niederschrift die Kompetenzen gegeneinander abzugrenzen, schlug alsbald fehl, da die Abmachung für Heydrich nie mehr als ein taktisches Mittel bedeutete, das lediglich den Partner binden sollte. Im übrigen schien auch Canaris jenem verbreiteten, aus Furcht und Faszination gemischten Gefühlskomplex zu verfallen, der ihn gegenüber dem eiskalt operierenden Heydrich von vornherein in die Rolle des Unterlegenen verwies. Den unaufhaltsam voranschreitenden Prozeß seines Machtschwundes vermochte er erst zum Stillstand zu bringen, als es ihm offenbar gelang, fotokopierte Unterlagen über die jüdische Abstammung seines Gegenspielers an sich zu bringen und im Ausland sicherzustellen.[26]

Nachdem Heydrich bei der Beseitigung Röhms und der Entmachtung der SA seine verschlagene Gewandtheit in so hohem Maße bewiesen hatte, wurde er nahezu unentbehrlich, wo immer ein Skandal, ein unsauberes Geschäft, ein Gaunerstreich zu inszenieren war. Er hatte seine Hände in der Tuchatschewski-Affäre, die zur Liquidierung der militärischen Spitze der Sowjetunion führte,[27] und in der Krise um Blomberg und Fritsch; seine Hintergrundaktivität half, den Anschluß Österreichs und die schrittweise Einverleibung der Tschechoslowakei vorzubereiten; er steckte in noch ungeklärter Weise hinter dem Attentat auf Hitler im Münchener Bürgerbräu, veranstaltete die sogenannte Kristallnacht, erdachte und dirigierte den Überfall auf den Sender Gleiwitz, der einen Vorwand zur Auslösung des Krieges gegen Polen schaffen sollte, und war schließlich auch der Initiator des Unternehmens Bernhard, das mit Hilfe gefälschter Banknoten die britische Währung zu unterhöhlen versuchte.[28] Wie unter einem Zwang, dachte er stets nur an die hinterhältigen Mittel, an Intrige, Korruption oder Erpressung, und hielt die verschlungensten Wege für die zielstrebigsten. Seiner zutiefst pessimistischen Lebensbefangenheit lag die Vorstellung zugrunde, daß die Menschen niedrig, feige und selbstsüchtig, aber auch leicht zu betrügen seien. Der begreifende Zugang zu uneigennützigen Verhaltensweisen schien ihm merkwürdig versperrt, und die Überzeugung von der totalen Ohnmacht des Moralischen, die ihm eingeprägt war, ließ ihn annehmen, daß die Kenntnis und Berechnung der unansehnlichen Seite des Menschen die einzig erfolgversprechende Beherrschungsmaxime sei. Aufrichtigkeit war ihm nicht nur fremd, sondern im Grunde unverständlich, und wie er keine Freunde hatte, so vermied er auch offene Gegnerschaften – nicht aus Furcht, sondern weil frontale Beziehungen seiner Natur widersprachen. Die eigentümliche Vorliebe für die Beseitigung mißliebiger Gegner durch Gift war nicht so sehr, wie es angesichts der Rationalität seiner Persönlichkeitsstruktur scheinen mag, eine auf romantischen Reminiszenzen beruhende Inkonsequenz als vielmehr Ausdruck dieses psychologischen Tatbestandes. Nicht minder bezeichnend dafür ist auch sein Plan zur Vernichtung der Kirchen: nämlich junge, unerschütterlich fanatische Nationalsozialisten getarnt in Priesterseminare zu schicken, um dann von innen her das Zersetzungswerk zu beginnen.[29]

Er hat daher vermutlich auch den Auftrag zur sogenannten Endlösung der Judenfrage, der ihm am 24. Januar 1939 (und mit der Erweiterung für das »deutsche Einflußgebiet in Europa« noch einmal am 31. Juli 1941) erteilt wurde, mit eher zwiespältigen Gefühlen entgegengenommen. Verschiedene Anzeichen deuten immerhin darauf. Zwar war er vor keiner Aufgabe je zurückgeschreckt, und auch dieser widmete er sich augenblicklich mit dem Hang zu perfekten, großräumigen Lösungen und jener apokalyptischen Sachlichkeit, wie sie für das Organisationsdenken nationalsozialistischer Funktionäre kennzeichnend waren; aber List lag ihm mehr als Brutalität, und der ahnungslose Schritt eines Gegners in einen kunstvoll aufgebauten Hinterhalt verschaffte ihm eine Befriedigung, wie sie von keinem Akt zupackender Roheit ausging. Gisevius und

Nebe haben berichtet, daß er sich bemühte, seine verbrecherische Aktivität zu verheimlichen, die Terminologie, mit der das Geschäft des Massenmordes bürokratisch-sachlich umschrieben wurde, stammte weitgehend von ihm, und Himmlers Bemerkung in seiner Gedenkrede über die Skrupel Heydrichs am organisierten Völkermord ist um so glaubwürdiger, als sie den Härtegrundsätzen der SS strikt widersprachen.[30]

Nach außen allerdings drang nichts davon, und mit einer Unbewegtheit, die keine inneren Konflikte ahnen ließ, machte Heydrich sich daran, die Juden in Europa zu erfassen, zusammenzutreiben und teils durch »natürliche Verminderung«, das heißt durch Hunger, Erschöpfung oder Krankheit, teils durch physische Vernichtung, sei es mit Hilfe der Einsatzgruppen, sei es durch die sogenannte Sonderbehandlung der Massenvergasung, in den Tod zu dirigieren. Er erdachte den Gesamtplan, der über die Ausrottung der jüdischen Rasse hinaus die weiten Gebiete des Ostens als »Experimentierfelder« rassischer Neu- und Höherzüchtung verfügbar machen sollte, er entwickelte die Methode, und bezeichnenderweise stammte auch das perfide Detail von ihm, so beispielsweise der Gedanke, die Endlösung auf subalterner Ebene von jüdischen Gemeinschaften selbst organisieren zu lassen.[31] Die Betrauung mit dieser Aufgabe war nicht ausschließlich in der Konsequenz seiner Position begründet; und wenn die außerordentliche Radikalität seines Vorgehens von dem Bemühen getragen war, durch rücksichtslose Bewährung den Makel der eigenen Abstammung auszulöschen, so lag eben dies auf der Linie der Überlegung, die Hitler und Himmler zur Wahl Heydrichs bestimmt hatte. Schon in seiner 1936 unter dem Titel »Wandlungen unseres Kampfes« veröffentlichten Schrift hatte er sich mit einem nahezu besessenen Nachdruck zur »geschichtlichen Aufgabe« der Bekämpfung und Niederringung vor allem des »jüdischen Weltfeindes« bekannt und gerade durch die schrille Tonlage das Selbstreinigungsmotiv deutlich gemacht, das die verzweifelte und sinnlose Grundanstrengung seines Lebens war. Zu Walter Schellenberg hat er gelegentlich entmutigt geäußert, es sei »reiner Wahnsinn, dieses jüdische Problem geschaffen zu haben«, während Himmler bemerkte:

»Er (Heydrich) hatte in sich den Juden rein intellektuell überwunden und war auf die andere Seite übergeschwenkt. Er war davon überzeugt, daß der jüdische Anteil an seinem Blut verdammenswert war, er haßte dieses Blut, das ihm so übel mitspielte. Der Führer konnte sich im Kampf gegen die Juden wirklich keinen besseren Mann aussuchen als gerade Heydrich. Dem Juden gegenüber kannte er keine Gnade...

Im übrigen wird Sie interessieren, Heydrich war ein sehr guter Violinspieler. Er hat mir zu Ehren einmal eine Serenade vorgetragen, das war wirklich Format, nur schade, daß er sich auf diesem Gebiet nicht öfter betätigte.«[32]

Diese Äußerung, die zur psychologischen Struktur des Reichsführers der SS nicht weniger beiträgt als zu derjenigen seines Untergebenen, macht die Antriebe der Bewährungsbemühung Heydrichs ebenfalls sichtbar, wie er denn überhaupt, jenseits der kalkulierten Machtziele, denen sein eigentlicher Ehrgeiz galt, von einem rastlosen Bestreben nach Auszeichnung erfüllt war. Eine nervöse Energie trieb ihn von frühauf dazu, alles zu ergreifen, alles zu wissen, auf allen Gebieten, nicht nur denen des Intellekts, zu exzellieren. Seine sportlichen Leistungen waren überdurchschnittlich, er war ein guter Fechter, Schütze und Reiter und versuchte auch, sich militärisch hervorzutun. Bald nach Beginn des Krieges setzte er es gegen den anfänglichen Widerstand Hitlers durch, als Flugzeugführer zum Einsatz zu kommen, und ruhte nicht eher, bis er auf Grund einer bestimmten Anzahl von Feindflügen, in deren Verlauf er einmal hinter den russischen Linien notlanden mußte, das Eiserne Kreuz I. Klasse erhielt.[33]

Dieser Drang, sich vielseitigen Aufgaben gewachsen zu zeigen, hat vermutlich auch eine Rolle gespielt, als er im Herbst 1941 zu dem Entschluß gelangte, das Hauptquartier in der Prinz-Albrecht-Straße zu verlassen und als Stellvertretender Reichsprotektor, als »Herzog Alba«, wie Hitler bemerkte, nach Prag zu gehen. Jedenfalls hat man diese Entscheidung als den Versuch interpretiert, das eigene Leistungsvermögen auch auf dem Gebiet der öffentlichen Verwaltung zu demonstrieren, zumal das neue Amt ihn durchaus nicht auf eine höhere Machtebene versetzte.[34] Möglicherweise ist aber auch die Erwägung mit im Spiel gewesen, dem Widersacher Canaris, der kurz zuvor die kompromittierenden Abstammungsunterlagen in die Hand bekommen hatte, für einige Zeit aus dem Wege zu gehen, sowie schließlich, als Motiv von dritter Seite, die endlich geweckten eifersüchtigen Besorgnisse Himmlers und Bormanns, die sich zusammenfanden, um den bedrohlichen Aufstieg des jungen Partners zu verzögern. Heydrich selbst jedenfalls hat in jener Zeit wiederholt auf sein »immer schlechter werdendes Verhältnis« zu dem einen wie zum anderen hingewiesen, und sein letzter Besuch im Führerhauptquartier deutete ihm denn auch an, daß die Machinationen der Rivalen nicht erfolglos verliefen. Zwar blieb er auch nach seinem Weggang aus Berlin, wie es im amtlichen Schriftwechsel mit geheimnisvoller und einschüchternder Kürze hieß, »ChdSPuSD« (Chef der Sicherheitspolizei und des Sicherheitsdienstes), aber er war doch, zumindest zeitweilig, vom Zentrum seiner eigentlichen Macht entfernt. Heydrich selbst mochte diese Nachteile um so eher in Kauf nehmen, als er dafür die Möglichkeit einwechselte, künftig ohne Vermittlung des mißgünstigen Himmler mit Hitler direkt zu verkehren.

Anders, als der Ruf, der ihm vorauseilte, erwarten ließ, verfuhr er in Prag, nach einer kurzbemessenen Phase des offenen Terrors, mit beträchtlichem taktischem und psychologischem Geschick. Sein Versuch, die intellektuellen Kreise als die traditionellen Wortführer eines kompromißlosen Nationalismus zu isolieren und die Arbeiter- und Bauernschaft durch eine Politik teils echten, teils vorgetäuschten Entgegenkommens wenigstens so weit zu gewinnen, daß sie ihre Arbeitskraft dem Regime ungemindert zur Verfügung stellte, war in einem immerhin überraschenden Maße erfolgreich. Er verbesserte die sozialen Bedingungen durch weitgehende Übernahme der für das Reichsgebiet geltenden Sozialordnung, ließ die großen Luxushotels und Kurorte für die arbeitenden Schichten räumen und empfing deren Vertreter sogar als seine Gäste im Hradschin. Wenn es ihm trotz aller Bemühungen auch nicht gerade gelang, populär zu werden, so vermochte er doch, den von generationenalter Erfahrung geprägten Opportunismus der Bevölkerung für seine Zwecke dienstbar zu machen und einen Zustand »politischer Apathie«[35] zu erzeugen, in dem die vereinzelten Ansätze zu wirksamen Widerstandshandlungen alsbald untergingen. Ungeachtet der Fernziele, die ihn dabei leiteten, unterschied sich sein Vorgehen in den Augen der Bewohner des Protektorats durchaus positiv von der Politik seines eigentlichen Vorgängers v. Neurath, der durch Unentschlossenheit und mangelndes Durchsetzungsvermögen das Land dem willkürlichen und antagonistischen Regiment ehrgeiziger Untergebener ausgeliefert hatte. Es war daher nicht nur herausfordernder Leichtsinn, wenn er auf die üblichen Heerzüge bewaffneter Eskorten verzichtete und täglich im offenen Wagen von seinem Herrensitz Brezany nach Prag fuhr, sondern auch Ausdruck der, gewiß großspurigen, Sicherheit eines erfolgreichen Statthalters.

Das Attentat, dem er zum Opfer fiel, war daher auch von tschechoslowakischen Exilkreisen in England geplant und vorbereitet worden, die das Pazifierungsgeschick Heydrichs mit wachsender Unruhe registriert hatten und mit dem Anschlag nicht zuletzt die Absicht verfolgten, das Regime durch eine empfindliche Herausforderung in einem Maße zu brutalisieren, das den Widerstand auf breiter Basis entfachen mußte. Die drei jungen Männer, die am 27. Mai 1942 den Wagen Heydrichs in der Nähe der Stadtgrenze erwarteten, waren kurz zuvor mit dem Fallschirm unweit von Prag gelandet. Als das Fahrzeug mit stark verminderter Fahrt eine enge Kurve durchfuhr, warf einer von ihnen, Jan Kubis, eine Bombe, die unter dem Wagen explodierte. Heydrich wurde schwer verwundet. Zwar gelang es ihm noch, aus dem Wagen zu springen und auf die flüchtenden Attentäter einige Schüsse abzugeben; doch dann brach er zusammen. Auch die von Hitler und Himmler aufgebotenen Ärzte vermochten ihn nicht zu retten. Acht Tage später erlag er seinen Verletzungen.

Erbittert äußerte Hitler, der Tod Heydrichs gleiche einer »verlorenen Schlacht«[36], und das Regime reagierte denn auch mit einer Grausamkeit, wie sie primitive Völker an den Gräbern ihrer Stammeshäuptlinge und Halbgötter zu entfalten pflegen. Im Verlauf der Rache- und Verfolgungsmaßnahmen wurden allein vom Standgericht Prag 936 und vom Standgericht Brünn 395 Menschen zum Tode verurteilt.[37] Auch die Einwohner der Ortschaft Lidice wurden, ohne daß eine Beziehung zu den Attentatsunternehmen nachgewiesen werden konnte, den Manen Reinhard Heydrichs zum Opfer gebracht. Und als sollte der Schrecken, der von seinem Namen ausging, über sein Ende hinaus weiterwirken, gaben die Umstände seines Todes den letzten Anstoß zur Durchführung der sogenannten Humanversuche mit Sulfonamiden im Konzentrationslager Ravensbrück.[38] Auch die sogenannte Aktion Reinhard, die das Vermögen ermordeter Juden sicherstellte, erhielt von ihm ihren Namen.

Trotzdem schien Himmler insgeheim eher erleichtert und äußerte dunkel, das Schicksal habe Heydrich »auf der Höhe seiner Macht... wissend hinweggenommen.«[39] In seiner Gedenkrede, die zahllose Anspielungen auf das angeblich gesunde rassische Erbgut Heydrichs enthielt, nannte er ihn einen der »besten Erzieher im nationalsozialistischen Deutschland«, einen »Herrn von Geburt und Haltung«, um gegen Ende zu versichern: »So wie er aber die Reihe seiner Ahnen fortgesetzt hat und diesen nur Ehre bereitete, so wird er fortleben mit allen seinen Eigenschaften..., edel, anständig und sauber in seinen Söhnen, in Kindern, die seines Blutes und Namens Erben sind.« Zu seinem Heilbehandler Felix Kersten aber meinte Himmler, »er sei sich etwas komisch vorgekommen, als er mit zwei Mischlingen an der Hand hinter dem Sarg hergegangen wäre«[40].

Die Summe dieses Lebens ist schwer zu ziehen. Er war weit mehr als ein führender, durch Intelligenz und Radikalität auffallender Gefolgsmann Hitlers. Er war ein Symbol und vielleicht *die* repräsentative Erscheinung des Dritten Reiches auf dem Gipfel seiner inneren und äußeren Macht. In diesem Sinne war es durchaus zutreffend, wenn im engeren Kreise von ihm als dem Nachfolger Hitlers gesprochen wurde, der »früher oder später« Deutschlands »Führer« geworden wäre.[41] In einem hintergründigen Sinn hatte er diese Nachfolge im Zeichen des sich entfaltenden und gnadenlos behauptenden SS-Staates schon angetreten.

Man hat Heydrich gelegentlich mit Saint-Just verglichen. In der Tat hat er zumindest die völlige psychische Fühllosigkeit mit ihm gemeinsam, welche Angestrengtheit dahinter auch verborgen sein mochte, und wie dieser fand er die Umstände nur für diejenigen schwierig, die vor den Gräbern zurückschrecken. Aber ihn trennte doch auch vieles. Er war roher, frivoler und in seinem gänzlich zweckentleerten, nur sich selbst verpflichteten Machthunger ungenierter als die ideengläubige, versteinerte Empfindsamkeit Saint-Justs. Und während dieser die Moral zum Maß seiner revolutionären Unbedingtheit erhob, ging jener davon aus, daß sie nur eine illusionäre oder sentimentale Kategorie sei. Auch war er kein Revolutionär und wollte die Welt nicht verändern, sondern unterwerfen. Die Erfahrungen des Schreckens, die Saint-Just seiner Zeit aufgebürdet hatte, waren daher auch von anderer Art und hatten immer noch die, wenn auch melancholisch stimmende, Rechtfertigung für sich, die dem blutig in die Irre gegangenen humanitären Impuls gebührt. In einem Mördertum dagegen, das nicht mehr nach Begründungen, sondern nur nach Methoden fragte und sich von ideellen Voraussetzungen nicht mehr behelligen ließ, weil es nur dem eigenen Machttrieb folgte, liegt der ganze Unterschied zwischen dem Bösen als dem fehlgeleiteten Guten, und dem Bösen, das nur noch böse ist.

Gewiß bedarf auch diese Bewertung der Persönlichkeit Heydrichs einiger Abstriche, die zerrissene Hintergrundstruktur seines Wesens zersetzt jede kategorische Urteilssubstanz. Auf seinem schwindelerregenden Weg zur Macht schien er denn auch bisweilen innezuhalten und nachdenklich zu werden, ehe er sich mit einem Zynismus oder einem billigen Ideologismus, den seine Intelligenz nicht ernst nahm, weiterhalf. »Es ist fast zu hart für den Einzelnen«, sagte er einmal, »aber hart wie Granit müssen wir sein, sonst geht das Werk unseres Führers zugrunde.« Carl Jacob Burckhardt, der diese Bemerkung Heydrichs überliefert hat, beobachtete die »zwei vollkommen verschieden gearteten Hälften des scharfen, blassen, asymmetrischen Gesichts« und deutete dies als Ausdruck der tiefen, heillosen Gespaltenheit dieses Mannes, der »zackig und wiederum weich und morbid« in einem war.[42]

Was immer er tat und wurde, war geprägt von diesem Riß durch seine Persönlichkeit, und von allem, was er war, war er zugleich wohl auch das Gegenteil. Das stereotype Bild des Henkers, das sich von seiner Erscheinung eingeprägt hat, ist auf dem Grunde durchkreuzt von den Zügen eines im Wortsinne trostlosen Selbsthenkertums. Es ist gewiß nicht viel mehr als ein Gerücht, daß er sich in den Tagen seiner Agonie von den einstigen Exzessen der Macht abgewandt und versucht habe, seinen Haß, seine Vergeltungssucht, seine Menschenverachtung zurückzunehmen; doch hat es immerhin einige psychologische Wahrscheinlichkeit für sich. Wenn Hitler einst gefordert hatte, der Nationalsozialist müsse »das gute Gewissen zur Grausamkeit wiedergewinnen«[43] – dieser besaß es gewiß nicht und auch nicht das eiserne Herz, das jener ihm nachgerühmt hatte. Himmler kannte ihn zweifellos gut. Er meinte, Heydrich sei »im Grunde ein armer Mensch gewesen«[44].

Anmerkungen
(Die Zählung der Anmerkungen wurde – trotz der Kürzung am Anfang des Textes – vom Original übernommen; daher beginnen die Anmerkungen mit der Nummer 9.)

9 H. Rauschning, aaO., S. 47.

10 ›Das Schwarze Korps‹, Gedenkartikel in der Ausgabe vom 11. Juni 1942. Die Beobachtung, Heydrich sei von seinen Gefolgsleuten mitunter »die blonde Bestie« genannt worden, wird von Willi Frischauer in ›Himmler, the Evil Genius of the Third Reich‹, London 1953, S. 35, mitgeteilt.

11 Vgl. dazu die Fotokopie beim Institut für Zeitgeschichte in München; ferner Charles Wighton, ›Heydrich, Hitler's Most Evil Henchman‹, S. 21 ff. Einzelheiten zur Abstammung Heydrichs und mehr noch zu dessen Versuchen, die Hintergründe der Herkunft zu verschleiern, enthält das Buch von Walter Hagen (d. i. Willi Höttl), ›Die geheime Front‹, Linz und Wien 1950, S. 20 ff. Die Darstellung ist allerdings in den Fakten mitunter nicht ganz zuverlässig. Dagegen ist das Buch außerordentlich wertvoll auf Grund der von Hagen mitgeteilten persönlichen Beobachtungen. Auch ist er offenbar der erste gewesen, der die Persönlichkeit Heydrichs nicht in der Schablone des sadistischen Unmenschen gesehen hat, sondern sich bemüht zeigte, die komplizierten individuellen Strukturen aufzudecken.
Hagen hat im übrigen berichtet, Heydrich habe den Grabstein seiner Großmutter Sarah Heydrich auf dem Leipziger Friedhof entfernen und durch einen neuen Stein mit der unverfänglicheren Inschrift »S. Heydrich« erset-

zen lassen; die Rechnung darüber soll bis zum Jahre 1945 bei der Adjutantur in Berlin existiert haben.
Dieser Hinweise geht allerdings von der Voraussetzung aus, daß der sog. jüdische Bluteinschlag Heydrichs nicht von der mütterlichen, sondern von der väterlichen Linie stammte. Das steht aber in Widerspruch zur Ahnenliste Heydrichs. Danach hieß nämlich die angebliche Sarah Heydrich tatsächlich Ernestine Wilhelmine, geb. Lindner. Nach dem frühen Tode ihres ersten Mannes heiratete sie in Meißen einen gewissen Robert Süß. Ähnlich wie Heydrichs Vater auf Grund dieser Verbindung gelegentlich Bruno Heydrich-Süß und, da der Name einen jüdischen Anklang besitzt, im Kollegenkreis weithin Isidor Süß genannt wurde, hat man der Mutter möglicherweise den Übernamen »Sarah« gegeben. Dieser Name hätte dann allerdings unter keinen Umständen auf dem Grabstein gestanden.
Den Hinweis, daß Bruno Heydrich von seinen Hallenser Kollegen allgemein Isidor Süß genannt wurde, verdankt der Verfasser dem Berliner Pianisten Helmut Maurer. Maurer, der in jenen Jahren als »ziviler Angestellter des Oberkommandos der Wehrmacht« im Amt Canaris tätig war, hat in einer Niederschrift betont, daß er noch 1940 auf dem Standesamt von Halle belastende Unterlagen über Heydrichs Abstammung abschriftlich erhalten habe. Maurer meint allerdings auch, daß, falls seine Erinnerung ihn nicht trügt, Heydrich der väterlichen Seite den jüdischen Blutanteil verdankte. Im übrigen widerspricht Maurers Aussage der Behauptung Hagens, daß Heydrich alle kompromittierenden Abstammungsunterlagen frühzeitig beseitigt habe. Die Ursache dieser Unstimmigkeit ist vermutlich nicht mehr zu klären. Tatsächlich spricht einiges dafür, daß Heydrich bei den Möglichkeiten, über die er verfügte, alle belastenden Dokumente aus Kirchen- und Standesregistern zu entfernen versuchte. Vgl. dazu auch das Ergebnis der Recherchen, die Robert M. W. Kempner in Nürnberg angestellt und in seinem Buch ›Eichmann und Komplicen‹, Zürich/Stuttgart/Wien 1961, S. 36f., berichtet hat. In einer Inaugural-Dissertation der Freien Universität Berlin von 1967 mit dem Titel »Heydrich und die Anfänge des SD und der Gestapo (1931–1935)« hat Shlomo Aronson allerdings eine jüdische Abstammung Heydrichs überhaupt bestritten. Die von Aronson herangezogenen Belege und Verweise sind nicht ohne Überzeugungskraft.
Jedoch bleiben Aussage und Substanz des vorliegenden Deutungsversuchs der Persönlichkeit Heydrichs vom Streit über die Abstammung unberührt. Immerhin besteht eine unbestrittene, von Aronson mit zahlreichen zusätzlichen Belegen erhärtete Gewißheit darüber, daß Heydrich selbst sich jüdische Vorfahren zuschrieb oder doch keine Sicherheit über seinen Abstammungshintergrund besaß. Laut Auskunft der Schwägerin Heydrichs, Frau Gertrud Heydrich, wurde er schon als Schulkind seiner angeblich jüdischen Abstammung wegen gehänselt, empfand stets ein starkes rassisches Kompensationsbedürfnis, das sich als Aktivität in völkisch-antisemitischen Kreisen äußerte, und galt schließlich auch in der Marine, wie einer seiner Crewkameraden später aussagte, »mehr oder minder als Jude«. Offenbar selbst in der Annahme, sein Vater sei Jude, erfand Heydrich zur Verteidigung

gegenüber seinen Kameraden die Geschichte, sein Vater sei ein Findelkind gewesen, das im Gefolge von Zigeunern nach Dresden gelangt, dort als musikalisches Wunderkind aufgetreten und daraufhin vom Direktor des örtlichen Konservatoriums in die Familie aufgenommen worden sei. Noch heute sind Freunde und ehemalige Kameraden Heydrichs von dessen jüdischer Abstammung überzeugt. (Diese und zahlreiche andere Nachweise ähnlicher Art bei S. Aronson, aaO., S. 26ff.). Historisch ist es zweifellos von Bedeutung zu wissen, ob Heydrichs angebliche jüdische Abstammung dokumentiert ist oder nicht. In psychologischer Hinsicht dagegen, in der Interpretation der Persönlichkeit, ist es weniger wichtig, ob Heydrich in der Tat jüdische Vorfahren hatte oder ob er sowie seine Umwelt davon ausgingen, bzw. es für möglich hielten. Die Notizen F. Kerstens, die auch für dieses Kapitel herangezogen wurden, haben bisher allen Nachprüfungen standgehalten. Es besteht danach kein Zweifel daran, daß Himmler tatsächlich eine jüdische Abstammung Heydrichs für erwiesen ansah. Selbst wenn dies ein Irrtum gewesen sein sollte, so ändert sich doch keine Überlegung, keine Folgerung dieser Darstellung.

12 Vgl. W. Hagen, aaO., S. 13f. Heydrich unterhielt Beziehungen zu der Tochter eines einflußreichen Kieler Kaufmanns, der über persönliche Kontakte zu den Marinebehörden, insbesondere auch zu Admiral Raeder verfügte. Nach der verbreiteten Version über die Umstände, die den Abschied mit sich brachten, soll das Mädchen schwanger geworden sein und Heydrich sich geweigert haben, mit ihm die Ehe einzugehen, da es mit der Ehre eines deutschen Offiziers nicht vereinbar sei, eine schwangere Frau zu heiraten, selbst wenn er persönlich dafür die Verantwortung trage. Das scheint indessen tatsächlich eine von der Karikatur des deutschen Reserveleutnants bzw. vom ›Untertan‹ Heinrich Mannes inspirierte Erfindung zu sein. Ch. Wighton hat demgegenüber auf S. 34 seines Buches über Heydrich unter Berufung auf Frau Lina Heydrich berichtet, Heydrich sei, als die Schwangerschaft mit der Tochter des Kaufmanns bekannt wurde, bereits mit seiner späteren Frau verlobt gewesen und habe sich geweigert, diese Verlobung zu lösen.

13 F. Kersten, aaO., S. 128.

14 AaO., S. 129f.

15 W. Hagen, aaO., S. 15, der als prominentestes Beispiel für diesen Sachverhalt die geheimnisumwitterte Person Heinrich Müllers, des Chefs des Amtes IV im RSHA (Gestapo), anführt, der bis 1933 sogar ein ausgesprochener Gegner des Nationalsozialismus gewesen war. – Die Äußerung Frau Heydrichs über das mangelnde politische Interesse ihres Mannes in den zwanziger Jahren wird von Ch. Wighton, aaO., S. 35, überliefert. Frau Heydrich, die noch vor ihrem Mann der NSDAP beigetreten war, war es denn auch, die das Interesse Heydrichs an der Politik weckte.

16 Berichtet von Carl Jacob Burckhardt, ›Meine Danziger Mission‹, S. 57.

17 F. Kersten, aaO., S. 130.

18 Dieser Salon wurde unter dem Namen »Salon Kitty« geführt; vgl. dazu W. Schellenberg, aaO., S. 41.

19 Vgl. dazu Ch. Wighton, aaO., S. 124ff.; ferner W. Hagen, aaO., S. 28ff., und W. Schellenberg, aaO., S. 36f.

20 Vgl. die Äußerungen bei W. Frischauer, aaO., S. 35; W. Hagen berichtet auf S. 24 seines Buches, Heydrich »entwickelte einmal den Gedanken, daß man die Stellung des Reichskanzlers von der des Führers abtrennen müsse. Was er dabei dem Führer zubilligte, war die mehr repräsentative Rolle eines Reichspräsidenten. Der Reichskanzler aber, der die wirkliche Macht in den Händen haben sollte – das war die Stellung, die er selbst einzunehmen gedachte. Heydrich war kein Träumer. Er spielte nicht mit solchen Ideen, er setzte sich ein Ziel und verfolgte es nach einem geradezu generalstabsmäßigen Plan.« Zum gleichen Thema auch: W. Schellenberg, aaO., S. 12. An anderer Stelle berichtet Schellenberg von dem Verhör, dem Himmler ihn wenige Tage nach dem Tode Heydrichs unterzog. Darin fragte der Reichsführer-SS: »Haben Sie Heydrich eingeredet, er sei der einzige Mann, der einmal als Nachfolger des Führers in Frage käme? Heydrich selbst hat mir gegenüber, wenn auch nur bruchstücksweise, derartiges verlauten lassen«; aaO., S. 262.

21 Vgl. Carl Haensel, ›Das Gericht vertagt sich‹, S. 61. Ulrich von Hassell notierte in seinem unter dem Titel ›Vom andern Deutschland‹ herausgegebenen Tagebuch S. 54 (Eintrg. vom 27. März 1939) eine Äußerung Frau Görings, wonach »Heydrich der Teufel« sei, Himmler dagegen »gänzlich unbedeutend und im Grunde harmlos!« Im gleichen Sinne äußerten sich W. Schellenberg, aaO., S. 36, sowie W. Hagen, aaO., S. 86; anders, aber wenig einleuchtend: Edward Crankshaw, ›Die Gestapo‹, S. 29f.

22 F. Kersten, aaO., S. 118.

23 Ch. Wighton, aaO., S. 81.

24 W. Hagen, aaO., S. 86f.; W. Schellenberg, aaO., S. 37.

25 Vgl. dazu Hannah Arendt, ›Elemente und Ursprünge totaler Herrschaft‹, S. 614ff., die den gesamten Themenbereich von Terror und totalitärem Herrschaftssystem analysiert hat. Kaum etwas beweist im übrigen den totalitären Charakter des nationalsozialistischen Regimes nachdrücklicher als die Tatsache, daß die beiden erstaunlichsten Karrieren (neben derjenigen Bormanns, die auf anderen Voraussetzungen beruhte) auf dem Wege über die Politische Polizei gemacht wurden.

26 Vgl. Karl Heinz Abshagen, ›Canaris‹, S. 146f. – Die erwähnte Niederschrift H. Maurers berichtet, Canaris habe Heydrich eines Abends zu sich geladen und ihm »in aller Freundlichkeit« eröffnet, daß er es verstanden habe, sich in den Besitz der belastenden Abstammungsurkunden zu bringen. Heydrich, so fährt Maurer fort, »nahm das lächend zur Kenntnis und änderte von da ab sein Verhalten uns gegenüber. Er zog die Konsequenzen, ließ uns in Ruhe ...«. Diese Schilderung deckt sich mit Äußerungen, die der ehemalige Staatssekretär im Reichsinnenministerium, Wilhelm Stuckart, gegenüber R. M. W. Kempner gemacht hat. Auch Stuckart meinte im übrigen, Canaris habe sich eben durch den Besitz der Dokumente »vor einem Zugriff Heydrichs schützen« können; vgl. R. M. W. Kempner, aaO., S. 37. Anderer Auffassung ist Abshagen, S. 148, der dieser Version skeptisch

begegnet, da »Canaris nach einwandfreien Zeugnissen aus seiner Umgebung« Heydrich stets gefürchtet habe. Aber das muß sich keineswegs widersprechen. Natürlich blieb Heydrich, auch nachdem Canaris die Unterlagen sichergestellt hatte, ein außerordentlich gefährlicher Gegner.

27 Die Mitwirkung des deutschen Geheimdienstes an der Affaire Tuchatschewski ist, vor allem was den Umfang dieser Mitwirkung betrifft, bis heute umstritten. Eine in der Zeitschrift ›Die Gegenwart‹, 13. Jhg., S. 76, ohne Verfasserangabe erschienene Untersuchung gelangte zu folgendem, vorsichtig abwägendem Ergebnis, das vorerst jedenfalls das wohl letzte Wort zu diesem Geschen bleiben muß:
»Mit einer an Bestimmtheit grenzenden Wahrscheinlichkeit ist die Tuchatschewski-Affaire nicht von den Machthabern des Dritten Reiches inszeniert worden.
Es kann auf der anderen Seite mit der gleichen an Wahrscheinlichkeit grenzenden Bestimmtheit angenommen werden, daß die Machthaber des Dritten Reiches irgendwie ihre Finger in der Tuchatschewski-Affaire hatten.
Es ist äußerst wahrscheinlich, daß sie versuchten, zum Sturze von Marschall Tuchatschewski beizutragen. Es ist fast bewiesen, daß sie sich dessen rühmten.
Es ist möglich, daß Heydrich und Konsorten die geschobenen und unbewußten Werkzeuge Stalins waren.«

28 Dazu: Walter Hagen, ›Unternehmen Bernhard. Ein historischer Tatsachenbericht über die größte Geldfälschungsaktion aller Zeiten‹, Wels und Starnberg 1955.

29 W. Hagen, ›Die geheime Front‹, S. 34. Von einem Giftanschlag auf ihre Person durch Heydrich berichten W. Schellenberg, aaO., S. 14, und Rudolf Diels, ›Lucifer ante portas‹, S. 423f.

30 Vgl. IMT XII, S. 283 (Aussage Gisevius). Himmler erklärte in seiner Gedenkrede (hier zitiert nach einer Fotokopie beim Institut für Zeitgeschichte in München): »Aus unzähligen Gesprächen mit Heydrich aber weiß ich, was dieser nach außen so hart sein müssende und strenge Mann in seinem Herzen oft gelitten und gerungen hat, und was es ihn manchmal kostete, dennoch immer wieder nach dem Gesetz der SS, das uns verpflichtet, ›weder eigenes noch fremdes Blut zu schonen, wenn es das Leben der Nation verlangt‹, zu entscheiden und zu handeln«; vgl. dazu auch C. J. Burckhardt, aaO., S. 56.

31 Vgl. dazu G. Reitlinger, aaO., S. 26.; ferner W. Hagen, ›Die geheime Front‹, S. 38.

32 F. Kersten, aaO., S. 131. Die Äußerung gegenüber W. Schellenberg wird von Ch. Wighton, aaO., S. 221, berichtet. Die erwähnte Schrift Heydrichs ist als Sonderdruck aus dem ›Schwarzen Korps‹, München–Berlin 1936, veröffentlicht worden.

33 F. Kersten, aaO., S. 121 und S. 129f.; ferner W. Schellenberg, aaO., S. 37.

34 W. Hagen, ›Die geheime Front‹, S. 24. Die Auffassung, daß auch die von Canaris ausgehenden Befürchtungen eine Rolle gespielt haben, vertritt H. Maurer in seiner erwähnten Niederschrift. Die Äußerung Hitlers,

Heydrich gehe als sein »Herzog Alba« nach Prag, berichtet Otto Meißner, in: ›Staatsekretär‹, S. 593. Der im Text weiter unten erwähnte Besuch im FHQ wird geschildert bei W. Schellenberg, aaO., S. 257. Zum Verhältnis Himmler – Heydrich vgl. ebd. S. 255 sowie W. Hagen, aaO., S. 24. Ferner auch G. Reitlinger, ›Die SS‹, S. 212.

35 W. Frischauer, aaO., S. 192; ferner Wenzel Jaksch, ›Europas Weg nach Potsdam. Schuld und Schicksal im Donauraum‹, Stuttgart 1958, S. 371, sowie Ch. Wighton, aaO., S. 252 ff. – Vgl. in diesem Zusammenhang auch die von Goebbels in den ›Tagebüchern 1942/43‹ berichtete Äußerung Hitlers, Heydrichs Politik im Protektorat sei »als geradezu vorbildlich anzusprechen« (aaO., S. 45, Eintrg. vom 21. Jan. 1942). Über entsprechende Äußerungen Hitlers berichtete auch Himmler seinem Masseur F. Kersten: »Heydrich habe es als einer der wenigen verstanden, ein Fremdvolk richtig zu behandeln. Hätte er mit Kommißstiefeln auf den Tschechen herumgetrampelt, hätte der Secret Service ihm eine Ehrenwache gestellt, damit ihm nichts passiere...«; vgl. aaO., S. 127. Zur Politik Heydrichs siehe auch Goebbels ›Tagebücher 1942/43‹, S. 90 (Eintrg. vom 15. Februar 1942).

36 F. Kersten, aaO., S. 127.

37 Vgl. den ›Abschlußbericht: Attentat auf den SS-Obergruppenführer Heydrich am 27. 5. 1942 in Prag. Anl. D‹ beim Institut für Zeitgechichte in München, Nr. 1982/57.

38 Vgl. Alexander Mitscherlich/Fred Mielke, ›Medizin ohne Menschlichkeit. Dokumente des Nürnberger Ärzteprozesses‹, Frankfurt/Main 1960, S. 132 f.

39 W. Schellenberg, aaO., S. 261.

40 Achim Besgen, ›Der stille Befehl. Medizinalrat Kersten, Himmler und das Dritte Reich‹, München 1960, S. 185.

41 Vgl. W. Frischauer, aaO., S. 35. W. Schellenberg pflegte übrigens zu betonen, Heydrich würde nicht gezögert haben, selbst Hitler zu beseitigen, hätte er noch mit eigenen Augen den Weg in die totale Katastrophe verfolgt. Doch beruht diese Annahme offenbar allein schon auf einer Überschätzung der machttechnischen Möglichkeiten Heydrichs. Im Gegensatz dazu meint Aronson aaO., daß Heydrich eine eher unbedeutende, durchaus abhängige, autoritätsbedürftige Funktionärsfigur gewesen sei; er bestreitet die hier vertretene Auffassung von der eigentümlich ambivalenten Beziehung zwischen Himmler und Heydrich. Stattdessen behauptet er die persönliche, machtttaktische und administrative Überlegenheit Himmlers. Was die Person Heydrichs angeht, so mißt er, wie ich glaube, den Aussagen ehemaliger Kameraden vor allem der Marine zu großes Gewicht bei; denn deren Bemerkungen über die durchschnittliche Intelligenz Heydrichs, seine Unauffälligkeit und eindrucksarme Persönlichkeit werden relativiert durch die in allen Aussagen auftauchende Bemerkung, er sei unleidlich, verschlossen und arrogant gewesen. – Die übrigen Beobachtungen des Verfassers erweisen sich überwiegend als Interpretationen von Verhaltensweisen, aus denen auch anders akzentuierte Folgerungen gezogen werden können. Die Konsequenzen Aronsons sind nur insoweit zu bestreiten, als sie

Heydrich nahezu jede selbständige Bedeutung absprechen wollen. Daß er sich Himmler gegenüber merkwürdig unterlegen wußte, ist keine Frage und hängt, nach Auffassung des Verfassers, vor allem mit der Unsicherheit Heydrichs in der Frage seiner Abstammung zsammen.

42 C. J. Burckhardt, aaO., S. 56.

43 H. Rauschning, aaO., S. 22.

44 F. Kersten, aaO., S. 129.

Ralf Georg Reuth

Götterdämmerung: Der letzte Tag des Joseph Goebbels

Ein hilflos anmutender Reichskanzler Joseph Goebbels ohne Reich und Funktion humpelte durch den Bunker. Seine Aufgaben zur Verteidigung Berlins waren durch die Ereignisse längst überholt. Seine Reden vom großen Verrat und von der notwendigen Fortsetzung des Kampfes gegen das »internationale Judentum« interessierten nun endgültig niemanden mehr. Hitler war tot, und mit ihm waren die Befürchtungen der Bunkerinsassen gewichen, er könnte einen kollektiven Selbstmord oder sonstige alle Leben beendende Maßnahmen anordnen. Erleichterung machte sich breit; es soll zu regelrechten Gelagen gekommen sein. Für den neuen Herrn im Bunker, dessen Autorität nicht einmal mehr ausreichte, solches zu unterbinden, wurde nun die Ankündigung, an der Seite Hitlers zu sterben, die er zuletzt aus der Euphorie seiner Wahl zum Nachfolger in der Kanzlerschaft pathetisch bekräftigt hatte, zur schier unüberwindlichen Hürde. Angst erfaßte ihn vor dem eigenen Ende. Ihr unterlag er schließlich, wenn er nun Beteuerung Beteuerung sein ließ und sich jetzt, nach dem Ableben Hitlers, entschloß, den Kontakt zu Stalin zu suchen, dessen Truppen bereits am frühen Nachmittag die rote Fahne auf der Ruine des Reichstagsgebäudes aufgezogen hatten.

Das Hindernis für sein Vorhaben bildete Bormann, der im Verlaufe der langen Konferenz am Abend des 30. April, an der Generalstabschef Krebs, Burgdorf, Hewel und Axmann teilnahmen, einen Massenausbruch der etwa 300 bis 500 Mann zählenden Bunker-Besatzung vorgeschlagen hatte, um vielleicht bis zu Dönitz in den Nordraum durchzukommen. Erst nachdem Mohnkes Lagebericht klargemacht hatte, daß ein solches Unternehmen aussichtslos war, drang Goebbels mit seinem Vorschlag durch. Als Verhandlungsführer bot sich Generalstabschef Krebs an. Seit seiner Zeit an der deutschen Militärmission in Moskau konnte er Russisch und hatte obendrein schon einmal mit Stalin gesprochen, als der im April 1941 am Bjelorussischen Bahnhof den japanischen Außenminister Matsouka verabschiedet hatte.

Goebbels verfaßte nun, sekundiert von Bormann, einen Brief an den »Obersten Befehlshaber der Streitkräfte der Sowjetunion«. Ihm werde »als erstem Nichtdeutschen« mitgeteilt, daß Hitler am 30. April den Freitod gewählt und in seinem Testament durch Gesetzeskraft Dönitz, Goebbels und Bormann die Macht übergeben habe. Der neue Reichskanzler Goebbels habe Bormann beauftragt, mit den Sowjets in Verbindung zu treten, um einen Waffenstillstand auszuhandeln, »was für Friedensverhandlungen zwischen den Mächten, die die größten Verluste erlitten haben, notwendig sei«.

Die nicht ganz verbrannten Leichen Hitlers und seiner Frau samt dem Kadaver der Schäferhündin Blondi waren noch nicht lange in einem Granattrichter verscharrt – ein Kommando unter SS-Brigadeführer Johann Rattenhuber hatte dies besorgt –, als Krebs mit Goebbels' Schreiben, dem eine Kabinettsliste und eine Verhandlungsvollmacht beigelegt war, kurz vor vier Uhr morgens in der vorgeschobenen Kommandostelle der 8. Gardearmee nahe dem Flughafen Tempelhof eintraf. Dort händigte der von Oberst Theodor von Dufving und zwei Soldaten begleitete Krebs dem Generalobersten Wassilij Tschuikow die Dokumente aus und trug deren Inhalt noch einmal mündlich vor. Tschuikow setzte sich daraufhin mit seinem Vorgesetzten, Marschall Schukow, telefonisch in Verbindung, der seinerseits Kontakt mit Stalin aufnahm. Die Antwort aus Moskau erreichte Berlin um 10 Uhr 15 am 1. Mai 1945. Darin wurde angeordnet, daß die sowjetischen Streitkräfte den Sturm auf das Regierungsviertel wieder aufzunehmen hätten, wenn die Forderung – allgemeine Kapitulation oder Kapitulation von Berlin – nicht angenommen würde. Krebs mußte nun einsehen, daß nach stundenlangen Gesprächen mit Tschuikow und dem von Schukow entsandten Sokolowski seine Mission gescheitert war. Um Zeit zu gewinnen, erläuterte er ausführlich, daß er für eine Kapitulation nicht bevollmächtigt sei. Kurz nach 13 Uhr – zur gleichen Stunde unternahm der mit anderen deutschen Kommunisten am Vortag aus Moskau zurückgekehrte alte

Goebbels-Widersacher und Mitstreiter gegen die Republik von Weimar, Walter Ulbricht, eine erste Inspektionsfahrt durch den Nordosten Berlins – verließ Krebs das Haus am Schulenburgring in Tempelhof, um in den Bunker zurückzukehren.

Dort erstattete er den seit Stunden Wartenden Bericht. Aufs äußerste erregt lehnte Goebbels die Kapitulationsforderungen der Sowjets ab. Die Schuld am Scheitern der Mission gab er sogleich Krebs, der Tschuikow nicht entschieden genug vor die Alternative gestellt habe, daß im Falle einer Ablehnung des vorläufigen Waffenstillstandes der Kampf bis zur letzten Patrone fortgesetzt werde. Er beschloß daher einen weiteren Parlamentär zu entsenden, der noch einmal auf diesen Punkt hinweisen sollte. Diese zweite deutsche Delegation bestand aus vier Offizieren unter Führung eines Obersten. Doch auch er und ein Begleiter – die beiden anderen wurden gefangen genommen – mußten unverrichteter Dinge zurückkehren.

Für Goebbels machte es nach dem Scheitern seiner Separatfriedensbemühungen mit der Sowjetunion keinen Sinn mehr, Dönitz und die im Nord- und Südraum Agierenden über das Schicksal Hitlers im Unklaren zu lassen, wie es Bormann in zwei Fernschreiben getan hatte. Am Nachmittag des 30. April hatte er Großadmiral Dönitz zunächst nur mitgeteilt, daß dieser für den Fall des Ablebens Hitlers als Reichspräsident bestimmt worden sei. Am darauffolgenden Morgen hatte er sich mit der Nachricht begnügt, daß das Testament in Kraft sei, wiederum ohne ein Wort über Hitlers Tod zu verlieren. Dies tat nun Goebbels, indem er ein drittes Fernschreiben an Dönitz absetzen ließ, in dem es hieß, daß der »Führer« »verschieden« sei und Bormann noch am gleichen Tag versuchen werde, sich zu ihm durchzuschlagen, »um Sie über Lage aufzuklären«. Die Unterzeichnung des Fernschreibens, das um 15 Uhr 18 im schleswig-holsteinischen Plön eintraf, sowie des Schlußprotokolls der Lagebesprechung, in deren Verlauf es Goebbels der Bunker-Besatzung anheimstellte auszubrechen, waren die beiden letzten Amtshandlungen des Reichskanzlers Paul Joseph Goebbels.

Der zog sich anschließend in sein kleines Arbeitszimmer auf der anderen Seite des Korridors zurück, um sein Tagebuch zu beschließen, die Aufzeichnung seines Lebens – eines gewaltigen Selbstbetruges, der tragisch wäre, hätte er nicht zu jener deutschen, dann europäischen, dann Weltkatastrophe entscheidend beigetragen. Sein Part bestand darin, daß er Hitler erst zu dem »Führer« machte. Goebbels »verkündete« ihn früh als »Heilsbringer«, als »neuen Messias«: zuerst einer kleinen Gefolgschaft, dann Hunderttausenden und bald mit Hilfe eines alles umfassenden Propagandaapparates einer ganzen, so empfänglichen Nation. Als der Gefreite des Weltkrieges dann tatsächlich die deutsche Zwietracht weitgehend überwunden, Versailles revidiert und dem Volk somit die nationale Selbstachtung wiedergegeben hatte, schienen sich die Goebbelsschen Prophezeiungen erfüllt zu haben. Der Mythos vom »Führer«, vom »Werkzeug der Vorsehung« war erschaffen.

Ohne jemals seine Entscheidung in Politik und Kriegführung beeinflußt zu haben, war es Goebbels, der die Voraussetzung für Hitlers schrankenlose Eroberungskriege, für die Umsetzung der Visionen vom »Großgermanischen Reich« mit dem Lebens- und Ergänzungsraum im Osten schuf. Was Vabanque gespielt war und nur durch die Appeasement-Politik knapp am Kriege vorbeischlitterte, zelebrierte Goebbels als »Genie« und »Sendung« des friedliebenden »Führers«. Als er dann die Deutschen in den Krieg führte, predigte Goebbels der besorgten Nation wiederum dessen Unfehlbarkeit. Und er schien abermals unfehlbar zu sein, als die Wehrmacht den »Erbfeind« im Westen, gegen den im Ersten Weltkrieg eine ganze Generation im Stellungskrieg verblutet war, in einem weiteren Blitzkrieg bezwang. Einem solchen »Führer« folgten die Deutschen selbst dann noch, als er das Land in den Zweifronten-Krieg trieb und an die Stelle der Siege die Niederlagen traten. Warum sollte er nicht auch jetzt – wie Goebbels versprach – die Dinge zum Guten wenden? So hofften sie und folgten ihm, nur ihm, dem mythisch Verklärten und nicht den übrigen Repräsentanten von Staat und Partei. Ihnen übertrugen sie Schuld und Verantwortung für alles, was neben dem Krieg an Entsetzlichem, Grausamem und Niederträchtigem geschah und für viele klar zutage trat. Für Hitler fanden sie die ihn seiner Verantwortung entbindende Formel: »Wenn das der Führer wüßte!«. Dieser

Satz versinnbildlicht die Kraft des Mythos, dessen Urheber gewesen zu sein Joseph Goebbels' historische Bedeutung ist.

Dieser »Erfolg« Goebbels' wurde, abgesehen von den Zufällen und Unwägbarkeiten der Zeit, auch deshalb möglich, weil derjenige, der Hitler als »Werkzeug der Vorsehung« pries, niemals aufhörte, selbst an ihn zu glauben. Je tiefer das Reich in die Krise trieb, desto mehr stahl sich Goebbels in den Irrationalismus seines Glaubens davon und desto exzessiver zelebrierte er ihn. Der totale Krieg als dessen aggressive Umsetzung, als fanatischer Krieg einer auf Hitler eingeschworenen »Volksgemeinschaft« sollte in aussichtsloser Lage den Sieg erzwingen, sollte die Realität beugen, so wie sein haßerfüllter Glaube an eine bessere Zukunft schon im Jahr 1923 seine Realität gebeugt zu haben schien. Neue Dimensionen des Terrors und millionenfacher Tod vermochten lediglich das Ende hinauszuzögern. Damit er selbst nicht aufhörte zu glauben und vor dem unaufhaltsam Näherrückenden nicht verzagte, suggerierte Goebbels dem resignierten Hitler bis in die Stunde des Untergangs Größe und Sendung. In seinen letzten Aufzeichnungen, die Naumann beim Ausbruch aus dem Bunker verloren haben will, mochte sich Goebbels stärker denn je dem Selbstbetrug hingegeben haben. Der Mann, der in seinem Verantwortungsbereich bei der »Entjudung« Vorreiter gewesen war, der Hitler ständig zur »Eliminierung« der Juden gedrängt hatte, mochte sich ein letztes Mal in die Phraseologie vom Weltenkampf gegen den internationalistischen Feind verstiegen haben. Er mochte ein allerletztes Mal »seinen« Führer als Vorbild für spätere Generationen verklärt haben, um dem Sinnlosen einen Sinn zu geben und schließlich die Kraft aufzubringen, die düstere Prophezeiung des Jahres 1926 zu erfüllen. Damals hatte er »seinem Führer« öffentlich gelobt, zum »Stab der Charaktere«, der »Eisernen« gehören zu wollen, zu denen, die in der Stunde, da »der Mob um Sie geifert und grölt und brüllt ›kreuziget ihn!‹ (...), ›Hosiannah‹« »rufen und singen« und »selbst mit dem Tode nicht verzweifeln«.

Doch das, was sich, nachdem Goebbels um 16 Uhr seine Aufzeichnungen beschlossen hatte, im Bunker abspielte, hatte nichts von der einst beschworenen Größe. Es war vielmehr die letzte Perversion seines haßerfüllten Fanatismus. Einen Augenblick lang zögerte er offenbar noch, wenn er nach der letzten Lagebesprechung mit dem Vorschlag Axmanns, die eigenen Kinder aus Berlin herauszubringen, zu Magda ging. Sie, kaum weniger fanatisch als er selbst, blieb jedoch, wie schon am 26. April, als er angeregt hatte, sämtliche Frauen und seine Kinder zu evakuieren, unerbittlich hart. Sie war es dann auch, die die Ermordung der eigenen Kinder in die Tat umsetzte. Schon mehrfach hatte sie sich mit den SS-Ärzten Ludwig Stumpfegger und Helmut Gustav Kunz, dem Adjutanten des Chefarztes in der Sanitätsverwaltung der SS in der Reichskanzlei, darüber unterhalten, wie die Kinder schnell und ohne Qualen getötet werden könnten.

Jetzt, am Nachmittag des 1. Mai, bat sie Kunz zu sich in den Bunker herüber. Die Entscheidung sei gefallen, soll sie zu dem SS-Arzt gesagt haben, und Goebbels soll ihm gedankt haben, daß er seiner Frau beim »Einschläfern« der Kinder behilflich sein wolle. Etwa um 20.40 Uhr spritzte Kunz den Kindern Morphium. Er verließ den Raum mit den drei doppelstöckigen Betten und wartete mit Magda Goebbels, bis die Kinder eingeschlafen waren. Dann bat sie ihn, ihnen das Gift zu verabreichen. Kunz weigerte sich jedoch und wurde darauf von der Frau des Ministers geschickt, Stumpfegger zu holen. Als Kunz mit ihm in den Vorraum des Kinderschlafzimmers zurückkam, befand sich Magda bereits im Schlafzimmer, wohin ihr Stumpfegger sogleich folgte. Nach vier bis fünf Minuten kam Stumpfegger mit Frau Magda, die aller Wahrscheinlichkeit nach Helga, Hilde, Helmut, Holde, Hedda und Heide die gläsernen Zyankali-Ampullen, die von Professor Morell stammten, selbst im Mund zerdrückt hatte, aus dem Kinderzimmer heraus.

Von Todesangst erfaßt, erkundigte sich der kettenrauchende Goebbels, dessen Gesicht mit roten Flecken übersät war – immer noch auf das Wunder hoffend –, wieder und wieder nach der militärischen Lage. Als die Zeit drängte, da jeden Augenblick mit dem Vorstoß der Sowjets zum Bunker gerechnet wurde, nahm er seinem Adjutanten Schwägermann das Versprechen ab, für die Verbrennung seiner und der Leiche seiner

Frau zu sorgen, und verabschiedete sich von Günsche, Mohnke, Linge, Kempka, Bormann, Naumann und den anderen. Er war sichtlich bemüht, die Fassung zu bewahren, was er mit allerlei pathetischen Floskeln glaubte beweisen zu müssen. »Sagen Sie Dönitz«, soll er zum Chefpiloten von Hitlers Flugstaffel, Hans Baur, gesagt haben, als dieser ging, »daß wir nicht nur verstanden haben zu leben und zu kämpfen, sondern daß wir auch zu sterben wußten«.

Die letzten Einzelheiten über dieses Sterben werden wohl immer im dunkeln bleiben. Sicher ist, daß Joseph und Magda Goebbels sich mit den gleichen Zyankalikapseln des Professors Morell vergifteten, mit denen Magda ihre Kinder getötet hatte. Nicht geklärt ist, ob sich Goebbels außerdem eine Kugel in den Kopf schoß. Unbeantwortet bleibt auch die Frage, ob sie im Bunker starben oder draußen vor dem Notausgang, wo die Sowjets ihre Leichen fanden. Manches spricht dafür, daß Goebbels und seine Frau, gefolgt von Schwägermann und Rach, der zwei Benzinkanister getragen haben soll, kurz nach 22 Uhr an diesem 1. Mai 1945 die Treppen hinaufgestiegen sind, um oben ihrem Leben ein Ende zu setzen.

III.
MOMENTE I:
GROSSE ENTSCHEIDUNGEN

Herodot

»Dieses Land gehört uns nicht«: Die Schlacht bei Marathon

Pheidippides wurde also damals von den Feldherrn nach Sparta geschickt und hatte unterwegs, wie er behauptete, jene Erscheinung des Pan. Er langte am zweiten Tag von Athen aus in Sparta an. Vor der Regierung sprach er folgendes: »Lakedaimonier, die Athener bitten euch, ihnen zu helfen und nicht zuzusehen, wie die älteste Griechenstadt in Barbarenknechtschaft fällt. Eretria ist bereits unterworfen und Griechenland um eine berühmte Stadt ärmer.« So meldete er ihnen seinen Auftrag. Die Spartaner entschlossen sich, Athen beizustehen. Es war ihnen nur nicht möglich, diese Hilfe sofort zu leisten, weil sie nicht gegen einen ihrer Bräuche verstoßen wollten. Es war nämlich der neunte Tag im Monat; und sie erklärten, sie dürften am Neunten nicht ins Feld rücken, sondern erst, wenn die Mondscheibe voll sei.

Also warteten sie den Vollmond ab. Hippias aber, der Sohn des Peisistratos, führte die Barbaren nach Marathon, nachdem er in der vergangenen Nacht im Schlafe einen Traum gesehen hatte. Hippias war es, als schliefe er bei seiner Mutter. Er schloß nun aus dem Traum, er werde nach Athen zurückkehren, die Herrschaft wiedergewinnen und als Greis in seiner Heimat sterben. Das war seine Traumdeutung. Jetzt als Führer aber ließ er die Sklaven aus Eretria nach der sogenannten Insel Aigilia schaffen, die den Styrern gehörte. Darauf ließ er die Schiffe bei Marathon landen und vor Anker gehen und stellte die Barbaren nach der Landung zur Schlacht auf. Bei dieser Tätigkeit mußte er heftiger niesen und husten als sonst. Da er bereits ein alter Herr war, waren ihm fast alle Zähne locker. Bei dem starken Husten verlor er einen Zahn; der fiel in den Sand. Da gab er sich viel Mühe, ihn wiederzufinden. Als es ihm aber nicht gelang, seufzte er und sprach zu seiner Umgebung: »Dieses Land gehört uns nicht; wir werden es auch nicht unterwerfen können. Was mir davon zugedacht war, das gehört nun dem Zahn.«

Hippias schloß also, sein Traum sei ihm damit bereits in Erfüllung gegangen. Als die Athener sich um den heiligen Bezirk des Herakles aufgestellt hatten, trafen die Plataier mit ihrer ganzen Streitmacht zu Hilfe ein. Denn die Plataier hatten sich freiwillig den Athenern ergeben, und die Athener hatten schon manche Mühe für die Stadt übernommen. Ihre Übergabe aber war auf folgende Weise erfolgt: Von Theben bedrängt, boten die Plataier zunächst dem Kleomenes, dem Sohn des Anaxandrides, und den Lakedaimoniern, die in der Nähe standen, ihre Unterwerfung an. Aber die Lakedaimonier lehnten das Angebot ab und sagten: »Wir wohnen zu weit entfernt von euch und könnten euch nur eine unwirksame Hilfe bringen. Ihr könntet schon längst in die Sklaverei geraten sein, ehe eine Nachricht davon zu uns gelangt. Deshalb raten wir euch: Begebt euch lieber in den Schutz Athens. Die Athener sind eure Nachbarn und stark genug, euch zu helfen.« Diesen Rat also erteilten die Lakedaimonier nicht so sehr aus Wohlwollen gegen die Plataier, als vielmehr in dem Wunsch, die Athener in unangenehme Streitigkeiten mit den Boiotern zu verwickeln. Ohne Mißtrauen folgten die Plataier dem Rat der Lakedaimonier; und als in Athen das Opfer für die zwei Götter dargebracht wurde, setzten sie sich als Schutzflehende an den Altar und gaben sich in die Hand der Athener. Als die Thebaner dies erfuhren, zogen sie gegen die Plataier zu Felde. Die Athener aber standen ihnen bei. Gerade als sie den Kampf beginnen wollten, waren die Korinther dagegen. Sie befanden sich in der Nähe und brachten mit Erlaubnis beider Parteien einen Vertrag zustande. Eine Landgrenze wurde festgesetzt und die Bestimmung getroffen, daß die Thebaner die boiotischen Städte, die keine Abgaben an den *boiotischen* Bund zahlen wollten, in Ruhe ließen. Nach dieser Entscheidung zogen die Korinther ab, aber die Boioter griffen die heimkehrenden Athener an, erlagen allerdings im Kampfe. Darauf überschritten die Athener die Grenze, die die Korinther den Plataiern festgesetzt hatten, und erklärten den Asopos selbst als Grenze zwischen Theben und Plataiai und Hysiai. So hatten sich die Plataier den Athenern angeschlossen, und jetzt zogen sie ihnen nach Marathon zu Hilfe.

Die Feldherrn der Athener waren untereinander nicht einig:

Die einen sprachen sich gegen einen Kampf mit den Medern aus, weil sie zu schwach dafür seien; die andern aber, darunter auch Miltiades, forderten die Schlacht. In diesem Zwiespalt setzte sich die schlechtere Meinung durch. Aber noch ein elfter Mann hatte seine Stimme abzugeben, der Polemarchos nämlich, der durch das Bohnenlos gewählt war – seit alters galt dieser Polemarchos bei den Athenern mit seiner Stimme ebensoviel wie die Feldherrn –; der damalige Polemarchos war Kallimachos aus Aphidnai. Miltiades ging zu ihm und sprach: »Bei dir, Kallimachos, liegt jetzt die Entscheidung, ob du die Athener zu Sklaven machen oder befreien willst und dir damit ein Denkmal des ewigen Ruhmes sicherst, den nicht einmal Harmodios und Aristogeiton besitzen. Seit Athen besteht, schwebte es nie in so großer Gefahr wie jetzt. Unterliegen die Athener den Medern, dann liegt auf der Hand, was sie unter Hippias leiden müssen. Wenn aber unsere Stadt siegt, dann kann sie die mächtigste in Griechenland werden. Wie das möglich ist, und warum gerade von dir die Entscheidung abhängt, will ich dir nun erklären: Wir zehn Feldherrn sind in unserer Meinung nicht einig; die einen raten zum Kampf, die anderen sind dagegen. Wagen wir aber jetzt die Schlacht nicht, dann, fürchte ich, wird große Zwietracht hereinbrechen und das klare Denken der Athener verwirren; sie werden sich den Medern annähern. Wenn wir aber kämpfen, noch ehe ein Riß unter weiteren Athenern sich auftut, dann können wir bei unparteiischer Haltung der Götter als Sieger aus dem Kampf hervorgehen. Alles das liegt jetzt bei dir und hängt von dir ab. Wenn du dich meiner Meinung anschließt, dann ist dein Vaterland frei, und Athen wird die erste Stadt in Griechenland. Trittst du aber auf die Seite derer, die von der Schlacht abraten, dann wirst du das Gegenteil von all dem Guten, das ich aufzählte, erleben.«

Mit diesen Worten gewann Miltiades den Kallimachos für seine Idee. Als dann die Stimme des Polemarchos hinzukam, war der Kampf beschlossen. Die Feldherrn, die für die Schlacht gestimmt hatten, überließen nun sämtlich die Entscheidungsgewalt dem Miltiades, wenn ihr Tag des Oberbefehls an der Reihe war. Der nahm sie an, ließ es aber noch nicht zur Schlacht kommen, bevor er nicht mit dem Oberbefehl an der Reihe war.

Als aber die Reihe der Befehlsgewalt an ihn kam, stellten sich die Athener in folgender Weise zum Kampfe auf: Der Polemarchos Kallimachos hatte das Kommando auf dem rechten Flügel. Damals bestand nämlich bei den Athenern noch die Sitte, daß der Polemarchos den rechten Flügel zu führen hatte. Seiner Führung folgten dann die Phylen in fester Zahlenfolge. Endlich schlossen die Plataier auf dem linken Flügel die Front ab. Seit dieser Schlacht betet der Herold in Athen bei den Opfern, die an den fünfjährigen Festen dargebracht werden, zugleich für das Heil der Athener und der Plataier. Als die Athener sich bei Marathon zur Schlacht aufstellten, geschah folgendes: Ihre Frontlinie zeigte die gleiche Länge wie die der Meder. Allerdings war sie in der Mitte nur wenige Reihen tief; dort war das Heer am schwächsten. Die beiden Flügel aber waren an Truppen verstärkt.

Als die Aufstellung beendet war und die Schlachtopfer günstig ausfielen, stürmten die Athener auf Kommando im Laufschritt gegen die Barbaren vor. Die Entfernung zwischen den beiden Heeren betrug nicht weniger als acht Stadien. Die Perser sahen sie im Laufschritt herankommen und rüsteten sich, sie aufzuhalten. Sie warfen den Athenern Wahnsinn vor, völlig verderblichen Wahnsinn, als sie die kleine Schar heranstürmen sahen und dazu im Laufe, wobei weder Reiterei noch Bogenschützen als Deckung vorhanden waren. In solchen Gedanken bewegten sich die Barbaren. Sobald aber der Haufe der Athener auf das Feindheer stieß, kämpften sie beachtlich tapfer. Als erste von allen Griechenstämmen, von denen wir etwas wissen, griffen sie im Laufschritt an, als erste hielten sie den Anblick medischer Kleidung und medischer Krieger aus. Bis dahin war es den Griechen ein Schrecknis, auch nur den Namen der Meder zu hören.

Der Kampf bei Marathon dauerte lange. In der Mitte der Front siegten die Barbaren dort, wo die Perser selbst und die Saken aufgestellt waren. An dieser Stelle also gingen die Barbaren siegreich hervor, durchbrachen die Linie der Feinde und verfolgten sie landeinwärts. Auf beiden Flügeln aber waren die Athener und Plataier siegreich. Trotz ihrer Überlegenheit ließen sie die geworfenen Gegner fliehen und wandten sich mit vereinigten Flügeln gegen die, welche in der Mitte durchgebrochen waren. Auch hier siegten die Athener. Dann folgten sie den fliehenden Persern und trieben sie unter großem Gemetzel bis ans Meer. Dort verlangten sie Feuer und suchten die Schiffe in Brand zu setzen.

Bei diesem Ringen fiel zunächst der Polemarchos Kallimachos, der tapfer gekämpft hatte. Aus der Reihe der Feldherrn fiel Stesilaos, der Sohn des Thrasylaos, ferner Kynegeiros, der Sohn des Euphorion. Als er ein Schiff an der Heckverzierung festhielt, wurde ihm die Hand mit dem Beil abgeschlagen. So fand noch eine Reihe anderer vornehmer Athener den Heldentod.

Sieben Schiffe wurden so von den Athenern erobert; mit den übrigen umsegelten die Barbaren Sunion, indem sie rückwärts auf die freie See ruderten und auf der Insel die dort zurückgelassenen Sklaven aus Eretria an Bord nahmen. Sie beabsichtigten, die Stadt Athen vor dem athenischen Heer zu erreichen. In Athen schrieb man es der Hinterlist der Alkmenoiden zu, daß die Perser auf diesen Gedanken verfielen; man sagte, sie hätten mit den Persern ein Zeichen verabredet; sie hätten nämlich einen Schild hochgehalten, als diese schon auf den Schiffen waren.

Also segelten die Perser um Sunion herum. Die Athener aber liefen, so schnell sie konnten, ihrer Stadt zu Hilfe und kamen wirklich vor dem Eintreffen der Barbaren dort an. Sie lagerten wieder in einem Heraklesheiligtum, nachdem sie aus einem Heraklesheiligtum, dem in Marathon, ankamen; jetzt war es das Heiligtum des Herakles in Kynosarges. Als die Barbaren mit ihren Schiffen auf der Höhe von Phaleron eintrafen – das war damals die Reede von Athen –, gingen sie auf hoher See vor Anker. Dann aber fuhren sie wieder nach Asien zurück.

In dieser Schlacht bei Marathon fielen rund 6400 Barbaren und 192 Athener. Das waren die Verluste auf beiden Seiten. In der Schlacht aber ereignete sich folgende seltsame Begebenheit: Der Athener Epizelos, der Sohn des Kuphagoras, wurde, während er im Handgemenge heldenhaft kämpfte, des Augenlichtes beraubt, ohne eine Schlag- oder Wurfwunde am Körper erhalten zu haben. Für den Rest seines Lebens war er von dieser Zeit an blind. Ich hörte ihn selbst über den Vorfall folgendes erzählen: Es war, als wenn ihm ein großer schwergerüsteter Mann gegenüberträte, dessen Bart den ganzen Schild beschattete. Diese Erscheinung ging an ihm vorbei und erschlug seinen Nebenmann. So hörte ich es selbst aus dem Munde des Epizelos.

Werner Dahlheim

»Alea iacta esto«: Cäsar überquert den Rubicon

Seit es eine römische Geschichtsschreibung gibt, kennt sie die Erzählung von Coriolan. Sie wurde am Beginn des 3. Jahrhunderts v. Chr. von großen und ruhmsüchtigen plebejischen Geschlechtern erfunden, die stolz auf ihre Leistungen für die Republik dem alten, immer noch beneideten patrizischen Adel die eigenen Taten entgegenhielten. Die Legende berichtet von Coriolan, den als Konsul ein undankbares Volk des Hochverrats angeklagt und ins Elend getrieben hatte. Auf der Flucht suchte er am Hofe des Königs der feindlichen Volsker Schutz und Gastrecht und stieg zum Kommandeur auf. Um die gekränkte Ehre zu retten, führte er die Truppen des Landesfeindes vor die Tore des wehrlosen Rom. Der Mutter zuliebe, die als Bittflehende an der Spitze der römischen Matronen in sein Lager kam, und nach einem dramatischen Appell an die Pflicht des Römers gab er Sieg und Rache aus der Hand und befahl den Rückzug: »Endlich brachen Mitleid mit seinem eigenen Jammer und mit dem des Vaterlandes den Mann«. Coriolan starb, verachtet von seinen volskischen Gastfreunden, nach jahrzehntelangem Exil als Greis, ohne Rom wiedergesehen zu haben.

Der erste Römer, der tatsächlich seine Armee gegen Rom führte, war Sulla, zum ersten Mal im Jahre 88. Seine Feinde hatten ihm durch Volksgesetz den Oberbefehl im Krieg gegen Mithridates VI., König von Pontos, genommen, obwohl er als Konsul gerade Heerschau über seine Truppen bei Nola hielt. Ein zweites Mal im November 82: In Asien siegreich, entriß der von seinen Gegnern geächtete Prokonsul in Italien der Partei des Marius und des Cinna die Macht über Rom. Sulla handelte, weil er es seinem Rang, seinem Ansehen und seiner Ehre schuldig war. Aber er wollte die mit der Waffe gewonnene Macht nicht für sich und nicht auf Dauer: Nach einer zweijährigen rastlosen Tätigkeit als Restaurator und Reformer der Republik und ihrer Institutionen trat er vom Amt des Diktators zurück und ging seiner Wege. Auch er – wie Coriolan – beugte sich letztlich doch dem Anspruch des Staates auf Unterordnung.

Der zweite Römer, der seine Heimatstadt mit Krieg überzog, war Cäsar. Auch er als siegreicher, in seiner Ehre gekränkter Prokonsul und auch er an der Spitze von Truppen, die ihrem Kommandeur zu folgen bereit waren, weil sie von ihm und nicht von der Republik adäquaten Lohn für ihre Taten und Leiden erwarteten. Die Zeiten Sullas schienen erneut angebrochen, und daß es wie in der Legende von Coriolan doch noch zu einem versöhnlichen Ende kommen könne, wagte niemand mehr zu hoffen.

In der Nacht zum 11. Januar überschritten die Vorausabteilungen der XIII. Legion den Rubikon, der die oberitalienische Provinz (Gallia Cisalpina) unweit nördlich des heutigen Rimini vom italienischen Bürgergebiet trennte. Cäsar reagierte damit ohne Verzug auf die Entscheidung des Senats am 7. Januar, der den Staatsnotstand ausgerufen und den Magistraten und Prokonsuln in der Nähe der Stadt alle Vollmachten erteilt hatte, den Staat zu schützen. Damit hatte die Regierung in Rom ihren Organen alle nur denkbaren Befugnisse in die Hand gegeben, um den widerspenstigen Prokonsul der gallischen Provinzen zum Gehorsam zu zwingen. Als Cäsar, der am 10. Januar in Ravenna routinemäßigen Amtsgeschäften nachgegangen war und abends geladene Gäste bewirtet hatte, mit seinem Gefolge den Grenzfluß erreicht hatte, zögerte er.

»Denn die furchtbare Entscheidung trat nun an ihn heran, und ihm schwindelte vor der Größe des Wagnisses. Er ließ den Wagen anhalten und erwog schweigend, in sich gekehrt, noch einmal seinen Plan, prüfte ihn hin und her, faßte einen Beschluß und verwarf ihn wieder. Lange beriet er dann mit seinen Freunden und seinem Gefolge und sann dem Gedanken nach, wieviel Unglück über alle Menschen kommen müsse, wenn er den Fluß überschritte, und wie die Nachwelt wohl über ihn urteilen werde. Schließlich aber schob er in leidenschaftlicher Bewegung die Zweifel von sich und tat den Schritt in die Zukunft mit dem Wort, das schon so vielen über die Lippen gekommen ist, die einem ungewissen Schicksal und kühnen Wagnis entgegengingen: ›Der Würfel soll geworfen werden!‹ So überschritt er den Fluß.«

Am 17. Januar traf die Hiobsbotschaft zusammen mit den ersten Flüchtlingen in Rom ein. Cäsar, so ging das Gerücht, marschiere mit seinem Heer, dessen gallische und germanische Reiter Angst und Schrecken verbreiteten, direkt auf Rom zu. So schlimm war es gerade nicht. Für Pompeius jedoch schlug jetzt die Stunde, in der er seinen Kriegsplan öffentlich bekanntgeben mußte. Bestürzt und entsetzt hörte der eilends zusammengerufene Senat, an eine Verteidigung der Hauptstadt sei nicht zu denken und der Rückzug – vorerst nach Kampanien, notfalls aber bis nach Epirus – dringend geboten. Der ausbrechende Tumult war ungeheuer: die einen verfluchten das kompromißlose Vorgehen gegen Cäsar, der doch Vergleichsangebote gemacht habe; andere beschimpften Pompeius, ohne dessen jahrelange Unterstützung Cäsar gar nicht groß geworden wäre; viele höhnten, ihr Feldherr sei ein Versager und Prahlhans, denn entgegen seiner Ankündigung, Italien werde sich mit kriegstüchtigen Legionen füllen, wenn er auf den Boden stampfe, verfüge er nur über milchbärtige Rekruten.

Aber es half alles nichts. Noch an demselben Tag, während die in die Stadt strömenden Flüchtlinge schon die Straßen verstopften, begann der Exodus der Elite. Die Konsuln flohen, ohne die vorgeschriebenen Opfer darzubringen, und die meisten Senatoren rafften eilig ihre Habe zusammen und sorgten für den Transport ihrer Familien. Niemand wollte Cäsar nach dem erwarteten Einmarsch die Chance geben, sich fehlende politische Legitimation für sein landesverräterisches Treiben gegebenenfalls gewaltsam zu verschaffen. Cicero traf auch diesmal die allgemeine Stimmung, als er seinem Zorn in einem Brief an seinen Freund Atticus Luft machte:

»Reden wir hier eigentlich von einem Imperator des römischen Volkes oder von Hannibal? Dieser elende, wahnsinnige Kerl, der niemals auch nur einen Hauch des Edlen verspürt hat! Und da sagt er noch, er tue dies alles, um seine Ehre zu wahren. Aber was heißt Ehre und Anstand? Ist es etwa anständig, ein Heer in der Hand zu haben, das einem nicht der

Staat in die Hand gegeben hat? Bürgerstädte zu besetzen, um leichter an die Vaterstadt heranzukommen?«

Pompeius blieb angesichts des Zusammenbruchs der Illusionen und des Tumultes gelassen. Seit Sommer 50 war der Krieg immer wahrscheinlicher geworden – Zeit genug, um sich auf alle Eventualitäten vorzubereiten. Im Dezember war die strategische Planung des Mannes fertig, der zwei Jahrzehnte lang in Italien, Afrika, Spanien und dem gesamten Osten gelernt hatte zu kämpfen und zu siegen. Am 11. Januar trat der ungünstigste Fall, mit dem zu rechnen war, tatsächlich ein. Cäsar hatte zum frühestmöglichen Zeitpunkt, mitten im Winter, angegriffen und verstärkte seine Armee täglich durch Überläufer und durch in Eilmärschen aus Gallien und Oberitalien herangezogene kampferprobte Legionen. Das Schicksal Italiens war damit vorerst besiegelt: Die dort stationierten und frisch ausgehobenen Truppen waren nicht einmal annähernd gut genug ausgebildet, um Cäsars Eliteeinheiten aufhalten zu können. Also konnte es nur darauf ankommen, möglichst viele der eigenen Truppen dem Zugriff Cäsars zu entziehen und über den Kriegshafen Brundisium (Brindisi) nach Griechenland in Sicherheit zu bringen. Gelang dies, mußte langfristig der Sieg sicher sein. Denn alle bisherigen Erfahrungen – nicht zuletzt die Sullas – bewiesen, daß, wer im Mittelmeer über die Seeherrschaft verfügte, den Krieg gewinnen mußte.

Daß Pompeius so dachte, beweist der im Mai 49 wieder hoffnungsfroh in die Zukunft blickende Cicero:

»Sein ganzer Plan ist themistokleisch, er glaubt nämlich, daß, wer die See beherrscht, den Krieg gewinnt. Deshalb ging es ihm nie darum, daß die spanischen Provinzen um ihrer selbst willen gehalten wurden, die Flottenausrüstung war stets seine vornehmste Sorge. Er wird also zur gleichen Zeit mit gewaltigen Flotten in See stechen und in Italien landen.«

Nicht alle Senatoren, das zeigte bereits die Aufregung in der letzten in Rom stattfindenden Senatssitzung, waren davon überzeugt. Viele dachten wie der sich in Corfinium (Corfinio bei Sulmona) verschanzte L. Domitius Ahenobarbus und gaben die Hoffnung nicht auf, den verhaßten gallischen Prokonsul doch noch auf italienischem Boden stellen und vernichten zu können. Sie verstanden nichts vom Seekrieg und hielten alle großräumigen Planungen für Spiegelfechtereien, die nur das feige Aufgeben der Heimat bemänteln sollten. Diese Männer waren ehrenwert und zur Unzeit borniert. Wie in einem Weltreich Krieg zu führen sei, wußte wohl nur der hellsichtige Pompeius genau, der dies bereits unter Sulla hatte lernen können. Gelang ihm tatsächlich das geplante Absetzungsmanöver nach Griechenland mit großen intakten Verbänden, so war die Flotte sofort in der Lage, Italien von der Getreideversorgung aus Sizilien und Ägypten abzuschneiden und die Verbindung zu den spanischen Legionen des Pompeius aufzunehmen. Dazu standen die schier unerschöpflichen Reserven des ganzen Ostens bereit, um auf das Kommando des in den sechziger Jahren als Retter und Heiland gefeierten Feldherrn in die Waagschale geworfen zu werden. Der offenkundige Nachteil dieses Plans, mit Italien auch den Nimbus der Unbesiegbarkeit zu verlieren, mußte fürs erste in Kauf genommen werden.

Cäsars militärischer Phantasie gab diese Strategie keine Rätsel auf. Ebensowenig der daraus zu ziehende Schluß, daß die Zeit für Pompeius arbeitete. Er setzte dagegen ein, was er hatte: Die spanischen Legionen wurden durch drei Legionen gebunden, die aus dem Häduergebiet in den Raum um Narbonne verlegt wurden; aus dem Gebiet der Belger kommend, rückten vier Legionen nach Süden ab und bezogen Quartier bei den Häduern. Die bereits in der zweiten Jahreshälfte 50 nach Oberitalien verlegten Legionen, die VIII. und XII., erhielten Befehl, in Eilmärschen Cäsar zu folgen; sie erreichten ihn am 4. und 17. Februar in Ancona und vor Corfinium. Und vor allem: Der in Gewaltmärschen vorangetriebene Angriff konzentrierte sich auf die Adriahäfen, um dem Gegner den Weg nach Griechenland abzuschneiden. Die Erfolgsmeldungen überstürzten sich: Nach der Einnahme von Arminium, Pisaurum und Fanum kapitulierten bereits am 4. und 8. Februar Ancona und Asculum kampflos. Erst vor Corfinium, das Mitte Februar erreicht wurde, formierte sich ernsthafter Widerstand.

In diese Stadt hatte sich der Prokonsul Ahenobarbus mit 33 Kohorten (rd. 16000 Mann) geworfen und war entschlossen, entgegen den getroffenen Vereinbarungen Cäsar zur Schlacht zu stellen. Eigensinnig schlug er die immer drängender werdenden Mahnungen des Pompeius in den Wind, sich auf keinen Kampf einzulassen und sich statt dessen schnellstens mit seinen Truppen in den Raum von Luceria (Lucera) abzusetzen, um die Vereinigung mit dem Heer des Pompeius zu ermöglichen. Denn – so der erboste Pompeius brieflich am 16. Februar an den halsstarrigen Aristokraten –:

»... wir müssen entweder eine starke Streitmacht zusammenbringen, mit der wir einen Durchbruch riskieren können, oder ein Gelände besetzen, das uns eine defensive Kriegführung erlaubt. Beides ist uns bisher nicht geglückt, da Cäsar schon einen großen Teil Italiens okkupiert hat und unsere Truppe nicht so reich ausgestattet und so zahlreich ist wie seine. So müssen wir darauf bedacht sein, keinesfalls die Gesamtlage aus den Augen zu lassen.«

Es half nichts. Nach wie vor davon überzeugt, unter Ausnutzung des Geländes Cäsar aufhalten und seinen Nachschub blockieren zu können, saß Domitius bald in der selbst aufgestellten Falle und mußte ruhmlos und von seinen eigenen Soldaten im Stich gelassen nach sieben Tagen kapitulieren. Die von Pompeius so sehnlichst erwarteten Truppen leisteten den Eid auf die Fahne Cäsars. So blieb nur noch die schnelle Flucht: Pompeius raffte eilends alle Kohorten zusammen, deren er noch sicher sein konnte, und warf sich Anfang März in das vorsorglich stark befestigte Brundisium. Nur seinen meisterhaften Verteidigungskünsten war es zu danken, daß die heranstürmenden sechs Legionen Cäsars die Stadt nicht nehmen konnten. So gelang es bis zum 17. März, die im Hafen biwakierenden Einheiten weitgehend unversehrt nach Griechenland zu evakuieren. Der Sieger, dem kein Schiff mehr gelassen wurde, konnte die Verfolgung über die Adria nicht aufnehmen und wandte sich – nunmehr unumstrittener Herr Italiens – nach Rom. Seine Generäle erhielten dringliche Marschbefehle nach Sizilien und Afrika, damit sie einer drohenden Hungerblokkade Italiens durch die Flotten des Gegners zuvorkamen. In Spanien warteten die Legionen des Pompeius.

Die ersten Monate des Bürgerkrieges sahen am Ende keinen Sieger. Pompeius hatte nur Teile seines Heeres und der neu ausgehobenen Rekruten retten können. Die Umstände seines Rückzugs, der nach Corfinium zur Flucht wurde, nährten neue Zweifel, ob der Krieg zu gewinnen sei, und vor allem: Seine Autorität als allein verantwortlicher Feldherr war nicht mehr unbestritten. Andererseits waren die Eckpfeiler der Kriegsplanung nach wie vor unversehrt: Die Herrschaft über das Meer und über die Provinzen des Ostens, ferner die sieben spanischen Legionen im Rücken Cäsars, dessen war sich Pompeius sicher, mußten schließlich den Sieg bringen. Cäsar seinerseits hatte nicht nur überlebt, sondern er war nach einem glänzenden Siegeszug der Herr Italiens geworden. Seine Armee hatte ihre Bewährungsprobe im Kampf gegen römische Bürger bestanden, und es stand nicht zu befürchten, daß sich ihr republikanisches Gewissen jetzt noch rühren werde. Das eigentliche Kriegsziel jedoch, Pompeius in Italien zum politischen Einlenken zu nötigen oder ihn zu vernichten, war verfehlt worden. Der italienische Bürgerkrieg mußte zum Weltkrieg werden, wodurch endgültig die Chance vertan schien, mit der Republik doch noch zu einer Verständigung zu kommen. Das am Rubikon gefallende prophetische Wort von dem allen Menschen drohenden Unglück begann bittere Wirklichkeit zu werden.

Ronald Syme

»Bei Philippi sehen wir uns wieder«: Der Anfang vom Ende der Römischen Republik

Am ersten Tag des neuen Jahres [43 v. Chr., Anm.] schworen Senat und Beamte einen feierlichen Eid, die Gesetze Cäesars, des Diktators, aufrechtzuerhalten. Mehr noch, Cäsar wurde unter die Götter des römischen Staates aufgenommen. Auf dem Forum sollte ein Tempel für die neue Gottheit *Divus Julius* erbaut werden, und ein weiteres Gesetz regelte den Kult in den Städten Italiens. Der junge Cäsar konnte sich jetzt *Divi filius* nennen.

Im Zeichen der Rache für Cäsar machten sich seine Armeen zum Krieg bereit. Die Führer beschlossen, achtundzwanzig Legionen einzusetzen. Acht von diesen schickten sie voraus über das Adriatische Meer unter Führung des C. Norbanus Flaccus und des L. Decidius Saxa, die entlang der *via Egnatia* vorbei an Philippi durch Makedonien marschierten und sich eine günstige Stellung sicherten. Antonius und Octavianus beabsichtigten zu folgen. Ihr Kollege Lepidus wurde als nomineller Herr von Rom und Italien zurückgelassen. Die wirkliche Macht lag in der Hand des Antonius, denn einer seiner Parteigänger, Calenus, scheint zwei in Italien stationierte Legionen befehligt zu haben, während Pollio *Gallia Cisalpina* mit einer starken Armee hielt.

Zuerst gab es Verzögerung. Octavianus wandte sich seitwärts, um mit Sex. Pompeius abzurechnen, der jetzt Herr von ganz Sizilien war, und schickte Salvidienus gegen ihn. Der Mangel an Schiffen vereitelte eine Landung auf der Insel, und Antonius wurde von einer feindlichen Flotte unter dem republikanischen Admiral Staius Murcus in Brundisium aufgehalten. Als Octavianus eintraf, war die cäsarianische Flotte stark genug, die Überfahrt zu erzwingen. Aber ihre Übermacht zur See war nur von kurzer Dauer. Pompeius intervenierte zwar nicht, aber Cn. Domitius Ahenobarbus kam mit einem großen Teil der Flotte des Brutus und Cassius, brachte Murcus Verstärkung und gewann die vollständige Kontrolle über die Meere zwischen Italien und dem Balkan. Die Verbindungen der Cäsarianer waren abgeschnitten; sie mußten vordringen und auf eine rasche Entscheidung zu Lande hoffen. Antonius drängte voran, denn der durch Krankheit niedergehaltene junge Cäsar verharrte in Dyrrhachium.

In der Zwischenzeit hatten Brutus und Cassius den Reichtum und die Armeen des Ostens gesammelt. Nicht lange nach der Schlacht von Mutina verließ Brutus die Küste Albaniens und marschierte gegen Osten. Ein Feldzug in Thrakien brachte ihm Geld und die Loyalität der eingeborenen Häuptlinge ein. Dann überquerte er die See nach Asien und traf Cassius in Smyrna gegen Ende des Jahres 43. Cassius hatte von einem Erfolg zu berichten. Er war Dolabella entgegengetreten, hatte ihn besiegt und in Laodikeia in Syrien belagert. Dolabella nahm sich aus Verzweiflung das Leben – Trebonius war gerächt. Mit Ausnahme Ägyptens, dessen Königin Dolabella unterstützt hatte, und des Widerstandes von Rhodos und den Städten Lykiens hatten die Anhänger Cäsars alle Macht im Osten eingebüßt.

Brutus und Cassius hielten nun Kriegsrat. Selbst als Antonius sich mit Lepidus und Plancus vereinigt hatte, mag Brutus noch nicht alle Hoffnung auf eine Beilegung der Zwistigkeiten aufgegeben haben. Da Ost und West so gleichmäßig zwischen Republikanern und Cäsarianern aufgeteilt waren, waren die Aussichten auf einen langen und ruinösen Kampf mit zweifelhaftem Ausgang ein machtvolles Argument für eine Einigung. Brutus und Antonius hätten einander verstehen und um des Friedens und Roms willen einen Kompromiß schließen können. Es war nicht Antonius' Politik als Konsul gewesen, Cäsar zu rächen und die Befreier zu vernichten. Aber mit dem Erben Cäsars konnte es weder einen Vertrag noch einen Frieden geben. Als die cäsarianischen Führer sich verbündeten, um eine Militärdiktatur zu errichten und einen Klassenkampf zu beginnen, mußte ein römischer Aristokrat und Patriot jetzt die Bande der Freundschaft, der Klasse und der Heimat zerreißen und sich dazu entschließen, gegen den Bruder des Antonius die Todesstrafe zu verhängen. Als Brutus vom Ende Ciceros erfuhr, fühlte er nicht so sehr Trauer als Scham für Rom.

Aus guten Gründen beschlossen Brutus und Cassius, den Krieg im Winter oder selbst im Sommer nicht nach Italien zu tragen, sondern die Zeit dazu zu benutzen, ihre Hilfsquellen zu organisieren und mehr Geld zu beschaffen. Darum wurden einige Monate des nächsten Jahres dazu verwendet, die Rhodier und Lykier zu züchtigen und den Reichtum Asiens zu plündern. Brutus und Cassius trafen sich in Ephesus wieder. Im Spätsommer des Jahres 42 überquerten ihre Armeen den Hellespont, es waren neunzehn Legionen und zahlreiche Hilfstruppen der abhängigen Fürsten des Ostens.

Hinterher kann Weisheit leicht triumphieren. Die Sache der Republikaner, behauptete man, war von Anfang an zum Scheitern verurteilt und ihre Niederlage unvermeidlich. Nicht nur dies – Brutus soll ahnungsvoll und niedergeschlagen gewesen sein, gewarnt vom Geiste Cäsars. Im Gegenteil, Brutus war jetzt ruhig und entschlossen. Nach dem Triumph der cäsarischen Generäle und den Proskriptionen wußte er, woran er war.

Brutus selbst war weder ein Soldat von Ruf noch ein Menschenführer. Aber Offiziere und Mannschaften kannten und schätzten die erprobten Verdienste des Cassius. Es ist richtig, daß die cäsarianischen Veteranen die besten Legionen bildeten, aber die Soldaten hatten Cassius willkommen geheißen, als er vor mehr als achtzehn Monaten in Syrien eingetroffen war, und hatten sich gleich um ihn geschart. Der einzige wunde Punkt bei der Truppe der Republik war die Frage, ob die Legionen gegen den Namen und das Glück Cäsars würden aufkommen können. Cassius zahlte jedem Mann 1500 *denarii* aus seinem Kriegsschatz und versprach noch mehr.

Im übrigen ließen die Aussichten des Brutus und Cassius nur wenig zu wünschen übrig. Ihr Plan war einfach: den Feind aufzuhalten und eine Schlacht zu vermeiden. Sie beherrschten das Ionische und das Ägäische Meer. Wenn sie den Feldzug in die Wintermonate hinauszögern könnten, würde der Mangel an Nachschub die cäsarianischen Legionen über das öde Hochland Makedoniens zerstreuen oder sie in den engen Grenzen eines verarmten Griechenlands festnageln.

Brutus und Cassius marschierten westwärts. Sie überlisteten

und warfen die cäsarianische Vorhut unter Norbanus und Saxa zurück und gelangten in die Nähe von Philippi, wo sie eine starke Stellung zu beiden Seiten der *via Egnatia* bezogen, unverwundbar an den Flanken, die sich im Norden auf die Berge, im Süden auf das Marschland stützten. Brutus schlug sein Feldlager auf dem rechten Flügel, Cassius das seine auf dem linken Flügel auf. Sie hatten Zeit, sich zu vereinigen und ihre Front zu befestigen.

Dann traf Antonius ein. Er hatte seinen Weg durch das Marschland im Süden um den Flügel des Cassius herum genommen und erzwang schließlich einen Kampf. Nun war auch Octavianus herangekommen; obgleich er gesundheitlich angegriffen und niemals ein Soldat war, konnte er es sich nicht leisten, Antonius den alleinigen Ruhm eines Sieges zu überlassen. Die Schlacht blieb unentschieden. Brutus drang auf dem rechten Flügel über die Linien der Cäsarianer vor und eroberte das Feldlager des Octavianus, der aber nicht dort war. Ein gewisses Geheimnis umgibt seine Bewegungen; nach seiner eigenen Aussage gehorchte er einem Warnungstraum seines Lieblingsarztes. Der andere Flügel der Cäsarianer, von Antonius angeführt, durchbrach die Front des Cassius und plünderte sein Feldlager. Cassius verzweifelte zu früh. Ohne von dem glänzenden Erfolg des Brutus auf dem rechten Flügel zu wissen, vielleicht getäuscht durch sein schwaches Augenlicht, wie eine Version lautet, und im Glauben, daß alles verloren sei, stürzte er sich in sein Schwert. Das war die erste Schlacht bei Philippi am 23. Oktober.

Beide Heere zogen sich geschwächt und voller Groll zurück. Es folgten drei Wochen der Untätigkeit oder des langsamen Manövrierens, wobei die Überlegenheit allmählich auf die Cäsarianer überging. In anderer Hinsicht war ihre Lage verzweifelt, denn am Tage der ersten Schlacht bei Philippi hatten die republikanischen Admirale im Ionischen Meer die Flotte des Domitius Calvinus, die zwei Legionen nach Dyrrhachium brachte, abgefangen und zerstört. Es war nicht der Geist Cäsars, sondern ein unberechenbarer Zufall, der Verlust des Cassius, der den Untergang der Republik besiegelte. Brutus konnte eine Schlacht, aber nicht einen Feldzug gewinnen. Aufgebracht durch die Propaganda und Herausforderungen der Cäsarianer und ungeduldig über den Aufschub, forderten Offiziere und Mannschaften laut, daß er noch einmal das Kriegsglück versuchen solle. Darüber hinaus begannen die östlichen Fürsten und deren Aufgebote zu desertieren. Schließlich gab Brutus nach.

Nach einem hartnäckigen und blutigen Kampf siegte die Armee der Cäsarianer. Wieder einmal sahen die Balkanländer ein römisches Verhängnis und wurden zum Grab der Armeen der Republik – *Romani bustum populi*, wie der Dichter Lukan von Pharsalus sagte. Diesmal war die Entscheidung endgültig und unwiderruflich, der letzte Kampf des Freien Staates. Von nun an gab es nur einen Streit von Despoten um den Leichnam der Freiheit. Die Männer, die bei Philippi fielen, kämpften für ein Prinzip, eine Tradition und eine Klasse – eng, unvollkommen und veraltet, aber dennoch der Geist und die Seele Roms.

Keine Schlacht in all den Bürgerkriegen wütete so sehr unter der Aristokratie wie diese. Unter den Gefallenen waren die vornehmsten Namen Roms. Zwar keine ehemaligen Konsuln, denn die besten der *principes* waren bereits tot, und die wenigen Überlebenden dieses Standes hockten unrühmlich und vergessen in Rom oder befehligten die Armeen, die die Republik zusammen mit ihren neuen Verbündeten und Standesgenossen Ventidius und Carrinas vernichteten. Auf dem Schlachtfeld von Philippi fiel der jüngere Hortensius, einst ein Cäsarianer, Catos Sohn, ein Lucullus und ein Livius Drusus. Brutus, ihr Führer, beging Selbstmord. *Virtus* hatte sich als ein leeres Wort erwiesen.

Der Sieger Antonius nahm seinen Purpurmantel ab und warf ihn über den Leichnam des Brutus. Sie waren einst Freunde gewesen. Als Antonius voll Trauer auf die römischen Toten starrte, mag ihm die Tragödie seines eigenen Lebens zu Bewußtsein gekommen sein. Brutus hatte sie vorausgesagt: Antonius, sagte er, hätte zu Cato, Brutus und Cassius gehören können, aber er habe sich Octavianus ergeben und werde seine Dummheit am Ende bezahlen müssen.

Als die wichtigsten Überlebenden der Republikaner vor die siegreichen Generale gebracht wurden, begrüßten sie, so wird berichtet, Antonius als *imperator*, Octavianus aber schmähten sie. Einige von ihnen wurden hingerichtet. Eine Gruppe von Adeligen war auf die Insel Thaos geflohen, unter ihnen L. Calpurnius Bibulus und M. Valerius Messalla. Nach Verhandlungen beschlossen sie einen ehrenhaften Frieden mit Antonius, und einige von ihnen traten in seinen Dienst. Einer von Brutus' Freunden, der treue Lucilius, blieb bei Antonius bis zum Ende. Der Rest, unversöhnlich und hoffnungslos, entfloh und schloß sich den Admiralen der Republik an, dem Murcus und Ahenobarbus im Ionischen Meer und Sex. Pompeius in Sizilien.

Es war ein großer Sieg. Die Römer hatten nie zuvor eine solche Schlacht geschlagen. Der Ruhm fiel Antonius zu und blieb bei ihm zehn Jahre lang. Die cäsarianischen Führer mußten nun die Forderungen ihrer Soldaten nach Land und Geld befriedigen. Octavianus sollte nach Italien zurückkehren und die Ansiedlung der Veteranen durchführen, während Antonius die Dinge im Osten regeln und das notwendige Geld auftreiben sollte. Über die Provinzen im Westen trafen sie folgende Vereinbarungen, wobei sie Lepidus ganz vernachlässigten. Sie verfügten, indem sie sich auf einen Vorschlag des Diktators Cäsar beriefen oder ihn erfanden, daß das diesseitige Gallien nicht länger eine Provinz bleiben, sondern dadurch vom politischen Wettstreit ausgenommen werden sollte, daß es zu einem Teil Italiens gemacht würde. Antonius versprach also, *Gallia Cisalpina* aufzugeben, aber er behielt *Gallia Comata* und nahm Lepidus *Gallia Narbonensis* weg. Lepidus wurde zugunsten des Octavianus auch Spaniens beraubt, das jetzt in seinem ursprünglich größten Teil in der Hand des Pompeius war. Wenn Lepidus sich beklagen sollte, mochte er Afrika als seinen Anteil haben. Diese Abmachungen wurden genau schriftlich niedergelegt – eine notwendige Vorsichtsmaßnahme, aber kein Hindernis für Unehrlichkeit oder Streit. Antonius brach jetzt in die Provinzen des Ostens auf und überließ seinem jungen Kollegen die schwierige und unpopuläre Aufgabe, die Konfiskation in Italien durchzuführen.

Octavianus kehrte nach Italien als Sieger, aber ohne den Ruhm und das Vertrauen eines Sieges zurück. Unterwegs erkrankte er wieder und blieb in Brundisium, zu schwach für eine

Weiterreise. Gerüchte sprachen offen von seinem Tode. Der Jubel war verfrüht; statt dessen rüsteten sich Senat und Volk, um den Tag von Philippi zu feiern. Krank, mißlaunig und unter bösen Auspizien begann Octavianus die Konfiskation in Italien und die Ansiedlung der Veteranen von Philippi, der Überreste von achtundzwanzig Legionen. Der Anteil des Erben Cäsars an den Taten und der Politik des Dynasten war schwierig, unpopulär und fast tödlich für ihn selbst. Keine Berechnung hätte voraussagen können, daß er aus den verschiedenen Gefahren dieses ereignisreichen Jahres gestärkt und triumphierend hervorgehen würde.

Die achtzehn Städte, die man bestimmt hatte, die Soldaten zu befriedigen, protestierten sogleich offen und schlugen vor, daß man die Lasten gleichmäßig verteile. Dann schlossen sich andere beunruhigte Städte den Unzufriedenen an. Grundbesitzer eilten mit ihren Familien in Scharen nach Rom und brachten mündlich ihre demütigen Bitten vor. Die Plebs der Hauptstadt schloß sich freudig den Kundgebungen gegen die unbeliebte Tyrannei der Triumvirn an. Octavianus schlug im Senat Erleichterungen und Kompromisse vor, was aber wenig Wirkung hatte und nur den Verdacht der Soldaten erregte. Unruhen brachen aus, und sein Leben war in Gefahr.

Rom und ganz Italien waren in Verwirrung, und in den Straßen lieferten sich Soldaten und Zivilisten mörderische Schlachten. Städte und örtliche Magnaten bewaffneten sich zu ihrem Selbstschutz. Die Opposition gegen Octavianus war nicht nur ein Aufruhr der Mittelklasse gegen den Militärdespotismus des Triumvirats oder ein selbstsüchtiges Bündnis der besitzenden Klasse gegen ein raubgieriges, bewaffnetes Proletariat; sie vermischte sich mit einer alten Fehde und nahm das Zeichen eines uralten Unrechts an. Die politischen Kämpfe in Rom und die Bürgerkriege, in die sie ausarteten, wurden auf Kosten Italiens ausgefochten.

Jetzt erhob sich Italien, dem man Gerechtigkeit und Freiheit verweigerte, zum letzten Mal gegen Rom. Es waren nicht die wilden Volksstämme der Apenninen wie im *Bellum Italicum*, sondern eher die wohlhabenden und zivilisierteren Gegenden Umbrien, Etrurien und das Sabinerland, die damals treu zu

Rom gehalten, aber für die Sache des Marius gegen Sulla gekämpft hatten. Nun zerstörte ein neuer Sulla ihre Kraft und brach ihren Geist.

Von Lepidus, seinem Kollegen im Triumvirat, und vom Konsul P. Servilius erhielt Octavianus keine Hilfe. Von dem andern Konsul, L. Antonius, wurde er aktiv behindert, der, unterstützt von der treuen und gebieterischen Fulvia, der Gattin des M. Antonius, und seinem Agenten Manius, die Verwirrung im Interesse seines abwesenden Bruders auszunutzen suchte. Sie spielten ein doppeltes Spiel. Vor den Veteranen schoben sie die Schuld auf Octavianus und bestanden darauf, daß Antonius die endgültige Entscheidung überlassen werde – denn das Ansehen des Siegers von Philippi war überwältigend. Vor der anderen Seite verteidigten sie die Freiheit und die Rechte der Enteigneten – wieder nicht, ohne sich auf den populären Namen des M. Antonius zu beziehen und sich zur *pietas* zu bekennen. Wenn irgend jemand, so kannte Fulvia den Charakter ihres Gatten, der von seinen Bündnispflichten gegenüber Octavianus weder abgeben wollte noch konnte. Sie mußte ihn dazu zwingen, indem sie den rivalisierenden cäsarianischen Führer diskreditierte, wenn nicht vernichtete, und so ihrem abwesenden und arglosen Gatten die alleinige Macht gewann, die er kaum anzustreben schien.

Während Octavianus die Politik der cäsarianischen Partei verfolgte, lief er Gefahr, gerade einer solchen Allianz zwischen Cäsarianern und Republikanern zu erliegen, wie er sie vor kaum drei Jahren gegen Antonius angezettelt hatte. Alarmiert schickte er seinen Geheimagenten Caecina von Volaterrae und L. Cocceius Nerva, einen persönlichen Freund des Antonius, mit dringenden Aufträgen nach Syrien. Caecina kam ohne eine endgültige Nachricht zurück, aber Nerva blieb bei Antonius.

Im Laufe des Jahres verschlimmerte sich die Lage mehr und mehr. Die Gefühle der Soldaten wandten sich Octavianus zu, bei dem ganz klar ihre Interessen lagen. Octavianus seinerseits trennte sich von seiner unwillkommenen und unberührten Braut, der Tochter Fulvias. Aber der Konsul und Fulvia gaben nicht nach, beriefen sich auf Aufträge von M. Antonius und verfolgten die Propaganda der Republikaner. Offiziere griffen ein und beriefen eine Konferenz. Man schloß einen Kompromiß, dessen wichtigere Bestimmungen aber nie durchgeführt wurden. Krieg lag in der Luft. Beide Seiten rafften Truppen zusammen und beschlagnahmten Tempelschätze. Der Konsul L. Antonius zog sich in das befestigte Praeneste nahe bei Rom zurück. Jetzt aber mischten sich die Soldaten ein. Cäsarianische Veteranen aus Ancona, alte Soldaten des Antonius, schickten eine Deputation und veranstalteten ein Treffen der Gegner in Gabii, auf halbem Weg zwischen Rom und Praeneste. Es wurde aber durch gegenseitiges Mißtrauen und ein Scharmützel mit Wurfgeschossen verhindert. Manius zeigte oder erfand einen Brief von M. Antonius, der einen Krieg guthieß, wenn er zur Verteidigung seiner *dignitas* notwendig war.

Der Konsul marschierte gegen Rom und schlug Lepidus mit Leichtigkeit in die Flucht. Er wurde vom Pöbel und vom Senat mit einem Eifer begrüßt, wie er keinem seiner Vorgänger aus der jüngsten Zeit zuteil geworden war, nachdem sie Rom von der Herrschaft einer Partei befreit hatten. Aber L. Antonius besetzte die Stadt nicht für lange. Er marschierte nach Norden in der Hoffnung, sich mit den Generalen seines Bruders vereinigen zu können, die alle gallischen Provinzen besetzt hielten.

Octavianus, in dessen Gesellschaft Agrippa war, hatte sich nach dem südlichen Etrurien zurückgezogen. Seine Lage war heikel. Er hatte bereits seinen Marschall Salvidienus zurückberufen, der mit sechs Legionen nach Spanien zog, um dieses Gebiet zu übernehmen. Selbst wenn Salvidienus rechtzeitig zurückkehrte und ihre vereinigten Armeen L. Antonius erledigen konnten, so war das die geringste seiner Schwierigkeiten. Er konnte sehr wohl von den Generalen des Antonius überwältigt werden, deren Ansehen groß und deren Legionen stark und zahlreich waren.

Aber die Anhänger des Antonius waren durch weite Entfernungen getrennt und uneinig. In *Gallia Cisalpina* stand Pollio mit einer Armee von sieben Legionen. Der Beschluß, diese Provinz abzuschaffen und mit Italien zu vereinigen, scheint damals noch nicht verwirklicht gewesen zu sein, vielleicht wegen der Widerspenstigkeit Pollios, der zu Anfang des Jahres eine zweideutige und drohende Haltung eingenommen hatte. Eine Zeitlang wollte er Salvidienus nicht gestatten, durch *Gallia Cisalpina* nach Spanien zu marschieren, und nun würde er vielleicht die Rückkehr von Octavianus' bestem Marschall und letzter Hoffnung verhindern. Des Triumvirs eigene Provinz, ganz Gallien jenseits der Alpen, hielten für ihn Calenus und Ventidius mit einer großen Zahl von Legionen; auch sie hatten sich Salvidienus widersetzt.

Doch war dies nicht alles. Die Flotten der Republikaner beherrschten die Meere, Ahenobarbus war im Adriatischen Meer und Murcus jetzt bei Sex. Pompeius. Dieser scheint seine Chance verpaßt zu haben – und nicht nur diesmal. Eine gemeinsame Anstrengung der Truppen des Antonius und der Republikaner in Italien und auf den angrenzenden Meeren hätte Octavianus vernichtet. Aber es gab weder ein einheitliches Kommando noch einen einheitlichen Plan unter seinen buntgewürfelten Gegnern. Die Generale des Antonius in Italien und den westlichen Provinzen, die keinerlei Befehle hatten, bezweifelten die Wahrhaftigkeit seines Bruders und seiner Gattin.

Salvidienus nahm seinen Rückweg aus Spanien über das diesseitige Gallien; Pollio und Ventidius folgten ihm, langsam, aber bedrohlich in seinem Rücken. In Italien war der Krieg bereits ausgebrochen. Etrurien, Umbrien und das Sabinerland erlebten verwirrende Märsche und Gegenmärsche von Truppen, Scharmützel und Belagerungen. C. Furnius suchte Sentinum für Antonius zu verteidigen; Salvidienus eroberte die Stadt und zerstörte sie völlig. Nursia, fern im Sabinerland, hielt unter Tisienus Gallus für die Sache der Freiheit aus, wurde aber zur Kapitulation gezwungen. Das waren Episoden, die Hauptfrage aber war L. Antonius, der nach Norden durchzubrechen suchte. Agrippa und Salvidienus überlisteten ihn. Zusammen mit den besiegten Generalen Furnius, Tisienus und einer Anzahl von Parteigängern des Antonius oder der Republikaner drang der Konsul in die befestigte Stadt Perusia ein und bereitete sich dort auf eine kurze Belagerung vor, da er rasche Hilfe von Pollio und Ventidius erwartete. Die Augen wurden ihm bald geöffnet. Octavianus schloß Perusia unverzüglich durch einen wohldurchdachten Ring von Befestigungen ein. Dann marschierte er mit Agrippa nordöstlich und trat Pollio und Ventidius gegenüber, die, unentschlossen und uneinig wie sie waren, einer Schlacht auswichen und sich über die Apenninen zurückzogen. Auch aus dem Süden kam keine rechtzeitige oder ausreichende Hilfe. Plancus, ein anderer von den Männern des Antonius, der mit Ansiedlung von Veteranen bei Beneventum beschäftigt war, stellte auf Geheiß der Fulvia Truppen auf, während der Republikaner Ti. Claudius Nero die Fahne der Revolution in Kampanien aufrichtete. Plancus marschierte nach Norden und bezog, wie es seinem Charakter entsprach, in Spoletium eine abwartende Stellung.

Noch immer kam kein Zeichen aus dem Osten. In Perusia erklärte der Konsul, daß er für die Sache seines Bruders kämpfe, und seine Soldaten ritzten den Namen des Marcus Antonius als ihres *imperator* auf ihre Schleudergeschosse; die der Belagerer trugen Anrufe an *Divus Julius* oder unfreundliche Worte über Fulvia und den kahlen Kopf des L. Antonius. Nicht weniger freimütig war die Propaganda der Führer. Octavianus verspottete in Versen von »römischer Freimütigkeit«, den abwesenden Antonius, wobei er auch nicht eine kappadokische Geliebte vergaß, und griff dessen Gattin Fulvia an. Er verfaßte auch Gedichte voll der üblichen Obszönitäten über Pollio, der der Herausforderung mit beißendem Spott gegen den Mann der Proskription begegnete.

Als die Belagerung sich in die Länge zog und Hunger die Verteidiger quälte, beschlossen Ventidius und Pollio eine Vereinigung mit Plancus zu versuchen und Perusia zu entsetzen. Als sie über die Apenninen marschierten, wurden sie von Agrippa und Salvidienus bei Fulginiae aufgehalten, weniger als dreißig Kilometer von Perusia entfernt; ihre Feuersignale konnten von den Belagerten gesehen werden. Ventidius und Pollio waren zum Kampfe bereit. Die Vorsichtsmaßnahmen des Plancus waren zu stark für sie.

Die Generale des Antonius hatten bei ihren Beratungen kein Vertrauen zueinander. Der soldatische Ventidius wußte, daß Plancus ihn einen Maultreiber und Straßenräuber genannt hatte, und Pollio haßte Plancus. Aber es gab einen mächtigeren

Faktor als die Zweifel und Uneinigkeit der Generale; ihre Soldaten waren auf ihre eigenen Interessen sehr bedacht und hatten für den Krieg nichts übrig: es würde eine ausgemachte Dummheit sein, für L. Antomius und die besitzenden Klassen Italiens zu kämpfen.

Pollio, Plancus und Ventidius trennten sich und zogen sich zurück, Perusia seinem Schicksal überlassend. Nach einem letzten nutzlosen Ausfall kapitulierte L. Antonius – vielleicht gegen Ende Februar. Octavianus empfing den Bruder seines Kollegen mit Ehren und schickte ihn als seinen Statthalter nach Spanien, wo er kurze Zeit später starb. Die Stadt Perusia wurde der Plünderung preisgegeben. Ein hervorragender Bürger kam den Soldaten durch seinen Selbstmord zuvor, sein prunkender Scheiterhaufen verursachte eine allgemeine Feuersbrunst. Das war das Ende Perusias, einer alten und reichen Stadt der Etrusker.

Die Gefangenen waren ein Problem. Viele Senatoren und römische Ritter von hohem Ruf hatten sich für die Sache der Freiheit und den Schutz ihrer Landgüter eingesetzt. Man darf annehmen, daß bei der Mehrzahl von ihnen die Flucht nicht ernstlich behindert wurde. Der Rest wurde hingerichtet – unter ihnen Tribun Ti. Cannutius, der den Erben Cäsars dem Volk vorgestellt hatte, als dieser zum erstenmal gegen Rom marschierte. Die Todesstrafe wurde auch über den Rat der Stadt Perusia verhängt, mit Ausnahme, so heißt es, einer einzigen Persönlichkeit – eines schlauen Mannes, der sich in Rom einen Platz unter den Geschworenen verschafft hatte, die die Attentäter Cäsars zum Tode verurteilten. Diese Justizmorde wurden durch Verleumdung und Leichtgläubigkeit zu einer Hekatombe von dreihundert römischen Senatoren und Rittern vergrößert, die in einer feierlichen religiösen Zeremonie an den Iden des März vor einem dem *Divus Julius* geweihten Altar hingeschlachtet worden sein sollen.

Wo der Erbe Cäsars jetzt stand, erfuhr Italien mit Entsetzen in Perusia und mit Scham in Nursia. Auf das Denkmal, das die Männer von Nursia zur Erinnerung an den Krieg errichtet hatten, setzten sie eine Inschrift, die besagte, daß ihre Toten für die Freiheit gefallen waren. Octavianus legte ihnen eine drückende Strafe auf.

Die Generale des Antonius zerstreuten sich. Plancus ließ seine Armee im Stich und floh mit Fulvia nach Griechenland. Ventidius und Pollio kehrten um und wandten sich der adriatischen Küste zu. Ventidius' Marsch und Bewegung sind in Dunkel gehüllt. Pollio zog sich nach dem Nordosten zurück und hielt Venetia eine Zeitlang gegen die Generale des Octavianus. Was damals geschah, ist gänzlich unbekannt, man weiß nur, daß er mit dem republikanischen Admiral Ahenobarbus verhandelte, dessen Flotte das Adriatische Meer beherrschte, und seine Unterstützung für Antonius gewann.

Die Waffenbrüderschaft des jungen Cäsar mit seinem Altersgenossen Agrippa und mit dem ihnen beiden an Jahren überlegenen Salvidienus Rufus hatte über alle Gefahren gesiegt. Angesichts ihrer Kraft und Entschlossenheit waren die bedeutendsten und erfahrensten Anhänger des Antonius zusammengebrochen, zwei ehemalige Konsuln, der Soldat Ventidius, der diplomatische Plancus und ein Konsul – denn das berühmte Jahr Pollios hatte begonnen.

Doch war Octavianus noch keineswegs am Ende seiner Schwierigkeiten angelangt. Er war der Herr Italiens, eines Landes voller Hungersnot, Verwüstung und Verzweiflung. Aber Italien war von Feinden umgeben. Antonius näherte sich mit einer Kriegsmacht aus dem Osten, Antonius' Anhänger Calenus hielt immer noch das ganze jenseitige Gallien besetzt. An den Küsten bedrohte Ahenobarbus Italien von Osten und Pompeius von Süden und Westen her. Als ob dies nicht genug gewesen wäre, wurden alle seine Provinzen zu gleicher Zeit angegriffen. Pompeius vertrieb M. Lurius und eroberte Sardinien. In *Hispania Ulterior* stand Octavianus' General Carrinas der Invasion eines maurischen Fürsten gegenüber, den L. Antonius und Fulvia aufgereizt hatten. In Afrika kämpfte der ehemalige Zenturio Fuficius Fango mit Mut und vielen Hilfsmitteln in einem verworrenen Krieg gegen den früheren Gouverneur T. Sextius, der in seiner Provinz geblieben war, und wurde schließlich überwältigt und getötet. Cäsars Erbe würde wohl bald gefangen und am Ende vernichtet werden – alle Wahrscheinlichkeiten und die Hoffnungen der meisten Menschen zielten darauf hin.

In seiner Not suchte Octavianus Hilfe, wo er nur konnte, und einen Ausgleich mit dem Beherrscher des Meeres. Er schickte Maecenas auf eine diplomatische Mission nach Sizilien und bekundete seine Haltung, indem er Scribonia heiratete, die Schwester jenes Libo, dessen Tochter Sex. Pompeius geheiratet hatte. Aber Pompeius stand, wie sich bald herausstellte, schon in Unterhandlungen mit Antonius.

Noch einmal rettete den jungen Cäsar das Glück, das sich an seinen Namen heftete. Calenus starb rechtzeitig in Gallien. Sein Sohn, dem es an Erfahrung oder Vertrauen mangelte, wurde dazu gebracht, ganz Gallien und elf Legionen auszuliefern. Octavianus verließ Italien, um diesen willkommenen Gewinn an sich zu nehmen; er übergab Gallien seinem Freund Salvidienus, auf dessen Ergebenheit er vertraute.

Als Octavianus gegen Ende des Sommers zurückkehrte, fand er, daß Antonius aus dem Osten zurückgekommen war und mit Ahenobarbus und Pompeius als offenen und aktiven Bundesgenossen Brundisum belagerte. Die Sache mit Perusia war total mißlungen. Jetzt besaßen Octavianus' Feinde einen Führer. Die endgültige kriegerische Auseinandersetzung um die Erbschaft Cäsars schien unausweichlich; für Rom bedeutete dies die Wahl zwischen zwei Herren. Welchem von beiden die Sympathie galt, konnte kaum angezweifelt werden; und trotz des Verlustes der gallischen Legionen waren die Siegesaussichten auf der Seite des großen Antonius.

Andreas Kalckhoff

25. Dezember 800: Karl der Große wird Kaiser

Karl hatte schon im Sommer 799 nach Rom reisen wollen, dann jedoch seine Absicht geändert, weil seine Anwesenheit in Sachsen notwendiger schien. Einen kriegerischen Anlaß für den Italienzug gab es nicht, es sei denn die Spannungen mit Benevent, die freilich die fränkische Herrschaft nicht bedrohten. Die beabsichtigte Romreise verfolgte denn auch ein ganz anderes Ziel: Karl wollte Kaiser werden. Der Plan dazu war allmählich in Karls Umgebung gereift, und auch der neue Papst hatte sich schon darauf eingestellt.

Karl herrschte über ein Reich, das – sieht man von Afrika ab – annähernd das weströmische Teilreich der Antike umfaßte und sogar darüber hinausreichte. Freilich: Spanien war überwiegend in maurischer Hand, doch durch die Errichtung der spanischen Mark hatte Karl seinen Anspruch auf die iberische Halbinsel begründet; und »König Alfons von Galicien und Asturien hatte er sich so verpflichtet, daß dieser sich immer nur als seinen Eigenmann bezeichnen ließ«. Auch Britannien, das einst zum römischen Reich gehörte, beherrschte Karl nicht, unterhielt aber freundschaftliche Beziehungen zu den Königen dort, wobei er »die Schottenkönige durch Geschenke seinem Willen so geneigt machte, daß sie ihn nie anders denn als ihren Herren und sich als seine Untergebenen und Knechte bezeichneten«. Mit der Unterwerfung der Awaren und Kärntner Slawen hatte Karl die altrömische Provinz Pannonien in Besitz genommen. In Dalmatien machte er zumindest seinen Einfluß geltend. Darüber hinaus war ihm etwas gelungen, was die römischen Kaiser vergeblich versucht hatten: die Eroberung Germaniens.

Gewiß übertrieb Einhart, wenn er die Beziehung der Nachbarkönige zu Karl fast als Abhängigkeitsverhältnis beschreibt. Doch wer will bestreiten, daß Karl »durch die Könige und Völker, deren Freundschaft er gewann, den Ruhm seiner Herrschaft vermehrte«? Freundschaft verpflichtete schließlich zur

Hilfe und bedeutete somit Macht. Wenn man Notker glauben wollte, beherrschte er sogar Nordafrika, da er »den König von Afrika und die Libyer, die an Mangel litten, mit vollen Händen unterstützte und sich auf Dauer als Untertanen und Getreue erhielt und von ihnen nicht unbedeutende Tribute empfing«. Wie auch immer: Es gab keinen Zweifel, daß Karl zu den Mächtigsten der Erde gehörte, vergleichbar nur mit dem römischen Kaiser in Byzanz und dem Kalifen in Bagdad, »der außer Indien fast den ganzen Osten beherrschte«. Stand ihm da nicht der Kaisername zu? »König ist, wer über einen oder mehrere Stämme gebietet; Kaiser ist, wer die ganze Welt regiert oder in ihr vorherrscht«, heißt es in einem älteren fränkischen Traktat.

Die Eroberung des Sachsenlandes, die 797 nahezu abgeschlossen war, und kurz zuvor die Vernichtung des Awarenreiches (795/796) waren die letzten Stationen Karls auf dem Weg zum Kaisertum. Seitdem bedachten ihn seine Freunde zunehmend mit rühmenden Beiworten, wie sie einem Kaiser zustanden. Der zeremonielle Lobgesang auf den König (»Dem hervorragenden Karl und von Gott gekrönten, großen, friedenbringenden König Leben und Sieg!«) klang schon seit 783 fast wie der Zuruf, den Karl später als Kaiser empfing und enthielt typische Ausdrücke der byzantinischen Kaiseranrede. Der Ausbau der Aachener Pfalz zu einem »zweiten«, einem »erneuerten Rom«, zu einem »hiesigen Jerusalem« war in vollem Gange. Den neuen Königspalast, der größte Profanbau nördlich der Alpen seit der Römerzeit, nannte man nicht nur – wie den Sitz des Papstes in Rom – »Lateran«; die große Halle mit ihren drei Apsiden war tatsächlich dem päpstlichen Speisesaal (»Triklinium«) nachgebaut. Die neue, der Gottesmutter geweihte Pfalzkapelle aber, ein auf acht Säulen ruhender Rundbau, erinnerte an die von Kaiser Justinian erbaute Hagia Sophia in Byzanz ebenso wie an die Grabeskirche in Jerusalem, die als Symbol der Heiligen Stadt selbst galt.

Ein Epos über das Treffen Karls und Leos in Paderborn, kurz nach dem Ereignis von unbekannter Hand verfaßt, feiert den König als »Leuchtturm Europas«, als »huldreichen Sieger und Triumphator, der über allen Königen der Erde steht«, als »Haupt der Welt, Gipfel Europas, gütigsten Vater, Held,

Augustus«, als »Gebieter einer Stadt, wo sich ein zweites Rom in neuer Blüte gewaltig und groß zum Himmel hebt. Da steht der huldreiche Karl und bestimmt die Plätze, wo sich die Mauern des künftigen Rom erheben sollen: Hier wird das Forum sein und da der ehrwürdige Senat, wo die Völker Recht und Gesetz und heiligen Befehl empfangen sollen.« Karl, »der Vater Europas«, begrüßt Leo, »den obersten Hirten auf Erden«, inmitten eines Kreises, den sein Heer gebildet hat, und »staunend bemerkt dieser die Völker, unterschiedlich in Aussehen, Sprache, Kleidung und Waffen, aus den verschiedenen Teilen der Welt«.

Dem Papst war Karls Kaiserplan gewiß nicht neu; und er hatte das Seine getan, ihn zu fördern. Im Triklinium, dem Empfangssaal des Lateran, war seit jüngstem ein Mosaik zu sehen, das zu seiten der »Aussendung der Apostel« rechts Petrus zeigt, der Papst Leo ein Pallium und König Karl eine Fahnenlanze überreicht; links Christus, der Petrus ein Schlüsselpaar, Kaiser Konstantin eine Fahne am Kreuzstab aushändigt. Die Parallele zwischen Karl und dem ersten christlichen Kaiser ist dabei unübersehbar. Schon Leos Vorgänger Hadrian hatte dem Frankenkönig prophezeit (778), die Völker würden ihn als »neuen Kaiser Konstantin« feiern – wenn er nur den päpstlichen Besitz in Italien wiederherstellte. Und auf einer Altarinschrift von 781 ist zu lesen:

»Die Herde der Gläubigen hat der Himmelsherr dem Hirten Petrus unterstellt, daß er sie seinem Stellvertreter Hadrian anvertraue. Ja sogar das römische Reich hat er (der Himmelsherr) seinem Gehilfen in der treuen Stadt übergeben, der ihm wohlgefällig ist. Möge der treffliche König Karl es aus der Rechten des ruhmreichen Petrus empfangen!«

Ein Gedicht Theodulfs von Orléans, das während oder kurz nach dem Papstbesuch in Paderborn entstanden ist, nimmt die Idee, daß Karl der Vertreter Petri auf Erden sei, aus aktuellem Anlaß auf: »Da Petrus ihn (Leo) in Rom vor den schrecklichen Feinden und wilden Nachstellungen retten konnte, hat er ihn Dir, barmherziger König, geschickt und gewollt, daß Du an seiner Stelle handelst. Er selbst heilt ihm die entsetzlichen Wunden, durch Dich gibt er ihm die Zierde des Sitzes und Amtes zurück. Dieser hat die Schlüssel zum Himmel, Du sollst nach seinem Willen eigene Schlüssel haben; Du regierst die Kirche, jener den Himmel. Du regierst über seinen Besitz, lenkst den Klerus und das Kirchenvolk, dieser führt Dich zu den himmlischen Chören.«

Dies entsprach genau den Vorstellungen, die Karl selbst von seinen Aufgaben und denen des Papstes hatte. Zum Amtsantritt hatte er Leo geschrieben: »Unsere Pflicht ist, aus Dankbarkeit für den Beistand göttlicher Liebe Christi heilige Kirche allenthalben nach außen gegen den Ansturm der Heiden und die Verheerung der Ungläubigen mit der Waffe zu verteidigen und nach innen durch die Anerkennung des katholischen Glaubens zu befestigen. Euch, heiligem Vater, obliegt, unseren Kampf wie Moses mit zu Gott erhobenen Händen zu unterstützen, damit das Christenvolk – durch Euere Vermittlung von Gott geführt und beschenkt – über die Feinde Seines heiligen Namens überall siege und der Name unseres Herrn Jesus Christus in der ganzen Welt verherrlicht werde.«

Die Päpste freilich konnten einer Arbeitsteilung, die dem Frankenkönig alle Gewalt auf Erden bis hin zur Leitung der Kirche, zur Verwaltung des Kirchenbesitzes und zur Entscheidung in Glaubensfragen zudachte, ihm dagegen nur die Fürbitte bei Gott ließ, kaum zustimmen. Leos III. Vorgänger hatten die Franken nicht gegen die Langobarden zu Hilfe geholt, um danach fränkische Reichsbischöfe zu werden. Sie hatten sich nicht der Vormundschaft des oströmischen Kaisers entzogen, um nun als Patriarchen von Rom dem Frankenkönig zu dienen. Hadrian datierte seit 781 seine Urkunden nicht mehr nach der Regierung des Kaisers in Byzanz, sondern nach seiner eigenen Amtszeit, und ersetzte den Kaisernamen durch Hinweise auf die »Königsherrschaft Jesu Christi«. Als erster Papst prägte er sein eigenes Bild auf Münzen, die wie die fränkischen aus Silber waren. Er hatte Karl in Rom als Patrizius begrüßt, doch anders als zuvor die wirklichen Stellvertreter des Kaisers ließ er den Frankenkönig nicht in Rom übernachten. Denn über Nacht an einem Ort zu bleiben konnte heißen, daß er einem gehörte.

Der Anspruch der römischen Bischöfe auf weltliche Herrschaft in Italien stützte sich auf eine Urkunde, derzufolge Kaiser Konstantin einst Papst Silvester zum Herrn über das weströmische Reich gemacht und selbst seinen Sitz nach Konstantinopel verlegt habe, »weil es nicht recht ist, daß der irdische Kaiser dort Gewalt übe, wo vom himmlischen Kaiser die Herrschaft der Priester und das Oberhaupt des Christenglaubens eingesetzt worden ist«. Das Dokument war eine Fälschung aus der Mitte dieses Jahrhunderts und diente ursprünglich der Auseinandersetzung mit Byzanz. Doch als Hadrian dem Frankenkönig 778 in Aussicht stellte, er würde als »neuer Kaiser Konstantin« gefeiert werden, wenn er wie Konstantin die römische Kirche erhöhe und bereichere, schickte er ihm zugleich den Text der angeblichen Schenkungsurkunde, damit keine Zweifel über die Beschränkung einer solchen Würde aufkämen.

Hadrian hatte Grund, Karl zu mahnen und zu locken, denn bei allen freundlichen Worten, mit denen der König ihn jederzeit bedachte, erfüllte er die Wünsche des Papstes nur sehr unzureichend. Bei seinem Besuch in Rom, 774, hatte Karl noch einmal die Pippinische Schenkung bestätigt, die nach päpstlicher Auffassung Tuskien, Venetien, Istrien und die langobardischen Herzogtümer Benevent und Spoleto einschloß; doch der Papst erhielt diese Gebiete nie. Karl verweigerte sich auch der Ausdehnungspolitik Hadrians gegenüber Byzanz, mit der dieser nicht nur nach Besitz, sondern vor allem nach Wiederherstellung der apostolischen Weihegewalt in Süditalien strebte: nach byzantinischem Willen bestimmte dort gegenwärtig der Patriarch von Konstantinopel. Statt dessen bemühte sich der König um Ausgleich, ja um ein Bündnis mit Byzanz. Außerdem entschied er – an der Spitze fränkischer Synoden – in dogmatischen Fragen, als verfüge er über die oberste Lehrgewalt in der katholischen Kirche.

Bewahrte Hadrian, der einer vornehmen römischen Familie entstammte und mächtige Verwandte hatte, immerhin nach außen die unabhängige Stellung Roms und des Heiligen Stuhls, so mußte sein Nachfolger Leo diese Stück für Stück hingeben. Er tat es zunächst aus persönlichem Interesse. Wie es scheint, war er ein Kompromißkandidat ohne Hausmacht, der allen Rückhalt in Rom verlor, als er sich dem Einfluß seiner Patrone entzog. Seiner Schwäche bewußt, suchte er von Anfang an die Huld des Frankenkönigs: Bei seinem Amtsantritt schickte er ihm die Schlüssel zum Grabe des heiligen Petrus und das Banner der Stadt Rom, wobei er ihm Gehorsam und Treue versprach. Tatsächlich führte er Karls »Aufträge« gehorsam aus – etwa die Erhebung Salzburgs zum Erzbistum 798 – und begann schließlich damit, seine Urkunden nach den Regierungsjahren des Frankenkönigs zu datieren. Aus einem Bündnis, das Schutz und Hilfe in Liebe und Freundschaft gewährte, wurde ein Herrschaftsverhältnis, in dem Karl die frühere Stelle des oströmischen Kaisers einnahm. Die für 799 geplante Romreise sollte diese Entwicklung durch eine förmliche Kaisererhebung abschließen.

Lenker des Christenvolks

Nachdem Alkwin vom Überfall auf Papst Leo gehört hatte, schrieb er an König Karl: »Bisher gab es drei allerhöchste Ämter in der Welt: nämlich die Erhabenheit des Papstes, der gewöhnlich den Apostelfürsten Petrus vertritt – was mit ihm geschehen ist, laßt mich in Eurer Güte wissen; sodann die Kaiserwürde und die weltliche Macht des zweiten Rom – der Leiter dieses Reichs wurde indes lieblos abgesetzt, nicht von Fremden, sondern von den eigenen Leuten, wie man überall hört; und schließlich die Königswürde, durch die Christus Euch – der Ihr den genannten Würdenträgern an Macht, Weisheit und Ansehen als Herrscher überlegen seid – zum Lenker des Christenvolks bestimmt hat. So liegt jetzt bei Dir allein das ganze Heil der Kirchen Christi. Du bist der Rächer an den Verbrechern, der Führer der Verirrten, der Tröster der Trauernden, das Lob der Guten.« Karl sollte deshalb in Sachsen so schnell wie möglich Frieden schließen, damit er frei sei für wichtigere Aufgaben.

Karl freilich – dies gehörte zu seiner Beständigkeit – dachte nicht daran, den Sachsenzug abzubrechen. Die Schwierigkeiten des Papstes waren kein Grund für ihn, Pläne zu ändern. Man kann eher annehmen, daß ihm diese Schwierigkeiten gelegen kamen. Leos Vertreibung machte sichtbar, daß Karl und nicht der römische Bischof berufen war, Petrus auf Erden zu vertreten: denn nur er besaß dazu die nötige Macht und Weisheit und das nötige Ansehen als Herrscher (dignitas regni). Es ging ihm nicht darum, Nachfolger der Cäsaren zu werden: Er wollte, im Auftrag des Apostelfürsten, »Lenker des Christenvolkes« (rector populi Christiani) sein. Alkwin, auf dessen Veranlassung in den kirchlichen Bittgebeten der Begriff »römisches Reich« durch »christliches Reich« ersetzt worden war, feiert den König denn auch in einem Brief vom Sommer 799 als Schutzherrn des Christenreichs (imperium Christianum) und Verteidiger des katholischen Glaubens.

Zur Propaganda für Karls Kaisertum gehörte die Kritik an Byzanz. 797 hatte Kaiserin Irene ihren Sohn und Mitkaiser Konstantin VI. blenden und vom Thron stoßen lassen. Darauf spielt Alkwin mit seiner Bemerkung an, der Leiter (gubernator) des byzantinischen Reichs sei »lieblos« (impius) abgesetzt worden, und will damit sagen, daß der oströmische Kaiserstuhl gegenwärtig unbesetzt sei. Die Lorscher Annalen schreiben zum Jahr 801:

»Weil damals der Kaisername von den Griechen wich und diese bei sich Weiberherrschaft einführten; und weil damals Papst Leo, die ganze Versammlung und das übrige Christenvolk sahen, daß sie Karl den Kaisernamen schuldeten, der sowohl Rom in Besitz hatte, wo die Cäsaren gewöhnlich residierten, als auch die übrigen Kaisersitze in Italien, Gallien und Germanien, die der allmächtige Gott in seine Macht gegeben hatte: deshalb schien es ihnen gerecht, daß er mit Gottes Beistand und auf Bitten des gesamten Christenvolks diesen Namen annähme.«

Die Verurteilung der »Weiberherrschaft« in Ostrom, die auch im eigenen Land nicht ungeteilte Zustimmung fand, hinderte Karl freilich nicht an Verhandlungen mit Byzanz: Kurz nach Leo empfing er in Paderborn eine Gesandtschaft des neuen Patrizius von Sizilien, den Irene eben eingesetzt hatte. Es ging auch gar nicht um staatsrechtliche Fragen. Vielmehr schien die Macht der Griechen – zuletzt durch die Thronwirren – so geschwächt, daß sie das Christenvolk nicht mehr schützen konnten. Nach fränkischer Meinung hingen sie außerdem einer Irrlehre an, wie die Synode von Frankfurt 794 anläßlich des Bilderstreits festgestellt hatte. Als Verteidiger des katholischen Glaubens waren sie demnach so wenig geeignet wie als Schutzherren des Christenreichs. Aber auch das alte Rom, wo man, wie die jüngsten Ereignisse zeigten, »weder Gottesfurcht, noch Weisheit, noch Liebe kennt« und das nach Karls Meinung ohne weiteres mit dem sündigen Babylon zu vergleichen war, hatte versagt.

Auch wenn Alkwin es gerne anders gehabt hätte: Karl kam nicht nach Rom, um den *Papst* zu schützen, sondern »um die Kirche wiederherzustellen, die ziemlich in Unordnung war«, wie Einhart lakonisch bemerkt. Der Biograph fährt fort: »Damals empfing er den Namen Kaiser und Augustus. Was ihm anfangs derart widerstrebte, daß er versicherte, er würde an diesem Tag, obgleich es ein hoher Festtag war, die Kirche nicht betreten haben, wenn er den Plan des Papstes vorausgewußt hätte.«

Man hat aus diesen zwei Sätzen, die Einhart über die Kaiserkrönung verliert, herauslesen wollen, daß Karl die Kaiserkrone unvorbereitet, ja, geradezu überfallartig angetragen wurde. Notker scheint dies zu bestätigen: Der Papst, vom byzantinischen Kaiser in seiner Not alleingelassen, »rief den unbesiegten Karl nach Rom, daß dieser – der bereits Lenker und Befehlshaber (imperator) vieler Völker war – durch päpstliche Autorität den Kaisernamen erlange und damit noch ruhmvoller werde«. Karl »machte sich sofort ohne Zögern auf, ohne jede Kenntnis seiner Berufung, und kam als Haupt der Welt zum bisherigen Haupt der Welt«, d.h. nach Rom. Nachdem er die Verfolger des »unbefleckten Vater Leo« schrecklich bestraft hatte, rief dieser »den ruhmreichen Karl, der nichts weniger vermutete, zum Kaiser und Verteidiger der römischen Kirche aus«.

Notker, der Anekdotenerzähler, vermischt hier Wahres mit Falschem. Auf Einharts Bericht, den er wohl kannte, hat er sich seinen eigenen Reim gemacht. Zweifellos gehörte es zum guten Ton, Amt und Ehren – entgegen aller Praxis – nicht begierig anzustreben, sondern in aller Demut auf sich zu nehmen. Doch man wird Einhart nicht gerecht, wenn man seine Bemerkung in dieser Weise deutet. Sehen wir, was wirklich passierte: Karl verbrachte den Winter in Aachen, begab sich im Frühjahr 800 an die Kanalküste, um eine Flotte gegen die Normannen auszurüsten. Über Tours, wo seine Gemahlin Liutgard starb, kehrte er nach Aachen zurück und reiste von dort Anfang August zur Reichsversammlung nach Mainz. Hier befahl er die Heerfahrt nach Italien. In Ravenna angekommen, wandte er sich selbst nach Rom, während er »das Heer unter seinem Sohn Pippin zum Beutemachen in das Gebiet der Beneventer schickte«.

Karl traf am 24. November vor den Mauern der früheren Weltstadt ein. Papst Leo, der ihn bereits tags zuvor in Mentana, zwölf Meilen vor Rom, begrüßt hatte, empfing ihn auf den Stufen von St. Peter. Auf dem Weg hierher waren dem König die Fahnen von Rom überreicht worden, Chöre hatten sein Lob gesungen. Dies war der Empfang für einen Kaiser, nicht für einen Patrizius. Nur dem Kaiser kam der Papst gewöhnlich entgegen, sonst bis zum sechsten, diesmal sogar bis zum zwölften Meilenstein. Der Patrizius dagegen wurde am ersten Meilenstein empfangen – und niemals vom römischen Bischof persönlich. Ob Karl indes jetzt schon die Stadt betrat und dort gar nächtigte, ist nicht überliefert. Er war, wie es scheint, auch gar nicht so sehr an Rom interessiert als vielmehr am Grab des Apostelfürsten in der Peterskirche. Die fränkischen Berichte zu diesen Ereignissen unterscheiden jedenfalls nicht, ob »vor den Mauern« oder »in den Mauern«; für sie fand alles, was Karl tat, »in Rom« statt.

»Nach sieben Tagen aber«, heißt es in den Reichsannalen, »berief der König eine Versammlung« – in die Peterskirche, wie wir wissen –, »legte dar, warum er nach Rom gekommen sei, und bemühte sich dann Tag für Tag um die Ausführung seiner Vorhaben. Das größte und schwierigste unter ihnen nahm er zuerst in Angriff, nämlich die dem Papst Leo zur Last gelegten Verbrechen zu erörtern. Dieser stieg schließlich, nachdem sich niemand zum Ankläger machen wollte, in St. Peter vor allem Volk mit dem Evangelienbuch in der Hand auf die Kanzel und reinigte sich unter Anrufung der Heiligen Dreieinigkeit durch einen Eid von den ihm zur Last gelegten Verbrechen.« Die Lorscher Annalen berichten, diejenigen, »die den Papst verurteilen wollten«, seien vor der Versammlung erschienen, doch der König habe erkannt, »daß sie den Papst nicht um der Gerechtigkeit willen, sondern aus Haß verurteilen wollten«.

Wie auch immer – Leo mußte den Entlastungseid leisten, den er Alkwin nach auf keinen Fall hätte ablegen dürfen. Er betonte zwar, daß er dazu »von niemandem verurteilt oder gezwungen« worden sei: »Ich entsühne und entlaste mich aus freien Stücken, nicht als ob es in den Kirchengesetzen stünde oder ob ich meinen Nachfolgern, Brüdern und Mitbischöfen damit eine Regel oder einen Grundsatz auferlegen wollte.« Aber dies war – dem Verfahren nach zu urteilen – nur eine Schutzbehauptung, die Karl ihm durchgehen ließ. Immerhin gab es bereits einen Präzedenzfall: 555 befreite sich Papst Pelagius I. eidlich vom Verdacht, seinen Vorgänger beseitigt zu haben. Es konnte kein Zweifel bestehen, daß der fränkische König sich zum Herrn eines Verfahrens gemacht hatte, das über den römischen Bischof urteilte. Den fränkischen Annalen zufolge wurde ja auch nicht der Angriff auf den Papst untersucht, wie Alkwin wollte, sondern die Anklage gegen ihn.

Papst Leo schwor am 23. Dezember; über drei Wochen hatte demnach die Verhandlung – oder besser: hatten die Verhandlungen – in Anspruch genommen. Offensichtlich war der Entlastungseid Teil einer Vereinbarung zwischen König Karl, dem Papst und dessen mächtigen Gegnern in Rom. Verhandlungsziel für Karl war dabei die Kaisererhebung, und dafür brauchte er nicht nur den römischen Bischof, sondern vor allem die Römer: Denn seit alters erfolgte die Kaisererhebung durch Akklamation – durch den Beifallsjubel – des römischen Volks. Danach kam – in christlicher Zeit – die Weihe des »von Gott Gekrönten« durch den Patriarchen, der die göttliche Krönung nachvollzog. Tatsächlich gelang es Karl, wie die Lorscher Annalen verbürgen, »Papst Leo, der ganzen Versammlung und dem übrigen Christenvolk« klarzumachen, daß sie ihm »den Kaisernamen schuldeten« – nicht zuletzt, weil er Rom in seiner Gewalt hatte. Da Karl der Sache nach bereits

Kaiser war, schien es recht und billig, daß er auch den Kaisernamen erhalte. Termin für die Kaisererhebung war der Weihnachtstag, der 25. Dezember.

Zwei Tage vorher trafen Gesandte des Patriarchen von Jerusalem in Rom ein, »die dem König die Schlüssel zum Grab des Herrn und zur Schädelstätte, auch die Schlüssel der Stadt und des Tempelbergs mit einer Fahne überbrachten«. Damit war Karl auch als Herr von Jerusalem, dem wahren Mittelpunkt der Welt, ausgewiesen und wie kein anderer berufen, das Christenvolk zu führen. Die Gesandtschaft war Höhepunkt eines Austausches, den Karl 797 mit dem Kalifen Harun ar-Raschid pflog. Denn dieser gebot in Palästina, und ohne seine Einwilligung hätte der Patriarch nicht Fahne und Schlüssel von Jerusalem ausliefern können. Daß Karl sich dabei dem Abbasidenherrscher in Bagdad als Verbündeter gegen die Omaijaden in Spanien anbot, ist eine Vermutung. Einhart spricht nur davon, daß Harun »seinen (Karls) Dank der Freundschaft aller Könige und Fürsten vorzog und beschloß, ihn besonders durch Ehren und Geschenke zu verpflichten. Als daher die Gesandten, die Karl mit Gaben zum Heiligen Grab geschickt hatte, zu ihm kamen und den Wunsch ihres Herrn vortrugen, bewilligte er nicht nur das Gewünschte, sondern gestand auch zu, daß die heiligen und heilbringenden Stätten Karls Gewalt unterstellt würden.«

Erneuerung des Römischen Reichs

Die päpstliche Weihnachtsmesse fand nicht in der Kirche Santa Maria Maggiore statt, die dieses Jahr an der Reihe gewesen wäre, sondern in Sankt Peter; denn Karl sollte das Reich ja aus der Hand des Apostelfürsten empfangen. »Als der König sich vor dem Grab des heiligen Apostel Petrus vom Gebet zur Meßfeier erhob, setzte ihm Papst Leo eine Krone aufs Haupt, und das ganze Römervolk rief dazu: ›Dem erhabenen Karl, dem von Gott gekrönten großen und friedenbringenden Kaiser der Römer Leben und Sieg!‹ Und nach den Lobgesängen wurde er vom Papst wie einer der alten Kaiser durch Kniefall geehrt und ohne den Namen Patrizius als Kaiser und Augustus angeredet.« Anschließend salbte und krönte Leo Karls gleichnamigen Sohn zum König.

Die Zeremonie folgte dem Vorbild byzantinischer Kaiserkrönungen, mit einem Unterschied: Der Herrscher in Ostrom wurde zuerst von Heer, Senat und Volk durch Zuruf zum Kaiser erhoben, bevor ihn der Patriarch in der Hagia Sophia krönte. Es scheint, daß Karl sich die gleiche Reihenfolge bei seiner Kaisererhebung gewünscht hätte: zuerst den Beifallsjubel der anwesenden Römer und der zeremonielle Lobgesang, dann die Weihe und Krönung durch den obersten Priester. Denn Karl war bereits Kaiser, als er nach Rom kam, so wie die römischen Cäsaren, die den Kaisernamen auf den Schlachtfeldern erwarben. Der jubelnde Zuruf des Volkes, der den römischen Kaiser nicht nur bei seiner Erhebung, sondern ständig begleitete, bedeutete lediglich die Anerkennung seiner Würde. So aber mochte es scheinen, als habe der Papst den Kaiser gemacht – ganz im Sinne der »Konstantinischen Schenkung«, der zufolge Kaiser Konstantin einst dem Papst die Krone des Westreichs zu seiner Verfügung überlassen habe. Diese Krone – so der »Plan des Papstes« – trug jetzt kraft apostolischer Autorität, die von Petrus verliehen war, der Frankenkönig. Tatsächlich meldeten die zeitgenössischen Annalen von St. Amand: »Leo hat ihn zum Kaiser geweiht.«

Karl zeigte seinen Ärger über das verkehrte Zeremoniell allenfalls durch ein dem Anlaß nach eher bescheidenes Weihegeschenk – ein silbernes Tischchen –, das er nach der Messe darbrachte und erst später durch reichlichere Gaben für St. Peter und andere Kirchen in Rom ergänzte. Was sollte er auch machen – die Zeremonie war vorüber. Bei der Krönung seines Sohnes Ludwig zum Mitkaiser, 813, würde er sich rächen: In Aachen, ohne Beisein des römischen Bischofs setzte sich der Nachfolger auf väterlichen Befehl die Krone selbst aufs Haupt.

Außerdem ließ Karl keinen Zweifel daran, wer wirklich Herr in Italien und in der römischen Kirche war: Nach der öffentlichen Bestätigung seines Kaisernamens durch die Römer ergriff er in vollem Umfang die Herrschaft über Stadt, Dukat und Bistum. Seine Sendboten schalteten und walteten im päpstlichen, jetzt kaiserlichen Italien nicht anders als in einem fränkischen Reichsbistum. Der Papst aber datierte seine Briefe und Urkunden von nun an nach den Kaiserjahren Karls, wie vor 781 nach denen des Herrschers in Byzanz.

Wolfgang Behringer

»Wichtiger als die Entdeckung Amerikas«: Die Erfindung der Post

> »Es ist fast dem gemeinen Wesen in der Welt nichts so nützlich als die Post, und wer selbige erfunden, verdient in alleweg einen unsterblichen Namen.«
>
> *Abraham a Sancta Clara*

Die »Erfindung« der Post

Die Jahrzehnte um 1500 gelten in der Geschichtsschreibung als Zeitenwende: Ende des Mittelalters und Beginn der Neuzeit, Entstehungszeit eines expansiven Frühkapitalismus, der weit entfernte Gebiete durch ansteigende Warenströme miteinander verknüpfte. Grundlegende Erfindungen und Entdeckungen, seitdem fester Bestandteil des Alltagslebens, haben dieser Periode ihren Namen gegeben. Der Entdeckung Amerikas wurde im Schrifttum der frühen Neuzeit eine zeitgenössische Erfindung zur Seite gestellt: die »Erfindung« der Post durch Franz von Taxis (ca. 1459–1517).

Das Wort von der Erfindung der Post taucht – soweit bekannt – erstmals 1557 auf in einer Urkunde König Philipps II. von Spanien (1556–1598) für den Generalpostmeister Leonhard von Taxis im Gedenken an dessen Vorfahren, »die unter Kaiser Friedrich III., dem Vater Maximilians I., das Postwesen erfunden« hätten. In Deutschland wurde die Wendung 1579 durch Seraphin von Taxis gebraucht, der in einer Denkschrift festhielt, daß »vor vielen abgelaufenen Jahren ... meine Vorfahren das alte Postwesen erfunden«. In der Zeit der »Postreformation« (1578–1595) wird in den Gutachten der kaiserlichen Kommissare von diesem Faktum ganz selbstverständlich ausgegangen, und in den in zahlreichen Auflagen erschienenen Reisehandbüchern des Italieners Ottavio Codogno wird Franz von Taxis wegen dieser Erfindung gerühmt. In einer kaiserlichen Urkunde Ferdinands II. von 1621 werden die Taxis »die ersten Erfindere und Erhebere des Postwerks« genannt. Der berühmte Reichspublizist Johann Jacob Moser setzte in seinem »Teutschen Staatsrecht« die Gründung der Post in ihrer kulturhistorischen Bedeutung mit der Entdeckung Amerikas gleich:

> »Es bleibet also das formliche Postwesen allerdings eine Taxische Erfindung, welche gantz erstaunliche Folgen nach sich gezogen und die Welt in manchen Sachen fast in einen andern Model gegossen hat... und ist es zwar jetzo so leicht nachzumachen wie die Schiffahrt dem Columbo; wer weiß aber, ob die Welt nicht noch eben so lang als zuvor würde gestanden seyn, ohne von den Posten oder America etwas zu erfahren, wenn kein Taxis und kein Columbus gekommen wäre?«

Was bedeutet das Wort »Post«?

Die Existenz einer funktionierenden Nachrichtenübermittlung ist uns heute selbstverständlich. Sie erfolgt noch immer zum großen Teil durch die Post, einen staatlichen Monopolbetrieb: Briefverkehr, Päckchen- und Paketpost, Telefon und Telekommunikation. Daß trotz aller modernen Nachrichtentechnik der Briefverkehr das Rückgrat und den Ursprung der Institution Post bildet, ist jedermann bewußt. Weniger bekannt ist die Bedeutung des Wortes »Post«, die direkt zur ursprünglichen Innovationsleistung zurückführt: Das lateinische »posita statio« bezeichnete ursprünglich den festgesetzten Aufenthaltsort auf einer Route, an dem Pferde und Reiter bereitgehalten wurden, die die Nachrichtensendung übernahmen und mit frischen Kräften weiterbeförderten. Im Italienischen wurden solche Stationen kurz »posta« genannt, erstmals nachgewiesen in Marco Polos Reisebericht aus China vom Beginn des 14. Jahrhunderts. Entscheidend für die Post im Unterschied zum Boten ist das Phänomen, daß die Botschaft nicht durch *einen* Boten, sondern durch eine Kette von Überbringern zum Empfänger gelangt.

In Deutschland tauchte der Begriff Post erstmals 1490 im Zusammenhang mit den Taxisschen Postreitern auf. Mit der dauerhaften Einführung der Post wurde der Begriff seit dem Beginn des 16. Jahrhunderts auf die gesamte Beförderungseinrichtung übertragen. Als Institution gliederte sich die Post in den Generalpostmeister – identisch mit dem Oberhaupt der Familie Taxis –, die von diesem bestellten Verwalter bzw. Postmeister und die Boten selbst: Postreiter, Postillons oder Postknechte. Bestimmte Poststationen nahmen eine Sonderstellung als wichtige Verteilerpostämter und in der Abrechnung mit den einfachen Poststationen ein. Obwohl die Post bald auch Personen und Pakete beförderte, liegt ihr Ursprung in der Briefbeförderung, die sie schneller und billiger besorgte als die lange konkurrierenden Boteneinrichtungen. In Zedlers Universal-Lexicon heißt es 1741 über die Post als Anstalt:

> »Die Geschwindigkeit, mit welcher sie lauffen, und die richtige Uberkunfft der dadurch fortgeschickten Briefe, bringen der menschlichen Gemeinschaft große Bequemlichkeit, auch dem Handel und Wandel eine mächtige Beförderung, daher in allen wohlbestellten Reichen und Regierungen die Posten mit Fleiß eingerichtet werden, so daß man aus einem jeden Theile und Orte Europens an alle die übrigen gemächlich und sicherlich Briefe fortbringen und Brief-Wechsel unterhalten kann.«

Reise- und Nachrichtenverkehr im Mittelalter

»Die mittelalterliche Straße ist zum Verzweifeln lang, es geht entsetzlich langsam voran.« So beschreibt Jacques Le Goff die Verkehrsverhältnisse des Mittelalters. Das Wegenetz bestand im hochmittelalterlichen Europa aus natürlichen Passagen und den Resten alter Römerstraßen. Der Verkehrswert der Wege war gering, da die Anlieger aus verschiedenen Gründen kein Interesse an guten Durchgangsstraßen hatten. Das Aufblühen der Städte im Spätmittelalter erhöhte die Notwendigkeit einer Verbesserung der Wege. Doch blieben diese lange so schlecht, daß große Umwege gemacht werden mußten. Immerhin bildete sich ein Netz von Herbergen entlang der Reiserouten in Abständen von Tagereisen aus, die die Struktur eines Verkehrssystems erkennen lassen. Der Abstand solcher Rasthäuser betrug etwa drei bis fünf Meilen (1 deutsche Meile = ca. 7,5 Kilometer), weiter kamen Reisende mit Gepäck wegen der schlechten Wege an einem Tag kaum. Auch die Geschwindigkeit von Boten war durch die gegebene Belastbarkeit von Mensch und Tier begrenzt.

Mit diesem System konnten lange Strecken in überschaubaren Zeiten zurückgelegt werden. Ein eiliger Reiter brauchte im Herbst 1215 genau einen Monat (30 Tage) von Lüttich nach Rom. Die Rückreise bewältigte er im Januar 1216 in 40 Tagen. Der Graf von Katzenellenbogen ritt 1434 von Venedig nach Augsburg in 11 Tagen, bis Nürnberg brauchte er 14 Tage. Soweit man aus erhaltenen Aufzeichnungen weiß, betrug die Reisegeschwindigkeit auf dem Land je nach Beschaffenheit der Wege pro Tag höchstens 50–60 Kilometer (ca. 8 deutsche Meilen). In dieser Größenordnung lag auch die Geschwindigkeit von Eilboten zur Zeit der Staufer. Das waren aber außerordentliche Leistungen, meistens ging es sehr viel langsamer, eine durchschnittliche Tagesreise betrug 20–30 Kilometer (3 Meilen). Die gleichen Geschwindigkeiten galten für die Nachrichtenübermittlung, die durch berittene, meistens aber durch Fußboten erfolgte, wie wir aus zahlreichen Abbildungen und Zeugnissen wissen. Solche Läuferboten, die ihre Aufträge von Fürsten, Klöstern oder Kaufleuten aus den Städten erhielten, nahmen Briefsendungen vom Auftraggeber in Empfang und beförderten sie selbst eigenhändig zum Empfänger. Ein Bote von Nürnberg nach Wien und zurück brauchte im Jahr 1449 sieben Wochen. Wo keine Botendienste existierten, wurden Briefe oft zufällig vorbeikommenden Händlern, Fuhrleuten, Metzgern, Schiffern, Mönchen oder Studenten mitgegeben. In abgelegenen Gegenden wurden fronpflichtige Bauern losgeschickt. Diese Formen der Nachrichtenübermittlung – für heutige Begriffe unrationell und langsam – entsprachen dem niedrigen Verkehrsaufkommen und dem »langsameren« Zeitgefühl des Mittelalters.

Geschwindigkeitszugewinn durch die Post

Mit der Einrichtung der Post schnellte die Verkehrsgeschwindigkeit des Mittelalters »mit einem Ruck von 25 auf 166 Kilometer im Tage«, in besonderen Fällen konnten auch 200 Kilometer und mehr zurückgelegt werden. Der wichtige Postvertrag von 1505 sah eine Beförderungsdauer von 5½ Tagen von Brüssel nach Innsbruck vor; im Postvertrag von 1516 wurde sie auf 5 Tage reduziert. Im Winter durften die Reiter einen Tag länger brauchen. Die Festlegung dieser Fristen beruhte bereits auf Erfahrungswerten, denn die Post von Österreich in die Niederlande war damals schon fünfzehn Jahre lang in Betrieb, wenn auch noch nicht so regelmäßig wie später. Die Arbeit der Postreiter wurde anhand von »Post-Stundenpässen« kontrolliert, in denen die Postreiter genaue Rechenschaft ablegen mußten, wo, wann und von wem sie eine Briefsendung empfangen und wann sie sie weitergeleitet hatten.

Ein solcher Stundenpaß aus dem Jahr 1506 hat sich für Briefsendungen von Mechelen (bei Brüssel) nach Innsbruck erhalten. Der erste Postreiter verließ demnach Mechelen am Mittwoch, den 25. März 1506, um 4 Uhr nachmittags. Etwa zwei Tage später, nach 49½ Stunden, kam die Reiterstafette in Speyer an. Am vierten Tag passierte man morgens Ulm, abends Memmingen, und am Dienstag, den 31. März 1500, langte die Briefsendung um 3 Uhr morgens zu Innsbruck an. Für eine Strecke von 103 Meilen bzw. 765 Kilometern wurden demnach 5 Tage und 11 Stunden benötigt bzw. 131 Stunden, also ziemlich genau der Zeitaufwand, der im Postvertrag von 1505 fixiert war. Die Stundenleistung der Post betrug, alle Verzögerungen und Aufenthalte eingerechnet, 765 : 131 = 5,84 km/h. Im selben Jahr 1506 wurde die rd. 1200 Kilometer lange Strecke von Mechelen über Innsbruck nach Wiener Neustadt in 213 Stunden zurückgelegt, macht 137 Kilometer am Tag bzw. 5,7 km/h. Die Beschaffenheit der Straßen und die Muskelkraft der Pferde setzten der Geschwindigkeit natürliche Grenzen. In den beiden ersten Jahrzehnten ihres Bestehens betrug die Normalgeschwindigkeit der Post zwischen 100 und 150 Kilometer pro Tag.

Gegenüber dem Mittelalter war es allein die Organisationsform, die die Beförderungsgeschwindigkeit für Briefe im Vergleich mit den Boten, die immer wieder Rast und Schlaf benötigten, erhöht hatte. In Abständen von zunächst ca. 38 Kilometern (fünf Meilen) wurden 1490 Poststationen angelegt. Eine Verkehrsverdichtung läßt sich dann an der Verkürzung der Etappen nachweisen: Bereits 1505 ging man von einem durchschnittlichen Abstand von 30 Kilometern (vier Meilen) aus; auf der rd. 1200 Kilometer langen Strecke von Mecheln (bei Brüssel) über Innsbruck nach Wiener Neustadt sind 40 Relaisstationen nachweisbar. Im Postvertrag von 1505 ist ausdrücklich von »Posten von vier zu vier Meilen« die Rede. Nach knapp einem Jahrhundert Post hatte sich die Distanz bei 22 Kilometern (drei Meilen) eingependelt, wie Frankfurter Kaufleute 1587 in einem Memorial zum Postwesen niederlegten: Unter Post verstehe man die Briefbeförderung mit Pferdewechsel von 3 zu 3 Meilen. Schon zu Beginn des 17. Jahrhunderts hatte sich die Distanz auf 15 Kilometer (zwei Meilen) zwischen den Poststationen reduziert, an denen die Postreiter die Briefbündel (»Felleisen«) an andere Postreiter übergaben, die mit frischen Pferden bis zur nächsten Relaisstation weitergaloppierten.

Dieser stafettenartig organisierte Beförderungsdienst arbeitete seit 1490 Tag und Nacht und wurde nicht durch Essens- oder Schlafpausen unterbrochen. Wenn der Postreiter ruhte, wurden die Briefe bereits durch den nächsten Reiter weiterbefördert. Je kürzer die Abstände zwischen den Poststationen waren, desto schneller konnte (potentiell) die Briefbeförderung sein. Und eine Erhöhung der Geschwindigkeit war von Anfang an das Ziel der Post: Die ersten Poststundenzettel aus den Jahren ab 1490 tragen alle Vermerke wie »Cito, cito, cito, citissimo...« oder »schnell, schnell, schnell, so schnell, als ob du fliegen würdest...«

Weshalb kam es gerade 1490 zur Einrichtung der Post? Die allgemeinen sozial- und wirtschaftsgeschichtlichen Voraussetzungen müssen als Rahmenbedingungen kurz angesprochen werden.

Europa erlebte seit etwa 1450 eine beispiellose Konjunktur. Stand es im Spätmittelalter noch auf einer Stufe mit anderen Hochkulturen (Indien, China, Arabien, Peru, Mexiko), so stieg es seitdem zu jener dominierenden Stellung auf, die jahrhundertelang andauern sollte. Gemeint ist die Entwicklung in dem von Fernand Braudel so genannten »langen 16. Jahrhundert«, der Zeit zwischen 1450 und 1650, »gekennzeichnet durch großes ökonomisches und demographisches Wachstum und den Erfolg bei der Schaffung der ersten weltweiten Wirtschaft«. Das Interesse der europäischen Staaten begann am Ende des Mittelalters sich auf die außereuropäische Welt zu erstrecken. In Afrika und Asien waren es vor allem portugiesische und holländische Händler, die allmählich die Seeherrschaft errangen, ohne jedoch tief ins Innere dieser Erdteile einzudringen. In Amerika war es das Spanien Karls V. und dessen Nachfolger, die ein umfangreiches Kolonialreich schufen. Mit seinen Goldimporten wurde Spanien im 16. Jahrhundert zum Zahlmeister Europas. Das betraf nicht nur seine militärische Hegemonie, sondern auch das Postwesen.

Im 15. und 16. Jahrhundert wurde Europa zum Mittelpunkt einer »ausgedehnten, aber schwachen Weltwirtschaft«. Es war die Entstehungszeit des Kapitalismus, aus deutscher Sicht das »Zeitalter der Fugger und Welser«, jener wagemutigen Augsburger Großunternehmer im habsburgischen Weltreich, »in dem die Sonne nicht unterging«. Der langfristige Bevölkerungszuwachs seit etwa 1450, der Anstieg des Wirtschafts- und Verkehrsaufkommens besonders im Italien der Renaissance hatte seit dem 13. Jahrhundert zur Entwicklung eines intensiven Kurierwesens geführt. Von den Zentren in Rom, Venedig und Mailand wurden Kurierdienste zu allen europäischen Wirtschaftszentren unterhalten. Ein Mailänder Bote war im 14. Jahrhundert drei Wochen unterwegs, bis er in den Niederlanden, in Brügge, eintraf. Teilweise kam es auch schon zur Einrichtung von mehr oder weniger dauerhaften »Posten« zwischen einzelnen Städten. Berittene Boten sind allerdings erst seit dem Anfang des 15. Jahrhunderts belegt, der Pferdewechsel an Stationen erstmals 1425 im Territorium des Herzogtums Mailand. Die Lombardei war der Geburtsort dieser neuen Nachrichtenbeförderungsart, und zahlreiche Familien im Kurierdienst, darunter auch die Taxis, kamen ursprünglich aus der Lombardei.

Politische Notwendigkeit der Post für das Haus Habsburg 1490

Die Einrichtung der Post hatte politische Gründe. Während der Regierung Kaiser Friedrichs III. (1452–1493), der die Grundlagen für die Macht des Hauses Österreich legte, erfolgte die Verbindung von Maximilian, Sohn Friedrichs III., mit Maria von Burgund, der Tochter und Alleinerbin Karls des Kühnen. Nach dessen Tod konnte der 1486 zum König gekrönte und künftige Kaiser Maximilian I. (1508–1519) das burgundische Erbe antreten. Bedeutsam waren vor allem die wirtschaftskräftigen Niederlande (Holland), neben Italien das zweite Wirtschaftszentrum im ausgehenden 15. Jahrhundert. Im Jahr 1489 übernahm Maximilian von seinem Vetter die Regentschaft in der Grafschaft Tirol. Tirol war seit den 1470er Jahren ein Zentrum des Silberbergbaus in Europa geworden: die unter Maximilians Vorgänger, Herzog Sigismund »dem Münzreichen«, einsetzende Prägung Tiroler Silber-Kreuzer hatte das deutsche Geldwesen revolutioniert. Der Reichtum der Herren von Tirol ermöglichte die Finanzierung der ersten Posten, eines sonst unerschwinglichen Luxus'. Der Kurfürst von Brandenburg bedauerte zu Beginn des 16. Jahrhunderts das Fehlen eigener Posten und stellte fest:

> »Es ist unser kheiner im Reich, der die Posten... wie der Khaiser underhalten möchte.«

Tirols Hauptstadt Innsbruck lag im Schnittpunkt des Nachrichtenwegs von den Niederlanden und Deutschland nach Italien (über die Brennerpaßstraße) mit der Ost-West-Route Wien–Freiburg, die die österreichischen Stammlande verband. Der eigentliche Grund für die Errichtung der Post dürfte jedoch in der beginnenden habsburgischen Reichsbildung zu suchen sein, die mit der Erwerbung der Niederlande begann und sich mit dem Erwerb Tirols 1489/90 fortsetzte. Zur Regierung eines solchen Großstaates reichten die alten infrastrukturellen Voraussetzungen – Nachrichtenübermittlung durch Fuß- oder Reitboten – nicht mehr aus. Erst recht galt dies, als das österreichisch-burgundische Herrscherhaus durch die Ehe Erzherzog Philipps des Schönen mit den Herrscherhäusern Spaniens zusammenwuchs. Die vier großen unverbundenen Territorialkomplexe des Hauses Habsburg (Spanien, Neapel, die Niederlande und Österreich), dazu das Reich, waren ohne regelmäßige Postverbindungen nicht mehr regierbar. Um es aber mit Joachim Ernst von Beust auszudrücken:

> »Es mußte sich auch der göttlichen Providenz wunderbar vor diese Familie [Taxis] fügen, daß, da Fridericus III. einen Prinzen Maximilian bekam, welcher durch seine Vermählung mit der Burgundischen Erbin einen großen Anfall von Ländern erhielte, und der wieder ein Vater Philippi Pulchri wurde, so durch seine Vermählung mit der Erbin von Castilien seinen Nachkommen viele Reiche acquirierte, die Kayserlichen Lande sehr groß und weitläufig wurden, weswegen auch diese Staaten einer solchen Oberaufsicht nöthig hatten, welche den Kaysern Mittel an die Hand gabe, auf eine eben so leichte Art diese zerstreute Völker zu regieren, als wann sie beysammen wären, und diese Ehre war dem Tassischen Hause vorbehalten, indem diese Herrn die vortreffliche Post-Anstalten, worüber sie auch von den Kaysern gesetzet worden, in Vorschlag gebracht.«

Kaiser Maximilian war der erste Habsburger mit »europaumspannenden Plänen«, und die politischen und dynastischen Interessen der Habsburger waren in zunehmendem Maß auf raschen Informationsfluß angewiesen.

Aus vergleichender Perspektive kann man beobachten, daß die Errichtung eines Postdienstes – Reiterstafetten mit festen Relaisstationen – fast stets an imperiale Strukturen gebunden war: Die vermutlich erste »Reichspost« besaß das antike persische Weltreich; ihm folgte das römische Weltreich, dessen von Augustus eingerichtetes amtliches Postnetz – der »cursus publicus« – bereits die Gebiete an Donau und Rhein umfaßt hatte. Das römische Relaissystem mit ausgebauten Staatsstraßen, an denen in Abständen von Tagesreisen (30–40 km) Herbergen, dazwischen aber noch zusätzliche Pferdewechselstationen (»mutationes«) eingerichtet waren, soll eine Geschwindigkeit von 300 km pro Tag ermöglicht haben. Auch das von Marco Polo beschriebene Postsystem des chinesischen Kaiserreichs gehört in diese Kategorie, ebenso das entwickelte Läuferpostsystem des Inkareiches. Bei weiten Distanzen in den jeweiligen Staaten erforderte deren Regierung ein rasch funktionierendes Nachrichtensystem, oder, um es mit den Worten des berühmtesten deutschen Post-Theoretikers des 18. Jahrhunderts, Joachim Ernst von Beust, auszudrücken:

> »Hat ein Regent nicht schleunige, öftere und gewisse Nachrichten von denen Vorfallenheiten seines Landes, so weit sich selbiges erstrecket: O wie würde Thron und Scepter so bald und abwechselnd verändert werden... Was brauchet ein Landes-Herr, welcher besonders nicht überall gegenwärtig seyn kann, nothwendiger, als öfftere Nachrichten und geschwinde Berichte, um seine Verhaltungs-Befehle darnach einrichten zu können... Offt muß man wegen eines Umstandes geschwinde Nachricht geben und haben, wie aber? Es ist die Anlegung der Posten auch um deswillen nothwendig.«

Sieht man von den reichen italienischen Stadtrepubliken des Spätmittelalters mit ihren weiträumigen Handelsinteressen ab, so waren traditionelle Gesellschaften allein bei Großreichbildung in der Lage, ein so kostspieliges Nachrichtensystem wie die Post zu finanzieren. Denn die Reiter, Pferde und Gebäude der Poststationen erforderten ständigen Unterhalt. Die imperialen Bedürfnisse brachten es mit sich, daß die Post meist den jeweiligen Herrschern und ihrer Administration vorbehalten blieb. In diesem Punkt sollte sich die kaiserliche bzw. die spanisch-niederländische Post in Europa bald von allen Gegenstücken unterscheiden. Franz von Taxis öffnete sie für die private Nachrichtenübermittlung und eröffnete ihr damit eine neue Dimension: die Wirtschaft.

Franz Babinger

»Kyrie eleison!«: Mehmet II. erobert Byzanz

Fast möchte es scheinen, daß, wie N. Iorga sich ausdrückt, die letzte Verteidigung Konstantinopels eher einen ritterlich-lateinischen als schwärmerisch-griechischen Charakter zeigte, wenn man sich den Anteil abendländischer Kämpfer auf den Mauern der Hauptstadt vergegenwärtigt. Den Oberbefehl führte, wie erwähnt, G. Giustiniani-Longo als Protostrator. Der venedische Bailo Girolamo Minotto, Angehörige berühmter Familien wie Dolfin, Gritti, Loredano, Cornaro, Mocenigo, Trevisano, Venier und viele andere hatten ihren angewiesenen Platz. Auch Genuesen hatten sich in stattlicher Zahl eingefunden und ihren Mann gestellt: Girolamo und Lionardo di Langasco, Maurizio Cattaneo, Paolo Bocchiardo, um nur ein paar zu nennen. Daneben waren Katalanen unter ihrem Hauptmann Pere Julià und als ›neuer Achilles‹ der Spanier Don Francisco de Toledo, angeblich ein Verwandter der Paläologen, angetreten. Befehlshaber aller Seekräfte im Hafen war der venedische Kapitän der Handelsflotte von Tana am Schwarzen Meer, Alvise Diedo, dessen Söhne Marco und Vettore sich gleichfalls rühmlich hervortaten. Prinz Orchan hatte sich an der Seeseite eingefunden.

Sultan Mehmed setzte, wie es scheint, seine ganze Hoffnung auf die Mörser und Kanonen und weniger auf romantische Heldentaten. Die bereitgestellten Wurfmaschinen, von denen schon am 11. April ein ganzes Dutzend an die Mauern herangeführt wurde, sollten ihre Zerstörungsarbeit schneller bewirken als der Einsatz von Mannschaften. Aber der Gang der Ereignisse ließ sich langsam und schwerlich der großherrlichen Erwartung entsprechend an. In einer dunklen Nacht (17./18. April) wollten sich die Türken durch Überrumpelung in den Besitz der Stadt setzen. Vier volle Stunden dauerte der Kampf mit der spärlich verteilten Verteidigung. Er mußte ergebnislos abgebrochen werden, und die Angreifer mußten sich zurückziehen. Die Niederlage der Flotte unter den Augen Mehmeds am 20. April, von der schon die Rede ging, trug nicht zur Hebung der Kampfeslust bei. Nachdem aber am 21. April ein Teil der Mauern an der Romanos-Pforte eingeworfen worden war, mehrte sich im weiteren Verlauf der Geschützeinschläge die Zahl der Breschen, die die Belagerten nicht mehr rasch genug, wie sie es bisher vermocht, zu schließen wußten. Nachts nämlich waren immer wieder diese Mauerlücken durch Tonnen von Schutt und Steinen ausgefüllt worden.

Da verfiel der Sultan, zweifellos durch einen Christen beraten, auf ein Kriegsmittel, dessen Anwendung die Lage der Verteidiger mit einem Male bedenklich verschlimmerte. In einem Kriegsrat, der beim heutigen Beschiktasch am Bosporus stattfand, machte der Großwesir Chalîl-Pascha, der, so scheint es, mit den Griechen im Einvernehmen stand und ihnen wiederholt hatte Nachrichten zukommen lassen, angeblich aber dafür auch reichlich mit Gold belohnt worden war, den Versuch, seinen Gebieter für einen Frieden mit Kaiser Konstantin zu gewinnen. Er soll vorgeschlagen haben, daß der Sultan in Konstantinopel Polizeibeamte ernenne und der Kaiser eine Jahresabgabe von 70000 Goldstücken zahle. Aber Saghanos-Pascha und einige weitere Wesire, vor allem aber der Schejch Aq Schems ed-Dîn, der sich mit einem Haufen von Derwischen bei den Belagerern eingefunden hatte und deren Mut befeuerte, erklärten sich nachdrücklich für eine Fortsetzung des Kampfes, so daß diese gegen Chalîl-Pascha beschlossen wurde. Als Hauptschwierigkeit wurde bei den Beratungen festgestellt, daß der Angriff allein auf der Landseite unzureichend sei, daß aber die Kette jeden Versuch, in den Hafen einzudringen, vereitele. Die Ratgeber des Sultans waren, so heißt es, völlig hilflos, bis jemand, angeblich der Sultan selbst, auf den Einfall kam, einen Teil der Flotte auf dem Landweg ins Hafeninnere schaffen zu lassen. Angeblich wurden noch in der gleichen Nacht die Anstalten hiezu getroffen und der Plan ohne Säumen ausgeführt.

Die Strecke zwischen dem Taleinschnitt vom jetzigen Dolma Bâghtsche über die mit Weingärten bedeckten Höhen nördlich von Pera und dann wieder hinab in die jetzige Vorstadt Qâsim-Pascha wurde von Dornengestrüpp gereinigt, mit Brettern belegt, hin und wieder an abschüssigen Stellen mit Geländern versehen und die ganze, einer Fahrtrinne gleichende Bahn mit Hammelfett und Ochsentalg eingeschmiert. Auf dieser Gleitbahn wurden mittels Walzen und Rollen die Schiffe aus der Bucht von Dolma Baghtsche ins Goldene Horn gezogen, anfangs zur Probe nur einige kleinere, hernach mehrere und schließlich insgesamt 72 Fahrzeuge. Die Mannschaften der Schiffe waren so verteilt, daß einige diese zogen, die anderen aber in ihnen selbst teils am Bug, teils am Steuerruder, teils mit der Handhabung der Segel befaßt waren, während wieder andere durch Pauken und Trompeten zur Arbeit ermunterten. Mit geblähten Segeln, unter dem Jubelgeschrei der Mannschaft und dem ohrenbetäubenden Lärm der Kesselpauken, aber auch zum verwunderten Entsetzen der Christen, glitten die Schiffe blitzschnell ins schäumende Wasser des Goldenen Horns. So wurden alle ungehindert in den Schlupfwinkel der christlichen Flottille gleichsam eingeschleust. Es kam zu keinem Kampf, und alle Versuche der Belagerten, die Eindringlinge durch Feuer zur vernichten, mißlangen. Schon vorher, als das osmanische Geschwader noch jenseits der Sperrkette lag, hatte ein venedischer Schiffskapitän, Iacopo Cocco, in einer stockfinsteren Nacht das kühne Wagnis unternommen, die türkischen Schiffe zu überfallen und mittels griechischen Feuers zu vernichten. Als man dabei war, den Brand anzulegen, schlugen die Wachen Lärm, und das gesamte Türkengeschwader, angeblich durch Genuesen in Galata schon im voraus vom Plan unterrichtet, fiel über die Venediger her. Die 33köpfige Mannschaft eines versenkten Schiffes, die sich hatte schwimmend retten können, wurde gefangen vor den Sultan geführt, der sie gleich am folgenden Morgen im Angesicht der Stadt hinrichten ließ. Darauf stieg der Ingrimm über dieses Blutgericht bei den Eingeschlossenen dermaßen, daß man alle in den Gefängnissen befindlichen Osmanen nach den Mauern schleppte und niedermachte.

Während die Beschießung der Stadtmauern unaufhörlich andauerte und ein beträchtlicher Teil der Wehren bereits dem Einsturz nahe war, ließ Mehmed am 5. Mai auch bei Galata einige Geschütze aufstellen und von hier aus alle Schiffe, die sich im Hafen befanden, unterschiedslos unter Feuer nehmen. Als dabei ein genuesischer Kauffahrer, der ruhig vor Anker lag, versenkt ward und die Genuesen beim Großherrn darüber Klage führten, wurden sie mit leeren Worten abgewiesen. Nicht genug damit, befahl der Sultan, angeblich am 19. Mai, von Galata aus mittels Fässern, die ihm von den Genuesen zur Verfügung gestellt worden sein dürften, eine Brücke über das Goldene Horn zu schlagen. Die Fässer, rund tausend an der Zahl, wurden durch eiserne Haken zusammengehalten und vertraten die Stelle von Pontons. Darüber wurden Bretter gelegt, auf denen fünf Mann bequem nebeneinander marschieren konnten. Wiederholte Anstrengungen der Griechen, diese Brücke in Brand zu stecken, schlugen fehl. In der Stadt wuchs ständig die Not, und die Stimmung, vor allem unter der Besatzung, nahm höchst bedenkliche Formen an. Kaum hatte das Feuer der Osmanen etwas nachgelassen, so räumten Truppen scharenweise die Mauern und kehrten in ihre Behausungen zurück. Man ließ an verschiedenen Stellen Brotverteilungen vornehmen, aber das Murren, das von Aufwieglern genährt wurde, hörte nicht auf und artete nicht selten in offene Schmähungen gegen den Kaiser aus, wie Sphrantzes berichtet.

Das Heer des Sultans stand bereits in und vor den Gräben der Landseite, und seine Flotte lag unmittelbar unter den Mauern der schwerbedrängten Stadt im Goldenen Horn. Da beschloß Mehmed II., nochmals eine Botschaft an den Kaiser zu entsenden, aber nicht etwa um den Vorschriften des Glaubenskrieges (*dschihâd*) gegen die Ungläubigen Genüge zu tun. Danach mußte zunächst an den zu bekriegenden Gegner die Aufforderung zur Annahme des Islam gerichtet werden, worauf ihm im Falle der Weigerung freistand, sich entweder muslimischer Herrschaft zu unterwerfen und Tribut zu entrichten oder aber zu kämpfen. Nirgendwo wird berichtet, daß Mehmed II. während seiner langen Regierung einmal diesen Grundsatz hätte befolgen lassen. Im vorliegenden Falle war es ihm wohl mehr darum zu tun, durch einen geschickten Beobachter die Zustände innerhalb der Stadtmauern erkunden zu lassen, als den Griechen gnädige Bedingungen zu stellen. Ismâ^cîl Isfandijâr-oghlu, also sein Schwager, der sich schon an den Vorbereitungen zur Belagerung mit einem eigenen Aufgebot beteiligte, sollte in Konstantinopel denn auch nicht als sultanischer Gesandter, sondern als persönlicher Schützer und Gönner der Byzantiner auftreten, der ihnen rate, den Zorn des Sultans zu versöhnen und sich durch Ergebung vor den Folgen der Sklaverei zu bewahren. Konstantin erwiderte, er wolle Gott danken, wenn der Großherr, wie seine Vorfahren, sich zum Frieden entschlösse. Keiner dieser Ahnen, der die Stadt belagerte, habe ein langes Leben genossen. Mehmed möge Tribut, aber nicht die Stadt selber fordern, bei deren Verteidigung zu sterben jeder ohne Ausnahme bereit sei.

Auf diesen Bescheid ließ der Sultan am 24. Mai im Lager den 29. des Monats als den Tag des allgemeinen Sturmes von der Land- und Seeseite aus verkünden. Die Heerführer wurden versammelt, die Plünderung der Hauptstadt zugeschworen. Nur die Mauern und die Gebäude behielt Mehmed sich vor.

Vom 26. Mai an sah man bis tief in die Nacht hinein zahlreiche Feuer im riesigen türkischen Lager leuchten, besonders am Romanos-Tor, wo der Sultan sich aufhielt. Das ganze Heer wogte im Freudentaumel der nahverheißenen Eroberung. Ausrufer verkündeten Lehen und hohe Verwaltungsstellen als Lohn und Preis für die ersten Ersteiger der Mauern und für die Fliehenden unausbleibliche Strafe durch des Henkers Beil. Schejche und Derwische durchrannten das Lager im Namen des Propheten und seines Fahnenträgers Ejjûb, der vor den Mauern Kontantinopels einstmals gefallen, das Heer ermunternd, die Banner des Islam auf die Zinnen der Hauptstadt der Ungläubigen aufzupflanzen. Nachts ward eine allgemeine Beleuchtung befohlen. Auf allen Schiffen und Zelten schimmerten weithin Fackeln und Lampen. Das Geschrei und der Jubel des Feindes war so mächtig, daß die Belagerten vermeinten, ›der Himmel werde sich öffnen‹. Aus der von innen finstern Stadt aber, so schildert Dukas, drangen Wehruf und Klagegeschrei: ›*Kyrie eleison! Kyrie eleison!* Wende, o Herr, deine gerechten Drohungen von uns ab und erlöse uns aus den Händen unseres Feindes!‹

In jener schrecklichen Nacht war Giov. Giustiniani-Longo unablässig bemüht, die Mauerbreschen schließen zu lassen. In der Nähe der Romanos-Pforte, wo das Gemäuer völlig zertrümmert war, führte er mittels Strauchbündeln einen neuen Wall auf, hinter dem er sich in einem Graben verschanzte. Er ließ durch Boten den Großadmiral und Befehlshaber der griechischen Truppen, Lukas Notaras, um Geschütze bitten. Dieser bestritt deren Notwendigkeit am angegebenen, von Giustiniani verteidigten Orte. Reden und Gegenreden führten zu Schimpf und Beleidigung. Giustiniani nannte Notaras einen Verräter und Feind des Vaterlandes, und endlich mußte sich der Kaiser selbst ins Zeug legen, um zwischen beiden zu vermitteln. Giustiniani war ein echter Turm in der Schlacht und deshalb ein dauerndes Ziel der Scheelsucht seiner Widersacher. Der Ruf seiner Tapferkeit soll bis zum Sultan gedrungen sein, der ihn vergeblich mit Gold zu bestechen trachtete. Aber angesichts des kläglichen Zustandes der Mauern, die überall zusammenbrachen, war alle Umsicht und Entschlossenheit des Genuesen und seiner Helfer vergeblich. Zwei griechische Mönche, denen schon vor der Belagerung die Wiederherstellung der Stadtwehren aufgetragen worden war, so berichtet Leonardo Giustiniani aus Chios, Bischof von Mytilini, hatten das Geld, statt es zum Bau zu verwenden, vergraben. Bei der Plünderung der Stadt seien später 70000 Goldgulden gefunden worden, die der Kaiser zur Ausbesserung der Mauern hergegeben hatte.

In den frühen Morgenstunden des 29. Mai, des Tages der Heiligen Theodosia, begann der Sturm auf die Hauptstadt. Bereits drei Stunden vor Tagesanbruch kam Bewegung in die Heeresmassen im Lager. In der ersten Dämmerung schickte Mehmed, um die Griechen zu ermatten, die schwächsten Truppen, die mit Ochsensehnen und Eisenruten angetrieben wurden, zum Angriff vor. Scharenweise stürzten diese Türken von den teilweise schon erstiegenen Mauern in die Tiefe. Ihre Belagerungsmechanismen wurden zertrümmert, und die Verluste waren beträchtlich. Als der Morgen anbrach, erscholl ein ungeheurer Lärm von Trompeten, Hörnern und Pauken. Alle verfügbaren Geschütze wurden zugleich losgebrannt. Von allen Seiten, zu Wasser und zu Lande, begann nun der Kampf. Die ganze Nacht hindurch war auch an der Seeseite gearbeitet worden, um überall die Schiffe näher ans Ufer heranzubringen. Achtzig Zweiruderer standen in einer Linie vom Hölzernen bis ans Schöne Tor. Von hier an zogen sich die restlichen Schiffe, soweit sie ausreichten, in einer Doppelreihe um die ganze Stadt herum. Die Belagerten waren sich über die Stelle, wo der Hauptangriff einsetzte, durchaus im klaren. Mit etwa 3000 Mann war Giovanni Giustiniani-Longo in der Gegend des Romanos-Tores bis an die äußere Mauer vorgerückt. Der Großherzog Lukas Notaras deckte das Quartier der Blachernen, und an der Hafenseite, vom Hölzernen bis zum Schönen Tor, standen nicht mehr als 500 Bogenschützen und Schleuderer. Der Rest der Mauern war schwach besetzt. In jedem Wachtturm und bei jedem Bollwerk stand nur ein einziger Mann.

Der Sultan in Person trieb die Stürmenden an und gebrauchte, wie Sphrantzes sagt, bald Schmeichelworte, bald Drohungen, seinen Eisenstab in den Händen. Schwarzer Pulverdampf verdeckte die Stadt und die Sonne eines herrlichen Maientags. Unter den Angreifern ragte ein Hüne, Hasan aus Ulubad in Anatolien, hervor. Er erklomm mit dreißig andern die Mauern, die Belagerten erwehrten sich ihrer mit Pfeilen und Steinen. Mehr als die Hälfte stürzten in die Tiefe, und schließlich ereilte auch den Riesen Hasan, mit dem Schild über dem Haupt, das nämliche Schicksal.

Jenseits der Stadtmauern wurde mit Löwenmut gekämpft. Der Kaiser, umgeben von seinem Hofstaat, ermunterte vom Pferd aus die Seinigen durch Wort und Tat. Da geschah etwas Unerwartetes. Der Held des Tages und die Hoffnung aller, Giovanni Giustiniani, ward im Schlachtgetümmel am Arm oder Schenkel schwer verletzt, verlor den Mut und verließ auf der Stelle seinen Posten. Keine Vorstellungen, auch nicht des Kaisers dringende Bitten, waren imstande, ihn zurückzuhalten. ›Mein Bruder‹, rief ihm Konstantin zu, ›halte tapfer aus, verlaß uns nicht in dieser Not! Auf dir beruht das Heil dieser Stadt. Kehre auf deinen Posten zurück! Wohin willst du denn?‹ ›Dahin‹, soll Giustiniani kalt erwidert haben, ›dahin, wo Gott selbst diese Türken führen wird!‹ Mit diesen Worten eilte er zum Goldenen Horn, warf sich in ein Schiff und setzte nach Galata über, um seine Wunden verbinden zu lassen. Allgemeine Bestürzung und entsetzliche Verwirrung setzte bei den Truppen ein, was von den Osmanen schnell bemerkt und ausgenutzt wurde. Saghanos-Pascha übernahm eine Janitscharen-Abteilung und stürmte beim Romanos-Tor auf die Mauer los. In diesem Augenblick der Überraschung wich alles nach dem inneren Tor zurück. Eine Menge Menschen ward erdrückt und zu Boden getreten. Niemand leistete mehr ernstlichen Widerstand. Die feindliche Hauptmacht brach, da das Tor durch einen riesigen Haufen von Leichen versperrt war, durch eine von der großen Kanone gebildete Mauerbresche nebenan in die Stadt ein. Kaiser Konstantin stürzte sich, als er vernahm, daß das Panier der Türken auf den Mauern wehe, mit seinen Getreuen ins dichteste Schlachtgetümmel, machte alles, was er erreichen konnte, mit seinem Schwerte nieder und hielt, verwundet, fast allein noch eine Weile den aussichtslosen Kampf aus. Niemand hörte mehr auf seine Worte. Alles war schon rettungslos verloren. Die Türken waren bereits an einem andern Ende der Stadt ins Innere eingedrungen. Eine Prophezeiung besagte, daß der Feind einst durch das Xylokerkos-Tor (heute Belgrad Qapu) einfallen werde, weshalb man es sorgfältig verrammelte, es aber tags zuvor zum Zweck eines Ausfalls wieder öffnete. Durch diese Pforte drangen fünfzig Türken ein und griffen die Verteidiger im Rücken an. Neuer Schrecken griff um sich, als wirre Gerüchte über die schon erfolgte Einnahme vom Hafen her drangen, in den gelichteten Reihen um Kaiser Konstantin. Als er erkannte, daß gegen die Übermacht des Gegners weiterer Widerstand unmöglich sei, warf er sich den andringenden Osmanen entgegen. Von den Seinigen verlassen, brach er in die Worte aus: ›Ist denn kein Christ da, der mir den Kopf nehme?‹ Rief's und fiel unter den Schwertstreichen zweier Türken, deren einer ihm ins Gesicht, deren andrer vom Rücken auf ihn einhieb.

So endete der Letzte der Kaiser von Byzanz, kämpfend und wie ein einfacher Krieger fechtend.

Maximilien de Robespierre

»Ich bin gegen die Todesstrafe!«: Plädoyer für die Hinrichtung Ludwigs XVI.

Mitbürger!

Die Versammlung ist, ohne es zu merken, weit von der eigentlichen Frage abgelenkt worden. Hier ist doch kein Prozeß zu führen! Ludwig ist kein Angeklagter, ihr seid keine Richter. Ihr seid Männer des Staates, Vertreter der Nation, und nichts anderes könnt ihr sein. Ihr habt kein Urteil für oder gegen einen Menschen, sondern eine Maßnahme für das Gemeinwohl durchzuführen, eine Tat zur Rettung der Nation zu vollbringen. In der Republik ist ein abgesetzter König nur zu zweierlei zu verwenden: entweder die Ruhe des Staates zu stören und die Freiheit zu erschüttern oder beide zu befestigen, und dem letzteren, davon bin ich überzeugt, steht die Art, wie ihr bisher darüber beraten habt, geradewegs entgegen.

Was verlangt denn eine gesunde Politik, um die entstehende Republik fest zu gründen? Die Verachtung des Königtums tief in die Herzen einzuprägen und alle Anhänger des Königs mit Entsetzen zu schlagen. Wenn man also der Welt seine Verbrechen als etwas Fragliches und seinen Fall als Gegenstand für die gewichtigste, ernsthafteste, schwierigste Erörterung darstellt, mit der sich die Vertreter des französischen Volkes beschäftigen können, wenn man einen unendlich großen Unterschied macht zwischen der bloßen Erinnerung an das, was er war, und der Würde eines einfachen Bürgers, so hat man genau das Verfahren entdeckt, wie man ihn der Freiheit nach wie vor gefährlich machen kann.

Ludwig *war* König, und die Republik *ist* gegründet. Die viel umstrittene Frage, die euch beschäftigt, ist allein mit diesen Worten schon entschieden. Ludwig klagte das französische Volk als Rebellen an; um es zu bestrafen, hat er die Heere der Tyrannen, seiner Mitbrüder, ins Land geholt. Der Sieg und das Volk haben entschieden, daß er, nur er der Rebell war; Ludwig kann also nicht mehr gerichtet werden, er ist schon gerichtet.

Er ist schuldig gesprochen, oder die Republik ist nicht gerechtfertigt. Jeder Vorschlag, Ludwig XVI. in irgendeiner Form den Prozeß zu machen, ist ein Rückfall in die königliche oder konstitutionelle Despotie, ist ein gegenrevolutionärer Gedanke, weil damit die Revolution selbst in Frage gestellt würde. Tatsächlich: Ludwig zum Gegenstand eines Gerichtsverfahrens machen, heißt, er könnte auch freigesprochen werden, könnte auch unschuldig sein. Besser gesagt: Er hat bis zum Urteil als unschuldig zu gelten. Nur, wenn Ludwig freigesprochen werden, als unschuldig gelten darf, was wird dann aus der Revolution? Ist er unschuldig, so sind alle Verteidiger der Freiheit Verleumder. Alle Rebellen gegen die neue Ordnung wären Freunde der Wahrheit und Verteidiger der unterdrückten Unschuld, alle Manifeste der fremden Höfe rechtmäßige Beschwerden gegen eine gewaltsam herrschende Partei. Selbst die Haft, in der sich Ludwig bis zu diesem Augenblick befindet, wäre dann eine ungerechtfertigte Mißhandlung; die Föderierten, das Volk von Paris, alle Patrioten des französischen Reiches hätten sich schuldig gemacht, und der große Prozeß, der vor dem Tribunal der Natur zwischen Verbrechen und Tugend, zwischen Freiheit und Tyrannei anhängig ist, wäre endlich zugunsten des Verbrechens und der Tyrannei entschieden!

Mitbürger, seht euch vor, ihr befindet euch in einer Begriffsverwirrung; ihr verwechselt die Vorschriften des bürgerlichen und positiven Rechts mit den Grundsätzen des Völkerrechts; ihr verwechselt die Beziehungen der Bürger untereinander mit den Beziehungen zwischen den Nationen und einem gegen sie verschworenen Feind, und ihr verwechselt ferner die Situation eines Volkes in der Revolution mit der Lage eines Volkes mit stabiler Regierung. (...)

Völker richten nicht wie Gerichtshöfe. Sie fällen keinen komplizierten Spruch, sie schleudern den Blitz. Sie verurteilen die Könige nicht, sie stoßen sie ins Nichts zurück. Und diese Justiz ist gewiß so gut wie die der Gerichte. Wenn die Völker für ihr Heil gegen ihre Unterdrücker zu den Waffen greifen, wie könnte man von ihnen verlangen, daß sie zu deren Bestrafung eine Form wählen, die sie selber in Gefahr brächte?

Wir haben uns zum Irrtum verleiten lassen durch Beispiele

aus anderen Ländern, die nichts mit unserem Fall zu tun haben. Daß Cromwell Karl I. durch einen Gerichtshof, der ihm zu Diensten stand, richten ließ; daß Elisabeth auf die gleiche Art Maria Stuart verurteilen ließ, ist doch nur natürlich: Tyrannen, die ihresgleichen nicht dem Volk, sondern dem eigenen Ehrgeiz zum Opfer bringen, werden sich bemühen, die Meinung des großen Haufens durch trügerische Formen zu täuschen. Da geht es nicht um Grundsätze und nicht um Freiheit, sondern um Schurkerei und Intrigen. Aber das Volk! Welchem Gesetz könnte es sonst folgen als der auf seine Allmacht gestützten Gerechtigkeit und Vernunft? (...)

Gerechter Himmel! All die wilden Horden der Despotie sind drauf und dran, den Busen unseres Vaterlandes im Namen Ludwigs XVI. von neuem zu zerfleischen. Ludwig kämpft weiter gegen uns aus der Tiefe seines Kerkers. Und da wird noch gezweifelt, ob er schuldig ist, ob man ihn als Feind behandeln darf, und man fragt sich, welche Gesetze ihn denn verdammen. Man beruft sich zu seinen Gunsten auf die Verfassung. Ich denke nicht daran, hier die unwiderleglichen Argumente derer zu wiederholen, die sich dazu herabgelassen haben, solche Einwände zu entkräften. Ich will nur ein Wort dazu sagen, und zwar wende ich mich an die Männer, die sich noch nicht haben überzeugen lassen. Nach der Verfassung war alles verboten, was ihr getan habt. Wenn er mit Absetzung förmlich bestraft werden mußte, durftet ihr sie nicht ohne vorherige gerichtliche Untersuchung aussprechen. Ihr hattet nicht das Recht, ihn im Gefängnis zu behalten, er dagegen hat das Recht, seine Freilassung und Haftentschädigung zu verlangen. Die Verfassung verurteilt euch! Werft euch Ludwig zu Füßen und fleht um seine Gnade. Ich würde erröten, wenn ich im Ernst auf diese verfassungsrechtlichen Haarspaltereien eingehen wollte. Ich verweise sie auf die Bänke von Schule oder Justizpalast oder vielmehr in die Kabinette von London, Wien und Berlin. Ich bringe es nicht über mich, lange zu erörtern, wo ich überzeugt bin, daß Wortklauberei ein Skandal wäre.

Das sei eine bedeutende Sache, hat man gesagt, die mit weiser, bedächtiger Umsicht zu behandeln sei. Ihr macht erst eine bedeutende Sache daraus! Was sage ich? Ihr macht überhaupt erst eine Sache daraus. Denn was ist schon Bedeutendes daran? Die Schwierigkeit des Sachverhalts? Nein. Die Person? In den Augen der Freiheit gibt es keine schädlichere, in den Augen der Menschlichkeit keine schuldigere. Sie kann allenfalls denen imponieren, die noch feiger sind als sie. Ist es die Wirkung des Ergebnisses? Sie wäre ein Grund mehr zur Eile. Ein Gesetzentwurf fürs Volk, das ist eine bedeutende Sache, ein von der Despotie unterdrückter Unglücklicher, das ist eine bedeutende Sache. Warum denn dieses ewige Hinausschieben, das ihr uns empfehlt? Habt ihr Angst, die Volksmeinung zu verletzen? Als fürchte das Volk irgend etwas mehr als die Schwäche oder den persönlichen Ehrgeiz seiner Vertreter! Als wäre das Volk eine Masse nichtswürdiger Sklaven, die töricht festhalten an einem einfältigen Tyrannen, nachdem es ihn schon geächtet hat! Als wollte es sich um jeden Preis in Unterwürfigkeit und Knechtschaft suhlen! Ihr sprecht von der öffentlichen Meinung; ist es nicht eure Sache, sie zu lenken und zu stärken? Wenn sie in die Irre geht, wenn sie herunterkommt, bei wem liegt denn die Schuld, wenn nicht bei euch selbst? Habt ihr Angst vor dem Unmut der gegen uns verbündeten Könige des Auslands? Ja, gewiß doch, das Mittel zum Sieg ist es, sich furchtsam zu zeigen; das Mittel zum Zerschlagen der verbrecherischen Verschwörung der Despoten Europas ist es, ihren Komplizen zu schonen. Habt ihr Angst vor den anderen Völkern? Ihr glaubt demnach noch an die angeborene Liebe zur Tyrannei. Warum strebt ihr denn überhaupt nach dem Ruhm, das Menschengeschlecht zu befreien? Welcher Widersinn macht euch glauben, daß die Nationen, die von der Verkündung der Menschenrechte unbeeindruckt geblieben sind, sich von der Bestrafung eines ihrer grausamsten Unterdrücker erschrecken lassen werden? Und schließlich habt ihr Angst, hört man, vor dem Blick der Nachwelt. Ja, die Nachwelt wird tatsächlich höchst erstaunt sein über euren Wankelmut und eure Schwäche, und unsere Nachkommen werden über den Dünkel und die gleichzeitigen Vorurteile ihrer Väter lachen. (...)

Eine weitere Schwierigkeit: Zu welcher Strafe sollen wir Ludwig verurteilen? Die Todesstrafe ist zu schrecklich! Nein, sagt ein anderer, das Leben ist noch schrecklicher; ich verlange, daß er weiterlebt. Verteidiger des Königs, handelt ihr aus Mitleid oder Grausamkeit, indem ihr ihn der Strafe für seine Verbrechen entziehen wollt? Ich für mein Teil verabscheue die Todesstrafe, mit der eure Gesetze so verschwenderisch umgehen, und für Ludwig empfinde ich weder Liebe noch Haß: ich hasse nur seine Untaten. Ich habe in der Versammlung, die ihr noch die verfassunggebende nennt, die Abschaffung der Todesstrafe beantragt, und es ist nicht meine Schuld, daß die ersten Grundsätze der Vernunft dieser Versammlung als moralische und politische Ketzereien galten. Aber wenn ihr nicht einmal auf den Gedanken gekommen seid, die Beachtung dieser Grundsätze für die vielen Unglücklichen zu fordern, deren Vergehen weniger ihnen selbst als der Regierung anzulasten sind, welcher Unstern läßt euch gerade dann daran denken, wenn ihr die Sache des größten aller Verbrecher vertretet? Ihr verlangt eine Ausnahme von der Todesstrafe ausgerechnet für den, der sie überhaupt rechtfertigen kann? Ja, die Todesstrafe als solche ist ein Verbrechen, und aus eben diesem Grund kann sie nach den unvergänglichen Grundsätzen der Natur nur in solchen Fällen gerechtfertigt sein, bei denen es um die Sicherheit der einzelnen oder des Staates geht. Dagegen wird die öffentliche Sicherheit sie niemals für gewöhnliche Rechtsbrüche erforderlich machen, weil die Gesellschaft diese immer mit anderen Mitteln unterbinden und es dem Täter unmöglich machen kann, ihr weiter zu schaden. Doch ein abgesetzter König im Schoße einer Revolution, die durchaus noch nicht durch Gesetze gefestigt ist; ein König, dessen bloßer Name die Geißel des Krieges auf die gärende Nation zieht – seine Existenz können weder Gefängnis noch Verbannung für das öffentliche Glück unschädlich machen, und diese schreckliche vor der Gerechtigkeit bestehende Ausnahme von den gewöhnlichen Gesetzen ist allein der Art seiner Verbrechen zuzuschreiben. Ich spreche diese unabweisliche Wahrheit mit Bedauern aus. Doch Ludwig muß sterben, weil das Vaterland leben muß.

Alexander Solschenizyn

»Willy« und »Nicky« wollen den Krieg verhindern: Der Vorabend des Ersten Weltkrieges

Und plötzlich das erlösende Telegramm, natürlich von dem teuren Willy! Ihre Schreiben hatten sich wieder gekreuzt, dies war seine Antwort auf das vorletzte. Aber selbstverständlich! Selbstverständlich teile er seinen Wunsch, den Frieden zu erhalten! Selbstverständlich könne Rußland in der Rolle eines Zuschauers verharren, ohne Europa in den entsetzlichsten Krieg, den es je gegeben hätte, zu verwickeln. Eine direkte Verständigung zwischen Petersburg und Wien halte er für möglich und wünschenswert, und er setze seine Bemühungen fort, diesen Kontakt zu fördern. Aber ebenso selbstverständlich würde jede militärische Maßnahme Rußlands ihn bei seinen Vermittlungsbemühungen hindern und die Katastrophe beschleunigen.

Ach, Gott sei gedankt! Welche Erleichterung, alles kann noch gerettet werden! Aber vielleicht haben sie bereits alles in Gang gesetzt? Nein, sie brauchen noch die Unterschriften der Minister und die Sanktion des Senats, das wird sie aufhalten.

Um zehn Uhr abends ging Nikolaj schon wieder hinunter in das Zimmer des Kammerdieners und ließ sich mit dem Kriegsministerium und dem Generalstab verbinden. Und das metallene Rohr begann mit einer heiseren Stimme, die mit dem bewundernswerten Samt Januschkewitschs nichts gemein hatte, nicht einmal seine entgegenkommende Art, hartnäckig zu widersprechen: Daß eine Mobilmachung keine Kutsche wäre, die man nach Wunsch bald zum Stehen, bald zum Fahren bringen könnte, daß der Stabschef unter keinen Umständen die Verantwortung für eine derartige Maßnahme übernehmen würde, daß...

»Dann werde ich die Verantwortung übernehmen!« rief Nikolaj.

...daß möglicherweise nichts mehr rückgängig zu machen

sei, weil die Militärbezirke die Telegramme bereits erhalten haben müßten.

»Aber wie ist das möglich? Wann wurden sie denn aufgegeben? Und die Unterschriften der Minister?«

Er hatte sie doch unmöglich innerhalb der letzten eineinhalb Stunden einholen können?!... Das Rohr gestand widerwillig und hüstelnd, daß die Unterschriften aller Minister im Laufe des Tages als vorbeugende Maßnahme bereits gesammelt worden waren. Daß Paris und London durch Sasonow über unsere Generalmobilmachung unterrichtet worden seien. Daß im gegenwärtigen Augenblick, jetzt, die letzten Telegramme in die Militärbezirke abgingen. Ein Rückzug sei jetzt ein Ding der Unmöglichkeit.

Aufhalten! Aufhalten! Gott sei Dank ist er nicht ein gewählter, an Händen und Füßen gebundener Präsident, sondern ein Monarch in seinem eigenen Vaterland! Aufhalten! Höchstens Teilmobilmachung – weitere Erklärungen verbat sich der Zar.

Und wieder spürte er augenblicklich eine Erleichterung!

Es war eine ruhige, sternklare Nacht. Die See war so ruhig, daß man nicht das leiseste Plätschern hörte.

Aber bevor er nun erleichtert einschlafen konnte, wollte er eine angenehme Pflicht erfüllen und Willys Telegramm beantworten. Ihm von Herzen für seine prompten Antworten danken. Die militärischen Maßnahmen können kein Hindernis sein, sie wurden bereits vor fünf Tagen beschlossen, nur zur eigenen Verteidigung. Von ganzem Herzen hofft er auf Willys Vermittlung. Ach, was sollen diese ewigen Telegramme! Morgen wird ein Generaladjutant mit einem ausführlichen Brief an Willy in Marsch gesetzt.

Der Generaladjutant wurde umgehend für morgen befohlen.

Das chiffrierte Telegramm ging um ein Uhr nach Mitternacht ab. Der schwere Tag des Zaren war zu Ende. (Und erst am nächsten Tag sollte er erfahren, daß genau um diese Zeit der deutsche Botschafter Sasonow telephonisch wecken ließ und ihn um eine sofortige Audienz bat.)

Gott sei Dank, der Morgen des Donnerstag begann ruhig: keine alarmierenden telephonischen Nachrichten. Nur der Marineminister bat um die Genehmigung, Minensperren in der

Ostsee auszulegen – Nikolaj erteilte diese Genehmigung nicht: Diese Maßnahme sollte erst auf ausdrücklichen Befehl erfolgen.

Wenn schon Willy vertrauen – dann bedingungslos vertrauen, man mußte mit dem Risiko leben.

Und dann rief der Agrarminister Kriwoschein an und ersuchte um eine Audienz, völlig zur Unzeit, einfach absurd. (Erst später stellte sich heraus, daß Sasonow dahintersteckte – Kriwoschein sollte gleichfalls um die Generalmobilmachung bitten.) Die Audienz wurde nicht gewährt, der Zar sei beschäftigt.

Nikolaj war in der Tat sehr beschäftigt, aber nicht mit den Reigen unbedeutender, seit langem angemeldeter Besucher, die er gleichsam mechanisch an sich vorbeiziehen ließ: Er wollte nachmittags jenen wichtigen Brief an Wilhelm schreiben, jenen Brief, der noch am selben Tag von dem Generaladjutanten nach Berlin gebracht und die Wolken an ihrem gemeinsamen Horizont endgültig vertreiben sollte.

Er hatte den Brief noch nicht begonnen, als er wieder zum Telephon gerufen wurde. Es waren Suchomolinow und Januschkewitsch aus dem Generalstab: Sie gaben sich nicht zufrieden und baten erneut um die Erlaubnis, die Generalmobilmachung auszurufen. Nikolaj wurde zornig: Eine solche Aufdringlichkeit hatte er noch nie und bei keinem Untergebenen erlebt. Fürchteten sie sich vor der deutschen Gefahr oder wollten sie einfach das eigene Versagen bei der Teilmobilmachung vertuschen? In entschiedenem Ton wies er ihr Ansuchen zurück und brach das Gespräch einfach ab.

Er brach es ab, zögerte aber einen Augenblick, den Hörer aufzulegen. Und Januschkewitsch konnte gerade noch melden, daß Sasonow im Zimmer anwesend sei und um die Erlaubnis bitte, einige Worte zu sagen. Glücklich, wer vermag, einen scharfen Schnitt zu ziehen, sofort und radikal. Nikolaj aber konnte nicht abschneiden, auch nicht, wenn er zornig war. Er schwieg einen Augenblick. Also, Sasonow durfte sprechen.

Sasonow sagte hastig, daß er um eine Audienz bitte, heute, um einen unaufschiebbaren Vortrag zur politischen Lage machen zu dürfen.

An einem solchen Tag den Außenminister nicht zu empfangen, war schlichtweg unmöglich. Wozu hatte man ihn dann überhaupt? Aber um Sasonow zu beschränken, um allem gleichzeitig ein Ende zu setzen, bestellte er ihn auf dieselbe Zeit, wie den Generaladjutanten, der den Brief abholen sollte.

Und dann setzte er sich hin und begann eine Unterhaltung mit Willy. In dem entfesselten Wellengang von Gefahren und Drohungen konnte man sich nur auf die Saite, die zwischen ihren Herzen gespannt war, verlassen. Nikolaj schrieb, ungehindert durch die Fesseln der Telegramm-Sprache und des Code. Natürlich war die Ermordung des Erzherzogs ein entsetzliches Verbrechen. (Was unterscheidet eigentlich diese Terroristen von jenen, die Onkel Sergej, Stolypin, Dutzende von Generalen und Hunderte von Regierungsbeamten in Rußland ermordet haben?) Aber gibt es Beweise, daß die Regierung Serbiens sich daran beteiligt hätte? Wieviele Irrtümer können bei einem Ermittlungsverfahren unterlaufen? Warum weigert sich Österreich, die Ergebnisse der Ermittlung ganz Europa vorzulegen, und schickt statt dessen ein kurzfristiges Ultimatum und eine Kriegserklärung? Serbien war ohnehin zu Konzessionen bereit, die einem souveränen Staat kaum zumutbar sind, aber Österreich wünscht eine Strafexpedition, als wäre es eine Kolonie. Es ist eine sehr schwierige Aufgabe, die militante Stimmung in Rußland zu besänftigen. Und Nikolaj wendet sich an Willy mit der Bitte ...

Gestern abend, als er Willys Telegramm erhielt, und heute beim Aufwachen hatte sich Nikolaj diesen Brief als einen ganz besonders überzeugenden Herzenserguß vorgestellt. Und nun – nach den nichtssagenden Empfängen, Telephongesprächen, nach dem Frühstück – war die ursprüngliche Frische verlorengegangen, und die richtigen Worte stellten sich nicht mehr ein. Und es war kaum zu hoffen, daß dieser Brief, der Wilhelm zwei Tage später erreichen würde, den Gang der europäischen Ereignisse entscheidend beeinflussen könnte.

Inzwischen war der Generalmajor eingetroffen, um ihn abzuholen. Gleichzeitig Sasonow.

Sie wurden gemeinsam vorgelassen, wie beabsichtigt. Nikolaj betrachtete mißgestimmt den ältlichen Sasonow mit seinem beinahe kahlen, nur von einem wolligen Halbmond geschmückten Schädel, dem unangenehmen, verkniffenen und im Augenblick von einem lästigen neuralgischen Leiden gezeichneten Gesicht. Und in seiner Nervosität setzte sich Sasonow über die Etikette und den ungünstigen Eindruck, den er machte, hinweg und begann eine erregte, ununterbrochene lange Rede. Hin und wieder, das mußte man zugeben, fielen erschütternde Sätze. Die tragische Stunde, die das Schicksal Rußlands und das Schicksal der Dynastie bestimme, sei gekommen. Wir dürften unter keinen Umständen plötzlich unsere slawische Politik aufgeben. Der Krieg, der schon lange heranreife, sei jetzt unvermeidbar. Er sei von Wien bereits genau geplant und sogar schon eingeleitet, und in Berlin weigere man sich, ein Wort der Mäßigung auszusprechen – vielmehr verlange man von uns abermals eine Kapitulation, man verlange abermals von uns, unseren Namen mit Schande zu bedecken, was das künftige Rußland seinem Zaren niemals verzeihen werde. Die Diplomatie habe ihre Rolle ausgespielt. Es sei völlig eindeutig, daß Deutschland alles auf einen Konflikt angelegt habe, und die Sicherheit des Staates verlange, gerüstet dazustehen. Das Gebot der Stunde heiße Generalmobilmachung, später würde sie zwecklos sein, Rußland würde in eine Katastrophe hineintaumeln und den Krieg verlieren, bevor es den Säbel aus der Scheide gezogen hätte. Es sei ungleich günstiger, bis an die Zähne gerüstet dazustehen – wir wollen ja keinen Krieg! –, als aus Angst vor dem Krieg sich unvorbereitet überraschen zu lassen. Wir könnten ja außerdem die allgemeine Mobilmachung in aller Stille durchführen, niemand in Europa würde etwas merken.

Nikolaj begann, im Zimmer auf und ab zu laufen, er lief, als sei er verwundet, und konnte kaum noch verbergen, daß er die Hände rang. Er fühlte sich gequält, gespalten, zerrissen. Er mußte sofort, sofort die schwerwiegendste Entscheidung treffen – und kein Anwesender, kein Abwesender, niemand auf der Welt konnte ihm raten, die Stimme Gottes aber ließ sich nicht deutlich vernehmen. Wie viele Minister, Generale, Großfürsten, Staatssekretäre scharten sich um ihn, aber er war immer dazu verurteilt, ganz allein zu entscheiden, mit einer schwankenden, gemarterten Seele. Ihm fehlte ein einziger, fester, kluger, überragender Mann, der die Verantwortung auf sich genommen und die Entscheidung gefällt, nein, auf der Stelle verwirklicht hätte: So und nicht anders!

Stolypin! Er war dieser Mann gewesen. Er war es, der ihm jetzt fehlte, hier, in diesem Augenblick – Stolypin!...

Was ist an dieser bedrückenden Situation so besonders heikel? Wenn Deutschland uns hintergeht, dann müssen wir Federn lassen. Stimmt. (Obwohl wir angesichts unserer unermeßlichen Grenzen nicht besonders darunter leiden würden, es ginge höchstens um einen schmalen Streifen!) Und wenn Deutschland aufrichtig ist – dann werden wir durch diesen Schritt einen Krieg provozieren, dessen Ausmaße sich der menschliche Verstand gar nicht vorstellen kann...

Generalmajor Jatischtschew, der die ganze Zeit den leidenden Zaren schweigend beobachtet hatte, seufzte mitfühlend: »Ja, eine schwere Entscheidung...«

Nikolaj zuckte zusammen, als sei ein bloßliegender Nerv von einem Hieb getroffen, und fiel ihm gereizt ins Wort: »Die Entscheidung treffe ich.«

Ach ja, wandte er sich an Sasonow, was ist eigentlich mit Ihrem England? Was hätte es England gekostet, in diesen Tagen eine unmißverständliche Erklärung abzugeben? Und das Problem wäre gelöst.

Ach ja, erinnerte sich Sasonow, als er aufbrach, um hierher zu fahren, traf eine neue Meldung ein: Vor wenigen Stunden ist die deutsche Flotte von Kiel aus in die Ostsee ausgelaufen – offenbar zum Überraschungsangriff!

Wie?? Und der Zar hatte den Minensperrgürtel untersagt!

Es war, als risse die letzte überspannte Saite! Die Lehre von Port Arthur durfte nicht vergessen werden: »Gut, Sie haben mich überzeugt. Aber es wird der schwerste Tag meines Lebens bleiben.«

Und schon spürte er Erleichterung.

Wie immer, wenn er nachgab.

Wenn er sich von der Entscheidung befreit hatte.

Sasonow erbat die Allerhöchste Genehmigung, unverzüglich telephonisch Januschkewitsch zu benachrichtigen, daß die allgemeine Mobilmachung heute noch ab Mitternacht erklärt werde.

Bitte.

Und der Tag war so mild. Die See leuchtete so freundlich – war es denn möglich, daß sie an einer anderen Stelle von dem deutschen Geschwader aufgewühlt wurde, das in aller Heimlichkeit ein neues Port Arthur ansteuerte?

Stimmte denn das wirklich? Die Meldungen konnten auch falsch sein.

Er ging hinaus und badete. Mit Genuß.

Aber die Erleichterung nach dem Nachgeben und die Erleichterung nach dem Bad verflüchtigten sich zu rasch. Und Kopf und Herz spürten von neuem den Druck.

War das vielleicht eine böse Ahnung? Um sechs brachte man ein Telegramm von Wilhelm.

Darin war keine Spur von Freundlichkeit. Ausgeschlossen, daß die Demarche meines Botschafters dem Inhalt meines Telegramms widersprach. Deine Mobilmachung wird gefährliche, ernsthafte Folgen nach sich ziehen, denn Österreich hat nur eine Teilmobilmachung verhängt. Die Verantwortung fällt jetzt mit aller Schwere auf Dich, und es steht allein in Deiner Macht, über Krieg und Frieden zu entscheiden.

O mein Gott, diese Bedrängnis, diese Pein! O mein Gott, wie schrecklich ist das alles! Hilf mir, diese unmenschliche Last zu tragen!

Die erste Regung – Januschkewitsch anrufen und alles rückgängig machen.

Aber er schämte sich vor den eigenen Untergebenen.

Nikolaj sah Wilhelm vor sich – seinen glühenden Blick, seine lebhafte, leidenschaftliche Art zu sprechen, er versuchte, ihn sich als erklärten Feind vorzustellen, aber das gelang ihm nicht: Er hatte sich in zwanzig Jahren kein einziges Mal feindselig gezeigt, das alles war ein unheimliches Mißverständnis, eine fatale Unklarheit, wie am 8. (21.) Januar 1905: das Volk sei aufzuhalten, aber ohne daß jemand sagte, *wie* das geschehen sollte.

Und dann, wie eine Erleuchtung: O Willy, laß uns aufwachen! Was tun wir eigentlich? Wir bereiten beide unserem Thron den Untergang.

Aber ein Anruf und ein Rückzug wären peinlich gewesen. (Er wußte nicht, daß nach dem letzten Gespräch der Telephonapparat von Januschkewitsch vierundzwanzig Stunden lang defekt sein sollte.)

Aber andererseits – er hatte schon so viele und so demütigende Konzessionen an Österreich gemacht – er mußte doch einmal die Monotonie durchbrechen und Härte zeigen! Jetzt konnte er härter auftreten, jetzt, da die Dämonen der Revolution für immer aus Rußland vertrieben waren.

Aber Sasonow hatte doch versprochen, die Mobilmachung unauffällig durchzuführen? Seit dem Morgen des 18. (31.) Juli hingen in allen Straßen von Petersburg die aus irgendeinem Grunde roten Plakate – waren sie bereits von dem künftig vergossenen Blut durchtränkt? Oder hatte sich die rote Fahne in das Lager des Zaren eingeschlichen? Sie fielen allen Ausländern auf, die rote Farbe wirkte irgendwie besonders alarmierend. Der deutsche Botschafter, anschließend der österreichische, eilten zu Sasonow – die Gespräche wurden dem Zaren umgehend telephonisch gemeldet. Dem Deutschen versicherte Sasonow, daß von russischer Seite nichts Irreparables geschehen werde, und dieser legte ein Schreiben vor, aus dem hervorging, daß Deutschland vermittelnde Schritte unternehme, daß Österreich die Unantastbarkeit Serbiens anerkennen wolle, daß Rußland aber die Lokalisierung des Konflikts garantieren müsse.

Lokalisierung? Das heißt also, Serbien fremder Gewalt einfach ausliefern?

Aber vielleicht ist es immer noch möglich, alles mit Gottes Hilfe beizulegen? Ach, wäre es doch so! O Herr! Was für ein Jammer – warum hatte er sich nicht auf eine Teilmobilmachung beschränkt? Sie waren darauf nicht vorbereitet, diese unnützen Knechte. Oh, wenn nur alles gutging!

Der österreichische Botschafter hatte seine Bereitschaft bekundet, mit Rußland direkt über das Ultimatum zu verhandeln.

Man hätte diese Verhandlung aufnehmen müssen! Aber Sasonow verwies Österreich – man kann seinen Helfern nicht den eigenen Kopf auf die Schultern setzen, man kann nicht überall dabei sein! – mit den Verhandlungen an London. Und forderte die Einstellung der Kampfhandlungen (das war richtig, Österreich führte einstweilen allein Krieg).

Es war ein drückender, grauer Tag, und die Stimmung war ebenso drückend und friedhofsmäßig. Ihn plagte die Reue: Warum nur hatte er die allgemeine Mobilmachung bewilligt?? Freilich, die Geschichte kennt Beispiele auch der Demobilisierung, nicht jede Mobilmachung endet notwendig mit Krieg.

Um elf versammelten sich alle Minister zu einer Besprechung in Peterhof. Es sollte der Höchstkommandierende bestimmt werden. Wer könnte es denn anders sein, wenn nicht der Zar selbst, der sein ganzes Leben lang bloß ein Gefangener unter Zivilisten und nur bei Paraden, Inspektionen, Manövern, im Offizierskasino glücklich und frei war? Er hatte längst beschlossen, sich an die Spitze der Truppen zu stellen, und jetzt sollte nur beraten werden, wie ohne ihn die Regierungsgeschäfte weiterzuführen seien. Aber nein! Neue Widerstände! Alle Minister und sogar Goremykin widersetzen sich ihm einmütig: Es durfte nicht sein, daß ein Schatten von militärischem Mißgeschick auf den Zaren falle. Und als Beispiel wurde angeführt, daß Alexander I. sich aus dem Feld zurückgezogen und Alexander II. den Oberbefehl abgelehnt hätte.

Es schien, daß alles von seinem eigenen Entschluß abhinge – und schon wieder konnte er sich der Ministerrunde gegenüber nicht behaupten. Aber wie leid tat es ihm, seinen Traum aufgeben zu müssen...

In diesem Augenblick wurde Sasonow von dem deutschen Botschafter ans Telephon gebeten. Ein Hoffnungsschimmer!

Sofort, mitten in der Sitzung, entwarf Nikolaj wie erleuchtet ein weiteres Telegramm an Wilhelm – was alles erklärt und korrigiert werden müßte. Dank für die Vermittlung, die eine Hoffnung auf einen friedlichen Ausgang zu wecken beginnt. Unsere militärischen Vorbereitungen können aus technischen Gründen nicht mehr eingestellt werden, aber es liegt uns fern, einen Krieg zu wünschen! Meine Truppen werden keinerlei herausfordernde Handlung unternehmen, darauf gebe ich Dir mein Ehrenwort! Ich setze mein ganzes Vertrauen in Gottes Gnade. Dein treuer...

Und ließ es chiffrieren.

Und empfing sehr freundlich den deutschen Botschafter Graf Pourtalès. Wenn sie beide in diesem Augenblick über Krieg oder Frieden zu entscheiden hätten – sie würden sich für den Frieden entscheiden.

Graf Pourtalès war durch den bedrohlichen Lauf der Ereignisse stark angegriffen. Er beschwor den Zaren, die Mobilmachung einzustellen und den Vermittlungsversuchen von Kaiser Wilhelm Zeit zu lassen.

Aber lieber Graf, Sie sind doch Offizier, von wem und auf welche Weise könnte die angelaufene Maschine einer Mobilmachung angehalten werden?

Nach dieser Audienz fühlte er sich noch elender und hoffnungsloser. Wie wartete er auf eine Antwort von Wilhelm!

Er machte einen Spaziergang mit den Töchtern. Las mit großer Willensanstrengung in den Papieren.

Unter der Post waren zwei Briefe, die ihn in der tiefsten Seele berührten und überraschten. Der eine von dem verletzten Grigorij aus Sibirien, er beschwor ihn, keinen Krieg anzufangen, und prophezeite Unheil. Der andere enthielt nur drei Worte: »Fürchtet Gott! Mutter.«

Sie schlugen ein wie ein Blitz. Aber was konnte er tun?...

Und da brachte man ihm Wilhelms Telegramm. Aber ihre Telegramme hatten sich wieder gekreuzt. Sie beide reagierten nicht mehr rechtzeitig. Sie hörten einander nicht mehr, wie sie zwanzig Jahre lang einander gehört hatten...

Wilhelm schrieb, daß die russische Mobilmachung seine Vermittlertätigkeit fast illusorisch mache. Daß seine Freundschaft für Nikolaj und sein Reich, ein Vermächtnis seines Großvaters auf dem Sterbebett, ihm immer heilig gewesen sei, daß aber jetzt die Verantwortung für das über die ganze zivilisierte Welt hereinbrechende Unheil nicht auf sein Haupt falle. Nikolaj jedoch habe immer noch die Macht, alles abzuwenden – wenn Rußland die militärischen Maßnahmen einstelle.

Aber Nikolaj sah nicht – wie.

Ein Abgrund tat sich auf, unaufhaltsam, unbeeinflußbar – und sie standen auf den sich gegenüberliegenden Steilhängen.

Er blieb lange sitzen, den Kopf über das Telegramm gebeugt

und beweinte einsam das Ende ihrer Freundschaft. Er konnte nicht mehr unterscheiden, wer die größte Schuld an diesem Ende trug.

Und abends traf die Meldung unseres Botschafters aus Berlin ein, daß Wilhelm eine Stunde, nachdem er dieses Telegramm abgeschickt hatte, feierlich durch seine Hauptstadt gezogen sei und vom Balkon verkündet habe, er werde zu einem Krieg gezwungen. Auf den Straßen würden bereits Flugblätter mit dem deutschen Ultimatum an Rußland verteilt. Nachdem Nikolaj vergeblich auf dieses Ultimatum gewartet hatte, ging er zu Bett.

Pourtalès überreichte Sasonow das Ultimatum um Mitternacht, Rußland wurde eine Frist von nur zwölf Stunden gesetzt bis Sonnabendmittag, um seine militärischen Maßnahmen einzustellen.

Am selben Abend traf die Nachricht von der Generalmobilmachung Österreichs ein, die zur gleichen Stunde ausgerufen worden war wie die unsere.

Am Morgen des 19. Juli (1. August), einem Sonnabend, erwachte Nikolaj voller Sorge, daß der Krieg bereits begonnen haben könnte. Nein, er hatte noch nicht begonnen.

Dann bestand also noch Hoffnung?

Es war der Jahrestag der Heiligsprechung Serafims von Sarow. Jedesmal, wenn er an diesen Tag zurückdachte, kamen ihm die Tränen.

Dann begann der Reigen der alltäglichen, schon seit langem feststehenden Routinevorträge, als würde nicht irgendwo auf der Welt etwas Gewaltiges geschehen – aber ihm fehlte die Kraft, abzubrechen und den Kopf frei zu bekommen.

Er bot Suchomlinow den Posten des Höchstkommandierenden an. Überraschenderweise lehnte er ab, empfahl aber dringend, Januschkewitsch zum Chef des Stabes der Obersten Heeresleitung zu ernennen.

Darauf erging die Ernennung an Nikolascha. Dieser nahm an, von Stolz erfüllt.

Nikolaj aber verzichtete mit Tränen in den Augen. Nikolaschas Ernennung sollte nur vorübergehend gelten, selbstverständlich würde er sich später persönlich ins Feld begeben.

Das deutsche Ultimatum war abgelaufen. Und nun verstrich eine Stunde nach der anderen. Aber es geschah nichts.

Es mußte noch ein Versuch unternommen werden, noch einer!

Und er setzte das nächste Telegramm an Willy auf. Verstehe, daß Du gezwungen bist, mobil zu machen, aber wünsche von Dir das gleiche Versprechen zu erhalten, daß diese Maßnahmen nicht Krieg bedeuten und wir weiter verhandeln werden. Unserer langbewährten Freundschaft muß es mit Gottes Hilfe gelingen, Blutvergießen zu vermeiden! Voll Vertrauen erwarte ich mit Spannung Deine Antwort.

Man muß beten! Der Herr ist gnädig, er wird richten.

Er fuhr mit Alix zum Kloster Diwejewo.

Ging mit den Kinder spazieren.

Und dann war schon Zeit zur Abendmesse. Sie fuhren zum Gottesdienst und beteten abermals.

Er kehrte beruhigt und entspannt zurück.

Und da – ein Anruf Sasonows: Deutschland hat uns den Krieg erklärt! Graf Pourtalès war bei ihm gewesen.

So hatte es sich abgespielt: Der alte Herr erschien und fragte tief erregt, ob die Regierung Seiner Majestät eine günstige Antwort auf das Ultimatum zu geben imstande sei. Sasonow antwortete, die allgemeine Mobilmachung könne nicht mehr rückgängig gemacht werden. Graf Pourtalès, immer erregter, zog ein gefaltetes Blatt aus der Tasche und wiederholte die Frage, als habe er die Antwort überhört. Sasonow wiederholte erstaunt seine Antwort. Pourtalès, wie von Sinnen, stellte, das Blatt in der zitternden Hand, dieselbe Frage zum dritten Mal. Erst nach der dritten Antwort Sasonows hielt er ihm, nach Luft ringend, die Note mit der Kriegserklärung entgegen, trat an das Fenster, griff mit den Händen an den Kopf und schluchzte: »Ich hätte niemals geglaubt, daß ich Petersburg unter solchen Umständen verlassen müßte.« Er umarmte den Minister und bat ihn, da er selber keines klaren Gedankens mehr fähig sei, der deutschen Botschaft die nötigen Anordnungen zu geben.

Nikolaj standen die Tränen in den Augen. Eine Familie schien zu zerbrechen.

Aber man mußte weiterleben. Man dinierte. Um elf Uhr

abends empfing er den englischen Botschafter und setzte mit ihm zusammen ein Telegramm an den englischen König auf.

Das war die Gründung einer neuen Familie.

Er fühlte sich richtig krank. Um zwei Uhr nachts beschloß er, ein Bad zu nehmen, aber der Kammerdiener klopfte an die Tür des Badezimmers: »Sehr, sehr eilig, ein Telegramm von Seiner Majestät Kaiser Wilhelm!!!«

Was konnte das noch sein? Was gab es noch zu sagen? Seine Hände zitterten. Ohne Datum, Potsdam, zehn Uhr abends. Wilhelm hofft, daß die russischen Truppen seine Grenzen nicht verletzen werden?!

Was ist das?! Wie soll er das verstehen?! Dann gibt es also noch eine Hoffnung??

Aber was kann es für eine Hoffnung geben, wenn Wilhelm selbst vorhin, an diesem Abend, Rußland den Krieg erklärt hat?

Oder hat Willy es sich anders überlegt? Dann kann noch alles gerettet werden? Oh, es gibt doch Wunder! Oh, unsere Gebete an Serafim von Sarow sind erhört!

Anruf bei Sasonow. Anruf Sasonows bei Pourtalès.

Die Zeit verstrich – Nikolaj, rasend vor Erregung, allein, ohne seine Frau zu wecken, rang die Hände und betete. Bei Wilhelm regte sich das Gewissen. Er sah nun ein, in welches Elend er ganz Europa beinahe gestürzt hätte!

Ein Anruf Sasonows. Er ging hinunter zum Kammerdiener. Graf Pourtalès sagt: Er weiß nichts Neues und hat keine neuen Instruktionen. Graf Pourtalès nimmt an, das Telegramm sei vom Vortage und habe sich verspätet.

Armes Herz!

Ist das denn möglich: Von Kaiser zu Kaiser vierundzwanzig Stunden unterwegs, ausgerechnet in diesem Augenblick? Nein, sagte das Herz: Das war schon ein Telegramm von heute abend. Er wollte ihn also in die Irre führen? Zeit für seine Truppen gewinnen? Vielleicht würde Nikolaj wieder schwankend werden? Im letzten Augenblick einen erbärmlichen, lächerlichen Rückzieher machen?

In diesem Augenblick genas Nikolaj von seiner Freundschaft mit Wilhelm. Alles erlosch. Er fiel ins Bett und schlief ein.

Am Sonntagmorgen erwachte er mit dem Gefühl eines Genesenden. Er hatte sich für einen Weg entschieden, und er mußte diesen Weg gehen, ohne zu verzagen. Verzagtheit ist eine schwere Sünde.

Und überhaupt, er fühlte eine plötzliche Erleichterung. Der Krieg konnte nicht länger als ein Jahr, vielleicht nur ein Vierteljahr dauern. Im Krieg erstarken die Nationalgefühle, und nach diesem Krieg wird Rußland noch mächtiger sein.

Und draußen schien wieder die Sonne. Sein Mut wuchs. Die Zweifel wichen.

Er fuhr mit zweien seiner Töchter zum Gottesdienst. Dort fand er noch mehr Ruhe, noch mehr Festigkeit.

Sie frühstückten allein.

Die Welt um Peterhof war voll unendlicher Ruhe.

Obwohl es Eliastag war, gab es kein Anzeichen eines nahenden Gewitters.

Schon gestern war allen gleichzeitig der Gedanke gekommen, daß der Zar vor dem Volk erscheinen müsse. Das Volk wird wie eine Waise zu dem verlassenen Winterpalais ziehen, und niemand soll ihm entgegentreten?

Mittags fuhren sie über das glitzernde Meer mit der Yacht nach Petersburg und mit dem Kutter bis zum Winterpalais. Im Nikolaj-Saal drängten sich Gardeoffiziere, Hofdamen und Gefolge. Das Manifest wurde verlesen und ein Gottesdienst vor der Ikone der Gottesmutter von Kasan (vor der Kutusow gebetet hatte, bevor er nach Smolensk zog) zelebriert. Der ganze Saal sang: »Errette, Herr« und die Hymne. Man rief »Hurra«, viele weinten.

Und dann trat er mit Alix auf den Balkon zum Schloßplatz hinaus.

Und was dann geschah! Dieser Begeisterungssturm! So weit man sehen konnte, bis zu dem Bogen des Generalstabsgebäudes – ein einziges Meer von Köpfen, Zarenporträts, Flaggen und Kirchenfahnen.

Nikolaj verneigte sich, er verneigte sich nach allen Seiten. Und das Volk, das Volk sang und fiel vor dem Palais auf die Knie.

Jetzt, jetzt stand er vor seinem Volk, über seinem Volk –

segnend, offen und wahrhaft majestätisch – so, wie er es sich immer erträumt hatte – warum nur stand er hier zum erstenmal seit seiner Krönung?

(Und in seinen Gedanken wurde er wieder von Wilhelm eingeholt, aber nicht feindselig. Es sollte so sein, daß jetzt Wilhelms alte Prophezeiung in Erfüllung ging: Tritt auf den Balkon hinaus, und das Volk auf dem Platz wird vor seinem Zaren auf die Knie fallen.)

Warum war er nicht öfter so vor das Volk getreten? Sie sangen Gebete, beteten, verneigten sich, und den blanken Spiegel der Erinnerung kräuselten nur leicht die fatalen Jahre – waren es fünf oder zehn oder fünfzehn? – mit ihren Kümmernissen und Ängsten, die alle, wie man es jetzt sah, nur vorübergehend gewesen waren. Zwanzig Jahre seiner Regierungszeit waren wie verflogen. Er hatte noch keinen Fehler gemacht, er hatte sich noch nie mit seinem Volk überworfen, er war heute der jungfräulich gekrönte Zar, der im Begriff war, eine ruhmreiche Herrschaft anzutreten.

Detlef Graf von Schwerin

Der Staatsstreich: Berlin, 20. Juli 1944

Donnerstag, der 20. Juli, war einer jener trocken-heißen Tage, wie sie so typisch für die Sommer in der Mark sind. Für die meisten der Freunde begann der Tag früh. Gegen 7 Uhr verließen die Brüder Stauffenberg ihre Wohnung, um gemeinsam zum Flughafen Rangsdorf im Süden Berlins zu fahren. Dort erwartete sie bereits der Stauffenberg-Adjutant Werner Haeften und Generalmajor Helmuth Stieff, Chef der Organisationsabteilung im Generalstab des Heeres. Stauffenberg hatte den Sprengstoff in seiner Aktentasche bei sich. Während Claus Stauffenberg, Haeften und Stieff eine planmäßige Kuriermaschine, eine der bewährten Ju 52, bestiegen und nach Rastenburg in Ostpreußen flogen, fuhr Berthold Stauffenberg zu seiner Dienststelle »Koralle«, dem Hauptquartier der Seekriegsleitung in Bernau im Nordosten der Stadt. Schwerin wird seinen üblichen Rhythmus eingehalten haben: Um 6 Uhr Frühstück, dann die einstündige Fahrt von Potsdam in die Berliner Innenstadt, um 9 Uhr Dienstbeginn in der Großadmiral Prinz-Heinrich-Straße. Dort wurde er noch während des Vormittags von Leutnant v. Bülow aufgesucht, der in den letzten Wochen die Verbindung zwischen ihm und den Restbeständen der Division Brandenburg gehalten hatte. Schwerin bat ihn, sofort an seinen Standort Brandenburg an der Havel zurückzufahren und seinen Vorgesetzten v. Normann zu informieren, daß das Attentat heute ausgeführt werde. Es sei die allerletzte Möglichkeit. Als später am Tag das Radio die Attentatsnachricht brachte, alarmierten die beiden Offiziere selbständig ihre Einheit und ließen sie feldmarschmäßig mit scharfer Munition antreten. Der Befehl zum Abmarsch, der nach der Walküre-Planung vermutlich vom Kommandeur des Wehrkreises III hätte erteilt werden müssen, kam jedoch nicht mehr.

Schulenburgs erster Gang führte ihn zu Ola Rüdt, um sich von ihr eine Uniformhose ausbessern zu lassen, dann traf er

Yorck, der direkt vom Bahnhof kam. Gemeinsam gingen sie zu Dr. Isenberg in die Reichsstelle für Raumordnung, dem sie, da sie ihn nicht antrafen, nur eine kurze Nachricht hinterließen. Gegen Mittag trafen Schulenburg und Yorck in Schwerins Büro ein.

Zwischen Claus Stauffenberg und seinen in Berlin zurückbleibenden Freunden war laut Schulenburg vereinbart worden, daß diese noch aus der Wolfsschanze direkt eine Nachricht über das Gelingen des Attentats erhalten würden. Bis zu diesem Zeitpunkt wollten Berthold Stauffenberg, Schulenburg und Yorck gemeinsam in Schwerins Büro warten, das ja wenige Minuten zu Fuß von der Bendlerstraße entfernt lag. Gegen 12 Uhr meldete sich dort auch der junge Kleist, um zu sagen, daß er mit seinen Freunden aus dem Infanterieregiment 9, Ludwig Hammerstein, Georg Oppen und Hans Fritzsche ab 13 Uhr im nahen Hotel Esplanade, wie schon zweimal zuvor, auf Abruf bereitstünde. Kleist konnte Schulenburg, der am vorhergehenden Abend bereits nach dem Aufenthaltsort Goerdelers gefragt hatte, auf eine entsprechende Frage nur antworten, daß auch er nicht wisse, wo Goerdeler abgeblieben sei. Berthold Stauffenberg war spätestens gegen 14 Uhr in Schwerins Büro eingetroffen, wo ihn Reith, ein Schwerin untergebener Soldat, bemerkte.

Um 10.15 Uhr waren Stauffenberg, Haeften und Stieff auf dem Flugplatz Rastenburg gelandet. Die drei Männer fuhren mit einem bereitstehenden Auto sofort los und setzten Stauffenberg in dem sechs Kilometer entfernten Führerhauptquartier »Wolfsschanze« ab. Um 11 Uhr begannen für Stauffenberg die Vorbesprechungen, unter anderem mit Generalfeldmarschall Keitel. Die Lagebesprechung mit Hitler begann um 12.30 Uhr. Stauffenberg, Chef des Stabes des Befehlshabers des Ersatzheeres, sollte dem Diktator über die Aufstellung von sogenannten Sperrdivisionen zur Verhinderung des weiteren Vormarsches der Roten Armee Vortrag halten. Unter dem Vorwand, vor der Lagebesprechung sein Hemd wechseln zu wollen, hatte Stauffenberg mit Hilfe des inzwischen wieder zu ihm gestoßenen Haeften den Zeitzünder der Bombe geschärft. Leicht verspätet betrat Stauffenberg dann die Besprechung und stellte seine Aktentasche mit der Zeitbombe unter den Lagetisch. In etwa zehn Minuten würde die Bombe detonieren. Stauffenberg verließ daher, angeblich wegen eines Telefongesprächs, den Lageraum wieder umgehend. Er ging zu einem 200 m entfernt liegenden Bunkerkomplex. Von dort sah und hörte er zusammen mit Haeften die Explosion. Es war zwischen 12.40 und 12.50 Uhr. Es gelang den beiden Männern, trotz sofort ausgelösten Alarms das Führerhauptquartier mit dem Auto zu verlassen. Ihre Maschine startete um 13.15 Uhr und landete gegen 15 Uhr wieder auf dem Flugplatz Rangsdorf. Entgegen der ursprünglichen Verabredung rief Haeften erst von dort Olbricht in der Bendlerstraße an, um ihm von dem erfolgreichen Attentat zu berichten. Durch einen weiteren Anruf aus Rangsdorf informierte Haeften auch Schwerin und mit ihm Berthold Stauffenberg, Schulenburg und Yorck.

Haeften hatte diese Aussage in gutem Glauben gemacht. Stauffenberg berichtete wenig später in der Bendlerstraße Olbricht: »Diese Detonation war so, als ob eine 15 cm-Granate hineingeschlagen hätte: da kann kaum noch jemand am Leben sein.« Das wäre auch in einem Bunker oder festummauerten Raum der Fall gewesen. Tatsächlich war die Wirkung der Bombe aufgrund der leichten Bauweise der Behelfsbaracke, in der die Lagebesprechung stattgefunden hatte, sehr begrenzt gewesen. Die Druckwelle war nach allen Seiten entwichen. Es hatte Verletzte, auch Schwerstverletzte gegeben – fast allen waren die Trommelfelle geplatzt –, dem Diktator jedoch, dem die Bombe gegolten hatte, waren neben leichten Hautabschürfungen nur die Hosen zerfetzt worden. Schon wenig später konnte er wie geplant Mussolini empfangen, der auf dem Bahnhof des Hauptquartiers um 16 Uhr mit dem Zug eintraf.

Stauffenberg und Haeften fanden nach ihrer Landung in Rangsdorf ihren Fahrer mit Auto nicht wie verabredet vor. Sie mußten sich ein neues Auto beschaffen, so daß sie erst um 16.30 Uhr in der Bendlerstraße eintreffen konnten.

Inzwischen hatte Oberst Mertz v. Quirnheim, Chef des Stabes von General Olbricht, den Walküre-Alarm ausgelöst. Er hatte damit Olbricht »überfahren«, wie Schulenburg später der Gestapo zu Protokoll geben sollte. In den 17 Wehrkreisen des

Reiches, im Generalgouvernement und im Reichsprotektorat Böhmen und Mähren setzte sich die riesige Maschinerie des deutschen Ersatzheeres in Bewegung.

Für die in Schwerins Büro versammelten Freunde bedeute Haeftens Anruf kurz nach 15 Uhr das Ende der eigenen Untätigkeit. Zum Teil hatten sie seit Jahren auf eine solche Nachricht von einem geglückten Attentat hingearbeitet. Schulenburg, Berthold Stauffenberg und Yorck gingen in die Bendlerstraße hinüber. Schwerin beorderte Reith mit Dienstwagen auf 17 Uhr vor das Haupttor der Bendlerstraße. Dann machte er sich mit Jessens Auto auf den Weg nach Lichterfelde, um den zukünftigen Reichsstatthalter Beck abzuholen. Auf dem Rückweg überholten Beck und er kurz vor ihrem Ziel Kleist und seine drei Mitoffiziere des Infanterieregiments 9, die vom Hotel Esplanade herüberkamen. Beck und Schwerin erreichten die Räume des Allgemeinen Heeresamtes in der Bendlerstraße nach dem Eintreffen Stauffenbergs und Haeftens. Die nächsten sechs Stunden sollte sich Schwerin vorwiegend in der Nähe von Beck aufhalten, dem er in der Aufgabenverteilung des Staatsstreichs ja als Staatssekretär beigegeben worden war.

Die vier Offiziere des Infanterieregiments 9 waren durch Klausing alarmiert worden. In der Bendlerstraße angekommen, wurden sie in das Dienstzimmer Klausings gebracht, wo sie Schulenburg, Berthold Stauffenberg, Yorck und den Ritterkreuzträger Oberst Fritz Jäger wartend vorfanden. Hammerstein wurde von Schwerin gebeten, im Vorzimmer Olbrichts Posten zu beziehen. Der Befehlshaber des Ersatzheeres Generaloberst Fromm war inzwischen nach einem Telefonat mit Keitel und seinem Versuch, seinen Chef des Stabes Claus Stauffenberg sowie Olbricht und Mertz v. Quirnheim zu verhaften, selbst von Kleist und Werner Haeften mit vorgehaltener Pistole in einem Raum neben seinem Dienstzimmer festgesetzt worden. Generaloberst Hoepner, von Olbricht in die Bendlerstraße gebeten, trat die Nachfolge Fromms als Befehlshaber des Ersatzheeres an.

Einer der ersten wichtigen Bundesgenossen, die auf Betreiben Olbrichts in der Bendlerstraße erschienen (16.45–17 Uhr), war der Berliner Polizeipräsident Graf Helldorf, der ehemalige

Vorgesetzte Schulenburgs. Helldorf kam in Begleitung des Regierungspräsidenten von Potsdam, Gottfried Graf Bismarck, und von Gisevius. Olbricht ging den Besuchern durch die Länge seines Dienstzimmers entgegen, neben seinem Schreibtisch standen Stauffenberg und Haeften. Gisevius war diesmal von der Optimismus und Tatkraft ausstrahlenden Gestalt Stauffenbergs angetan. Beck hatte sich bei dieser Begrüßung im Hintergrund gehalten. Schließlich entdeckte Gisevius auch noch Schwerin, den er blaß und regungslos fand, kaum, daß er ihm die Hand gab. Für den tatendurstigen Gisevius war die Haltung Schwerins ein Rätsel. Den Grund sollte er gleich erfahren. Olbricht eröffnete Helldorf knapp, daß Hitler einem Attentat zum Opfer gefallen sei; die Wehrmacht habe die Exekutive übernommen, der Ausnahmezustand sei verhängt und die Berliner Polizei werde hiermit direkt dem OKW unterstellt. Helldorf wollte sich bereits entfernen, als er von der Stimme Becks zurückgehalten wurde, der ihm gegen den Widerstand Olbrichts mitteilte, daß nach vorliegenden Informationen aus der Wolfsschanze Hitler angeblich nicht tot sei. Dies bezog sich auf Telefonate zwischen Keitel und Fromm. Olbricht unterbrach ihn mit der Bemerkung: »Keitel lügt«.

Nach der ersten positiven Nachricht Haeftens über den Attentatsausgang noch aus Rangsdorf war es die plötzliche Ungewißheit über das Schicksal das Diktators, die Schwerin zusetzte. Beck legte jedoch jetzt die weitere Sprachregelung und damit das Vorgehen fest: Für ihn sei »dieser Mann tot«. Davon lasse er sein weiteres Handeln bestimmen. Ein Abweichen von dieser Linie stifte nur Verwirrung. Ein unwiderlegbarer Beweis, daß Hitler noch lebe, könne erst in Stunden erfolgen. Bis dahin müsse die Aktion in Berlin abgeschlossen sein. Helldorf verabschiedete sich und fuhr eilig in das Polizeipräsidium zurück.

Gisevius hatte sich bei seiner Ankunft gewundert, daß die Wache am Haupttor der Bendlerstraße nur routinemäßig kontrollierte und nicht verstärkt worden sei. Beck erkundigte sich nun bei Olbricht über die Sicherheit des Gebäudes. Der Chef des Allgemeinen Heeresamtes berichtete, daß die Tore inzwischen geschlossen worden seien und die Wache den Auftrag habe, niemanden hinaus zu lassen. Mehr könne im Augenblick vor Ankunft der Truppen, die ja erst im Anmarsch seien, nicht getan werden. Auf Becks sehr direkte Frage, ob die Wachmannschaften den Befehlen Olbrichts folgen und auf die Gestapo schießen würden, zuckte der General mit den Achseln. Er wisse es nicht. Beck kommentierte etwas ungerecht: »Olbricht, für Fritzsch hätten sich die Soldaten noch tot schießen lassen.«

Gisevius, dessen Zunge so spitz wie seine Feder gewandt war, erinnerte Stauffenberg, als es um den Wert eines von Fromm zugesagten Ehrenwortes ging (der Generaloberst wollte in seine Wohnung entlassen werden und versprach, nichts zu unternehmen), daß Stauffenberg selbst ein gegenüber Fromm gegebenes Wort, nicht gegen Hitler vorzugehen, gebrochen habe. Als Gisevius dann noch die bereits ergriffenen Maßnahmen und Aktionen hinterfragte, griff Beck kurzerhand zugunsten der Nerven Stauffenbergs ein und schob Gisevius in das Vorzimmer zu Mertz v. Quirnheim, Olbrichts Chef des Stabes. Hier traf ihn Schulenburg. Auch Schulenburg machte einen niedergedrückten Eindruck. Für diesen aktiven Mann muß die Mischung aus schlechten und unzuverlässigen Nachrichten und der erzwungenen eigenen Untätigkeit deprimierend gewesen sein. Zwischen Schulenburg und Gisevius wollte ein Gespräch nicht recht aufkommen. Es beschränkte sich auf ein »Nicht wahr, Gisevius, Sie helfen mit, daß die da (Olbricht, Hoepner, Verf.) nicht weich werden«. Um seine energische Entschlossenheit trotz allem zu betonen, ballte Schulenburg die Faust und sagte: »Jetzt aber so...« Gisevius antwortete leicht indigniert: »Schulenburg, wem sagen Sie das.« Mit dem dazutretenden und wie immer liebenswürdigen Yorck, der für diesen Tag seine Leutnantsuniform aus dem Polenfeldzug trug, konnte Gisevius dagegen über dessen martialische und für ihn ungewohnte Aufmachung spaßen. Beide mußten lachen. Gisevius wurde noch indirekt Zeuge der Vorgänge um Kortzfleisch und Pifrader, bevor er gegen 18.45 zum erstenmal an diesem Abend die Bendlerstraße verließ, um zum Polizeipräsidium am Alexanderplatz zurückzufahren.

Wesentlich in diesen Stunden war die Haltung General

v. Kortzfleischs, Befehlshaber im Wehrkreis III (Berlin und Umgebung), der mit den von seiner Dienststelle zu alarmierenden Truppen zahlreiche Partei- und SS-Ämter, an erster Stelle das Reichssicherheitshauptamt in der Prinz Albrecht-Straße 8–9 hätte besetzen lassen sollen. Wie Helldorf war auch Kortzfleisch von Olbricht in die Bendlerstraße gebeten worden, wo er gegen 17 Uhr eintraf. Da Fromm nicht mehr greifbar war, wurde er von Hoepner, dessen Autorität Kortzfleisch nicht anerkennen wollte, hingehalten. Schließlich wurde auch Beck hinzugebeten. Als Kortzfleisch nach diesem Gespräch, in dem er sich auf seinen Eid auf Hitler zurückgezogen und die Teilnahme am Staatsstreich verweigert hatte, aus dem Zimmer stürzte, wurde er auf Geheiß Schwerins von Oppen mit gezogener Pistole auf der nahen Treppe zum Stehen gebracht und von Schwerin zu Beck zurückgeführt und festgenommen. Anstelle von Kortzfleisch wurde nun Generalleutnant Freiherr v. Thüngen zum Befehlshaber im Wehrkreis III ernannt. Kortzfleisch wurde neben dem Dienstzimmer Olbrichts festgesetzt.

Später am Abend veranlaßte der General Hammerstein zu erkunden, ob er über Nacht in der Bendlerstraße bleiben müsse, denn dann seien ja »Vorbereitungen für seine Übernachtung« zu treffen. Schwerin, dem Hammerstein diese Frage vorlegte, meinte nur lakonisch, sie wüßten ja selbst noch nicht, wo sie die Nacht verbringen würden, der General sollte ruhig auf seinem Zimmer bleiben. Hammerstein könnte ja auch noch Beck und Hoepner fragen. Beck bestätigte freundlich, aber bestimmt die Weisung Schwerins.

Nach 17 Uhr erschienen auf die Benachrichtigung der Männer in der Bendlerstraße einige ihrer Freunde in der Dienststelle des Befehlshabers des Ersatzheeres. Yorck, der in seinem Prozeß am 7. August ausweichend sagen sollte, daß er in der Bendlerstraße wenig erlebt und eigentlich nur von Stauffenberg bereits faksimilierte Passierscheine ausgefüllt habe, rief kurz nach 17 Uhr Gerstenmaier in der Hortensienstraße an. Gerstenmaier, der erst seit 2 oder 3 Uhr morgens wieder in Berlin war, hatte auf Yorcks Anruf den ganzen Tag gewartet. Er hatte gerade im Rundfunk die erste Nachricht über das mißlungene Attentat gehört, als das Telefon klingelte. Auf Yorcks

Auskunft, daß »die Sache gestiegen sei«, wandte Gerstenmaier ein, daß im Rundfunk eben zwar das Attentat bestätigt, jedoch als Fehlschlag bezeichnet worden sei. Yorck erklärte, dies sei eine Goebbelsche Lüge, Gerstenmaier solle rasch in die Bendlerstraße kommen. Der Kirchenmann machte sich also mit der Straßenbahn quer durch Berlin auf den Weg, in der einen Jackentasche die Bibel, in der anderen eine Browning, die ihm Yorck vorsorglich bereitgelegt hatte. In der Bendlerstraße begrüßten ihn Schulenburg und Yorck, die ihn ein wenig zaudernd ins Bild setzten: Sie gingen immer noch davon aus, daß Hitler tot sein müsse. Wenn aber das Gegenteil richtig sei, komme es darauf an, ob und wie die Walküre-Befehle durchgeführt würden. Auf alle Fälle würde weitergemacht. Durch die offene Tür konnte Gerstenmaier in Olbrichts Zimmer Stauffenberg sehen, der über mehrere Telefonapparate versuchte, den Staatsstreich voranzutreiben. Das Radio brachte indessen weiter die Nachricht vom mißlungenen Attentat.

In der Walküre-Planung war die Besetzung des Funkhauses und Funkturms in der Masurenallee in Berlin sowie der verschiedenen Sender im Umkreis Berlins (Tegel, Nauen, Königswusterhausen, Zeesen, Herzberg) vorgesehen. Warum hörten diese beunruhigenden Nachrichten nicht endlich auf? In einem der relevanten Walküre-Befehle hieß es dazu eindeutig: »Politische Sendungen dürfen nicht stattfinden.« Alle am Staatsstreich Beteiligten waren sich der Wichtigkeit der schnellstmöglichen Besetzung der Sendeanlagen bewußt. Gerstenmaier erbot sich daher, mit einem Kommando das Rundfunkhaus in der Masurenallee zu besetzen und für den Staatsstreich »umzudrehen«. Schulenburg, dem Gerstenmaier diesen Plan vorgetragen hatte, kam bald von dem »Befehlshaber des Ersatzheeres« Hoepner mit dem Bescheid zurück, daß erst einmal die Ankunft der Panzer abgewartet werden müsse, bevor direkt von der Bendlerstraße aus etwas unternommen werden könne. Tatsächlich war spätestens seit 18 Uhr das Funkhaus, wie geplant, von Truppenteilen der Infanterieschule Döberitz besetzt. Der erhoffte Erfolg war allerdings ausgeblieben, da dem leitenden Offizier, Major Jakob, die Abschaltung des Senders vorgeschwindelt worden war und er als Laie keine Möglichkeit hatte, die Durchführung seines Befehls zu kontrollieren.

Schulenburg brachte Gerstenmaier die von Hoepner unterzeichnete Ernennungsurkunde zum Militärbevollmächtigten für das Reichskirchen- und Reichserziehungsministerium. Warum Hoepner sich in dieser Situation mit einer derartigen Lappalie befaßte, bleibt ebenso unverständlich wie sein Bestehen auf der eigenen Ernennungsurkunde kurz vorher. Gerstenmaier fiel an dem Text vor allem das nachdrücklich formulierte Verbot des Waffengebrauchs auf. Ähnlich wie Gisevius und andere mokierte er sich über diese, wie ihm schien, unangebrachte Zimperlichkeit. Gegenüber Schulenburg und Yorck bemerkte er, daß er von der Waffe offenbar erst Gebrauch machen dürfe, wenn er selbst bereits tot sei. Ein Anruf Haeftens zwischen 17 und 18 Uhr galt dem Lufthansasyndikus Dr. Otto John, der, von dem Canarisnachfolger Oberst Hansen aufgefordert, am Abend zuvor aus Madrid nach Berlin gekommen war. John hatte im Auftrag Stauffenbergs in Madrid die Möglichkeit eines Waffenstillstandes mit den Westmächten nach einem geglückten Staatsstreich eruieren sollen. Als er, im Vorzimmer zu Stauffenbergs Büro angekommen, etwas verloren herumstand – Stauffenberg war weiterhin mit Telefonaten beschäftigt – gab ihm Schwerin einen Überblick über die Lage. Obwohl Hitler tot sei, berichte der Deutschlandsender nur über eine leichte Verwundung des Führers: »Wie dem auch sei, Beck ist eisern entschlossen, die Sache durchzuziehen. Wenn nur die Besetzung des Rundfunks geklappt hätte.« Schwerin fragte John nach seinen Informationen aus Madrid und Lissabon. John konnte nur antworten, daß die Parole nach wie vor »Bedingungslose Kapitulation« heiße. Dies wollte er Beck, dem zukünftigen Staatsoberhaupt, auch noch einmal persönlich sagen. Schwerin hielt es für ausgeschlossen, daß Beck jetzt für ein derartiges Gespräch Zeit hätte. John beschloß daher, den preußischen Finanzminister zu besuchen. Schwerin stimmte zu, denn Popitz war noch nicht über die Vorgänge des Tages informiert worden. Er versprach, John anzurufen, falls sich etwas besonderes ereignen sollte. »Wenn Sie morgen anrufen, werden wir wissen, was los ist«, sagte er zum Abschied. Als John auch Haeften seinen Anruf für den nächsten Tag ankündigte, sagte ihm dieser trocken: »Dann haben wir es geschafft – oder aber wir sind gehenkt.« Er fügte dann aber lächelnd hinzu: »Auf Wiedersehen – bis morgen.« John verließ gegen 20.45 Uhr die Bendlerstraße mit dem Gefühl, daß der Umsturz erfolgreich sein würde. Vier Tage später konnte er unbehelligt nach Madrid zurückfliegen.

Gisevius, der gegen 18.45 Uhr die Bendlerstraße verlassen hatte, um Helldorf über den Ablauf der Walküre-Aktion während der letzten 90 Minuten aus Sicht des Allgemeinen Heeresamtes zu unterrichten, kam zwischen 19.30 und 19.45 Uhr zurück. Olbricht fragte ihn naiv hoffend, ob man jetzt, da Hitler offensichtlich lebe, wohl noch zurück könne? Gisevius verneinte milde und ging dann zu Beck in das Dienstzimmer von Hoepner/Fromm. Über das Radio war inzwischen wiederholt angekündigt worden, daß Hitler bald sprechen werde. Beck bat nun Gisevius, eine Radioerklärung zu entwerfen und sie auch abzugeben. Er selbst könne jetzt aus der Bendlerstraße nicht weg. Goerdeler sei nicht da, General Fritz Lindemann aus dem Stabe Fromms, der die Erklärung im Funkhaus hätte abgeben sollen, sei nicht aufzufinden. Gisevius, etwas bestürzt über ein solches Ansinnen in dieser hektischen Situation, wandte sich an Schulenburg, der gerade mit einem Packen Papier dastand, und bat ihn um Einsicht in dessen Manuskripte, offensichtlich Aufrufe und Regierungserklärungen. Schulenburg wehrte ab, seine Notizen seien für Gisevius unergiebig. Das einzige Exemplar der vorbereiteten Regierungserklärung habe General Lindemann. Beck entwickelte den Grundgedanken der vorgesehenen Ansprache: »Es ist höchst gleichgültig, ob Hitler tot ist oder lebt. Ein Führer, in dessen engsten Umgebung solche Gegensätze aufklaffen, daß gegen ihn ein Bombenattentat unternommen wird, ist moralisch tot.« Hoepner, Olbricht, Schulenburg, Schwerin, Stauffenberg und Yorck trugen weitere Punkte und Gedanken zur Radioerklärung bei, die sich Gisevius notierte.

Endlich, Beck hatte inzwischen mit Feldmarschall v. Kluge in Frankreich telefoniert, der sich dem Staatsstreich verweigerte, sowie den Rückzug der Heeresgruppe Nord aus Kurland befohlen (19.55 Uhr), wo sich eine zweite Katastrophe vom Ausmaß Stalingrads anbahnte, endlich erschien Witzleben gegen 20 Uhr. Der Generalfeldmarschall, zum Oberbefehlshaber der Wehrmacht bestimmt, kam in Begleitung seines Adjutanten Graf Lynar. Beck hatte schon mehrmals nach Witzleben gefragt, dessen Platz in diesen Stunden in der Bendlerstraße sei. Tatsächlich war Witzleben zuerst in Zossen bei Wagner, dem Generalquartiermeister des Heeres, gewesen, der ihn hatte benachrichtigen lassen und nach Zossen gebeten hatte. Dort lag der größte Teil des Generalstabes des Heeres, dessen Oberbefehl Witzleben übernehmen sollte. Da von Zossen keinerlei Aktionen im Rahmen des Staatsstreichs ausgingen, fuhr Witzleben nach kurzem Aufenthalt in die Bendlerstraße weiter.

Stauffenberg, der den gerade eintretenden Feldmarschall begrüßte, bekam ein »schöne Schweinerei, das« entgegengeknurrt. Dann meldete sich Witzleben bei Beck zur Stelle. Wenig später wurde Stauffenberg zu den beiden Generalen gebeten, wiederum kurz darauf holte Stauffenberg Schwerin in das Dienstzimmer Hoepner/Fromm. Es folgte nun in Gegenwart von Stauffenberg und Schwerin eine Auseinandersetzung zwischen Beck und Witzleben, bei der die beiden Männer, soweit Gisevius es durch die Glastür beobachten konnte, ihre Worte mit lebhaften Gebärden unterstrichen. Witzleben schlug ein paarmal mit der Faust auf den Tisch. Wie er 18 Tage später in seinem Prozeß aussagen sollte, ging der Streit darum, ob Hitler tot sei oder nicht, und wie die Radiomeldungen zu interpretieren seien. Vor allem: Witzleben ließ sich nicht von Beck überzeugen, daß der Staatsstreich, was auch immer über Hitler gesagt werde, durchgezogen werden müsse. Der Feldmarschall verließ nach einer halben bis dreiviertel Stunde die Bendlerstraße und fuhr nach Zossen zu Wagner zurück. Für den Feldmarschall und den Generalquartiermeister war der Staatsstreich gescheitert.

Während der Auseinandersetzung zwischen Beck und Witzleben wurde in den Büroräumen Olbrichts Essen aufgetragen. Gerstenmaier saß zwischen Schulenburg und dem Heeresrichter Dr. Sack. Schulenburg aß mit Appetit, Yorck saß, ohne zu essen oder sich an dem allgemeinen Gespräch zu beteiligen, schweigend dabei. Gisevius, der wichtigste Chronist dieses Abends, erlebte die Abfahrt Witzlebens nicht mehr mit. Von Helldorf zur Berichterstattung gebeten, verließ er in Begleitung Oppens zum letztenmal an diesem Abend die Bendlerstraße. Olbricht gab ihm für Helldorf die Nachricht mit auf den Weg, daß das Wachbataillon zum Schutz der Bendlerstraße abmarschiert sei. Tatsächlich war die Alarmierung der Truppenteile im Großraum Berlin nach dem Walküre-Plan planmäßig, wenn auch zögernd angelaufen. Gegen 18 Uhr war das Rundfunkhaus in der Masurenallee – wenn auch ohne den gewünschten Erfolg – besetzt worden. Zur gleichen Zeit hatte das Wachbataillon »Großdeutschland« unter Major Remer das Regierungsviertel wie vom Standortkommandanten Generalleutnant v. Hase befohlen abgeriegelt. Neben anderen Truppenteilen rollten auch die Panzer der Panzertruppen-Schule II aus Krampnitz in Richtung Berlin. Gegen 21.30 Uhr trafen sie endlich bei der Siegessäule ein. Nach dem Walküre-Plan waren sie größtenteils zum Schutz der Bendlerstraße vorgesehen. Inzwischen hatte aber das Pendel endgültig zu Ungunsten der Hitlergegner ausgeschlagen.

Das Radio mit seiner ständig wiederholten Meldung vom fehlgeschlagenen Attentat hatte ebenso dazu beigetragen wie Keitel in Ostpreußen, der praktisch seit Auslösung des Walküre-Alarms gegen 16 Uhr per Fernschreiben und Telefon gegen die Befehle aus der Bendlerstraße gewirkt hatte. In Berlin hatte der Kommandeur des Wachbataillons Major Remer inzwischen mit Goebbels gesprochen, der ihm gegen 19 Uhr ein Telefongespräch mit Hitler vermittelte. Der Diktator befahl dem jungen Offizier »mit allen Mitteln jeglichen Widerstand niederzuschlagen«. Remer, der bis dahin seinem militärischen Vorgesetzten General v. Hase gehorcht hatte, stellte sich nun auf die Seite der »rechtmäßigen« Regierung und wirkte in diesem Sinn auch auf weitere inzwischen herangeführte Truppenteile ein.

Auch die Panzer aus Krampnitz, auf die die Offiziere in der Bendlerstraße den ganzen Abend so sehr gewartet hatten, bekamen nun ihre Gegenbefehle, und zwar in letzter Instanz von Generalmajor Thomale, Guderians Chef des Stabes. Guderian war an jenem Tag nicht in seinem Hauptquartier in Lötzen, Ostpreußen; er kam erst in den Abendstunden auf dem ihm von Hitler geschenkten Gut Deipenhof an. So wurde sein Stellvertreter Thomale um 19 Uhr zu Hitler befohlen, der ihm mitteilte, daß er Guderian anstelle des am 1. Juli 1944 beurlaubten Generalobersten Zeitzler zum Generalstabschef des Heeres ernennen wolle. Gegen 20 Uhr trafen dann die Befehle Thomales in Berlin ein. Thomales Anordnung entbehrt nicht einer gewissen persönlichen Tragik, war er doch ein Schwager Schwerins.

In der Bendlerstraße selbst hatte sich die Situation ab 21 Uhr zunehmend verschärft. Nachdem es nicht gelungen war, zusätzliche Truppen zum Schutz des Gebäudekomplexes heranzuführen, zog nun auf Befehl Remers auch die normale Wachtruppe, die aus einem Zug der 4. Kompanie des Wachbataillons »Großdeutschland« bestanden hatte, ab. Schulenburg schilderte der Gestapo die Bemühungen seit Auslösung des Walküre-Plans: »Zunächst schien alles im 3. Korps (Wehrkreis III, d. Verf.) nach den Befehlen zu laufen, dann aber mehrten sich die Nachrichten, daß die Befehle des 3. Korps (d. h. des Kommandeurs des Wehrkreises III, d. Verf.) nicht durchgeführt wurden, zum Beispiel, daß mehrere Kompanien des Wachbataillons nicht zur Verfügung gestellt wurden, daß die Panzertruppen-Schule in Krampnitz nicht an die befohlenen Plätze rückte, sondern sich nach dem Befehl des Generalobersten Guderian versammelte. Am Ende wurde auch der Wachzug des Regiments Großdeutschland aus dem Gebäude des Allgemeinen Heeresamtes zurückgezogen. Aus den Wehrkreisen kamen zum Teil entweder ablehnende oder hinhaltende Anrufe. Es wurde allen in den Abendstunden klar, daß das Unternehmen gescheitert war. Ich habe während der ganzen Zeit im Nebenzimmer von Mertz gesessen und habe mich dann bei ihm über die Lage orientiert. Auch Mertz äußerte, daß die Sache verspielt sei.« Laut Schulenburg waren in diesen Abendstunden Mertz v. Quirnheim und Stauffenberg die Handelnden, während er Olbricht und Hoepner eher zögernd erlebte.

Obwohl sich der Fehlschlag nun deutlich abzeichnete, gaben

die Freunde nicht auf. Für sie gab es ja auch keine Alternative. Es wurde bereits erwähnt, mit welch positiven Gefühlen Otto John die Bendlerstraße kurz vor 21 Uhr verlassen hatte. Noch eine Stunde später hielt Schulenburg auf Befehl Olbrichts gegenüber dem SS-Oberführer Pifrader an der Fiktion fest, daß Hitler tot sei und die Wehrmacht die vollziehende Gewalt übernommen habe. Pifrader war am späten Nachmittag von Kleist und Hammerstein entwaffnet und festgenommen worden, nachdem er vom Reichssicherheitshauptmann geschickt worden war, um nach Stauffenbergs Verbleib zu fahnden.

Wahrscheinlich mit die Letzten, die wenigen Minuten vor dem Schlußdrama noch die Bendlerstraße gegen 22 Uhr verlassen konnten, waren Oberst Wolfgang Müller und Reith. Müller hatte bei seinem Eintreffen am Haupttor der Bendlerstraße um 21 Uhr schon nicht mehr die regulären Wachen angetroffen. Er ließ sich von Mertz v. Quirnheim einen schriftlichen Befehl geben, der ihm die Infanterieschule Döberitz unterstellen sollte, und verließ umgehend wieder das Gebäude. Reith, der um 19 Uhr in das Vorzimmer von Stauffenberg geholt worden war, war von Schwerin gebeten worden, sich zu seiner Verfügung zu halten. Der Schwerin ergebene Soldat hatte gehorsam drei Stunden lang auf seinem Stuhl an der Wand gesessen, alles gesehen und nichts begriffen. Von den in Stauffenbergs Zimmer ein- und ausgehenden Offizieren kannte er nur Haeften, Schulenburg und Stauffenberg selbst, dem er oft im Auftrag Schwerins hatte Briefe bringen müssen. Gegen 22 Uhr wurde Reith schließlich von Schwerin, der ihn zwischendurch ganz vergessen hatte, mit den Worten entlassen: »Lieber Reith, es wird doch später als ich gedacht habe. Hauptmann Limbach (ein Kollege Schwerins) wird Sie hinunterführen und mit dem Auto nach Hause bringen lassen. Wir sehen uns morgen wieder.«

Nachdem der 35 Mann starke Wachzug des Wachbataillons auf Befehl Remers die Bendlerstraße verlassen hatte, versuchte Olbricht gegen 22 Uhr, eine Wache aus den ihm zur Verfügung stehenden Offizieren zu bilden. Dabei wurde er von seinen Stabsoffizieren unter Führung des dienstältesten Oberstleutnant Herber über die Vorgänge zur Rede gestellt. Olbricht konnte nicht zur Zufriedenheit der Offiziere antworten, die – nicht eingeweiht, aber in die Aktion miteinbezogen – begannen, sich um ihre persönliche Sicherheit zu sorgen. Sie kamen daher nach einer knappen Aussprache untereinander, inzwischen bewaffnet, wieder zu Olbricht zurück, um endlich zu erfahren, was gespielt würde. Der General gab wieder nur ausweichende Antworten und verwies schließlich die Offiziersgruppe, die jetzt Fromm als Vorgesetzten Olbrichts sprechen wollte, an Hoepner. Auf dem Weg Olbrichts mit Herber und dessen Freunden zu Hoepner kam es zu einer Schießerei. Wahrscheinlich hatte Klausing auf Herber geschossen, der dies erwiderte. Andere Schüsse folgten. Schwerin hatte die Situation klar erkannt, als er zu Yorck sagte: »Die Sache ist aus; Offiziere des Generalstabs haben die Gegenwehr ergriffen und mit Maschinenpistolen das Gebäude besetzt, damit ist es aus.« Tatsächlich war das das Ende.

In seinem Dienstzimmer nahm Fromm, inzwischen aus seiner Wohnung in derselben Etage geholt, die Fäden dort wieder auf, wo er sie vor etwa sechs Stunden unter der Drohung der auf ihn gerichteten Pistolen Kleists und Haeftens hatte fallen lassen müssen. Die in seinem Zimmer befindlichen Offiziere, nämlich Beck, Olbricht, Hoepner, Stauffenberg, Mertz v. Quirnheim, Haeften und Klamroth ließ er festnehmen. Während er Beck den Selbstmord gestattete und Hoepner wie Klamroth lediglich in Haft nehmen ließ, übergab er Olbricht, Stauffenberg, Mertz v. Quirnheim und Haeften einem Erschießungskommando der inzwischen in Kompaniestärke herangeführten Soldaten des Wachbataillons Großdeutschland. Stauffenberg starb mit dem Ruf: »Es lebe das heilige Deutschland.« Das war gegen Mitternacht.

Im Dienstzimmer von Mertz v. Quirnheim fanden sich Schulenburg, Schwerin, Berthold Stauffenberg, Yorck sowie Gerstenmaier und der unbehelligte Ramin zusammengedrängt. Der Gang war durch Bewaffnete abgeriegelt. Obwohl alle Pistolen bei sich trugen, war an Gegenwehr bei den offensichtlichen Machtverhältnissen nicht mehr zu denken. Als Gerstenmaier noch vor der Schießerei im Flur vorgeschlagen hatte, sich zu bewaffnen, hatte Yorck dies für zwecklos erklärt. Göring werde sie mit Hilfe der Luftwaffe zusammenbomben. Geschossen hat schließlich von den Freunden, mit Ausnahme von Klausing und Claus Stauffenberg selbst, wahrscheinlich niemand. Gerstenmaier ließ seine Browning sinken, als Olbricht sich die Schießerei verbat. Im Dienstzimmer von Mertz verbrannte Schwerin in einem Aschenbecher Papiere, die er bei sich getragen hatte. Mit dem Einverständnis der Freunde versuchte dann Gerstenmaier, in der Annahme, daß er als Zivilist unauffälliger sei als die Offiziere, einen Weg durch die Absperrung zu erkunden. Er kam jedoch nicht weit. Schon nach wenigen Schritten wurde er von Herber angehalten, von v. d. Heyde als Verräter identifiziert und in ein separates Zimmer gesperrt. Dort hörte er die Exekutionssalven aus dem Hof.

Nach Eintreffen Remers und General Reineckes, der wenig später als Volksgerichtshofbeisitzer zum schändlichen Komplizen Freislers werden sollte, wurden weitere Verhaftete in das Zimmer von Mertz v. Quirnheim gebracht: Die Oberstleutnante Robert Bernadis und Fritz v. d. Lancken, beide aus dem Stab Olbrichts, und schließlich auch Gerstenmaier. Der Mussolini-Befreier Skorzeny, der um 1 Uhr in der Bendlerstraße auftauchte, durchsuchte die Gefangenen nach Waffen und riß ihnen die Orden- und Ehrenabzeichen ab, die er hinter sich in einen umgestülpten Stahlhelm warf. Reinecke wandte sich an die Gruppe mit den Worten: »Meine Herren, Sie sind verhaftet. Sie werden aus dem Munde des Führers Ihr Urteil hören.« Dann mußten die Freunde, denen mit Maschinenpistolen bewaffnete SS-Männer gegenüberstanden, die Reden von Hitler, Göring und Dönitz anhören. Auch Dönitz überschlug sich in Tiraden über »diese Schurken«, die »nur die Handlanger unserer Feinde« seien. Die Diffamierungswelle rollte bereits. Schulenburg hatte in den Abendstunden zu Fritzsche gesagt: »Offenbar muß das deutsche Volk diesen Kelch bis zur Neige leeren. Wir müssen uns opfern. Später wird man uns verstehen.«

Richard P. Feynman

Ein gelbroter Blitz: Die Zündung der ersten Atombombe

Anfangs war ich ein Befehlsempfänger. Später wurde ich Gruppenleiter. Und ich begegnete einigen sehr bedeutenden Männern. Es ist eine der großartigsten Erfahrungen in meinem Leben, daß ich all diesen wunderbaren Physikern begegnet bin.

Unter ihnen war natürlich Enrico Fermi. Er kam einmal von Chicago herunter, um uns ein bißchen zu beraten, um uns zu helfen, falls wir Probleme hätten. Wir hatten eine Besprechung mit ihm, und ich hatte einige Berechnungen angestellt und ein paar Resultate herausbekommen. Die Berechnungen waren so umständlich, daß es sehr schwierig war. Nun war ich gewöhnlich der Fachmann in solchen Dingen; ich konnte immer sagen, wie die Antwort aussehen würde, oder wenn ich sie hatte, konnte ich erklären, warum. Aber diese Sache war so kompliziert, daß ich nicht erklären konnte, *warum* sie so war.

Ich berichtete Fermi also, daß ich an diesem Problem arbeitete, und fing an, die Resultate zu beschreiben. Er sagte: »Warten Sie – bevor Sie mir das Resultat sagen, lassen Sie mich erst einmal überlegen. Herauskommen wird folgendes (er hatte recht), und daß das herauskommt, liegt daran und daran. Und dafür gibt es eine vollkommen einleuchtende Erklärung –«

Er machte das, was ich angeblich gut konnte, zehnmal besser. Das war mir schon eine Lehre.

Dann war da John von Neumann, der große Mathematiker. Wir gingen sonntags immer spazieren. Wir wanderten in den Cañons herum, oft zusammen mit Bethe und Bob Bacher. Es machte großen Spaß. Und von Neumann vermittelte mir eine interessante Idee: daß man für die Welt, in der man lebt, nicht verantwortlich zu sein braucht. Aufgrund von von Neumanns Rat habe ich ein starkes Gefühl der Verantwortungslosigkeit gegenüber der Gesellschaft entwickelt. Das hat mich seither zu einem sehr glücklichen Menschen gemacht. Aber von Neumann legte den Keim, der sich zu meiner *aktiven* Verantwortungslosigkeit ausgewachsen hat!

Ich bin auch Niels Bohr begegnet. Er hieß damals Nicholas Baker, und er kam nach Los Alamos mit Jim Baker, seinem Sohn, der in Wirklichkeit Aage Bohr heißt. Sie kamen aus Dänemark, und wie man weiß, waren die beiden *sehr* berühmte Physiker. Selbst für die Koryphäen war Bohr so etwas wie ein Gott.

Als er das erste Mal kam, gab es eine Versammlung, und jeder wollte den großen Bohr *sehen*. Es waren also eine Menge Leute da, und wir diskutierten über die Probleme, die wir mit der Bombe hatten. Ich war irgendwo hinten in einer Ecke. Er kam und ging wieder, und ich konnte ihn nur zwischen den Köpfen der anderen Leute hindurch sehen.

Am Morgen des Tages, an dem er das nächste Mal kommen soll, erhalte ich einen Anruf.

»Hallo – Feynman?«

»Ja.«

»Hier ist Jim Baker.« Es ist sein Sohn. »Mein Vater und ich würden gerne mit Ihnen sprechen.«

»Mit mir? Ich bin Feynman, ich bin bloß ein ...«

»Ja, mit Ihnen. Ist acht Uhr o. k.?«

Also gehe ich um acht Uhr morgens, bevor jemand auf ist, hin. Wir gehen in ein Büro im technischen Bereich, und er sagt: »Wir haben überlegt, wie man die Bombe wirkungsvoller machen könnte, und wir denken uns folgendes.«

Ich sage: »Nein, das funktioniert nicht. Das hat keine Wirkung ... Blah, blah, blah.«

Darauf sagt er: »Und wie ist es damit und damit?«

Ich sagte: »Das hört sich ein bißchen besser an, aber dabei kommt diese idiotische Überlegung ins Spiel.«

Das ging geschlagene zwei Stunden so, ein ständiges Hin und Her, bei dem wir jede Menge Ideen durchdiskutierten. Der große Niels zündete dauernd seine Pfeife an; sie ging immer wieder aus. Und er sprach so unverständlich – murmel, murmel, schwer zu verstehen. Seinen Sohn konnte ich besser verstehen.

»Na«, sagte er schließlich und zündete seine Pfeife an, »ich schätze, *jetzt* können wir die hohen Tiere reinrufen.« Dann holten sie all die anderen und hatten eine Besprechung mit ihnen.

Danach erzählte mir der Sohn, wie es dazu gekommen war. Als er das letzte Mal dagewesen war, hatte Bohr zu seinem Sohn gesagt: »Erinnerst du dich, wie der kleine Bursche hieß, der da hinten in der Ecke saß? Das ist der einzige, der keine Angst vor mir hat, und er wird es sagen, wenn ich eine verrückte Idee habe. Wenn wir das *nächste* Mal Ideen durchsprechen wollen, dann können wir das nicht mit diesen Leuten machen, die zu allem ja, ja, Dr. Bohr, sagen. Sieh zu, daß du den Kerl herholst, und dann reden wir zuerst mit ihm.«

Ich bin immer so gewesen: Ich achte nie darauf, mit wem ich rede. Es war immer die Physik, über die ich mir Gedanken machte. Wenn die Idee nichts hergab, dann habe ich gesagt, daß sie nichts hergibt. Wenn sie vielversprechend war, habe ich gesagt, daß sie vielversprechend ist. Ein einfacher Grundsatz.

Ich habe immer so gelebt. Es macht Freude, es macht Spaß – wenn man es kann. Ich habe das Glück in meinem Leben, daß ich es kann.

Nachdem wir die Berechnungen angestellt hatten, war natürlich als nächstes der Test dran. Ich war übrigens zu der Zeit für einen kurzen Urlaub zu Hause, nachdem meine Frau gestorben war, und deshalb bekam ich eine Nachricht, die lautete: »An dem und dem Tag soll das Baby kommen.«

Ich flog zurück und kam gerade an, als die Busse abfuhren, also fuhr ich gleich hinaus zum Testgelände, und da warteten wir dann, in zwanzig Meilen Entfernung. Wir hatten ein Radio dabei, und es sollte durchgesagt werden, wann das Ding hochgehen würde, aber das Radio funktionierte nicht, so daß wir die ganze Zeit nicht wußten, was vorging. Aber ein paar Minuten bevor die Explosion stattfinden sollte, funktionierte das Radio dann, und es wurde durchgesagt, für Leute, die weit weg waren wie wir, sei es in ungefähr zwanzig Sekunden soweit. Andere Leute waren näher dran, sechs Meilen entfernt.

Sie hatten Brillen mit dunklen Gläsern ausgegeben, mit denen man sich das anschauen konnte. Dunkle Gläser! In zwanzig Meilen Entfernung konnte man mit dunklen Gläsern überhaupt nichts sehen. Ich überlegte, daß das einzige, was den Augen wirklich schaden kann (helles Licht kann den Augen nicht schaden), ultraviolettes Licht ist. Ich kletterte in einen Lastwagen – denn ultraviolette Strahlen dringen nicht durch Glas –, so daß ich hinter der Windschutzscheibe in Sicherheit war und die ganze Sache *sehen* konnte.

Es ist soweit, und dieser *ungeheure* Blitz da draußen ist so hell, daß ich mich ducke, und auf dem Boden des Lastwagens sehe ich diesen dunkelroten Fleck. Ich dachte: »Das ist es nicht. Das ist ein Nachbild.« Ich schaue wieder auf und sehe, wie sich dieses weiße Licht in Gelb und dann in Orange verwandelt. Wolken bilden sich und verschwinden wieder – wegen der Verdichtung und der Ausbreitung der Druckwelle.

Schließlich ein großer orangeroter Ball; das Zentrum, das so hell war, wird zu einem orangeroten Ball, der anfängt zu steigen und sich ein bißchen aufbläht und an den Rändern ein wenig schwarz wird, und dann sieht man, daß es ein großer Ball aus Rauch ist, und innen sind Blitze von dem ausströmenden Feuer, von der Hitze.

All das dauerte ungefähr eine Minute. Es war ein Wechsel von Hell nach Dunkel, und ich hatte es *gesehen*. Ich bin so ungefähr der einzige, der sich die verdammte Sache wirklich angesehen hat – den ersten Trinity-Test. Die anderen hatten alle Brillen mit dunklen Gläsern auf, und die Leute in sechs Meilen Entfernung konnten es nicht sehen, weil man ihnen gesagt hatte, sie sollten sich auf den Boden legen. Ich bin wahrscheinlich der einzige, der es mit eigenen Augen gesehen hat.

Schließlich, nach etwa anderthalb Minuten, gibt es plötzlich einen ungeheuren Knall – BANG, und dann ein Grollen, wie Donner – und das war es, was mich überzeugte. Niemand hatte während dieser ganzen Sache ein Wort gesagt. Wir schauten alle stumm zu. Aber dieser Krach erlöste jeden – erlöste besonders mich, denn die Stärke des Krachs bei der Entfernung bedeutete, daß es wirklich funktioniert hatte.

Der Mann, der neben mir stand, fragte: »Was ist das?«

Ich sagte: »Das war die Bombe.«

Der Mann war William Laurence. Er war dort, um einen Artikel über die ganze Angelegenheit zu schreiben. Ich war derjenige gewesen, der ihn hatte herumführen sollen. Dann stellte sich heraus, daß es zu technisch für ihn war, deshalb kam später H. D. Smyth, und ich führte ihn herum. Dabei gingen wir in einen Raum, in dem oben auf einem niedrigen Sockel eine kleine versilberte Kugel lag. Man konnte seine Hand darauflegen. Sie war warm. Sie war radioaktiv. Es war Plutonium. Und wir standen an der Tür zu diesem Raum und sprachen darüber. Dies war ein neues Element, das der Mensch geschaffen hatte, das es nie zuvor auf der Erde gegeben hatte, außer vielleicht eine sehr kurze Zeit ganz am Anfang. Und hier lag es nun, isoliert, radioaktiv und mit bestimmten Eigenschaften. Und wir hatten es geschaffen. Und deshalb war es *ungeheuer* wertvoll.

Unterdessen, na ja, wie Leute es eben so machen, wenn sie reden – man wackelt irgendwie herum und so weiter. Er trat gegen den Türanschlag, nicht wahr, und ich sagte: »Ja, der Anschlag ist genau richtig für diese Tür.« Der Anschlag war eine zehn Inches große Halbkugel aus gelblichem Metall – aus Gold, um genau zu sein.

Wir hatten nämlich ein Experiment durchführen müssen, um zu sehen, wie viele Neutronen von verschiedenen Metallen reflektiert wurden, damit wir Neutronen sparen konnten und nicht so viel Material verwenden mußten. Wir hatten viele verschiedene Materialien getestet. Wir hatten Platin getestet, wir hatten Zink getestet, wir hatten Messing getestet, wir hatten Gold getestet. Und von diesen Tests mit dem Gold hatten wir diese Goldklumpen, und jemand hatte die kluge Idee, diese große Goldkugel als Anschlag für die Tür zu dem Raum zu verwenden, in dem das Plutonium war.

Nachdem das Ding hochgegangen war, gab es eine ungeheure Begeisterung in Los Alamos. Jeder veranstaltete Parties, wir machten alle die Gegend unsicher. Ich saß hinten auf einem Jeep und trommelte. Aber ein Mann, daran kann ich mich erinnern, Bob Wilson, saß nur herum und machte eine saure Miene.

Ich fragte: »Warum machen Sie so eine saure Miene?«

Er sagte: »Es ist etwas Furchtbares, was wir gemacht haben.«

Ich sagte: »Aber Sie haben doch damit angefangen, Sie haben uns dazu gebracht.«

Denn mir war es genauso gegangen, wie es den anderen ging: Wir hatten aus einem guten Grund *angefangen*, und dann arbeitet man sehr hart, um etwas zustande zu bringen, und das macht Spaß, es ist aufregend. Und man hört auf zu denken, nicht wahr; man *hört* einfach *auf*. Bob Wilson war der einzige, der in dem Moment noch darüber nachdachte.

Ich kehrte kurz danach in die Zivilisation zurück und ging nach Cornell, um zu lehren, und mein erster Eindruck war sehr seltsam. Ich verstehe es nicht mehr, aber damals empfand ich es sehr stark. Ich saß zum Beispiel in New York in einem Restaurant, und ich sah draußen die Gebäude und fing an zu überlegen, nicht wahr, wie groß der Umkreis war, in dem die Bombe von Hiroshima Zerstörungen angerichtet hatte, und so weiter... Wie weit war es von hier bis zur 34. Straße?... Alle diese Gebäude, alles zerschmettert – und so weiter. Und ich ging umher und sah, wie die Leute eine Brücke bauten, oder sie bauten eine neue Straße, und ich dachte, die sind *verrückt*, sie verstehen's einfach nicht, sie *verstehen* nicht. Warum bauen sie diese neuen Dinge? Es ist so zwecklos.

Aber glücklicherweise ist es jetzt schon seit fast vierzig Jahren zwecklos, oder? Ich hatte also unrecht, daß es zwecklos sei, Brücken zu bauen, und ich bin froh, daß die anderen Leute so vernünftig waren, weiterzumachen.

IV.
MOMENTE II:
DIE DUNKLE SEITE – VERFOLGUNG UND KRIEG

Platon

»Gebt dem Asklepios einen Hahn!«: Die Hinrichtung des Sokrates

Nachdem er das gesagt hatte, sprach Kriton: Gut denn, Sokrates! Was trägst du aber diesen auf, oder mir, deiner Kinder wegen oder einer anderen Sache, die wir dir sonst noch recht zu Gefallen tun könnten?

Nur was ich immer sage, Kriton, erwiderte er, nichts Besonderes weiter: Wenn ihr um euch selbst bemüht seid, werdet ihr mir und den Meinigen und euch selbst mit allem, was ihr tut, einen Gefallen erweisen, auch wenn ihr es jetzt nicht versprecht. Wenn ihr euch selbst aber vernachlässigt und euch nicht entschließt, sozusagen auf den Spuren des jetzt und früher Besprochenen zu wandeln, dann könnt ihr noch so viel und mit noch so großem Nachdruck versprechen, ihr werdet doch nichts weiter ausrichten.

Also wollen wir darauf bedacht sein, es so zu machen, sagte Kriton. Auf welche Weise aber sollen wir dich bestatten?

Wie ihr wollt – wenn anders ihr wirklich meiner habhaft werdet und ich euch nicht entwische.

Dabei lächelte er ganz ruhig, sah uns an und sprach weiter: Diesen Kriton, ihr Männer, vermag ich nicht davon zu überzeugen, daß ich der Sokrates bin, dieser, der jetzt mit euch redet und euch alles einzeln auseinandersetzt, sondern er glaubt, ich sei jener, den er nach einer kleinen Weile tot sehen wird, und deshalb fragt er, wie er mich bestatten soll. Daß ich aber schon lang eine große Rede darüber gehalten habe, ich werde, wenn ich das Gift getrunken, nicht länger bei euch bleiben, sondern fortgehen, zu irgendwelchen Freuden der Seligen, das, meint er wohl, sage ich nur eben so, um euch zu beruhigen und mich mit. So leistet denn Bürgschaft für mich bei Kriton, und zwar gerade die entgegengesetzte Bürgschaft, als er sie bei den Richtern leisten wollte. Er wollte nämlich dafür gutsagen, daß ich ganz gewiß dableiben werde; ihr aber sollt dafür bürgen, daß ich nach meinem Tode ganz gewiß nicht dableiben, sondern mich auf und davon machen werde. Tut es, damit es Kriton leichter trage und, wenn er sieht, wie mein Leib verbrannt oder begraben wird, sich nicht gräme meinetwegen, als ob mir etwas Schlimmes widerfahre, und damit er nicht bei der Bestattung sage, er bahre den Sokrates auf oder geleite ihn hinaus oder begrabe ihn. Denn du mußt wissen, sagte er, mein bester Kriton: Etwas unschön zu sagen ist nicht nur in sich unrecht, sondern bringt auch Schlechtes in die Seelen hinein. Du mußt vielmehr getrost sein und sagen, daß du meinen Leib bestattest, und diesen bestatte nur so, wie es dir eben recht ist und wie du es am schicklichsten erachtest.

Mit diesen Worten stand er auf und ging in ein Gemach, um zu baden, und Kriton folgte ihm, uns aber hieß er bleiben. Wir blieben also und sprachen miteinander über das Gesagte und überdachten es noch einmal; dann aber klagten wir auch wieder über das Unglück, das uns betroffen, und waren ganz darüber einig, daß wir nun, gleichsam des Vaters beraubt, fortan als Waisen leben müßten.

Nachdem er gebadet hatte, brachte man seine Kinder zu ihm – er hatte nämlich zwei kleine Söhne und einen großen –, und es kamen auch die Frauen seiner Verwandtschaft. Er sprach mit ihnen in Kritons Beisein und trug ihnen auf, was sein Wille war; dann hieß er die Frauen und Kinder wieder fortgehen und kam zu uns zurück. Und es war schon nahe am Untergang der Sonne; denn er hatte lange Zeit drinnen verweilt. So kam er also, setzte sich frisch gebadet nieder und sprach dann nicht mehr viel. Dann kam der Diener der Elfmänner, trat zu ihm und sagte: Sokrates, über dich werde ich nicht klagen müssen wie über andere, daß sie mir zürnen und fluchen, wenn ich sie auffordere, das Gift zu trinken, nach dem Befehl der Archonten. Dich aber habe ich auch sonst schon in dieser Zeit als den edelsten und gelassensten und trefflichsten von allen kennengelernt, die sich jemals hier befunden haben, und so weiß ich denn auch jetzt gewiß, daß du mir nicht zürnen wirst, sondern jenen – denn du kennst ja die Schuldigen. Nun also, du weißt, weshalb ich gekommen bin – lebe wohl und suche so leicht wie möglich zu tragen, was nicht zu ändern ist. Da weinte er, wandte sich um und ging. Und Sokrates sah ihm nach und sprach: Auch du lebe wohl; und wir wollen so tun. Und zu uns sagte er: Wie feinfühlig ist der Mann! So ist er die ganze Zeit mit mir umgegangen, hat sich bisweilen mit mir unterhalten und war der beste Mensch! Und nun, wie aufrichtig beweint er mich! Aber wohlan, Kriton, wir wollen ihm gehorchen! Es bringe mir einer das Gift, wenn es gerieben ist; wo nicht, so soll der Mann es reiben!

Da sagte Kriton: Aber ich glaube, Sokrates, die Sonne steht noch auf den Bergen und ist noch nicht untergegangen. Ich weiß auch, daß andere erst ganz spät getrunken haben, nachdem es ihnen angekündigt worden war; und haben sogar noch gut gegessen und getrunken, und einige waren noch mit solchen zusammen, nach denen sie Verlangen hatten. Dränge also nicht; denn es hat noch Zeit!

Da sagte Sokrates: Mit Recht, Kriton, tun jene, von denen du redest, diese Dinge; denn sie glauben, etwas zu gewinnen, wenn sie so tun, und mit Recht werde ich meinerseits sie nicht tun. Denn ich glaube nichts zu gewinnen, wenn ich ein wenig später trinke, nur daß ich mir selbst lächerlich vorkommen würde, wenn ich so am Leben hinge und sparen wollte, wo nichts mehr ist. Geh also, sagte er, folge mir und handle nicht anders!

Und als Kriton das hörte, winkte er dem Knaben, der in der Nähe stand. Und der Knabe ging hinaus und, nachdem er eine Weile weggeblieben war, kam er wieder und führte den Mann herein, der das Gift reichen sollte; er hatte es schon zubereitet im Becher bei sich.

Als aber Sokrates den Mann sah, sagte er: Also, mein Bester, du verstehst dich ja auf diese Dinge, was muß man tun?

Nichts weiter, antwortete er, als dies: Wenn du getrunken hast, so geh umher, bis dir die Schwere in die Schenkel kommt, dann leg dich nieder, und so wird es von selbst wirken. – Damit reichte er dem Sokrates den Becher. Und der, Echekrates, nahm ihn, und zwar ganz heiter, ohne zu zittern oder die Farbe oder Miene zu verändern, er sah vielmehr dem Mann, wie er gewohnt war, fest ins Auge und sprach: Was meinst du zu einer Spende von diesem Trank? Darf man eine darbringen oder nicht?

Wir reiben nur so viel, Sokrates, sagte er, wie nach unserer Meinung gerade genug ist.

Gut, sagte er. Aber zu den Göttern beten darf man doch gewiß und soll es auch, auf daß die Wanderung von hier dorthin glücklich vonstatten gehe. Darum bete ich denn auch, und so möge es geschehen.

Und sowie er dies gesagt hatte, setzte er an und trank gelassen und heiter aus. Von uns aber waren die meisten bis dahin ziemlich imstande gewesen, an sich zu halten, daß sie nicht weinten; als wir aber sahen, daß er trank, und dann, wie er getrunken hatte, nicht mehr. Auch mir brachen die Tränen gewaltsam und in Strömen hervor, so daß ich mein Gesicht verhüllte und weinte, nicht um ihn, sondern über mein eigenes Geschick, daß ich eines solchen Freundes beraubt sein sollte. Kriton war noch vor mir aufgestanden, weil er nicht vermochte, die Tränen zurückzuhalten. Apollodoros aber hatte schon vorher unaufhörlich geweint und schrie nun auf, klagend und außer sich geratend, und es gab niemand unter allen Anwesenden, den sein Weinen nicht erschüttert hätte, außer Sokrates selbst. Der aber sagte: Was tut ihr doch, ihr sonderbaren Leute! Ich habe eben deswegen die Frauen weggeschickt, damit sie keine solchen Torheiten begehen sollten; denn ich habe immer gehört, man müsse unter heiligem Schweigen sterben. Haltet also Ruhe und seid standhaft!

Und als wir das hörten, schämten wir uns und hörten mit Weinen auf. Er aber ging umher, und als er merkte, daß ihm die Schenkel schwer wurden, legte er sich auf den Rücken; denn so hatte ihm der Mann geraten. Und zugleich befühlte ihn eben dieser, der ihm das Gift gereicht hatte, und untersuchte nach einiger Zeit seine Füße und Schenkel. Dann drückte er kräftig seinen Fuß und fragte, ob er es fühle. Er sagte nein. Und danach die Knie, und so ging er immer weiter hinauf und zeigte uns, wie er kalt und starr wurde. Und dann berührte er ihn noch einmal und sagte, wenn es ihm ans Herz komme, dann werde er tot sein. Schon war er um den Unterleib fast ganz kalt geworden, da schlug er die Kopfhülle zurück – er hatte sich nämlich verhüllt – und sagte, und das waren seine letzten Worte: Kriton, wir sind dem Asklepios einen Hahn schuldig. Opfert ihn und versäumt es nicht!

Das soll geschehen, sagte Kriton; sieh aber zu, ob du sonst noch etwas sagen willst.

Auf diese Frage gab er keine Antwort mehr, sondern bald darauf zuckte er, und der Mann deckte ihn auf; da waren seine Augen gebrochen. Als Kriton das sah, schloß er ihm den Mund und die Augen zu.

Dies, Echekrates, war das Ende unseres Freundes, des Mannes, der nach unserem Urteil unter allen, die zu seiner Zeit lebten und die wir kennenlernten, der beste und überhaupt der einsichtsvollste und gerechteste gewesen ist.

Garrett Mattingly

Damenopfer: Der Tod der Maria Stuart

Fotheringhay, 18. Februar 1587

Zwar hatte Mr. Beale den Vollstreckungsbefehl erst am Sonntagabend gebracht, der Prunksaal in Fotheringhay war jedoch schon am Mittwoch früh, noch ehe seine hohen Fenster aus der Morgendämmerung tauchten, fertig hergerichtet worden. Und wenngleich der Graf von Shrewsbury erst am Vortage zurückgekehrt war, wünschte niemand einen weiteren Verzug. Niemand konnte wissen, was für ein Bote von London unterwegs sein mochte. Und niemand wußte, wer von den anderen schwach werden könnte, wenn man noch einen Tag wartete.

Der Saal war seiner gewohnten Einrichtung entblößt. In der Mitte der Längswand kämpfte ein mächtig loderndes Kaminfeuer gegen die nagende Kälte an. Am oberen Ende des Festgemachs war ein kleines Podium gleich einer Miniaturbühne für fahrende Spieler errichtet worden, vier Meter in den Saal vorspringend, etwa eineinhalb Meter breit und knapp einen Meter hoch. An der einen Seite führten Stufen hinauf, und das frische Lattengerüst war überall sorgfältig mit schwarzem Samt bespannt worden. Auf der Estrade stand in Verlängerung der Treppe ein einziger Sessel mit hoher Rücklehne, gleichfalls schwarz verkleidet, und etwa einen Meter davor lag ein schwarzes Kissen. Neben dem Kissen, aber ein wenig höher, war so etwas wie ein niedriges Bänkchen zu sehen – hier verbarg der Überzug nur schlecht einen gewöhnlichen Hauklotz. Gegen sieben Uhr morgens warfen die Regisseure einen befriedigten Blick auf ihre Arbeit. Die Gefolgsleute des Sheriffs, die in Sturmhaube und Brustharnisch kriegerisch dreinzublicken und ihre Hellebarden stocksteif zu halten trachteten, nahmen ihre Plätze ein, und die erlauchte Versammlung, zweihundert, wenn nicht mehr Ritter und Edelleute aus der Umgebung, die zu dieser frühen Stunde gebieterisch herbeizitiert worden waren, füllte den unteren Teil des Saals.

Die Hauptperson ließ über drei Stunden auf sich warten. Während der mehr als dreißig Jahre, seit sie die Gemahlin eines künftigen Königs von Frankreich am glänzend-gleißnerischen Hof an der Loire geworden war, hatte sie zwar immer wieder versäumt, sich einige der wichtigsten Lehren der Politik anzueignen, dafür aber gelernt, wie man eine Szene beherrscht. Sie trat durch eine Seitentür ein, und bevor sie gesehen wurde, war sie mitten im Saal und schritt, paarweise gefolgt von sechs Mitgliedern ihres Hofstaates, auf die Empore zu, ohne das Gescharre und Gemurmel der die Hälse reckenden Zuschauer eines Blickes zu würdigen, ohne – so schien es – den Beamten, auf dessen Arm ihre Hand ruhte, zu beachten. Sie ging so ruhig einher – wie fromme Seelen denken mochten – als wäre sie auf dem Wege zur Andacht. Nur einen Augenblick, als sie die Stufen erklomm und ehe sie in den schwarzbespannten Sessel sank, schien sie des stützenden Armes zu bedürfen, und wenn ihre Hände zitterten, bevor sie sie im Schoße faltete, so blieb es unbemerkt. Dann, wie um das Beifallsklatschen einer Menge zu beantworten – wenngleich völlige Stille im Saale herrschte – hob sie zum erstenmal den Kopf der Zuschauerschaft entgegen und lächelte, wie einige nachher wissen wollten.

Fast verschmolz ihre in schwarzen Samt gekleidete Gestalt mit dem Schwarz von Sessel und Podium. Das graue Licht des Wintermorgens dämpfte den Schimmer der weißen Hände, das goldene Glimmen ihres Kopftuches und das rotgoldene Leuchten ihres voll aufgesteckten bräunlichen Haares. Doch vermochte die Versammlung den feinen Spitzensaum an ihrer Kehle und darüber – herzförmiges Blütenblatt gegen den düsteren Hintergrund – das Antlitz mit seinen großen dunklen Augen und dem zarten nachdenklichen Mund deutlich zu unterscheiden. Das war die Frau, für die Rizzio gestorben war, und Darnley, der junge Narr, und Huntley, und Norfolk, und Babington, und tausend Namenlose, die in den Hochmooren und an den Galgen des Nordens ihr Leben hatten lassen müssen. Sie war es, deren sagenhafte Geschichte wie ein Schwert über England geschwebt hatte, seit sie, verfolgt von ihren Untertanen, die Landesgrenze im Galopp überquert hatte. Sie war die letzte gefangene Prinzessin der Ritterromanzen, die Königinwitwe von Frankreich, die verbannte Königin von Schottland, die Erbin des englischen Throns und – wie manch einer der stummen Zeugen des Schauspiels denken mochte – in eben diesem Augenblick war sie Englands rechtmäßige Herrscherin, wenn es nach dem Recht ginge. Sie war Maria Stuart, Königin der Schotten. Einen Augenblick lang hielt sie alle Blicke gefangen, dann sank sie in die Düsternis ihres Sessels zurück und wandte ihre ernste Unaufmerksamkeit den Richtern zu. Es war ihr nicht unangenehm, daß die Versammlung für niemanden sonst ein Auge hatte.

Die Grafen von Kent und Shrewsbury, die fast unbemerkt mit ihr eingetreten waren, nahmen ihr gegenüber Platz. Mr. Beale stand auf, räusperte sich und raschelte mit dem Pergament der Vollstreckungsurkunde, die er vorzulesen hatte. Er hätte sich nicht zu beunruhigen brauchen, denn es war zweifelhaft, ob überhaupt jemand zuhörte. »Hartnäckiger Ungehorsam... Aufstachelung zum Aufstand... gegen Leben und Person Ihrer Geheiligten Majestät... Hochverrat... Tod.« Keine Silbe des Wortlauts hätte Maria Stuart oder irgendeinen Anwesenden auch nur im geringsten zu beeindrucken vermocht. Jedermann wußte, daß hier nicht ein Verbrechen bestraft wurde. Es handelte sich lediglich um einen weiteren Hieb in einem politischen Duell, das seit Menschengedenken ausgetragen wurde, ja das begonnen hatte, bevor auch nur eine der beiden feindlichen Königinnen das Licht der Welt erblickt hatte. Sechzig Jahre war es her, seit die Parteien sich gebildet hatten, die Partei der alten Religion und die der neuen, und immer hatten sich die eine oder die andere Partei, meist aber beide, einer Laune des Schicksals zuliebe um eine Frau geschart und waren von ihr angeführt worden. So Katharina von Aragon gegen Anna Boleyn, Mary Tudor gegen Elisabeth Tudor, Elisabeth Tudor gegen Maria von Lothringen, und nun seit nahezu dreißig Jahren Elisabeth Tudor gegen Maria Stuart, die Gefangene auf dem Schafott. Der scharfsinnigste Politiker hätte sich nur darüber wundern können, daß England es fast zwei Jahrzehnte hindurch vermocht hatte, diese zwei zu Feindinnen vorbestimmten Frauen auf demselben Boden am Leben zu halten.

Was Elisabeth auch getan haben mochte, Maria Stuart jedenfalls hatte mit allen Mitteln versucht, ihre Cousine in die Knie zu zwingen und zu vernichten. In solch tödlichem Zweikampf wie dem ihrigen gab es keine verbotenen Schläge. Als die Waffen der Gewalt ihren Händen entglitten waren, hatte Maria sich jeder Handhabe bedient, die Schwäche zu greifen versteht: Lüge, Tränen, Ausflüchte, Drohungen und Flehen, sowie das Leben jedweden Mannes, den ihre Kronen, ihre Schönheit oder ihr Glauben für ihre Sache zu gewinnen vermocht hatten. Letzten Endes hatten sich alle als zweischneidiges Schwert erwiesen; wenn dieses nun aber in ihr eigenes Fleisch schnitt, so hatte sie zuvor Wunden damit geschlagen und das Reich ihrer Cousine aus ihren englischen Gefängnismauern heraus in schlimmere Wirren gestürzt als sie es von ihrem schottischen Thron aus vermocht hatte. Auch beabsichtigte sie, einen letzten Streich zu führen. So wandte sie Mr. Beales abschließenden Ausführungen eine gelangweilte Miene zu.

Der Dekan von Petersborough schien noch beunruhigter als Mr. Beale. Sie ließ ihn seine stammelnde Einleitung dreimal wiederholen, bevor sie ihm geringschätzig ins Wort fiel. »Herr Dekan«, sagte sie, »ich werde sterben, wie ich gelebt habe, im wahren heiligen Glauben der katholischen Kirche. Alles, was Sie dazu zu sagen haben mögen, ist verschwendet, und alle Ihre Gebete, dünkt mich, können mir wenig nützen.«

Dies – dessen war sie sicher – war die eine Waffe, die sich nicht gegen sie richten würde. Sie war in Fotheringhay streng bewacht worden, aber doch nicht so streng, daß sie von den verwegenen, gewitzten Männern, die in Verkleidung heimlich die Kanalhäfen verließen und erreichten, keine Nachricht empfangen hätte. Der Norden – so berichteten sie – war katholisch, desgleichen der Westen; selbst hier, in der Hochburg der Ketzerei, sogar in den Midlands, ja in London, kehrten täglich mehr und mehr Gläubige in den Schoß der alleinseligmachenden Kirche zurück. Solange eine Katholikin Thronerbin war und nach dem Tode ihrer ketzerischen Cousine vermutlich kampflos die Nachfolge antreten würde, hatten sich jene Tausende still verhalten; sollte aber die Ketzerin ihre orthodoxe Nachfolgerin jetzt morden, würden sie sich sicherlich voller

Zorn erheben, um all ihre Schandtaten gewaltsam zu tilgen. Auch herrschten katholische Könige über den Meeren, die glühender darauf brannten, die tote Königin der Schotten zu rächen, als sie es jemals getan hatten, um sie am Leben zu erhalten.

Daß Maria eine fromme Katholikin war, gehört zu den wenigen Dingen, über die kein Zweifel besteht, nur genügte es ihr nicht, einfach im Glauben zu sterben. Der Zweikampf würde weitergehen. Jedermann sollte wissen, daß sie nicht nur in ihrem Glauben, sondern auch für ihren Glauben gestorben war. Vielleicht war sie nicht immer sein standhaftester Pfeiler gewesen. Vielleicht hatte ihr undurchsichtiges Ränkespiel ihrer Sache oft mehr geschadet als ihr Glaubenseifer ihr geholfen hatte. Nun sollte der gleißende Schwung des Beils die Last alter Fehler auf immer von ihr nehmen, die geflüsterten Verleumdungen verstummen lassen, nun würde ihr Blut lauter nach Rache an ihren Feinden schreien als ihre Stimme es zu Lebzeiten je vermocht hatte. Jahrelang hatte sie ein zweideutiges Motto geliebt: »Mein Ende ist mein Anfang.« Ihr Märtyrertum konnte Verheißung und Drohung zugleich wahrmachen. Sie mußte nur ihren letzten Trumpf wirksam ausspielen.

So hielt sie denn, als sie den Richtern ihre Herausforderung entgegenschleuderte, ihr Kruzifix sichtbar für den ganzen Saal in die Höhe, und ihre Stimme übertönte triumphierend das Organ des Dekans von Petersborough; höher und immer klarer als seine anschwellenden Worte stieg sie empor und überwölbte mit den geheimnisvoll-beherrschenden Anrufungen des alten Glaubens die jähen englischen Gebetsformeln. Noch eine ganze Minute, nachdem der Priester geendet hatte, klang die Stimme der Königin fort. Jetzt sprach sie Englisch, sie betete für das Volk von England und für die Seele ihrer königlichen Cousine Elisabeth, sie vergab allen ihren Feinden. Dann machten sich ihre Hofdamen einen Augenblick um sie zu schaffen. Das schwarze Samtgewand glitt von ihren Schultern zu Boden und enthüllte ein Unterkleid aus karmesinroter Seide; so trat sie unvermuteter-, anstößigerweise, blutrot vom Scheitel bis zur Sohle gegen den nachtschwarzen Hintergrund, in der Farbe der Märtyrer vor. Still kniete sie nieder und beugte das Haupt auf den kleinen Hackblock. »In manus tuas, domine...« Zweimal vernahm die Versammlung den dumpfen Schlag des Henkerbeils.

Nun blieb nur noch eine Zeremonie zu erfüllen. Der Scharfrichter hatte den Kopf der Enthaupteten vorzuzeigen und dazu die üblichen Worte zu sprechen. Die maskierte schwarze Gestalt verneigte sich, richtete sich auf und rief mit lauter Stimme: »Lang lebe die Königin!« Aber alles, was er von der gegnerischen Herzkönigin in der Hand hielt, war ein Kopftuch mit einer daran festgesteckten kunstvollen rötlichen Perücke. An den Rand des Schafotts gerollt lag, geschrumpft, welk und grau, der kleine glänzende Schädel, bedeckt von einem spärlichen Silberflaum, das Haupt der Märtyrerin. Maria Stuart hatte es immer verstanden, ihre Feinde in Verlegenheit zu bringen.

Fjodor M. Dostojewski

Das Totenhaus: Leben im Straflager

Unser Gefängnis lag ganz am Rande der Festung, dicht am Festungswall. Zuweilen lugte man so durch die Zaunspalten in Gottes weite Welt: wirst du dort nicht irgend etwas erblicken? – doch was man erblickte, war immer nur ein Stückchen Himmel und der mit Steppengras bewachsene hohe Erdwall, auf dem nur die Schildwachen Tag und Nacht patroullieren; und gleich darauf denkt man, daß Jahre vergehen werden, du aber immer noch so an den Zaun treten wirst, um wieder durch die Spalten zu lugen, und immer denselben Wall, dieselben Schildwachen und dasselbe kleine Stückchen Himmel sehen wirst, nicht diesen Himmel, der über dem Gefängnis ist, sondern jenen anderen dort, den fernen, den freien Himmel.

Man denke sich einen großen Hof von zweihundert Schritt in der Länge und etwa hundertundfünfzig in der Breite, der rings von einem hohen Pfahl- oder Palisadenzaun in einem unregelmäßigen Sechseck umgeben ist. Diese hohen Pfähle sind tief in die Erde eingerammt, ganz dicht nebeneinander, außerdem durch verbindende Querplanken noch doppelt in ihrer senkrechten Stellung gefestigt, und das obere Ende jedes Pfahles ist zugespitzt; das ist die äußere Einfriedung eines »Ostrógg«. An einer der sechs Seiten befindet sich ein großes Tor, das stets verschlossen ist und Tag und Nacht von Schildwachen bewacht wird. Dieses Tor wurde nur bei Bedarf aufgemacht, wenn die Gefangenen zur Arbeit abmarschierten. Hinter diesem Tor lag die lichte freie Welt, dort lebten alle die anderen Menschen. Aber diesseits der Umzäunung lag eine eigene Welt, von der sich die übrigen Menschen nur Vorstellungen wie von einem unmöglichen Märchen machten. Hier war eine besondere Welt, die keiner einzigen anderen glich; hier gab es besondere Gesetze, besondere Tracht, besondere Sitten und Bräuche. Es war ein Totenhaus lebend Begrabener, darinnen ein Leben wie sonst nirgendwo; und auch die Menschen waren hier anders.

Eben diesen besonderen Ort will ich nun zu beschreiben versuchen.

Wenn man den Ostrógg betritt, sieht man innerhalb des Palisadenzauns mehrere Gebäude. Zu beiden Seiten des breiten inneren Hofes liegen je zwei langgestreckte einstöckige Blockhäuser. Das sind die Kasernen. In ihnen leben die Zwangsarbeiter, die nach ihren Kategorien verteilt sind. Weiterhin liegt noch ein drittes solches Blockhaus: das ist die Küche, die in zwei Abteilungen unterteilt ist. Und ganz im Hintergrund befindet sich noch ein weiteres Gebäude, in dem sich unter einem Dach die Keller, Vorratsräume und Schuppen befinden. Die Mitte des Hofes ist frei und bildet einen gleichmäßigen, ziemlich großen Platz. Hier treten die Sträflinge an, hier findet die Zählung und der Namensaufruf morgens, mittags und abends statt, zuweilen aber auch sonst noch ein paarmal am Tage – je nach dem Argwohn der Wachhabenden und ihrer Geübtheit im Zählen. Zwischen den Gebäuden und dem Palisadenzaun bleibt noch ein ziemlich breiter freier Raum. Hier hinter den Blockhäusern pflegten sich einige von den Sträflingen, die ungeselligeren und unfreundlicheren Charaktere, in den arbeitsfreien Stunden aufzuhalten und, ungesehen von den anderen, ihren eigenen Gedanken nachzuhängen. Wenn ich ihnen dort beim Herumschlendern begegnete, versuchte ich immer, ihre düsteren, gebrandmarkten Gesichter zu durchschauen und zu erraten, woran sie wohl dachten? Unter ihnen gab es einen, dessen Lieblingsbeschäftigung in diesen Mußestunden das Zählen der Zaunpfähle war. Es waren im ganzen tausendfünfhundert Pfähle, er aber kannte jeden einzelnen von ihnen ganz genau. Jeder Pfahl bedeutete für ihn einen Tag; an jedem Tage zählte er um einen Pfahl weiter, so daß er an den übrigen noch nicht gezählten Pfählen anschaulich sehen konnte, wieviel Tage ihm noch bis zur Freilassung blieben. Und er freute sich wie ein Kind, wenn er mit einer der Seiten des Sechsecks fertig war. Er mußte noch lange Jahre warten, aber im Ostrógg hatte man ja Zeit genug, sich an das Warten zu gewöhnen. Einmal erlebte ich, wie ein Sträfling, der zwanzig Jahre in der Kátorga verbracht hatte, nun endlich wieder in die Freiheit zurück sollte. Einige erinnerten sich noch seiner, wie er in den Ostrógg gekommen war, ein junger, sorgloser Bursche, der weder an sein Verbrechen noch an seine Strafe dachte. Er verließ den Ostrógg als silberhaariger Greis mit einem düsteren und traurigen Gesicht. Schweigend ging er in alle unsere sechs Blockhäuser, um von den anderen Abschied zu nehmen. In jeder der Kasernen betete er zuerst vor den Heiligenbildern, dann verneigte er sich tief vor den anderen und nahm Abschied von ihnen, mit der Bitte, seiner nicht im bösen zu gedenken. Auch entsinne ich mich noch, wie einmal ein Sträfling, der früher ein wohlhabender sibirischer Landbauer gewesen war, gegen Abend noch zum Tor gerufen wurde. Ein halbes Jahr vorher hatte er die Nachricht erhalten, daß sein Weib sich wieder verheiratet habe, und darüber war er sehr traurig geworden. An diesem Abend aber war sie selbst zum Ostrógg gekommen: sie ließ ihn herausrufen und gab ihm ein Almosen. Sie sprachen vielleicht nur zwei Minuten miteinander, beide weinten, und dann nahmen sie für immer Abschied voneinander. Ich sah sein Gesicht, als er in die Kaserne zurückkehrte... Ja, an diesem Ort konnte man lernen, geduldig zu werden.

Sobald es dunkelte, wurden wir alle in die Kasernen getrieben, wo man uns für die ganze Nacht einschloß. Es fiel mir zuerst sehr schwer, vom Hof in unsere Kaserne zurückzukehren. Das war ein langer, niedriger, bedrückender Raum, der nur matt von Talgkerzen erhellt wurde, erfüllt von schwerem, atemraubendem Geruch. Heute begreife ich nicht mehr, wie ich es zehn Jahre lang dort habe aushalten können.

Auf der langen Pritsche, auf der wir alle in zwei Reihen schliefen, durfte ich nur drei Bretter einnehmen; das war alles, was mir an Platz zukam. Auf dieser Pritsche schliefen in unserer Stube an dreißig Menschen. Im Winter wurden wir früh eingeschlossen, und dann dauerte es mehr als vier Stunden, bis alle eingeschlafen waren. Bis dahin aber: Geschrei, Spektakel, Gelächter, Geschimpfe, das Gerassel der Ketten, Qualm und Ruß, geschorene Köpfe, gebrandmarkte Gesichter, zerlumpte Kleider, lauter Entehrte, Verfemte... Ja, zäh ist der Mensch! Er ist ein Geschöpf, das sich an alles gewöhnt, und dies ist, glaube ich, die treffendste Bezeichnung für ihn.

Im ganzen waren in unserem Ostrógg an zweihundertundfünfzig Sträflinge untergebracht, das war die fast stehende Zahl der Arrestanten. Die einen kamen, die anderen gingen, die dritten starben. Und was für Menschenarten gab es dort nicht! Ich glaube, jedes Gouvernement, jeder Landstrich Rußlands hatte seine Vertreter im Ostrógg. Auch Söhne der fremdstämmigen Völkerschaften Rußlands waren dort, sogar Söhne kaukasischer Bergvölker. Alle waren nach der Art ihres Verbrechens »sortiert«, und folglich auch nach der Zahl der Jahre, zu denen man sie verurteilt hatte. Es ist anzunehmen, daß es wohl kein Verbrechen gab, das hier nicht seinen Vertreter besaß. Den Hauptbestandteil der ganzen Insassenschaft des Ostrógg machten die zu schwerer Zwangsarbeit Verschickten aus (die »Schwerverschickten«, wie sie sich selbst naiv benannten). Das waren Verbrecher, die man aller Rechte beraubt hatte, gleichsam abgehackte Fetzen der Gesellschaft, Menschen mit gebrandmarkten Gesichtern, die sie ewig als Ausgestoßene kennzeichnen sollten. Sie waren auf acht bis zwölf Jahre zur Zwangsarbeit verurteilt und nach Ablauf dieser Frist wurden sie als Ansiedler auf verschiedene Amtsbezirke verteilt. Es gab auch Verbrecher aus dem Soldatenstande, die aber nicht aller Rechte beraubt waren, ebensowenig wie die in den eigentlichen russischen Militärstrafkolonien. Diese wurden nur auf kurze Zeit verschickt und kehrten nach Ablauf ihrer Strafzeit wieder dorthin zurück, woher sie gekommen waren, in die sibirischen Linienbataillone. Viele von ihnen kamen aber bald von neuem in den Ostrógg, infolge neuer schwerer Vergehen, dann jedoch nicht mehr auf kurze Zeit, sondern auf zwanzig Jahre. Die Sträflinge dieser Abteilung nannte man »die Lebenslänglichen«. Doch selbst diese »Lebenslänglichen« waren noch nicht aller Rechte beraubt. Und dann gab es noch eine Abteilung der gefährlichsten Verbrecher, die größtenteils aus ehemaligen Soldaten bestand und recht zahlreich war. Die hieß »Besondere Abteilung«. In diese Abteilung wurden aus ganz Rußland die schwersten Verbrecher geschickt. Sie hielten sich selbst für »Ewige« und kannten nicht einmal die Dauer ihrer Zwangsarbeit. Nach der Vorschrift hätte die Zahl ihrer Arbeitsstunden verdoppelt und verdreifacht werden müssen. Sie sollten nur so lange im Ostrógg gehalten werden, bis in Sibirien die schwersten Zwangsarbeiten eingeführt wurden. »Ihr seid nur eine bestimmte Zeit hier, wir aber sind ewig in der Kátorga«, sagten sie zuweilen zu den anderen Mitgefangenen. Später habe ich gehört, daß diese Abteilung jetzt aufgehoben sei. Außerdem wurde in unserer Festung zu meiner Zeit auch die Beachtung des Standesunterschiedes aufgehoben und eine allgemeine militärische Arrestanten-Kompanie eingeführt. Selbstverständlich erfuhr bei der Gelegenheit auch die Oberleitung Veränderungen. So beschreibe ich denn hier noch die alten Zeiten, die schon längst vergangen und vergessen sind...

Ja, alles, was ich hier erzähle, ist schon lange her, und oft ist mir jetzt, als hätte ich es nur im Traum erlebt. Ich weiß noch, wie es war, als ich zum erstenmal den Ostrógg betrat. Es war im Januar, gegen Abend. Es dunkelte bereits, die Sträflinge kehrten von der Arbeit zurück und warteten auf die Abendkontrolle. Ein Unteroffizier mit einem Schnurrbart machte schließlich das Tor auf zu diesem eigenartigen Hause, in dem ich nun so viele Jahre meines Lebens verbringen, so viele seltsame Empfindungen zu etragen haben sollte, von denen ich, wenn ich sie nicht selbst durchlebt hätte, mir niemals eine auch nur annähernd richtige Vorstellung machen könnte. Zum Beispiel hätte ich mir nie denken können, wie furchtbar und qualvoll es sein werde, in den ganzen zehn Jahren meiner Sträflingszeit keinen einzigen Augenblick allein zu sein! Bei der Arbeit stets unter Bewachung, im Ostrógg stets mit zweihundert Schicksalsgenossen zusammen, und niemals, niemals allein! Übrigens war das nicht das einzige, woran ich mich noch zu gewöhnen hatte!

Es gab hier die verschiedensten Verbrecher: solche, die nur durch einen Zufall zu Mördern geworden waren, und solche, die sich das Morden zum Handwerk gemacht hatten; es gab gewöhnliche Räuber und die Anführer ganzer Räuberbanden. Es gab auch einfache Spitzbuben, Taschendiebe und Landstreicher, »Gewerbetreibende« jeder Art, Einbrecher und Falschmünzer, wie überhaupt mancherlei Liebhaber unverdienten Gutes. Es gab aber auch noch andere, bei denen es schwer war, sich vorzustellen, für welche Vergehen sie wohl verurteilt sein könnten? Und doch hatte ein jeder seine Geschichte, die verworren und drückend war wie der Kopfschmerz am nächsten Morgen nach einem abendlichen Saufgelage. Überhaupt wurde wenig von der Vergangenheit gesprochen, sie liebten es nicht, davon zu erzählen, und waren sichtlich bemüht, auch nicht daran zu denken. Ich kannte unter ihnen Mörder, die immer heiter und niemals nachdenklich waren, und man hätte wetten können, daß ihr Gewissen ihnen noch keinen einzigen Vorwurf gemacht hatte. Es gab aber auch finstere Gesichter, Verbrecher, die fast nur schwiegen. Im allgemeinen kann man sagen, daß nur äußerst selten jemand seine Lebensgeschichte erzählte, und es war auch nicht »Mode«, Interesse dafür zu bekunden; das war eben nicht Sitte, »schickte sich nicht«. Es sei denn, daß jemand einmal so aus Langeweile zu erzählen anfing und der andere ihm kaltblütig und finster zuhörte. Niemand vermochte hier den anderen in Erstaunen zu setzen. »Wir sind geschultes Volk!« hörte man sie oft eigentümlich selbstzufrieden sagen.

Ich erinnere mich noch, wie einmal ein Räuber, der sich angetrunken hatte (das konnte man mitunter im Ostrógg), zu erzählen begann, wie er einen fünfjährigen Knaben umgebracht hatte: zuerst habe er ihn mit einem Spielzeug angelockt, dann in einen leerstehenden Schuppen geführt und dort ermordet. Da schrie die ganze Kaserne, die seinen Scherzen bis dahin lachend und heiter zugehört hatte, wie aus einem Munde auf; aber nicht etwa aus Unwillen schrien sie, sondern so – weil es »überflüssig« war, »davon zu sprechen«, weil »davon« zu reden »nicht üblich« war. Ich muß hier bemerken, daß dieses Volk tatsächlich geschult war, und zwar nicht nur im übertragenen, sondern auch im buchstäblichen Sinne des Wortes, denn mindestens die Hälfte von ihnen konnte lesen und schreiben. An welch einem anderen Ort, wo russisches Volk in großen Massen versammelt ist, würde man einen Haufen von zweihundertundfünfzig Menschen herausgreifen können, von denen über die Hälfte zu lesen und zu schreiben versteht? Später habe ich gehört, daß irgend jemand auf Grund ähnlicher Tatsachen nachzuweisen versucht habe, daß Schulbildung das Volk verderbe. Das ist aber ein Irrtum: hier handelt es sich um ganz andere Ursachen, obgleich – das muß man schon zugeben – die Schulbildung das Selbstvertrauen im Volk entwickelt. Aber das ist doch keineswegs ein Fehler.

Die verschiedenen Abteilungen der Verbrecher unterschieden sich auch in der Kleidung: die einen hatten die rechte Hälfte der Jacke aus dunkelbraunem, die linke aus grauem Stoff, und ebenso war das eine Hosenbein braun, das andere grau. Einmal, als wir gerade außerhalb des Ostrógg bei der Arbeit waren, schaute mich ein kleines Mädchen, eine Semmelverkäuferin, von der wir etliche Weißbrote und Kalátschen erstanden hatten, lange Zeit aufmerksam an und brach dann plötzlich in Lachen aus:

»Pfui, wie das aussieht!« rief sie lachend, »der graue Stoff hat nicht ausgereicht und der braune hat auch nicht ausgereicht!«

Andere Sträflinge trugen wiederum eine graue Jacke, deren Ärmel jedoch aus dunkelbraunem Stoff waren. Auch der Kopf wurde verschieden geschoren: es wurde immer nur die eine Hälfte rasiert, bei den einen die ganze linke Seite, bei anderen der ganze Vorderkopf.

Schon auf den ersten Blick aber konnte man dennoch einen gewissen gemeinsamen Zug innerhalb dieser eigenartigen Familie bemerken; selbst die Auffallendsten, selbst die Originellsten unter ihnen, die ganz unwillkürlich über den anderen standen, selbst diese bemühten sich, in den allgemeinen Ton des ganzen Ostrógg einzustimmen. Ich kann wohl sagen, daß dieses ganze Volk, mit Ausnahme nur weniger unerschöpflich heiterer Gemüter, die sich dafür auch der allgemeinen Verachtung erfreuten, auffallend düster, mürrisch, neidisch, unglaublich eitel, großsprecherisch, empfindlich und im höchsten Grade versessen war auf die Wahrung der äußeren Form. Die Fähigkeit, sich über nichts zu wundern, galt bei ihnen als die größte Tugend. In dieser Beziehung waren sie geradezu krankhaft. Die Hauptsache für sie war stets: wie man sich *äußerlich benahm*. Doch oftmals verwandelte sich die aufgeblasenste Haltung mit wahrer Blitzesschnelle in die allerkleinmütigste. Es gab auch einige wahrhaft starke Charaktere unter ihnen; diese benahmen sich einfach und nicht albern. Doch sonderbar! Unter diesen wahrhaft Starken gab es wiederum einige, die bis zum äußersten, fast bis zur Krankhaftigkeit eitel waren. Überhaupt spielten Eitelkeit und hochmütiges Benehmen die erste Rolle im Ostrógg.

Die Mehrzahl der Sträflinge bestand aus Taugenichtsen und war entsetzlich verderbt. Verleumdungen und Klatschereien hörten nie auf: in dieser Beziehung war der Ostrógg eine Hölle, eine wahre Ausgeburt der Unterwelt. Aber gegen die einmal herrschenden Sitten und Gesetze wagte sich niemand zu erheben; alle paßten sich an. Es gab wohl schroff hervorragende Charaktere, die sich schwer, die sich nur mit Mühe anpaßten, aber sie taten es doch.

Es kamen auch solche in den Ostrógg, die in der Freiheit nur jedes Maß verloren hatten und nun selbst nicht zu wissen schienen, warum und wozu sie das Verbrechen begangen hatten: es war oft wie von selbst oder gleichsam im Fieber oder wie in der Betrunkenheit geschehen; häufig hatten sie ihre Tat nur aus krankhaft gesteigertem Imponierenwollen begangen. Denen wurde aber bei uns sofort ein anderer Standpunkt klargemacht, obgleich einzelne von ihnen vor ihrer Ankunft im Ostrógg der Schrecken ganzer Ortschaften und Städte gewesen waren. Der Neuling erkannte schon bald nach der ersten Umschau, daß er nicht dorthin geraten war, wohin er zu kommen gemeint hatte, daß er hier keinen mehr in Erstaunen setzen konnte, und so fügte er sich unmerklich und paßte sich dem allgemeinen Ton an.

Dieser allgemeine Ton bestand äußerlich in einer besonders gewahrten persönlichen Würde, von der fast jeder Bewohner des Ostrógg völlig durchdrungen zu sein schien, ganz als ob die Benennung »Sträfling« tatsächlich ein Rang und Titel gewesen wäre, womöglich noch ein besonderer Ehrentitel. Kein einziges Anzeichen von Scham und Reue! Übrigens gab es doch ein gewisses äußerliches Sichabfinden, ein sozusagen offizielles, ruhiges Vernünftigreden.

»Wir sind verlorenes Volk«, sagten sie, »wer nicht konnt' in Freiheit leben, mag jetzt harte Straßen gehen.« – »Wer Vater und Mutter nicht hat gehorcht, der gehorche jetzt dem Trommelfell.« – »Hast du nicht freiwillig arbeiten wollen, so klopfe jetzt Steine tagaus, tagein.« Solche und ähnliche Sätze wurden sehr oft gesagt, in Form einer Sittenlehre wie auch als gewöhnliche Redensart, waren aber niemals wirklich ernst gemeint. Es waren eigentlich nur leere Worte, denn es ist kaum anzunehmen, daß auch nur einer von ihnen sich seine Schuld innerlich eingestand. Es hätte nur jemand von den Nichtsträflingen wagen sollen, einem von ihnen sein Verbrechen vorzuhalten, ihn einmal deswegen zu schelten (wenn es auch nicht russisch ist, einem Verbrecher Vorwürfe zu machen), – das Schimpfen würde kein Ende genommen haben! Und was für Künstler waren sie alle im Schimpfen! Sie beschimpften sich geradezu raffiniert, meisterhaft! Das Schimpfen war bei ihnen zu einer ganzen Wissenschaft geworden; sie bemühten sich, nicht so sehr mit dem kränkenden Wort zu treffen, als mit dem kränkenden Sinn, mit der Zusammenstellung des Ganzen, mit der »Idee«! – Das aber ist entschieden feiner und folglich um so verletzender. Und die ununterbrochenen Streitigkeiten zwischen ihnen trugen natürlich nur dazu bei, diese Kunst unter ihnen noch mehr zu entwickeln. Alle diese Sträflinge arbeiteten, bildlich gesprochen, unter dem Stock, und so ist es denn selbstverständlich, daß sie faul waren, liederlich und verderbt; selbst wenn sie es früher nicht gewesen waren, so wurden sie es hier im Ostrógg. Alle waren sie hier nicht durch eigenen Willen versammelt, alle waren sie einander Fremde.

»Der Teufel hat wenigstens seine drei Paar Bastschuhe zerrissen, bevor er uns in einen Haufen zusammengebracht!« sagten sie von sich selbst, und so waren denn Klatsch, Intrigen, Verleumdungen, Neid, Hader und jede Niedertracht in diesem Höllenleben an der Tagesordnung. Kein altes Weib hätte so weibisch sein können, wie es einige von diesen Seelenmördern waren. Ich wiederhole, es gab unter ihnen auch starke Charaktere, die abgehärtet und furchtlos und von jeher gewohnt waren, zu herrschen und zu fordern. Diese wurden auch von den anderen Mitgefangenen unwillkürlich geachtet; sie aber gaben sich Mühe, obwohl sie auf ihren Ruhm bisweilen sogar sehr eifersüchtig waren, im großen ganzen den anderen nicht zur Last zu werden. Auf nichtigen Streit ließen sie sich überhaupt nicht ein, wahrten stets eine auffallende Würde in ihrem Gehaben, waren vernünftig und fast immer der Obergewalt gehorsam – doch nicht etwa aus Grundsatz, sondern wie nach stillschweigendem Übereinkommen, weil es für beide Teile so das Beste war. Übrigens ging man mit ihnen auch vorsichtig um.

Ich entsinne mich noch, wie einmal einer von diesen, ein furchtloser, entschlossener Charakter, der unserer Verwaltung und Aufsicht schon von früher wegen seiner tierischen Neigungen bekannt war, wegen irgendeines Vergehens zur Bestrafung gerufen wurde. Es war ein Sommertag und wir hatten gerade keine Arbeit. Der Major, der nächste und unmittelbare Vorgesetzte des Ostrógg, erschien selbst, um persönlich der Bestrafung beizuwohnen. Dieser Major war für die Sträflinge ein geradezu verhängnisvolles Wesen; er brachte es so weit, daß sie vor ihm zitterten. Denn er war bis zur Sinnlosigkeit streng, ein »Menschenfresser«, wie die Gefangenen sagten. Am meisten fürchteten sie seinen alles durchdringenden Luchsblick, vor dem sich nichts verbergen ließ. Er sah gleichsam, ohne irgendwohin zu blicken. Betrat er den Ostrógg an dem einen Ende, so wußte er schon, was am anderen Ende desselben geschah. Die Sträflinge nannten ihn den »Achtäugigen«. Sein System war aber unrichtig. Durch seine rasenden, wilden Handlungen verbitterte er nur diese ohnehin schon erbitterten Menschen, und wäre nicht der Kommandant, ein edler und vernünftig denkender Mensch, sein Vorgesetzter gewesen, der seine wilden Ausfälle mitunter mäßigte, so hätte der Major noch großes Unheil angerichtet. Offen gestanden, ich begreife nicht, wie er noch so glücklich seine Zeit abgedient hat: tatsächlich konnte er lebend und gesund den Abschied nehmen, wenn er auch vor Gericht kam.

Der Sträfling erbleichte, als er gerufen wurde. Sonst pflegte er sich immer schweigend und entschlossen unter die Ruten zu legen, schweigend die Strafe hinzunehmen, nach Vollzug derselben aufzustehen, als wäre nichts geschehen, und kaltblütig und philosophisch das ihm zugestoßene Mißgeschick hinzunehmen. Trotzdem ging man immer sehr vorsichtig mit ihm um. Diesmal aber fühlte er sich vollkommen unschuldig. Er erbleichte, und es gelang ihm, unbemerkt von der Wache, ein scharfes englisches Schustermesser in den Ärmel zu stecken. Messer und alle scharfen Instrumente waren im Ostrógg strengstens verboten; die Durchsuchungen wurden sehr oft, ganz plötzlich und gründlich vorgenommen, die Strafen waren grausam hart; da aber eine von Dieben versteckte Sache schwer zu finden ist, besonders wenn diese mit solchen Untersuchungen rechnen müssen und sicher verstecken wollen, und da andererseits Messer und ähnliche Werkzeuge immer gebraucht wurden, so waren sie trotz aller Maßregeln nicht auszurotten. Und wenn sie auch manchmal gefunden wurden, so schaffte man sich doch unverzüglich neue an.

Die ganze Kaserne stürzte zum Palisadenzaun, um dort mit klopfendem Herzen durch die Spalten zu lugen. Alle wußten, daß Petróff sich diesmal nicht freiwillig unter die Ruten legen werde und daß die letzte Stunde des Majors gekommen war. Aber kurz vor dem entscheidenden Augenblick stieg unser Major in seinen Wagen und fuhr davon, nachdem er die Ausführung der Exekution einem anderen Offizier übertragen hatte.

»Den hat Gott selber gerettet«, sagten die Sträflinge. Petróff aber nahm mit der größten Ruhe seine Strafe hin. Sein Zorn war mit der Abfahrt des Majors vollständig vergangen. Der Arrestant ist gewöhnlich bis zu einem gewissen Grad gern gehorsam und geduldig, aber es gibt eine Grenze für seinen guten Willen, die man nicht überschreiten darf. Da ich soeben einen solchen Fall angeführt habe, will ich noch bemerken, daß es kaum etwas Interessanteres gibt als diese sonderbaren Ausbrüche der Ungeduld und Widersetzlichkeit bei den Arrestanten. Oft erträgt ein Mensch mehrere Jahre lang die grausamsten Strafen, ergibt sich allem widerspruchslos, plötzlich aber reißt seine Geduld bei der nichtigsten Geringfügigkeit, ja, man könnte sagen: um nichts und wieder nichts. Von einem gewissen Standpunkt aus müßte man ihn dann sogar wahnsinnig nennen, – und man tut es ja auch...

Jean-Pierre Cartier

»Die Ratten leben besser als wir«: Krieg im Schützengraben

Mit jedem Monat nimmt auf der ganzen Frontlänge die Feuerkraft zu. Man gewöhnt sich an die Monotonie des Schreckens, der sich langsam steigert. Verlangt wird von Soldaten nur eines: Durchhalten.

Durchhalten, ausharren, nicht aufgeben – das sind die ständig wiederholten Beschwörungsworte. Bleiben, wo man ist, trotz Trommelfeuer, Stoßtruppunternehmen, Teilangriffen, und nicht zuletzt trotz Regen, Schlamm und Schnee.

In der ganzen tragischen Menschheitsgeschichte haben noch niemals so viele Männer so lange auf so langer Front so erbärmlich ihr Leben gefristet. Niemals ist Heldentum so anonym geblieben.

Unzählige Briefe aus dem Felde sind nach dem Kriege veröffentlicht worden, und nur ganz selten ist in ihnen von einer dramatischen Aktion die Rede, um so mehr dafür von den tausendundeinen Alltagsnöten, die wohl nur der ganz ermessen kann, der sie erlebt hat.

Die ärgste der Plagen ist der Schlamm. Von den Granaten tief aufgerissen, ständig mit Pickel, Spaten und Schaufel umgewühlt, von den Stiefeln und Knobelbechern der Soldaten zertrampelt, zerkarrt von allen möglichen Transporten – so präsentiert sich die geschändete Erde. Längst hat sie ihren Bewuchs eingebüßt, und sie rächt sich, wird zur Falle.

Der Schriftsteller und Frontkämpfer Henri Barbusse schreibt: »Ich hatte gemeint, das Schlimmste in der Hölle des Krieges sei die Flamme der explodierenden Granaten... Nein, die schlimmste Höllenstufe ist das Wasser.«

Es rieselt überall, sammelt sich in den Gräben, läßt die Abläufe überquellen, verwandelt das Schlachtfeld in einen breiigen Sumpf.

Was soll man tun, wenn alles um einen herum zerläuft, wenn die Grabenwände einbrechen, die Unterstände einstürzen und unter einem Erdrutsch ein ganzer Trupp im Stollen verschüttet wird? Der Weg durch die Laufgräben wird für Ablösende und Abgelöste zum Alptraum. Man watet bis zu den Knien im Schlick, ja, bis an die Oberschenkel, und Lattenroste und Reisigbündel, die man auslegt, sind nur allzu rasch in der Brühe verschwunden.

Der Schlamm bahnt sich seinen Weg gnadenlos bis in den letzten Winkel. Er macht auch vor den Gewehrverschlüssen nicht halt, und mehr als einmal wird ein Grabenabschnitt erobert, weil die Verteidiger nicht schießen können. Er gelangt in noch so sorgfältig verschlossene Tornister und in die Lebensmittel. Die Schuhe werden bretthart, und die Soldaten ziehen sie gar nicht erst aus, weil sie nie wieder hineinkämen.

Nach zwei, drei Tagen in vorderster Linie haben sich die Männer in Schlammsäulen verwandelt. Einer hat es bei der Rückkehr in die Ruhestellung genau wissen wollen: Sein Mantel wog 32 Kilo.

Die Granattrichter, in denen das Wasser steht, werden zu mörderischen Fallgruben. Immer wieder kommt es vor, daß Soldaten, Verwundete zumal, in der Dunkelheit dahinkriechend in einen Trichter fallen. Sie sind verloren, weil sie nirgendwo Halt finden, und ertrinken nach gräßlichem Todeskampf.

Der Höhepunkt des Schreckens ist am Ende eines jeden Winters erreicht, wenn das Tauwetter einsetzt. Auf beiden Seiten kämpfen die Männer nur noch gegen den Matsch, nicht mehr gegen den Feind. Nicht einmal die Granaten explodieren mehr. Der Krieg versickert.

Während die Männer in ihren Unterständen hocken, gehen sie auf Läusejagd. Denn die Läuse sind allgegenwärtig, in jeder Größe, manche so dick wie Getreidekörner, andere so winzig, daß man sie kaum erkennt. Es gibt schwarze, weiße und, besonders gefürchtet, graue »mit dem Eisernen Kreuz« auf dem Rücken, wie die Franzosen sagen. Gegen sie ist kein Kraut gewachsen. Sie widerstehen allen Abreibungen mit Benzin oder Petroleum, den Kampfersäckchen, die man unter dem Hemd trägt, und allen bekannten Insektenvertilgungsmitteln. Ein täglich neu begonnener, hoffnungsloser Kleinkrieg. »Für zehn, die man knackt«, heißt es im Graben, »kommen hundert nach.«

Wird es dann warm und trocken, kommt eine andere Plage über die Bewohner der endlosen Grabenstadt: die Fliegen.

Der Infanterist Louis Barthas schreibt: »Ach, diese Fliegen auf dem Schinderacker Lorettohöhe, die bis weit hinter die Front ausschwärmten, wie hat uns vor ihnen gegraust! Überall krabbelten sie herum, auf den Blechbechern, den Eßgeschirren, den Kochkesseln, ständig umsummten sie uns, krochen von den Toten zu den Lebenden und von den Lebenden zu den Toten!«

Louis Barthas hätte das gleiche von den Ratten sagen können, die vielleicht der schlimmste Feind sind. Für sie hat der Krieg den Tisch gedeckt, die Stellungen sind für sie ein Schlaraffenland. Fett und strotzend vor Gesundheit sind die erschreckend großen Tiere.

In der Nacht machen sie im Niemandsland einen Heidenspektakel zwischen den Stacheldrähten und den hinausgeworfenen Konservendosen. Immer wieder gibt es blinden Alarm, weil Posten auf die verdächtigen Geräusche geschossen haben.

In den Unterständen machen sie den Menschen die Nahrung streitig. Kaum sind die Kerzen ausgeblasen, beginnt der Tanz. Sie laufen über die Schläfer, bahnen sich einen Weg bis in die Tornister und klettern sogar an den Drähten herunter, an denen die Männer vorsichtshalber ihren Brotlaib aufgehängt haben.

Vier Jahre lang ist der Kampf gegen die Ratten ein Krieg im Krieg gewesen, in dem die Menschen hoffnungslos unterlegen sind.

Das Problem wird so bedrängend, daß die französische Militärverwaltung eine Prämie von einem Sou, fünf Centimes, für jeden abgelieferten Rattenschwanz aussetzt. Daraufhin werden regelrechte Treibjagden veranstaltet. In den Unterständen bewaffnen sich die Soldaten mit Schaufeln, die Offiziere ziehen ihren Säbel, den sie bis dahin so gut wie nie benutzt haben. An einem freigeräumten Platz wird etwas Eßbares ausgelegt, dann werden die Lichter gelöscht. Lange brauchen die Männer nicht zu warten. Bald kann man auf einen Ruf die Taschenlampe einschalten, und das Gemetzel beginnt.

Als schwieriger stellt es sich heraus, die Prämie zu kassieren.

Bei der fanatischen Liebe der französischen Armee zum Papierkrieg muß für jede Kollektion Rattenschwänze ein Meldeblatt in zwei oder drei Exemplaren ausgefüllt werden, und bis zur Auszahlung der Prämie vergeht so viel Zeit, daß die Männer die Lust verlieren.

Besonders widerwärtig ist es, daß die Leichen von den Ratten angefressen werden. Die Träger können keinen toten Kameraden aufnehmen, ohne daß welche zum Vorschein kommen.

Unter Tausenden von Augenzeugenberichten mag einer genügen: »Eines Abends hat Jacques auf Streife an den verbliebenen Uniformmänteln riesige, von Menschenfleisch fette Ratten gesehen. Nur mit Herzklopfen robbte er an einem Toten vorbei. Der Mann zeigte einen grinsenden Kopf, von allem Fleisch entblößt, das Schädeldach nackt, die Augen weggefressen. Ein Gebiß war auf das verschimmelte Hemd hinausgerutscht, und auch aus dem klaffenden Mund sprang so ein ekliges Tier.«

Damit sind wir beim Schrecklichsten angelangt: Die Soldaten an vorderster Front leben mit den Toten.

Überall liegen Leichen. Nicht nur im Vorgelände, wo die Opfer der letzten Angriffe in den Stacheldrahtverhauen hängen, sondern auch in den Gräben, wo sie von Artilleriefeuer zugeschüttet worden und mit der Erde zusammengebacken sind, bis der nächste Granateinschlag ihre Glieder wieder emporschleudert.

Oft ist der Anblick so furchtbar, daß selbst die Abgestumpftesten erbrechen müssen.

Von pergamentener Haut überzogen, würmerwimmelnd, von den Ratten angefressen, in grotesken Stellungen daliegend...

Ernst Jünger, der bei Les Eparges vor Verdun liegt, berichtet: »Ein süßlicher Geruch und ein im Drahtverhau hängendes Bündel weckten meine Aufmerksamkeit. Ich sprang im Morgennebel aus dem Graben und stand vor einer zusammengeschrumpften französischen Leiche. Fischartiges, verwestes Fleisch leuchtete grünlichweiß aus der zerfetzten Uniform. Mich umwendend, prallte ich entsetzt zurück: neben mir kauerte eine Gestalt an einem Baum. Sie trug das glänzende französische Lederzeug und auf dem Rücken noch den hochgepackten Tornister, von einem runden Kochgeschirr gekrönt. Leere Augenhöhlen und wenige Büschel Haar auf dem schwarzbraunen Schädel verrieten, daß ich es mit keinem Lebenden zu tun hatte. Ein anderer saß, den Oberkörper nach vorn über die Beine geklappt, als ob er eben zusammengebrochen wäre. Ringsumher lagen noch Dutzende von Leichen, verwest, verkalkt, zu Mumien gedörrt, in unheimlichem Totentanz erstarrt. Die Franzosen mußten monatelang neben den gefallenen Kameraden ausgehalten haben, ohne sie zu bestatten.«

Tatsächlich ist es nicht immer möglich, die Toten zu begraben. Oft müßte man dafür sein Leben aufs Spiel setzen, sich aus dem Graben in das Schreckensland hinauswagen, wo das kleinste Geräusch sofort die Schüsse der Gegenseite provoziert.

Also lebt man mit ihnen, stumpft ab, gewöhnt sich auch daran: an die grinsenden Gesichter, an den durchdringenden Geruch, der sich mit der Zeit auf alles überträgt.

Für alle, die den Weltkrieg nicht miterlebt haben, stellt sich die Frage: Wie konnten Millionen Männer so lange im unmittelbaren Angesicht des Todes in seiner gräßlichsten Form ausharren?

Sie haben selber die Antwort gegeben. Sie sahen die Toten, in manchen erkannten sie Kameraden, die an ihrer Seite gelebt und gekämpft hatten. Aber sie spürten eine ganz eigenartige Gewißheit: der Tod, der war den anderen bestimmt.

Ganz sicher hat diese Unfähigkeit, sich den eigenen Tod vorzustellen, ihnen die Kraft zum Durchhalten gegeben. Sie lebten mit den Toten, sie aßen in unmittelbarer Nähe verwesender Leichen.

Max Beckmann

»Ein wildes Lustgefühl«: Brief aus dem Ersten Weltkrieg

V., d. 4.5.15.

Na also – hunderttausend Russen sollen gefangen sein! Wenn's wahr ist, wär's zu schön und einen Schritt näher zum Frieden. Mein Freund schwört Stein und Bein, ich glaub's nicht, bis ich's selbst gelesen habe.

Heute nachmittag wieder in L. bei Herrn P. und Dr. Bonenfant war es sehr reizend, und ich habe vorzüglichen gelben Wein getrunken und entzückende Pastete gegessen. Dann bin ich, von P. noch ein Stück begleitet, nach dem Gewitter noch im leisen Regen nach Hause gegangen. Wunderschön. Wie unendlich lieb' ich doch das Gewitter. Ich habe es eben noch versucht zu zeichnen. Den Blick von der Höhe von L. von der alten Mühle in das weite Land und auf das Schlößchen mit dem Park. Ein Himmel von einer Schönheit wilden, aufgeregten Graus, der fabelhaft war.

Gestern war's dramatischer. An Stelle des gelben Weins habe ich eine ganze Flasche Sekt und einen sehr guten Rheinwein mitgetrunken, nachdem wir vorher mit Kaviar eine solide Basis geschaffen hatten. Dann gingen wir etwas im Granatfeuer spazieren. – Ich war lange in der völlig zerschossenen Kirche. Es war eine schwüle Gewitterstimmung, und die fahlgrauen Säulen der Kirche kontrastierten wundervoll mit dem violetten Himmel, der durch die Decke düster hereinsah. Dazu das Krachen der Granaten, das ein ganz ähnliches Geräusch gibt, wie wenn der Blitz einschlägt.

Es hat ein wildes, fast böses Lustgefühl, so mitten zwischen Tod und Leben zu stehen.

Beim Nachhausegehen beobachtete ich ein paar kartoffellegende Weiber mit zwei Bauern mit riesigen Hacken. Lange, böse Kerle, die mit Wucht drauflosschlugen. Von weitem sahen sie aus wie mähende Schnitter des Todes.

Nun habe ich mich wieder verleiten lassen und fast noch eine

Stunde diese Sache gezeichnet. Morgen gehe ich hin und zeichne die Leute noch mal und dann male ich es hier auf die Mauer und dann noch mal zu Haus!

Na also, eben war – noch mal bei mir drin. Es ist also amtlich. Zehntausend Gefangene und die Toten. Schaurig, schaurig. Morgen früh wollen sie Ypern nehmen – ich muß aber vorher noch diese Bauern zeichnen.

Meine Seele ist in wüsten Wogen. Dieses Bild muß ich malen.

V., d. 4.5.15.

Also ich kann fast nicht an Dich schreiben, so zahllos sind die Mücken. Immer wieder fallen diese blöden Tiere herunter, und in meinem Zimmer ist ein Gesumms, wie in einem Ameisenhaufen.

Nun habe ich fürs erste Mal genug bekommen. Ich war auf dem äußersten Verbandplatz, der direkt an den äußersten Schützengräben liegt. Mitten in der großen Kanonade von Ypern. Pfui Deibel. Ich muß Dir offen gestehen, daß ich nicht unbeträchtliche Gefühle der äußersten Sorge um mein geehrtes Leben durchgemacht habe. Ich fuhr mit dem Rad nach Tenbrylen, dem letzten von den Einwohnern ziemlich verlassenen Dörfchen vor der Schlachtfront, um dort meine Bauern von gestern noch einmal zu zeichnen und dabei einen Oberstabsarzt zu besuchen, um zu sehen, ob er nicht was zu sehen hätte für mich. Mais il n'était pas là. Na, ich wandelte einsam umher und fand meine Modelle nicht. Immer zwischen gelbem Raps und endlosen Munitionskolonnen, die von der Front zurückkamen und wieder hinfuhren. Schließlich aber traf ich den Burschen vom Oberstabsarzt. »Der Oberstabsarzt ist in der äußersten Schützenlinie«, sagt er, »ich gehe wieder hin, muß neues Verbandszeug hinbringen.«

Ich hatte schon auf der Hinfahrt Angst gehabt, denn heute, sagte ich mir, machst du sicher eine Dummheit. Also von Zandvoorde sollte man noch eine Viertelstunde zu Fuß gehen. »Na dann also, ich gehe mit.«

Nun ging's los. Gleich vor Z. stehen unsere schweren Geschütze, und natürlich hatten sie nichts Eiligeres zu tun, als loszuschießen, als wir vorübergingen. Glücklicherweise sah ich noch rechtzeitig, wie der Offizier »Feuer!« sagte, trotzdem konnte ich einige Sekunden nach dem Knall nichts hören , und der Luftdruck warf mich einige Schritte zurück. Wie eine wilde Furie sauste das Geschoß über meinen Kopf hinüber in den endlosen Raum, und nun gingen immer diese Geschosse mit wildem ironischen, wahnsinnigen Geheul über meinen Kopf weiter. Und ich durch die Trümmer des Dorfes links weiter die Chaussee, die dauernd über die Höhe führte und die sich drehte wie ein Bohrer, anstatt mich, wie ich erwartet hatte, nach vorn direkt zu führen. Links und rechts schossen nun unsere Geschütze mit einer wilden Wut, und jetzt hörte ich auch den schaurigen Lärm der feindlichen Einschläger. Na, ich zog die Schultern hoch und ging weiter. An einem verfallenen Haus der sonst ganz einsamen Chaussee saß ein Soldat und grinste mich höhnisch an.

»Was wollen Sie denn? Bloß so aus Neugierde?«

»Na ja«, sagte ich verlegen.

»Ich würde aber schön zu Hause bleiben, wenn ich nicht müßte«, meinte er und grinste wieder höhnisch.

»Tja«, sagte ich und besah mir die weißen Kreuze, die die Chausseeränder verzierten mit ihren melancholischen, leeren Helmen. »Das ist nun mal so. Na, adieu.«

Weiter! Zurück war ebenso gefährlich wie vorwärts. Ich zog wieder die Schultern hoch und ging dem braven Burschen nach. Erst mußten wir noch eine andere Verbandstelle passieren, und schließlich landete ich denn bei meinem Oberstabsarzt, der mich erstaunt empfing. Na, ich war nun da. Es war nicht mehr zu ändern. Ich muß hinzusetzen, daß er sich auf telephonische Anfrage geweigert hatte, mich mitzunehmen. A cause du danger.

Es war ein wirklicher Höllenlärm. Die Luft war angefüllt mit dem schrillen Pfeifen der Schrapnells und dem wüsten Dröhnen der schweren Geschütze. Man brachte andauernd Verwundete. Einige Vergiftete wälzten sich in wilden Zuckungen und röchelten schwer. Dem einen mußte mit der Mundsperre der Mund aufgehalten werden.

Fabelhafte Sachen sah ich. In dem halbdunklen Unterstand

halbentkleidete, blutüberströmte Männer, denen die weißen Verbände angelegt wurden. Groß und schmerzlich im Ausdruck. Neue Vorstellungen von Geißelungen Christi.

Dann brachte man einen Oberleutnant, der eben einen schweren Brustschuß erhalten hatte. Ein schönes Gesicht, schon halb weiß, mit rötlichem Haar und graurosa Teint. Er war ganz ruhig und sehr matt.

»Hier ging die Kugel rein und hier raus«, zeigte er an seiner nackten Brust, »schlechte Sache. Bald Ende.«

Fein und groß und ruhig. Mit seinem trockenen Offizierston sprach er. – Er wird nicht mehr. Draußen lagen zwei Tote von heute früh, die nachher begraben werden sollten. Ich hob die Tücher von ihren Köpfen. Der eine ganz fahl braunweiß mit merkwürdig überirdischem Ausdruck – der andere ein brutales Gesicht, ganz mit schmutzigem Blut bedeckt, mit einer riesigen klaffenden Wunde am unteren Gesicht und am Hals, ein Granat wie ein tiefer, blutiger Abgrund. Still lagen sie, nebenbei gruben die Kameraden das leichte Grab. Über uns ein feindlicher Flieger. – In Fliegerdeckung. – Inzwischen hatte wohl der Feind die Ansammlung von Menschen bemerkt, und die Granaten der schweren englischen Geschütze begannen immer näher bei uns zu krepieren. Inmitten dieser zerrissenen Menschenreste stand ich nun jeden Augenblick gewärtig, zu ihnen zu gehören.

Vielen Gesichtern sah man die Angst an. Und vor mir lag der Weg zurück über die Höhen. Oberstabsarzt C. war fein. Nicht eine Spur von Angst – mit einer Ruhe und Sicherheit bewegte er sich auf dem Terrain, wie in einem Tanzsaal. Er fuhr mit dem schwerverletzten Oberleutnant im Auto nach V.

Inzwischen wurden wir weiter beschossen, und man verbrachte die Zeit mit Aufsuchen der verschiedenen Winkel.

Dann kam mit einem Krankenauto der Divisionspfarrer.

Die Beerdigung sollte auf dem freien Platz vor dem Unterstand vor sich gehen, und der war also augenblicklich sehr exponiert.

Man versammelte sich also draußen, während dem ungeheuren Lärm. Der Pfarrer hielt eine kurze Rede, die wie eine wahnsinnig flehende Bitte klang, daß uns der Herrgott, zu dem man doch immer treu gestanden, aus dieser Not erretten möge. Seine Stimme steigerte sich teilweise zum Gebrüll, da sie sonst unverständlich war, auch weil ihn wohl Aufgeregtheit und Nerven zwangen.

Die Rede war kurz, und ich habe niemals ein so schnelles Vaterunser gehört, aber er hielt noch die Form. Sehr schön war die tiefe, erschauernde Andacht der Soldaten, die jungen und alten Gesichter mit dem Ausdruck der Not und Verlassenheit und doch auch Kraft und der stillen Würde des Unabänderlichen. In mir sauste alles. Mein Selbsterhaltungstrieb, der krampfhaft darauf lauerte, sich vor der kommenden Granate zu retten, und mein fester Wille, diesen beiden Menschen, die da quasi für mich gestorben waren, die letzte Ehre mit einer gewissen Selbstbeherrschung zu geben.

Nun kam das Amen. Ich ging als dritter an die Gräber und warf ruhig, ich war in dem Augenblick ganz ruhig, einigen Sand auf die armen braunen, zerschossenen Hände und den verdeckten Kopf.

Und nun kam wie zum theatralischen Schlußeffekt auch die Granate und explodierte fünfzig Meter weit von uns unter einem schrillen Lärm. Die ganze Gesellschaft sauste an den Boden, um sich zu decken. Es wurde niemand verletzt.

Bei der Rückfahrt hatte ich Glück. Ich fuhr zuerst mit den Gasverwundeten drinnen im Krankenauto, später außen angeklemmt über den Berg.

Ein riesiges schwarzes Gewitter zog von Ypern her zu uns rüber.

Ruth Elias

»Ich will leben«: Geburt und Tod meines Kindes

Wir waren eine derartige Sensation, daß unsere Geschichte auch Mengele zu Ohren kam. Mengele erschien auf unserem Block, ließ uns herausrufen, und wir mußten beide stramm vor ihm stehen. Zum zweiten Male kam er mir ganz in die Nähe. Das erste Mal hatten wir uns bei der Selektion im Familienlager gegenübergestanden und jetzt hier, im Krankenrevier. Er fing an, uns auszufragen, und die vielen Fragen prasselten auf uns herunter. Er wollte wissen, wo wir während der Selektion waren, wo er stand, wo die anderen Ärzte aufgestellt waren, was wir noch gesehen hätten etc. Er konnte wahrscheinlich nicht begreifen, daß er, der Allmächtige über die Judenvernichtung, zwei schwangere Frauen bei der Selektion übersehen hatte.

»Legt euch nur hin und entbindet, dann werdet ihr ja weitersehen!«

Wir wußten nicht, was er damit meinte. Eine gute Prognose war das jedenfalls nicht. Wir konnten uns unsere Zukunft nicht vorstellen.

Mengele kam jeden Tag nicht nur zu uns, sondern überhaupt ins Krankenrevier, denn das war ja seine Domäne. Es waren in unserem Block jedoch nicht nur Kranke, sondern auch »Versuchsobjekte« untergebracht. Viele junge Frauen waren da, welche sich seinen satanischen Operationen unterziehen mußten. Es war grauenhaft, zuzusehen, wie diese Frauen zu Versuchen abgeholt wurden. Das Gerücht über diese Operationen verbreitete sich schnell, und die Frauen sträubten sich mit all ihren Kräften, zu der Operation zu gehen. Es half nichts. Gewalt wurde angewendet, um sie wegzubringen. Noch ärger war der Anblick, wenn sie zurückgebracht wurden. Aus dem Block gingen junge, gesunde, aber entkräftete Frauen, und es ist nicht zu beschreiben, in was für einem mitleiderregenden Zustand sie zurückgebracht wurden. Das Schreien und Weinen klingt mir noch heute in den Ohren. Alle, ohne Ausnahme, kamen mit dem wirren Blick einer Wahnsinnigen zurück. Wir waren alle jung und in der Medizin nicht bewandert, deshalb wußten wir auch nicht genau, was da eigentlich vor sich ging, was mit den Frauen gemacht wurde, was ihnen angetan wurde. Aber wir sahen, daß sie unsagbar litten und nachher noch lange nicht in der Lage waren zu sprechen. Wir Mithäftlinge konnten nichts anderes tun, als mit Beistand und Worten zu trösten. Andere Mittel gab es nicht. Und jeden Tag erschien Mengele, und jeden Tag zitterten wir alle, denn niemand wußte, wen er als nächstes Opfer aussuchen wird.

Mengele war eine sehr attraktive Erscheinung. Immer spielte ein Lächeln um seinen Mund, und man konnte die Lücke zwischen seinen Vorderzähnen sehen. Er war tadellos angezogen: seine Schildkappe mit dem SS-Abzeichen, Reithosen, die schwarzen Stiefel auf Hochglanz poliert und die unerläßliche Reitpeitsche in der Hand, mit welcher er dauernd gegen seine Stiefel schlug. Er war sehr höflich, wenn er mit mir sprach, und machte den Eindruck, als ob er sich persönlich für den Menschen interessiere. Niemand konnte sich das im einzelnen wirklich vorstellen, daß dieses Lächeln und gute Benehmen nur Fassade war, hinter der die fürchterlichsten Vernichtungspläne ersonnen wurden, welche nur ein Menschengehirn erfinden kann.

Die Preßwehen setzten ein, und bald danach – schließlich hatte ich doch ganz laut geschrien – spürte ich, wie das Kind zwischen meinen Beinen hindurch meinen Körper verließ. Noch bevor ich mir der riesigen Erleichterung bewußt wurde, hörte ich den ersten Laut und das erste Weinen meines Kindes. Mein Kind! Mein Kind! Es war mein Kind, welches weinte, und nun konnte ich auch meine Tränen nicht aufhalten. Ein Schluchzen schüttelte meinen Körper. Es war dies nicht die Nachgeburts-Hysterie, sondern der Ausdruck der Verzweiflung, der Ungewißheit über das Schicksal meines Kindes. Ja, ich glaube, daß sich schon in dieser kurzen Zeit des Lebens meines Kindes das erste Muttergefühl in mir regte. Mein Kind, was wird uns die Zukunft bringen? Wo blieb der glückliche Augenblick, in dem der Arzt der jungen Mutter mitteilt, daß sie ein gesundes, schönes Kind zur Welt gebracht hat? Meine Gedanken überschlugen sich, und kaum nahm ich die Nachricht auf, daß ich einem gesunden, gut entwickelten Mädchen das Leben geschenkt hatte. Das Leben geschenkt? Wofür? Warum?

Die Hebamme schnitt mit der nicht sterilisierten Schere die Nabelschnur durch und reichte Berta das neugeborene Mädchen.

»Geh hinaus in den Waschraum und wasch' das Kind«, beauftragte sie Berta.

»Mit dem kalten Wasser?« fragte Berta.

»Du hast keine andere Möglichkeit, oder willst du es blutig auf die Decke zu der Mutter legen?« sagte die Hebamme.

»Gibt es denn keine Windeln?« fragte Berta. »Gibt es keine Decken zum Einwickeln?«

Die Hebamme gab einen zynisch klingenden Lachlaut von sich:

»Wie lange bist du in Auschwitz? Oder glaubst du, daß du dich in einem Privatsanatorium befindest?«

Nachdem die Plazenta draußen war, befahl mir die Hebamme, mich auf mein Bett zu legen, und deckte mich mit der blutgetränkten Decke zu, welche während der Entbindung unter mir gelegen hatte. Neben mir lag der nackte kleine Kinderkörper, unter welchen ich, um ihn nicht auf die bloßen Bretter zu legen, die schmutzige Decke schob und ihn auch von oben mit dieser Decke zudeckte. Ich spürte, wie mir das Blut zwischen den Beinen hinausfloß und hatte nichts, um es aufzufangen. Berta erhielt ein Geschenk für mich. Einen schmutzigen Fetzen, welchen ich mir zwischen die Beine schob, so daß das Blut nicht auf die Bettstelle und später auf den Fußboden sikkerte. Sogar schmutzige Fetzen waren ein sehr gefragter und wertvoller Gegenstand in Auschwitz.

Mein Kind fing zu weinen an, doch hatte ich absolut nichts, womit ich es beruhigen konnte. Berta flößte ihm ein bißchen Wasser ein, etwas später bekamen wir unseren Kaffee. So war dies der erste warme Trunk, welchen mein Kind bekam.

Eine Frau aus unserem Block kam zögernd auf mich zu und brachte mir ein Geschenk. Ein Nachthemd, welches sie von einer Freundin bekommen hatte, welche in der Kleiderkammer arbeitete und dieses gestohlen hatte. Sie gab mir den guten Rat, dieses in vier Teile zu zerreißen, um so vier Windeln für das Baby herzustellen. Welch ein Edelmut von dieser Frau, das so wertvolle Nachthemd wegzuschenken, welches sie bestimmt für Brot hätte eintauschen können. Ich war über dieses Geschenk überglücklich, denn inzwischen war die Decke unter der Kleinen schon ganz naß geworden, und ein sehr übler Geruch breitete sich um uns beide aus.

Mein Kind weinte, weinte, und wir wußten nicht, wie wir es beruhigen sollten. Berta, welche doch erfahren war, riß von jeder Windel ein ganz kleines Viereck aus, kaute etwas Brot, legte es in eines der kleinen Vierecke, tauchte es entweder in den Kaffee oder in die Suppe und gab so der Kleinen zu essen. Es war dies ein improvisierter Lutscher, und die Kleine beruhigte sich für eine ganz kurze Zeit.

Wie jeden Tag erschien auch diesmal Mengele zur täglichen Visite und sah, daß ich entbunden hatte. Lange blickte er das Neugeborene an, und nach weiterer Überlegung rief er eine Ärztin heran und gab den Auftrag, meine Brust ganz fest zu bandagieren. In meiner Naivität dachte ich zunächst an nichts Böses, doch erschrak ich zutiefst, als ich hörte, daß dieses Kind nicht gestillt werden dürfe. Was für einen Grund hatte er? Warum darf ich mein eigenes Kind nicht stillen? Was wollte er mit diesem Befehl erreichen? Alle unsere Vermutungen schlugen fehl. Niemand wußte, was Mengele mit diesem Befehl anstrebte. Nur eine einzige von meinen Mithäftlingen sprach die richtige Vermutung aus:

»Mengele will einen Versuch machen, wie lange ein Neugeborenes ohne Essen aushalten kann.«

Wir dachten in diesem Augenblick, daß die Frau wahrscheinlich von Sinnen ist. Kann denn so etwas ein menschliches Hirn überhaupt nur denken, geschweige denn ausführen? So etwas ist doch ganz unmöglich. Wir beschimpften diese Frau und baten sie, zu schweigen.

Am nächsten Tag kam wieder Mengele, hielt sich bei meiner Koje auf, sah den Verband nach und untersuchte die Kleine. Er fragte mich sehr höflich, wie ich mich fühle und ob die Kleine denn weine. Sechs Tage, jeden Tag ein Besuch, jeden Tag dieselben höflichen Fragen, jeden Tag graute mir mehr vor seinen Besuchen.

Am Morgen nach meiner Entbindung fühlte ich, wie sich meine Brüste mit Milch füllten, wie mein Verband von der Milch feucht wurde. Mein Kind weint neben mir und hat Hunger. Mir aber ist es verboten zu stillen. Ich schwoll vor Überfluß an Milch an, bekam wahrscheinlich Milchfieber. Ich lag in meinem eigenen Schmutz da und war keines Gedankens fähig. Berta tat, was sie konnte, um mir diese Qualen zu erleichtern, Ženka kam und stand da, hilflos gegenüber meinen Leiden. Das Kind weinte, schrie, und immer war Berta mit dem improvisierten Lutscher bereit, das Kind zu beruhigen und seinen Hunger zu stillen. Sie wusch es in kaltem Wasser, wusch die Windeln – es waren ja keine Windeln, sondern nur dünne Leinenfetzen. Trotzdem umgab uns ein penetranter Geruch, welcher durch die verschiedenen Körperausflüsse, meine und die meines Kindes, verursacht war. Mühsam schleppte ich mich zum Waschraum, aber ohne Seife, warmes Wasser und Handtuch kann man sich beim besten Willen nicht sauberhalten. Es war außerdem ein ganz heißer Sommer, man schwitzte, und alles war voller Ungeziefer, so daß es noch viel schlimmer war als im Winter.

Ich konnte meinem Kinde keinen Namen geben, es war mir schwer, es irgendwie zu benennen, denn jeder Name, welcher mir nur einfiel, erinnerte mich an jemanden aus meiner Familie. Ich gab es auf, und das Neugeborene hatte nur einen Namen: Mein Kind. Mein Kind, was wird aus uns werden? Wie werden wir enden?

Du bist mit einem so schönen kleinen Körper geboren. Du hast so dicke Beinchen mit kleinen Falten daran und hast sogar ausgeprägte Gesichtszüge. Ein paar Strähnen dunkler Haare und diese kleinen Fingerchen mit den kleinen Nägeln. Als du das Licht der Welt erblicktest, warst du ein richtig hübsches Baby. Nun hört dein Weinen nicht mehr auf. Schon drei Tage dauert das. Deine Farbe wechselt von blaß auf rot; wenn du schreist, läufst du rot an. Aber das Weinen verzerrt deine so schönen Züge. Scheint es mir nur so, oder ist es Wirklichkeit, daß dein Gesichtchen schmäler geworden ist? Auch deine

Beinchen sind dünner geworden. Warum mein Kind, ist es dir nicht vergönnt, meine Muttermilch zu trinken? Dein Körper würde sich doch runden und nicht so schnell einfallen. Kommt es mir nur so vor, oder ist es Wahrheit, daß auch deine Stimme leiser wird? Dein Schreien und Weinen wechselt langsam in Wimmern. Mein Kind, wie kann ich dir nur helfen? Wie kann ich dich von deinen Leiden befreien? Wie kann ich dich behalten? Geh nicht von mir! Verlaß mich nicht! Ich streichle dich ja, will deine Leiden auf mich nehmen, doch auch das vergönnt mir Mengele nicht. Leidest du sehr, mein Kind? Du bist doch noch viel zu klein, um das alles zu fühlen, zu begreifen. Ja, kann man denn so etwas überhaupt begreifen? Auch für einen Erwachsenen ist es unbegreiflich. Wie kann sich eines Menschen Hirn so viele Qualen ausdenken? Ist es überhaupt das Hirn eines Menschen? Oder ist es vielleicht das Hirn eines Teufels? Mein Kind, du lebst erst einige wenige Tage und mußt schon solche Qualen erleiden. Du kannst doch noch gar nicht einmal gesündigt haben, daß du schon so schwer bestraft wirst. Wie kann man dieser Qual nur ein Ende bereiten? Was kann ich als Mutter dafür tun? Habe ich überhaupt als Mutter das Recht, an ein gemeinsames Ende zu denken? Wie können wir beide es aber durchhalten? Wann ist schon endlich Schluß mit diesen Qualen? Hier Kind, nimm den Lutscher aus Brot, mit Kaffee oder Suppe getränkt, vielleicht lindert das deinen Hunger! Langsam hast du schon keine Kraft mehr, an diesem Lutscher zu ziehen. Heute ist schon der sechste Tag, und noch immer sehe ich keinen Ausweg aus dieser entsetzlichen Lage. Gott, bitte laß uns beide sterben. Wann werden wir endlich erlöst? Mein Kind, du bist schon aschgrau, ein so kleines, mit Haut überzogenes Skelett. Du kannst doch nicht einmal mehr wimmern. Und diese Liegewunden. Atmest du überhaupt noch? Hier Mengele, untersuche mein Kind! Ergötz dich an seinem Anblick! Ist deine medizinische Neugier endlich befriedigt? Weißt du eigentlich, wie lange ein Neugeborenes ohne Nahrung leben kann? Kinder sind zäh, doch dein Sadismus ist noch viel zäher! Du Teufel in Menschengestalt! Dich kann und werde ich nicht um Erlösung bitten! Aber vielleicht erhört mich doch endlich Gott?!

Wir sind doch schon beide nicht mehr lebensfähig! Nimm uns zu Dir, bitte, bitte, lieber Gott!!!

Am nächsten Morgen erschien pünktlich wieder Mengele und gab mir den Befehl:

»Morgen früh komme ich euch beide abholen. Sei um acht Uhr früh bereit!«

Warum nicht schon heute, Mengele? Warum müssen wir noch einen vollen ganzen Tag diese Qualen aushalten? Nimm uns schon heute mit! Komm mein Kleines, wir werden die letzten Stunden ganz eng zusammen sein. Dein kleiner Körper ist schon ganz blau und wund, aber wir müssen beide bis morgen durchhalten. Ich habe keine Tränen mehr. Morgen gehen wir zusammen ins Gas, mein Kind. Morgen kommt uns Mengele holen. Dann wird endlich alles vorbei sein. Aber weißt du, mein Kind, ich wollte doch so gerne noch leben. Ich bin doch noch so jung, 22 Jahre bin ich alt, und nun muß ich sterben. Bitte ärgere dich nicht, wenn ich wieder weine, denn ich will mich jetzt von meinen Lieben verabschieden. Diese werde ich nun bestimmt nicht mehr sehen, und das war doch das Band, welches mir bis jetzt geholfen hat, alle Qualen und Demütigungen auszuhalten. Atmest du noch, mein Kind? Ich muß weiter weinen – morgen gehe ich ins Gas. Aber ich will doch so gerne noch leben. Wer hilft mir nur? Wer kann mir schon helfen? Berta ist schon eingeschlafen. Nur noch wenige Stunden haben wir auf Mengele zu warten. Alles in mir bäumt sich auf. Ich will LEBEN! LEBEN! Bin ich wahnsinnig? Warum schreie ich? Ich kann aber nicht anders. Ich muß schreien, morgen werde ich nicht mehr schreien können. Ich kann nicht beten, deshalb muß ich schreien. Ich habe nicht beten gelernt, gibt es überhaupt in dieser Lage Gebete? Ich bin schon halb wahnsinnig. Ich will LEBEN! LEBEN! Wer hilft mir nur?

Neben mir steht eine Frau. Ein Häftling. Vielleicht eine Ärztin?

»Was schreist du so, du störst doch die anderen«, sagte sie mit einer barschen Stimme.

»Ich gehe morgen mit meinem Kind ins Gas«, schrie ich sie an. »Ich will aber leben!«

Maca Steinberg, jetzt heißt sie Bleyer, eine Ärztin und ein

Häftling so wie ich. Maca, eine Tschechin, so wie ich. Maca, ein Engel in Menschengestalt. Maca fragte mich, woher ich wüßte, daß ich morgen ins Gas gehen müßte. Zuerst fing ich stockend zu erzählen an, doch dann flossen die Worte aus meinem Munde. Mit diesem Reden fand ich Erleichterung, und ich war dankbar, endlich einen geduldigen Zuhörer gefunden zu haben. Maca, welche schon von der Rückkehr der zwei schwangeren Frauen aus Hamburg gehört hatte, hörte sich meine Geschichte von neuem an und verließ mich plötzlich mit den Worten:

»Ich werde dir helfen. Hab' etwas Geduld!«

Eine seltsame Ruhe überkam mich, denn ich spürte, daß dies ein Mensch war, welcher nicht leere Versprechungen machte. Maca kehrte zu mir zurück und sagte wieder mit dieser barschen Stimme:

»Ich habe dir eine Injektionsspritze mit einem Medikament gebracht, spritz das deinem Kind ein!«

»Was ist in dieser Spritze?« fragte ich.

»Morphium, das wird dein Kind töten«, sagte Maca mit einer Selbstverständlichkeit, welche einen Schauer bei mir auslöste.

»Aber ich kann doch nicht die Mörderin meines eigenen Kindes sein!« schrie ich Maca an, »gib du ihr doch die Spritze!«

Maca begann zu reden. Eine Engelsstimme sprach auf mich ein, redete, redete.

»Ruth, du bist jung. Du mußt leben. Schau dir dein Kind bloß an. Es ist nicht lebensfähig. In einigen Stunden wird es sowieso sterben. Es muß aber sterben, noch bevor Mengele euch holen kommt. Wenn das Kind dann noch lebt, nimmt er euch beide mit. Du mußt leben, du bist jung. Ich habe den Hippokrates-Eid geleistet und muß Menschenleben retten. Ich muß dich retten. Und ich darf nicht töten. Du mußt es tun, um dich zu retten. Dein Kind muß ja sterben, aber du mußt leben. Du mußt es tun, um dich zu retten. Bitte gib schnell die Spritze deinem Kind, tue es, tue es.«

Meine Widerstandskraft wurde bei diesen Worten immer schwächer und schwächer. Ich war keines rationalen Gedankens mehr fähig. Von meinen Gefühlen wurde ich hin- und hergerissen. Und Maca redete, redete. Nach einiger Zeit war ich kraft- und willenlos. Ich beging die Tat. Ja, ich tötete mein eigenes Kind. Ja, Herr Dr. Mengele, sie haben mich zur Kindesmörderin gemacht. Ich habe mein eigenes Kind gemordet.

Mein Kind begann zu röcheln. Ich umschlang diesen kleinen Kinderkörper ganz fest, drückte ihn an mich, um ihn die kurze Zeit, welche uns noch füreinander blieb, zu fühlen. Das Röcheln wurde immer schwächer, schwächer. Es dauerte nicht lange, doch für mich waren es Stunden. Unsere letzte Nacht zusammen, mein Kind. Warum habe ich das bloß getan? Vielleicht hättest du doch leben können, du atmest nicht mehr, mein Kind. Vielleicht bist du endlich von den Qualen deines so kurzen Lebens befreit? Hast du sehr gelitten? Mein Kind, nun ist alles vorbei. Du wirst nicht mehr leiden müssen. Du bist schon davon befreit. Warum hat Maca nicht auch für mich eine Spritze Morphium gebracht? Ich will mit dir gehen. Warum sagt Maca, daß ich leben muß? Wie werde ich mit dieser Last leben können? Ich will nicht leben. Will ich leben? Nein, ich will nicht mehr leben.

Draußen fängt ein neuer Tag an. Du, mein Kind, liegst tot in meinen Armen. Bald wird man, wie jeden Tag, anfangen, die Leichen der in der Nacht Gestorbenen einzusammeln. Auch dich, mein Kind, wird man nun forttragen. Wohin? Das sind unsere letzten Minuten zusammen. Dein kleiner Körper wird schon immer kälter, und ich kann dich nicht mehr erwärmen, denn du lebst nicht mehr. Warum darf ich nicht mit dir gehen? Ich will nicht hierbleiben. Man fängt schon an, die Leichen einzusammeln, und auch du, mein Kind, bist nicht mehr bei mir. Man hat dich von mir fortgenommen, und ich muß hierbleiben, alleine, ohne dich. Ich muß weiterleben. Leben? Wofür? Für wen? Ich habe doch niemanden. Noch vor kurzen Augenblikken habe ich dich gehabt. Nun bist auch du fort. Ich habe keine Tränen mehr. Eine Stumpfheit überkommt mich.

Berta erwachte nach dieser Nacht. Sie hatte nichts von dem bemerkt, was neben ihr geschehen war. Wir sahen uns nur stumm an, denn wir beide waren keines Wortes fähig. Ich sah nur den wissenden Blick von Berta, als sie den Platz neben mir leer fand. Niemand konnte mich trösten, auch Berta nicht. Sie konnte nur durch ihre Gegenwart eine Stütze für mich sein. Ich wurde ganz apathisch. Ich wollte nicht mehr leben, nachdem ich diese Tat begangen hatte. Mir war ganz egal, was Mengele nun weiter über mich beschließen würde.

Pünktlich erschien er. Ich stand bereit, um mit ihm zu gehen.

»Wo ist dein Kind?« fragte er.

»Heute nacht gestorben«, sagte ich mit müder Stimme.

»Gestorben? Ich will die Leiche sehen.« Und er ging zu dem Leichenhaufen hinaus. Doch ihm, dem Allmächtigen gelang es nicht, in diesem großen Leichenhaufen den kleinen, durch Morphium getöteten Kinderkörper zu finden. Er kam zu mir zurück.

»Da hast du aber Schwein gehabt. Mit dem nächsten Transport verläßt du Auschwitz.«

Leo Strauss

Theresienstädter Fragen

Erste Dame
(kommt im Reisekleid,
mit Plaid und Vogelkäfig)

Zweite Dame
(im Putzkolonnen-Overall,
kehrt nachlässig die Straße)

Ich komm grad herein vom
Land,
Bin hier gänzlich
unbekannt,
Sagen Sie mir, wo ich hier,
Mich am besten informier.

Wollen Sie über mich
verfügen,
Steh zu Diensten mit
Vergnügen,
Als ein alter Wien-Transport
Kenn ich ganz genau den
Ort.

Theresienstadt, Theresienstadt,
Ist das modernste Ghetto, das die Welt heut hat.

Sagen Sie, wie kommt das
bloß,
Gestern noch ganz
sternelos,
Bin ich heute schon
inmitten
Lauter polnischer Semiten?

Mancher, der die Nase
rümpft,
Will sich tarnen, wenn er
schimpft,
Drum frag ich ganz
unverhohlen,
Ghörn Sie zu den
Tarnopolen?

Theresienstadt, Theresienstadt,
Ist das antisemitischste Ghetto, das die Welt heut
hat.

Ist das Klima hier gesund?

Oder geht man hier
zugrund?

Kost ist knapp für starke
Esser,
Für die Kranken sorgt man
besser,

Ist das Mittagessen reichlich?
Ist hier Krankheit unausweichlich?

Will man stets gesund hier bleiben,
Muß man dauernd krank sich schreiben.

Theresienstadt, Theresienstadt,
Ist das humanste Ghetto, das die Welt heut hat.

Also nicht genug zum Essen.
Hat man uns denn ganz vergessen?
Ist das meines Lebens Schluß,
Daß ich hier verhungern muß?

Bitte, schweigen Sie sofort!
Hunger ist ein garstig Wort.
Hier benennt man die Chose
Vornehm Avitaminose.

Theresienstadt, Theresienstadt,
Ist das vornehmste Ghetto, das die Welt heut hat.

Wer besorgt mir mein Logis,
Ganz bescheiden, wissen Sie,
Zimmer, Küche, Kabinett,
Aber ruhig, sauber, nett?

Mit ein wenig Phantasie,
Meine Gnädge, träumen Sie
Von Zimmer, Küche, Kabinett
Auf dem obern Cavalett.

Theresienstadt, Theresienstadt,
Ist das verträumteste Ghetto, das die Welt heut hat.

Richtig, eh ich dran vergeß,
Wie stehts hier mit Evening-Dress?
Muß ein Mann, so möcht ich fragen,
Abends einen Frack hier tragen?

Meistens geht man hier salopp
Und nur manche tun als ob.
Schmücken sich je nach Geschmack,
Mein Mann geht hier nur als Wrack.

Theresienstadt, Theresienstadt,
Ist das mondänste Ghetto, das die Welt heut hat.

Ich bin zwar recht abgespannt
Von der Reise in dies Land,
Dennoch möcht ich mich bequemen,
Heute noch ein Bad zu nehmen.

Gehn Sie nur direkt nach Haus,
Schlafen Sie sich richtig aus,
Denn die ersten Badekarten
Können Sie im Mai erwarten.

Theresienstadt, Theresienstadt,
Ist das hygienischste Ghetto, das die Welt heut hat.

Ach, noch etwas, mein Gepäck
Ist zum größten Teile weg,
Sagen Sie mir bitte an,
Wie ichs holen lassen kann.

Lassen Sie das Zeug nicht holen,
Denken Sie sich, Gott befohlen,
Jeder Schritt ist für die Katz,
Und Sie haben doch eh kein Platz.

Theresienstadt, Theresienstadt,
Ist das kulanteste Ghetto, das die Welt heut hat.

Apropos, ich möchte morgen
Vogelfutter hier besorgen,
Ach mein Vogel braucht Diät,
frißt nur prima Qualität.

Dafür gibts hier kein Import,
Gebens rasch den Vogel fort,
Wer hier einen Vogel hat,
Ist Cvokárna-Kandidat.

Theresienstadt, Theresienstadt,
Ist das verzwockteste Ghetto, das die Welt heut hat.

Sagen Sie mir noch zum Schluß,
Was ich dringend wissen muß,
Denn ich will nach Hause schreiben.
Wie lang werden wir hier bleiben?

Ja, da kann man sich nur richten
Nach den neuesten Berichten.
Heute hört ich beispielsweise –

(Musik übertönt ihre Worte).

Theresienstadt, Theresienstadt,
Ist das modernste Ghetto, das die Welt heut hat.

Jörg Friedrich

»Die Hausschlüssel sind beim Hausmeister abzugeben«: Die Beraubung der Juden

Im Frankfurter Auschwitz-Prozeß war ein gewisser Dr. Capesius des Raubmordes angeklagt. Neben dem Rampendienst belasteten ihn nämlich 15 Koffer Goldzähne. Das Gericht vermochte darin aber nicht das Mordmerkmal der Habsucht zu erblicken. Capesius habe sich wohl gedacht, daß die Leiche, die vom juristischen Standpunkt keine Person, sondern eine Sache ist, in ihren Wertbestandteilen dem Besitz des Deutschen Reiches anheimgefallen sei. Was er beraubte – das Deutsche Reich –, hat er nicht getötet, und die er tötete – die Juden –, hat er nicht beraubt. Seitens der raubenden Reichsbürger verhält es sich ähnlich. Sie dachten ja vorgeblich, daß jene, die sie seit 1933 ausplünderten, daran nicht zugrunde gingen. Capesius an seiner Rampe in Auschwitz wiederum dachte, daß die menschliche Fracht, deren Eheringe, Brillengestelle und Goldzähne an die Deutsche Reichsbank retour gingen, von ihrer Heimat nur noch als Materie begriffen würden. Eine Hülse fremder, den Reichsbürgern zustehender Sachen. Auch die Nürnberger Polizei-, Finanz- und Bahnbeamten, die den vierten Transport fränkischer Juden am 10. September 1942 vom Fäkalienversandbahnhof in Schweinau abschickten, haben darin vermutlich eine Kennzeichnung erblickt. Dies Gaudium der beamteten Kanaille harmonisiert allerdings nicht mit der gesetzlichen Akkuratesse, in der sie die Vermögensangelegenheiten abwickelte.

Es erschien ein Gerichtsvollzieher, der jedem Verschleppten eine Verfügung zur Eigentumsbeschlagnahme zustellte nach Erlaß über den »Einzug volks- und staatsfeindlichen Vermögens«, in Verbindung mit Erlaß des Innenministeriums vom 2.3.42, daß alle zur Abschiebung bestimmten Juden staatsfeindlicher Bestrebungen schuldig seien. Bei den Deportationen aus Köln im Oktober – Dezember 1941 hatten die zum Messegelände verfügten Juden dem Gerichtsvollzieher einzeln kommunistische Betätigung gestehen müssen, um daraufhin die vom Regierungspräsidenten beglaubigte Urkunde ihrer Ausplünderung entgegenzunehmen. Das Plündergut wartete unterdessen gereinigt und inventarisiert auf die Neubesitzer.

> »Meine Wohnung habe ich so herzurichten«, hieß es in einem Würzburger Merkblatt, »daß sie bei meinem Verlassen polizeilich versiegelt werden kann. Gas-, Licht- und Wasserleitung habe ich abzustellen. Verderbliche Ware habe ich zu entfernen. Das Feuer in den Öfen muß ausgelöscht werden. Die Wohnung habe ich in sauberem Zustand zu hinterlassen. Die Gas- und Lichtrechnungen sind bei den städtischen Werken vorher zu begleichen. Den Hausverwalter werde ich von meiner Evakuierung verständigen.«

Dem Hausverwalter schließlich war auch der Wohnungsschlüssel abzuliefern, während die Zimmer- und Schrankschlüssel steckenbleiben sollten. Die Polizei hatte einen erst 8-, dann 16-seitigen Fragebogen ausgegeben, der alle erdenklichen Habseligkeiten erkundete. »Besitzen Sie ein Panzerschließfach und was befindet sich darin? Welche Ansprüche stehen Ihnen aus Lizenzverträgen, Patent-, Urheber-, Marken- und Musterschutzrechten zu? Besitzen Sie Gemälde, Briefmarken-, Münzsammlungen? Wo sind diese verwahrt? Der Depotschein ist beizufügen.« Das Wohnungsinventar ist nach Zimmern gegliedert: Schlafzimmer mit Zahl der Bettvorleger, Brücken, Gardinen-Stores, Kopfkissen und Steppdecken usw., Küche mit Zahl der Kochtöpfe und Bügeleisen, das Wohnzimmer einschließlich Globus, Lexikon und Papierkorb. Und auch die Servietten, die Frottiertücher und Schlafanzüge mußten arisiert werden, die Schals, Krawatten und Garnituren Unterwäsche. Wurde der Jude auch als Fäkalie verladen, schlüpfte man gleichwohl behaglich in seine Leibwäsche. Ihre Umverteilung oblag einer Behörde, so kundig wie nüchtern: dem Finanzamt.

Zum obersten Liquidator der Beute war der Oberfinanzpräsident von Berlin berufen, der dies Amt an die lokalen Oberfinanzdirektionen delegierte. Geschwind, um die Wohnungen freizumachen, waren die Berufsvertretungen des Spediteurgewerbes zur Verteilung der Räumungsaufträge eingeschaltet worden, während das Pfandleihgewerbe und der amtliche Versteigerer Schätzwerte bezifferten. Das Finanzamt Schwäbisch-Gmünd nahm ein Verzeichnis der »von der Jüdin Ella Sara Fuchs eingezogenen Gegenstände« zu den Akten: 76 Posten für zusammen 445 RM 80, die mit Ausnahme von 13 Handtüchern, die in den Bestand des Finanzamts übernommen wurden, der Höhere SS- und Polizeiführer Südwest in Stuttgart Ost erstand. Darunter 3 Trikothosen für 2 Mark, ein Korkenzieher für 30 Pfennig und ein Schirm für 1 Mark.

Die Preise waren stets angemessen, der Fiskus verschleuderte nichts, eine Bereicherung der SS-Kundschaft hat kaum stattgefunden. Daran ist nichts Seltsames. Persönliche Arisierungsgewinne sind nur herausgeschlagen worden, solange Juden als Zwangsverkäufer existierten. Nach ihrer Verschleppung trat das Finanzamt als Auktionator auf, und schon die Unzahl der Interessenten an der jüdischen Hinterlassenschaft sorgte für korrekte Bezahlung. Der »Volksgenosse im Parteiwesen« Popp aus Würzburg etwa, der schriftlich bei der Gestapo petitionierte, »ob es nicht möglich wäre, bei der Evakuierung einen Rucksack von den Juden zum Schätzpreis zu bekommen. Besitze einen Dringlichkeitsschein zu denselben«, wurde dorten »wegen Ankauf eines Rucksacks an das Finanzamt Würzburg verwiesen.« Dergleichen haben die Gestapobeamten nicht unter der Hand verschoben, und der SS-Oberscharführer vom Stab der 81. SS-Standarte, den 5 Thorarollen reizten, mußte per Unterschrift bestätigen, daß diese ihm »leihweise zum Studium überlassen wurden«, denn ihr Platz war das Staatsarchiv.

Ein Privileg hat die Finanzverwaltung sich gegönnt, gewissermaßen als Bearbeitungsgebühr: die öffentliche Verwaltung schöpfte aus dem Judeninventar einen jeglichen Kram als Eigenbedarf ab. Angefangen bei den eifersüchtig umkämpften, weil immens knappen Schreibmaschinen bis hin zu Schlafzimmergarnituren, Tischtüchern und Mundharmonikas für die Behördenerholungsheime. Zum Verdruß Himmlers, der in seiner Eigenschaft als Reichskommissar zur Festigung des Volkstums eindeutschungsfähige Umsiedler aus dem Osten günstig einrichten wollte, auch der Reichspost und Reichsbahn, durchkämmten die Finanzbeamten als erste den Auflösungsstapel. Zumal die Polizei, das Exekutivorgan der Verschleppung, fühlte sich durch die Nachlaßregelung düpiert. Die einschlägige Vorschrift, die 11. Verordnung zum Reichsbürgergesetz, bootete die Gestapo kühl aus dem Geschäft. Diese nimmt den jüdischen Wohnungsinhalt in Empfang, doch nicht in Besitz. Dazu ist es zu spät. Rückwirkend seit 15. 11. 1941 war alles dem Reich verfallen, personifiziert im Finanzamt, mit Himmlers Schergen als Überbringer. Nur eine Summe mußte man ihnen überlassen: das Fahrgeld nach Auschwitz und die Betriebskosten der Vernichtung. So war es nicht deklariert, aber berechnet: mit 25 % des jüdischen Barvermögens, zahlbar als Spende der Opfer auf das ›Sonderkonto W‹ der Reichsvereinigung der Juden in Deutschland, eine Unterabteilung der Gestapo. Der Betrag war zur Deckung der Transportkosten viel zu hoch, zur Deckung vorgeblicher Ansiedlungskosten viel zu niedrig. Zur Tötung reichte er hin, soviel ließ sich bei der halb besessen anmutenden Exaktheit der Abrechnung doch erkennen.

Zwischen der verschwenderischen Ausrottung einiger Millionen Personen und der aktenmäßig verzeichneten Erhaltung auch noch ihres letzten Weckglases klafft ein Verhaltensunterschied. Worin besteht der Sinn jener Beiheftung zu den Akten des Finanzamtes Künzelsau, welche Quanten von den Juden zurückgelassenen Obstes, von Eingemachtem und Eingedünstetem »an unsere Soldaten in den Lazaretten« und an die Wintergeschädigten zum Verzehr ausgeliefert werden? Wozu ist das registriert? Die Spur der Mitmenschen führt sang- und klanglos ins Nichts, nur der Verbleib der Äpfel auf ihrem Küchensims wird peinlich festgehalten. Es muß dafür einen Grund geben.

Zweifellos füllen die herrenlosen Artikel auftretende Engpässe bei Möbeln, denn das Personal der Holzindustrie wanderte in den Rüstungssektor. Wohnungen brannten im Bombenhagel ab, Ersatz an Raum und Inventar mußte herbei. Die NS-Volkswohlfahrt erbat Mitte 43 »aus Beständen der Judenmöbel« jeweils 100 Betten, Schränke, Nachtschränkchen und Waschkommoden für weitere Kinderhorte, weil die Mütter

»total im Einsatz der Reichsverteidigung« standen. Die Rußlandarmee benötigte Pelze und Wollstoffe. Der Lebensborn spekulierte wegen Überfüllung seiner Brutstätten auf Objekte wie die geleerte jüdische Lungenheilanstalt Nordrach/Baden »für ca. 50 Mütter und 50 Kinder« und bat irrigerweise das Reichssicherheitshauptamt »dringend um Inbesitznahme mindestens durch Vorkommando«. Jüdischen Grundbesitz reservierte das Finanzministerium zum Verkauf an »Versehrte des gegenwärtigen Krieges«. Uhren und Schmuck dirigierte das Ministerium in die Pfandleihanstalt mit der Vorgabe, die besseren Stücke zwecks Bardevisenerlöses ins Ausland zu verscherbeln und den Rest »einzuschmelzen und als Rohstoffe der Rüstungsindustrie zur Verfügung zu stellen«. Mit dem gleichen Ziel beorderte der württembergische Wirtschaftsminister per Runderlaß vom 24. Dezember 1942 die Schrotthändler auf die jüdischen Friedhöfe, um – wie im ganzen Reich – Grabeinfriedungen, Friedhoftore, Denkmäler und Beschläge aus Metall zu demontieren und zugunsten der Landeshauptkasse Stuttgart der Verschrottung zuzuführen.

Die Städtische Pfandleihe unterrichtete die Reichsbank im September 1942, daß sie von den angelieferten Preziosen keine nennenswerten Umsätze gewärtigen dürfe, weil es sich dabei größtenteils um zerbröckelnden, unmodernen und abgegriffenen Krempel handele, für den das Publikum kein Geld zahle. Und in der Tat sind zum Zeitpunkt der Deportation die allermeisten deutschen Juden bettelarme Menschen gewesen. Zug um Zug aus dem Erwerbsleben gedrängelt, vom Zugang zu ihren auf Sperrkonten eingefrorenen Vermögenswerten abgeschnitten, zehrten sie seit Jahren von ihren Habseligkeiten. Besitzneid konnten sie kaum wecken. Die Wohnungen bargen nichts Attraktives. Gemessen am stolzen Konsumniveau der durchschnittlichen Bevölkerung 1941 – 42 bot die jüdische den Anblick von Hungerleidern. Sie sollten auch so schäbig wie möglich aussehen, darum erhielten die Männer nach Verfügung vom 26. 6. 41 keine Rasierseife mehr. Dennoch plagte die Finanzbehörden der Argwohn, es könnten die vom Abtransport Bedrohten ihr Restgut an Privat ausverkaufen, verleihen, verschenken und die gesetzliche Inkassonahme durchkreuzen.

Darum wurden rückwirkend ab 15.10.41 diese Geschäfte untersagt und annulliert. Der Judenbesitz sollte nicht namenlos zu Ramsch verkommen. Nein, er mußte, entsühnt vom Frevel der jüdischen Okkupation, heim ins Reich geleitet werden. Ihm nahtlos einverleibt, gerecht und redlich bis auf die Knochen. Kein Bettuch durfte in diesem Ritus säuberlichen Verwaltens auf krummen Touren abhanden kommen. Nicht nur um Vorteils und Gewinstes willen ist der ärmliche Bettel gezählt, taxiert und ausgeteilt worden wie bei der wundersamen Brotvermehrung. Nein, es ist ein Element bigotten Selbstgenusses eines endlich entschlackten, entmischten Rassenverbands dabei, der abrechnet auf Gedeih und Verderb.

Der Fetischismus um den repatriierten Judenbesitz kostete zur Not auch Geld, statt welches einzubringen. Im Hafen von Genua lagen seit Kriegsbeginn 85 Tonnen Schiffsgepäck deutsch-jüdischer Flüchtlinge fest, von der italienischen Regierung als Feindvermögen beschlagnahmt. Das Berliner Finanzministerium, das sich auf Grundlage der 11. Verordnung zum Reichsbürgergesetz als nunmehriger Kofferbesitzer bei den Italienern meldete, wurde damit nicht ernstgenommen. Italien verfuhr mit der Beute wie Deutschland. Es bot sie zum Verkauf an für 1,50 RM pro Kilo. So zahlte die Reichshauptkasse 130000 Mark in Devisen für seit drei Jahren vermodernden Judenhausrat, Möbel und Wäsche zur Ausstaffierung von Bombengeschädigten.

Nachdem die deutschen Juden pro Kopf eine Vermögenserklärung abgeliefert hatten – und selbst das Vermögen der Insassen von Nervenkliniken mußte deklariert werden –, nachdem sie die Wohnungen hergerichtet hatten – »Ferngläser und Photogeräte gut sichtbar im Zimmer aufstellen«, – und als sie an den Sammelstellen anlangten – je nach der Ironie des Polizeichefs der Schlachthof wie in Düsseldorf oder ein Tanzlokal wie in Würzburg –, begegneten sie einem abgründigen Mißtrauen der Polizei- und Finanzbeamten, es könnten illegal Besitztümer in Handgepäck oder Körperhöhlen herausgeschmuggelt werden. Insbesondere war achtzugeben auf Waffen und Munition, Gift, Sprengstoff, Messer, Gabel, Schere, Streichhölzer, Rasierklingen, Nagelfeilen. Zur Leibesvisitation der Entkleideten hatten die Polizisten schicklichkeitshalber Hebammen oder ihre Putzfrauen hinzugezogen, fachlich beraten von den Spezialisten der Zollfahndung, die – wie in Würzburg – die Kontrolle von Gürtelschnallen und Damenbinden anempfahlen, in denen gelegentlich Banknoten ausgeführt würden: »Verstöße gegen § 16 Devisengesetz« heißt es in einem Dienstschreiben der Zöllner vom 30. 3. 42, »strafbar nach § 69, Absatz 1 Ziffer 4. Ich stelle anheim, gegebenenfalls einen meiner Beamten stichprobenweise zu beteiligen.«

Weil in Auschwitz weder Devisenhandel noch gesonderte Ahndung von Devisenvergehen erfolgte, sind solche Schritte Zeugnisse des Deliriums, in das die Abfertigung der Juden die deutschen Beamtenschädel tauchte. Der Drang, sie der Menschenwürde für verlustig und selbst des Innehaltens vor dem Kummer der Kreatur für unwert zu erklären, war schier übermächtig. Die pure Vollstreckung des Abschubs reichte dazu gar nicht aus. Um den überschüssigen Kampfgeist loszuwerden, mußte noch die Schlacht um die letzten jüdischen Hinterhalte geschlagen werden. Dort, wo die Würzburger Kriminalsekretäre im Handgepäck 5 Puderdosen sicherstellten, eine Zuckerzange, 3 Fieberthermometer, ein Silberkettchen, 7 Feuerzeuge, einen Ohrenschützer, 358 Postkarten à 6 Pfg., 37 Antwortpostkarten à 12 Pfg. usw. Ein Sammelsurium schmaler Gegenstände zum Steinerweichen, von denen sich die Todgeweihten irgendeinen Nutzen versprachen, den Trost von Erinnerungsstücken und Talismanen.

Die Polizisten feierten ihren Erfolg mit einer Tombola und übergaben hier wie stets das Gefledderte nebst Lieferschein dem Finanzamt. Das Finanzamt kanalisierte die Funde weiter an Bedürftige, darunter die NS-Volkswohlfahrt mit 3 Schachteln Hosenknöpfen, 13 Paar Schnürsenkeln, einem Würfelspiel und dergleichen. Die Gestapo trug für sich eine gemischte Ladung von dannen, darunter zwei Zahnbürsten, ein Schwamm, eine Dose Nivea, 6 Maggiwürfel, drei Sonnenbrillen, 45 Pakete Waschpulver, 3 Hosenträger. Eine Handvoll Scheidemünzen in 5 fremden Währungen wurde per Boten der Bank zum Umwechseln übergeben: Wert 1 Mark 40, abzüglich 1 Mark 40 Wechselgebühr, so waren die Münzen getilgt.

Auszuschließen ist, daß die Gestapo Ende März 42, als diese Beuteliste erstellt wurde, unter Mangel an Zahnbürsten litt. Selbst die Volkswohlfahrt war nicht auf die notierten 4 Dosen Sardinen und 1 Tüte Graupen angewiesen. Was hieß sie, diese Überbleibsel zu absorbieren? Was bewegte die schäumende Herrenrasse, Mäntel, Kleider und Anzüge aufzutragen, die aus den Vernichtungsstätten wieder zurückkehrten mit der Anweisung, daß zuvor die Judensterne sorgsam abgetrennt seien und eventuelle Einschußlöcher gestopft?

Der jüdische Schriftsteller H. G. Adler befaßt sich an einer Stelle mit dem Doppelsinn des Wortes ›liquidieren‹. Es bezeichnet zunächst einen Geschäftsvorgang. Ein Besitztum wird aufgelöst, verflüssigt, liquide gemacht, in Umlauf gesetzt. Alsdann kann auch die Tötung von Personen gemeint sein. Die Liquidierung der Juden umschließt beide Vorgänge, die Vertilgung des Leibes und die seiner Habe, seiner Bleibe, seiner Umgebung, seiner Welt. Der Ablauf wurde getrennt in eine getarnte und eine ungetarnte Hälfte. Wohl ist es ein Unterschied, einen Menschen zu töten oder sein Hemd aufzutragen. Getötet hat man auch nicht der Hemden wegen. Die Liquidierung der Verschleppten und die Liquidation ihres Utensils gleichen sich aber nicht nur im Wort. Da sind Ähnlichkeiten in der Sache. Beiden eignet ein tabula-rasa-Prinzip, die Auflösung des Vorzustandes in Staub. Die Erdenspur der Verjagten wurde daheim gelöscht. Endgültiger kann keine Endlösung sein, als man hier die Stuben ausgeschüttet hat.

Art und Qualität der deutschen Mitwisserschaft am Vernichtungsprozeß sind dubios. Es gibt auch nuanciertere Gemütszustände, als sie die Schlüsselfrage »Gewußt oder nicht gewußt« entschlüsseln kann. Das Liquidationsfieber, das sich der jüdischen Hinterlassenschaft bemächtigt hat, bleibt jedenfalls dem Vernichtungsfieber nichts schuldig.

Die Verschleppten ließen eine Figur zurück, die sich vier Jahre später als Nicht-Wisser offenbarte. Oder, wie Hans Mommsen sie nennt, als Verdränger. Verdrängt worden sei nicht post festum etwas vordem insgeheim Erwünschtes, Gewußtes oder sicher Vermutetes. Nein, eine abgeschirmte, wenn auch erkennbare Realität sei teils aus Desinteresse, teils aus

Unbehagen inmitten des Vollzugs ignoriert worden. Von der Mehrheit der Vollzieher selbst und somit auch ihrer Untergebenen, Familien, Volksgenossen. Da hatte man viel zu tun. Als der Vizedirektor der Reichsbahn Himmlers Stabschef Wolf meldete,

> »seit dem 22.7.1942 fährt täglich ein Zug mit je 5000 Juden von Warschau nach Treblinka«,

mußte jener Ganzenmüller wie auch das Zugpersonal ignorieren, daß das Lagergelände 600 m lang und 400 m breit war. Wie sollten die insgesamt 329000 Juden des Warschauer Ghettos dort Platz finden, welcher Arbeit nachgehen?

Kontrollieren wir die Verdrängungsleistungen im Kopf des deutschen Verwaltungsbeamten näher. Die sechs Vernichtungsfabriken in Polen arbeiteten ja inmitten eines unter pedantischer deutscher Zivilverwaltung stehenden Geländes. Die Finanz- und Wirtschaftsbeamten hatten vor Beginn des Vernichtungsprozesses über ein Jahr lang die Ernährungs- und Ertragslage der Ghettos mit ihren 2,5 Millionen Einwohnern durchkalkuliert. Man legte Statistiken an, die den Monatsverbrauch eines Ghettos etwa von Kunsthonig oder von Stück Eiern verzeichnen. Im Lodzer Ghetto beträgt der Verzehr vom 30.1. – 31.8.1941 307 Tonnen Kunsthonig und 397348 Eier. Die Drosselung der Nahrungszufuhr bewirkte alsbald Seuchenausbruch und Massensterben wie im Warschauer Ghetto, wo der Stadtkommandant der Wehrmacht darüber in Nervosität geriet und Meldung auf dem Dienstweg gab. Doch Polen sollte dem Reich Nahrungsüberschüsse eintragen, und in der Tat hatten sich während der Judenvernichtung die Lieferungen von Fleisch verdoppelt, von Kartoffeln verdreifacht und von Weizen verzehnfacht. In der nämlichen Zeit, als die Juden West- und Südosteuropas zu Hunderttausenden in Güterwaggons eintrafen, um – nach dem Verdrängungsschema Kriegswirtschaftsverwaltung in Berlin und Polen – dort zu arbeiten. Auf welcher Ernäherungsbasis? Wo ist der Verbrauch von 4 Millionen nach Ghettoräumung und Ankunft der europäischen Transporte in Lagern behausten Personen kalkuliert? Zunächst der Verbrauch an Nahrung, dann an Rohstoffen, Werkzeugen, ferner der Bedarf an Aufsehern, Ingenieuren, Buchführern?

Bekanntlich ist in Auschwitz gearbeitet worden. Am Bau der IG-Farben Buna-Werke nahmen über hundert Firmen teil und verschlissen dabei 25000 von 35000 eingesetzten Häftlingen. Die Rüstungsinspektionen der Wehrmacht, die SS-eigenen Betriebe, die ›Organisation Todt‹ und zahllose Privatindustrielle zankten sich unentwegt um arbeitsfähige Juden, verlangten wieder und wieder, die Reihen der Internierten und Ghettoisierten zu durchkämmen. Verdrängten sie, während sie dies taten, die Bestimmung der Arbeitsunfähigen? Es sind zu keiner Zeit mehr als 400000 Arbeitsfähige aufgetrieben worden. Darum mußte der Verdränger davon ausgehen, daß Millionen arbeitsunfähiger Juden als Kostgänger des Deutschen Reiches in Reservaten verpflegt und dem Müßiggang zugeführt würden. Die Fiktion der Arbeitsleistung der Arbeitsunfähigen wiederum unterstellte, daß mit unsichtbarem Gerät unsichtbare Straßen ins Nichts gelegt, unsichtbare Güter aus unsichtbaren Stoffen angefertigt würden, die auf unsichtbaren Wegen die Versorgungslücken unsichtbar schlössen.

Was haben die pflichtergebenen Kriegswirtschaftsbürokraten sich da zusammenphantasiert, welche kalkulatorischen Pflichten verdrängten die findigen Rüstungs-, Rohstoff-, Arbeits-, Transport-, Ernährungs- und Sicherheitsbehörden? Haben sie, die jeden lebendigen Knochen auf eventuelle Arbeitsenergie abklopften, jeden Sack Zement inventarisierten und jedes von Juden verzehrte Ei zu zählen gewohnt waren, Millionen ›unnützer Esser‹ geflissentlich ignoriert? Was waren das für Beamte? Ignoranten, Schlafmützen, Schieber? Nein, es waren jene ingeniösen Wirtschaftsstrategen, die die ›Festung Europa‹ vier Jahre lang gegen eine Welt von Feinden rüsteten. So kreativ, zäh und präzise, daß die Amerikaner, Engländer und Russen nach vollbrachtem Sieg ihre Hochachtung kaum noch zu zähmen wußten. Jenem Zivilheer der Kriegswirtschaftsführung, das den besetzten Kontinent nach verfügbaren Ressourcen buchstäblich ausgewrungen hat, das jede jüdische Friedhofsvase in die Rohstoffgewinnung schleuste, das mit den

Befehlshabern der Armeen fieberhaft ratschlagte, wie viele Millionen sowjetischer Stadtbewohner und Kriegsgefangener würden verhungern müssen, um ausreichend Fleisch und Getreide abzuschöpfen, diesem soll der Kosten-Nutzenfaktor ausgerechnet von vier Millionen aufwendig in Polen konzentrierter Juden aus der Statistik gerutscht sein? Für dieses Loch im Kopf scheint mir Hans Mommsens Diagnose der Verdrängung zu milde.

Mag sein, daß für die Gemütsverfassung dieser Verwaltungsschicht ein eigener Terminus erdacht werden muß. Der Einzigartigkeit der jüdischen Leiderfahrung steht womöglich eine nicht minder einzigartige Liquidationserfahrung gegenüber. Eine Endlösung ist per se unaussprechlich. Abgesehen von der ›kriegsbedingten Geheimhaltung‹ hemmt jede Diskussion den Vollzug und belädt die Vollzieher mit einer Verantwortung, der sie nicht gewachsen sind. Da sie Staatsbedienstete sind, verantworten sie strikt ihre Funktion und möchten dienstlich nichts anderes wissen als dazu erforderlich. Wißbegier und Fachverstand jenseits der engeren Funktionsverrichtung sind kein Dienstwissen, sondern außerdienstliches Wissen, Privatsache und nicht vorhaltbar. So richtet sich der beamtete Zivilisationsmensch im Genozid ein. Als Handelnder weiß er nichts, und als Wissender handelt er nicht. Bis zur Zyklon-B-Zufuhr braucht sich keine Handlung als Mord zu verstehen, das Verständnis der Ermordung wiederum mordet nicht. Der Eisenbahner transportiert, der Statistiker rechnet. Ihre überschüssigen Kenntnisse, als qualifizierendes Bescheidwissen unentbehrlich zur Vermeidung von Pannen und permanenten Mißverständnissen, hüllt sich privat in hämische Spekulation und taucht wie anonym ins destruktive Volksempfinden ein. So fühlt und rückversichert sich die Vollstreckungsschicht als Personifikation der allgemeinen Rafflust und Rankünе, des Vergeltungshungers und nutzbringenden Kaltmachens der Kriegsjahre. Der Menschenballast drückt auf die Siegeschancen. Dergestalt deckt der volkshygienisch geschulte kleine Pg. das artverwandte Kalkül seiner Behörden. Je besser man sich versteht, desto weniger Worte bedarf es. Und gelingt alles wortlos und falsch firmierend, muß ein desto tieferes Einverständnis vorliegen. Anders brächte man das blanke Chaos zuwege. Was der Führer ohne Getöse abwickeln läßt, stört der Führertreue nicht durch vorlautes Reden und Fragen. Dafür spricht zumal, daß das Redeverbot in der Nation offensichtlich anhält, denn der Choral von »Nichts gewußt« kann kaum die ganze oral-history sein. Eigentümlich ist es ja, daß Historiker quellenkritisch – wie den Hexenglauben in der Inquisitionszeit – ein Bewußtsein untersuchen, das Abermillionen Mitbürgern noch lebendigst im Gedächtnis steht. Warum duckt sich hier die Überlieferung?

Kennzeichnenderweise scheut sie insbesondere jene Ereignisse der Endlösung an der Heimatfront wie die Liquidation der jüdischen Hinterlassenschaft. Alles Eingedenken sammelt sich an jenen Passionsstätten, die dazumal den Blicken entzogen waren wie der Zyklon-Schacht. Die Hautnähe der Volksgenossen zur Vernichtung, bestehend im Erwerb des erkalteten Bettlakens, versinkt hingegen am Horizont. Das ehedem dicht zu Greifende rückt fern, die geheimnisvolle Ferne Treblinkas wird familiär. Jedem Fernsehteilnehmer ist die Nacktheit in der Gaskammer geläufig, die so endende zehnjährige Ausplünderung weniger. Die Personen lösten sich auf in Asche, ihre Besitztümer nicht. Diese füllten das Volks- und Privatvermögen nach heutigem Gefühl jedoch als peinliches corpus delicti. Zwar war der Raub nicht das Motiv für den Mord, doch es besteht ein Übergang darin, einer Menschengruppe allen Besitz im Leben zu nehmen und zuletzt den Besitz des Lebens selbst. Hat man ihm alles abgenommen, wird der Mensch schließlich zu teuer, verschlingt Lebensmittel, anstatt sie herauszurücken. Infolgedessen empfiehlt sich die Tötung als kriegsbedingte Notwendigkeit mit oder ohne Rassenhaß. Nun ist er entbehrlich. Jahrelang durchmischt mit materiellem Vorteil, ist er am Ende davon aufgesogen. Man fürchtet, sich zu schaden, wollte man den Juden das ihnen dermaßen zugerichtete Leben subventionieren.

Die Verschmelzung von Rassenhaß und Vorteil wurde erst nachträglich dividiert. Purer Antisemitismus ist verträglicher. Man distanziert sich davon leichter als vom Arisierungsgewinn. Vorteilsnehmer waren viele, Antisemiten im Zweifelsfalle wenige, mit Gewißheit aber Hitler, Himmler und verschiedene Rüpel aus der Reichskristallnacht. Konsequenterweise hat sie sich zum mittelalterlichen Pogrom stilisiert. Ein finsterer Exzeß des rassistischen Mobs. Schon die wissenschaftlich bestens erforschte Einbettung des Fanals in die zu Kriegsbeginn gewollte Zwangsarisierung des Kapitalvermögens liegt jenseits der Fernsehschirme. Dort schaudert man lieber vor brennenden Synagogen als vor der Dresdner Bank.

Außer dem Arisierungshunger hat sich aber auch der Rassenhaß im nachhinein schwer namhaft machen lassen. Die deutschen NS-Prozesse, die den Ruf genießen, wenn schon keine Täter zu verurteilen, so doch den Sachverhalt sauber aufzuklären, haben sich in einigen wenigen Verfahren des Deportationsgeschehens angenommen. Fürwahr eine Stunde giftigen Rassenhasses, der noch die bizarre Besitznahme des jüdischen Wohnungs- und Leibinventars tränkt. Das Landgericht Köln verhandelte im Juli 1954 gegen die zwei früheren Gestapo-Chefs der Stadt, Sprinz und Schäfer, sowie deren Judenreferenten Matschke. Das Urteil beeilt sich zunächst mit der Feststellung, die Judenvernichtung sei mehr als rechtswidrig gewesen: »Materiell bitterstes, zum Himmel schreiendes Unrecht.« Auf Erden haben die wenigsten den Schrei gehört, weil das Unrecht »streng geheim« war. »Planung und Befehl wurden unter Deck- und Tarnbezeichnungen an die nachgeordneten Stellen weitergegeben.« Mörder waren darum die Befehlsgeber und Defraudanten Hitler, Heydrich und Eichmann.

Anders die Gestapo. Die Polizisten stimmten wie das ganze Land in den Schwur ein: »Von nichts gewußt.« Man habe »damals angenommen, daß die Juden in ein Zwangsreservat verbracht würden, ähnlich dem der Indianer in den USA«. Die Beweisaufnahme zu diesem Punkt förderte Hörenswertes zu Tage. Die Sekretärinnen der Polizei bekundeten, daß Mitte 1942 urlaubende Soldaten aus dem Osten erzählten, daß die Juden dort massenweise umgebracht worden seien. Ein Kollege, der an solchen Exekutionen teilgenommen habe, sei darob in geistige Umnachtung gefallen. Die Erzählungen der Soldaten seien lebhaft diskutiert worden, und man sei einhellig der Überzeugung gewesen, »daß die Juden in den Tod gingen«.

Auf private Überzeugungen kommt es aber beim Beamten nicht an. Rechtlich zähle allein, urteilte das Gericht, »daß die Angeklagten dienstlich nicht über das Schicksal der Juden informiert waren«. Weil Hitler den Dienstweg nicht eingehalten hatte, kennzeichnete das Gericht den Abschub zur Vernichtung als »Freiheitsberaubung im Amt«. Nach § 239 Abs. 2 bedarf es dazu einer Festhaltung von länger als einer Woche, »und darüber waren sich alle 3 Angeklagten im klaren«. Der Angeklagte Sprinz, laut Urteil »ein korrekter und sauberer Beamter, auch als Gestapo-Chef«, ertrug bereits die Freiheitsberaubung so wenig, daß ihn »der Ekel faßte« und er seiner Zimmerwirtin bekannte, in seinem Gestapohauptquartier »käme ihm alles zum Halse heraus«. Doch »wesensgehemmt« wie er war, schluckte er allen Ärger herunter, fegte Köln mit 14 Transporten von 8500 Personen judenrein. Konsequenz: 3 Jahre Haftstrafe. Sein Vorgänger im Amt, Schäfer, hatte nur ein Drittel soviel Juden verschleppt, 3000, umgerechnet in 1 Jahr Haft. Der Judenreferent Matschke war nach richterlicher Analyse ein Rassenidealist gewesen, der »ehrlich an den damaligen Staat geglaubt« habe, so daß »ihm beim Zusammenbruch eine Welt zusammengestürzt« sei. Vorher nicht. So war er damit bereits genug gestraft und wurde mit 2 Jahren Haft abgefunden.

Die oben näher geschilderte Entjudung des fränkischen Raums mit 4754 Opfern aus Nürnberg, Würzburg, Regensburg und Bamberg hat das Nürnberger Landgericht in einem vierjährigen Verfahrenskomplex von 1949 – 53 rechtlich geprüft. Angeklagt waren 7 hohe Beamte der Gestapo einschließlich ihres Leiters Dr. Martin. Sie bereiteten dem Gericht logische Schwierigkeiten mit ihrer Verteidigung: Die Gestapo habe deportiert aus Angst um Leib und Leben. Hätte sie sich geweigert, hätte Hitler die Gestapo ins KZ gesperrt. Außerdem sei man völlig im Recht gewesen: Der spätere israelische Staatspräsident Chaim Waitzmann habe Hitler im Auftrag der Juden der Welt den Krieg erklärt (Professor Ernst Nolte aus Berlin hat dies jüngst bestätigt), »so daß ihre Vertreibung aus Mitteleuropa und ihre Vernichtung zur Sicherung des Staates erforderlich gewesen sei«.

Was sollte das Gericht davon glauben? »Wenn jemand der Meinung ist, rechtmäßig zu handeln«, entschied es, »so kann er nicht unter Zwang handeln.« Nur eines war richtig, und zwar nach richterlicher Beweiswürdigung der Zwang. Die Bezwingung der Gestapo ist Hitler nur unvollkommen gelungen, denn die Polizisten gehorchten, wo sie nur konnten, ihren natürlichen Impulsen. Sie deportierten dermaßen gedämpft und behutsam, daß sie damit mehr Protest zum Ausdruck brachten als alles andere. Das Verhalten der Angeklagten, heißt es im Urteil »die, wie von allen Seiten bekundet wird, Juden und politisch Verfolgten gegenüber immer anständig und menschlich auftraten, beweist, daß sie ihre Aufgabe bei der Judenverfolgung nicht frohen Herzens erfüllten«. Im Gegenteil. Ihr Anführer, der Nürnberger Gestapochef, Dr. Martin, sorgte »mit der Autorität seiner Stellung dafür, daß bei der Durchführung der Evakuierung in Franken die Juden vor Demütigungen, Beschimpfungen und Mißhandlungen verschont blieben und in korrekter, menschenwürdiger Weise behandelt würden«. Dr. Martin, der »im Interesse der Juden« tätig geworden war, »brauchte hier kein Unrechtsbewußtsein zu haben, da das Bestreben, zu helfen und zu mildern, nicht als Unrecht angesehen werden kann«.

Die Milde und Hilfsbereitschaft der Gestapoleute wurde mit Freispruch belohnt. Nach richterlicher Feststellung wußten sie zwar nicht, daß sie den Verschleppten am Fäkalienbahnhof auf den Weg in die Ausrottung halfen, mußten aber mitansehen, »daß die Juden in Deutschland dauernden Unterdrückungen und Schikanen ausgesetzt waren«. Dies dauerte die Gestapo, erleichterte ihr jedoch die Arbeit. Denn »die Angeklagten konnten sich deshalb sagen, daß die Juden in den neuen Siedlungsgebieten im Osten mindestens kein wesentlich schlimmeres Los erwarten könne«. Schlimmer als die Gestapo konnte man es kaum noch treffen. So retteten die Gestapoleute das Judentum vor ihren eigenen Schikanen. Wollte man den Richtern glauben, sind die Juden in Deutschland noch nie so zuvorkommend behandelt worden wie bei ihrem Abtransport nach Auschwitz.

Es reicht nicht, daß sie den Räubern ein Verzeichnis des Raubguts anfertigen mußten.

Es reicht nicht, daß sie ihren Verschleppern und Vernichtern die Kosten ihrer Verschleppung und Vernichtung vorstrecken mußten.

Es reicht nicht, daß sie sich auf dem Viehbahnhof entkleiden, befingern und die letzte Briefmarke stehlen lassen mußten.

Es blieb der bundesdeutschen Rechtsprechung vorbehalten, sie noch im Grab zu verhöhnen.

Margret Boveri

»Bis zum letzten Atemzuge kämpfend ...«: Das Ende des Krieges in Berlin

Wehrmachtsbericht, 1. Mai 1945: »Im Stadtkern von Berlin verteidigte sich die tapfere Besatzung, um unseren Führer geschart, auf engstem Raum gegen die bolschewistische Übermacht. Unter schwerstem feindlichen Artilleriefeuer und rollenden Luftangriffen dauert das heroische Ringen an. Südlich der Reichshauptstadt haben die Verbände unserer 9. Armee den Anschluß an die Hauptkräfte gefunden und stehen mit diesen in der Linie Niemegk – Beelitz – Werder in harter Abwehr gegen die pausenlos anrennenden Sowjets. Auch zwischen Rathenow und Fehrbellin behaupten sich unsere Truppen gegen starke feindliche Angriffe. In Mecklenburg richtet sich der Hauptstoß der Bolschewisten gegen den Raum zwischen Müritz und Demmin. Heftige Kämpfe sind hier im Gange. Teilkräfte des Gegners drehten nach Nordosten ab und versuchten vergeblich, über die Peene-Enge westlich Anklam überzusetzen. Nördlich davon behauptete sich der Stützpunkt Wolgast gegen alle Angriffe. Von Osten her gegen die Dievenow-Enge geführte Durchbruchsversuche brachen verlustreich für die Bolschewisten zusammen.

In Nordwestdeutschland lag der Schwerpunkt der Kampfhandlungen gestern zwischen der Weser und der Elbe, wo es den Engländern im schweren Kampf gelang, unsere Truppen über die Eisenbahnlinie Bremervörde – Stade zurückzudrängen. Zu heftigen Kämpfen kam es wiederum in dem feindlichen Elbe-Brückenkopf westlich Lauenburg, den der Gegner nach wechselvollem Ringen nur wenig erweitern konnte. Südlich Boitzenburg gelang es dem Feind, unter starkem Feuerschutz mit schwächeren Kräften auf das Nordufer der Elbe überzusetzen ... «

Abends waren die Straßen und Plätze bei uns ein wahres Heerlager, – und wieder diese merkwürdige Stimmung: schäkernde Mädchen, erzählende Soldaten, Umarmungen im Gebüsch. – Ein Mädchen vom Hinterhaus, die im 6. Monat ist, unehelich, ergatterte sich sogar einen 22jährigen Bräutigam, der ihr schriftlich bestätigte, daß das zu erwartende Kind von ihm sei (nachträglich: er ist zurückgekehrt, sie haben geheiratet und beim Kellerplündern mitgewirkt).

In der Nacht schoß es noch, und die Brände kamen immer näher. Und dann rumpelten die schweren Gefährte an unserm Haus vorbei durch die Witzlebenbarrikade. Ich stand nicht auf, es mir zu besehen. Am anderen Morgen erzählte Frau Mietusch, von Mitternacht bis nach 3 h morgens sei ununterbrochen Wehrmacht an uns vorbei gerauscht, nach Westen heraus (nachträglich: der Durchbruch ist mißlungen, es muß in den Spandauer Wäldern noch ein furchtbares Gemetzel gegeben haben). Am Morgen standen noch ein paar Soldaten auf unserer Straße. Es fielen auch noch Schüsse. Aber wir dachten nun doch, der Krieg sei für uns wohl aus. Es wurde erzählt, Hitler sei gefallen, Dönitz habe das Kommando übernommen und lasse weiter kämpfen. Keitel sei in der Postdirektion gewesen, 4 Häuser entfernt von uns. Daher wohl auch die großen Heeresansammlungen.

Wehrmachtsbericht, 2. Mai 1945: »An der Spitze der heldenmütigen Verteidiger der Reichshauptstadt ist der Führer gefallen. Von dem Willen beseelt, sein Volk und Europa vor der Vernichtung durch den Bolschewismus zu retten, hat er sein Leben geopfert. Dieses Vorbild, getreu bis zum Tod, ist für alle Soldaten verpflichtend. Die Reste der tapferen Besatzung von Berlin kämpfen im Regierungsviertel, in einzelne Kampfgruppen aufgespalten, erbittert weiter.

In Mecklenburg drängte der Feind unsere Truppen bis zur Linie Neuruppin – Müritzsee – Rostock zurück. Jagd- und Schlachtfliegerverbände griffen mit guter Wirkung in die Kämpfe in Mecklenburg ein. In Nordwestdeutschland halten die Kämpfe mit den Engländern und Kanadiern in den bisherigen Schwerpunkten an. Unter Einsatz weiterer Verbände griff der Gegner aus seinem Brückenkopf nordwestlich Lauenburg an und gewann mit vorausgeworfenen Abteilungen den Raum nordwestlich Mölln. Aus dem Brückenkopf südöstlich Boitzenburg stießen amerikanische Panzer bis Schwerin vor.

In Sachsen verhielten sich die Amerikaner ruhig und setzten sich im Fichtelgebirge einige Kilometer nach Westen ab ...«

Bevor ich noch gefrühstückt hatte, rief Frau Mietusch: »Es gibt Haferflocken« – und ich raste mit meinem Eimer die Treppe hinunter, kam aber wie immer zu spät. Sich balgende und beschimpfende Frauen umlagerten ein Wehrmachtsauto. Frau Mietusch bekam noch den leeren Sack, aus dem sie immerhin noch ein Pfund herausholte und später mit mir teilte. Ich sah indessen an der Straßenecke eine Frau mit einem großen Stück Fleisch, fragte, woher das komme und bekam die Antwort, da vorne gebe es Pferdefleisch. Ich dachte, es werde verteilt, rannte hin und fand ein halbes, noch warmes Pferd auf dem Trottoir und drum herum Männer und Frauen mit Messern und Beilen, die sich Stücke lossäbelten. Ich zog also mein großes Taschenmesser, eroberte mir einen Platz und säbelte auch. Einfach wars nicht. Ich bekam ein Viertel Lunge und ein Stück von der Keule, woran noch das Pferdefell war und zog blutbespritzt ab. Da wir im letzten Krieg vom Metzger auch Pferdefleisch bekommen hatten und es gut fanden, war ich hochbefriedigt, wollte mit Frau Mietusch teilen, – die aber wandte sich schaudernd ab. Nun begann eine scheußliche Arbeit in der Küche. Alles war voll Blut, ein außergewöhnlich hellrotes, fast rosa Blut – und ich kann mir jetzt lebhaft vorstellen, wie schwer es einem Mörder fällt, die Blutspuren zu entfernen. Irgendwo bleibt doch ein Fleck. Ich erkannte bald, daß das Fleisch erst abhängen müsse, zog durch jedes Stück eine Schnur und hing beide auf. Das Fell war abgeschnitten. Von der Lunge trieb ich doch schon die Hälfte durch und machte aus Zwiebel, Thymian und einer Einbrenn eine sehr köstliche Lungenblutwurst, womit ich nun wieder einen Brotaufstrich hatte. Während die Metzelei noch im Gang war, rief Herr Mietusch, der erste russische Wagen fahre durch unsere Straße. Dies historische Ereignis mußte ich mir entgehen lassen, denn sonst hätte ich das Blut auch in die Vorderzimmer gebracht. Außerdem hatte ich Angst, ein Russe könne mich sehen und denken, ich hätte einen seiner Kameraden umgebracht.

Aber bald darauf mußte ich noch einmal Schlange stehen nach meinem letzten Viertelpfund Butter, und da standen die Russen schon um uns herum. In der Schlange hatten die meisten Leute weiße Binden um den Arm. Es wurde jetzt offen auf die Partei geschimpft, wozu ja nun kein Mut mehr gehörte. Eine Frau hatte mit Detektor im Radio gehört, sagte, Bremen und München seien gefallen, nach der Ankündigung von Hitlers Tod hätten sie das Deutschland- und das Horst-Wessel-Lied gespielt. Bin gespannt, zu erfahren, wie es wirklich war, die wenigsten Leute scheinen sich im klaren darüber zu sein, daß dieser Mann bewußt noch so viel zerstören ließ wie er konnte. Da sie selbst an den Sieg glaubten, glaubten sie, er glaube auch. Das tat er nicht. – In den wochenlangen Debatten, die wir im Januar, Februar und März hatten, als alle meine männlichen Freunde mich immer wieder beschworen, Berlin zu verlassen, hatten wir uns immer wieder gefragt: wie lange wird es dauern? Viele dachten, die Arbeiterschaft wird sich erheben, ob kommunistisch oder nicht, und die Sache in drei Tagen zu Ende bringen. Sethe, der geflohen ist, hatte recht: Er meinte, es werde mit den noch verfügbaren Machtmitteln länger dauern. Und nachdem ich es miterlebte, kann ich sagen, daß der einzelne hilflos war und daß ein Sich-Organisieren schon wegen der fehlenden Verkehrsmittel unmöglich gewesen wäre. Der Werwolf soll auch immer noch tätig sein.

V.
ALLTAG I:
BEI DEN KLEINEN LEUTEN

Natalie Z. Davis

Das schwere Leben einer jungen Witwe: Bertrande de Rols

Als Martin Guerre zu seinen Abenteuern aufbrach, war seine Frau Bertrande de Rols gerade erst zweiundzwanzig Jahre alt. Auch sie, die »schöne junge Frau«, blickte wohl nicht ohne einiges Bedauern auf ihr bisheriges Leben zurück.

Soweit bekannt ist, hatte Bertrande ihre Kindheit gemeinsam mit mindestens einem Bruder bei der Mutter verbracht; sie lernte Spinnen und andere Frauenarbeiten. In Artigat und den umliegenden Dörfern wurden die Mädchen zuweilen in andere Häuser in Dienst geschickt – es ist zum Beispiel ein Fall bekannt, wo die Frau eines Kaufmanns aus Le Fossat ihrem Dienstmädchen ihre Kleider vermachte –, aber in Familien wie den Rols halfen die Töchter bis zu ihrer Heirat meist im Hause.

Doch bevor sie überhaupt Gelegenheit hatte, mit einem Burschen aus dem Dorf an Mariä Himmelfahrt zur Geige zu tanzen, bevor man ihr zum ersten Mal den Hof machte, wurde sie mit Martin verheiratet. Vermutlich hatte sie ihre »Blume« schon bekommen, wie man damals die Menstruation nannte, andernfalls hätten die Familien nicht erlaubt, daß man ihr in der Hochzeitsnacht den Fruchtbarkeitstrank verabreichte, der ihr zu einer baldigen Schwangerschaft verhelfen sollte. Aber jung wie sie war und zudem unter einem fremden Dach, empfand sie dasselbe Unbehagen wie Martin; auch sie war »behext«, wie sie Jahre später vor dem Tribunal von Rieux erklärte. Zwar richteten die Hexen, wenn sie den Beischlaf eines Paares zu verhindern suchten, gewöhnlich ihr Augenmerk ausschließlich auf das männliche Glied. Aber es konnte auch einer Frau widerfahren. So erklärten die Inquisitoren im *Malleus maleficarium*: »Der Teufel kann einer Frau Verstand so sehr trüben, daß sie ihren Mann für so widerwärtig erachtet, daß sie ihm um nichts auf der Welt gestatten will, ihr beizuwohnen.«

Bertrande mag es vielleicht nicht in diesen Worten ausgedrückt haben, aber offenbar war sie eine Zeitlang erleichtert darüber, daß sie keinen Verkehr miteinander haben konnten. Als sie jedoch von ihren Verwandten gedrängt wurde, sich von Martin zu trennen, weigerte sie sich entschieden. Hier stoßen wir auf gewisse Charakterzüge von Bertrande de Rols, die sich schon in ihrem sechzehnten Lebensjahr zeigten: die Sorge um ihren guten Ruf als Frau, ein lebhaftes Bedürfnis nach Unabhängigkeit und schließlich Schlauheit und Realitätssinn, mit deren Hilfe sie sich innerhalb des Rahmens, der ihr als Frau gesteckt war, geschickt zu bewegen vermochte. Ihre Weigerung, die Ehe annullieren zu lassen – und danach wäre sie sicher eine neue, ihren Eltern genehme Ehe eingegangen –, befreite sie vorübergehend von gewissen ehelichen Pflichten. Dadurch hatte sie die Möglichkeit, mit Martins jüngeren Schwestern, mit denen sie sich gut verstand, noch eine Jungmädchenzeit zu verleben. Darüber hinaus konnte sie sich ihrer Tugend rühmen. Tatsächlich sollte Coras über ihre Weigerung, sich von Martin zu trennen, sagen: »Diese Tat lieferte, gleichsam als Prüfstein, den Beweis für die *honnesteté* der besagten de Rols.« Etliche Klatschbasen aus Artigat hätten dieselben Gefühle äußern können.

Als dann Bertrande wirklich dafür bereit war, erschien plötzlich die »vom Himmel gesandte« alte Frau und half ihr, den Zauber zu brechen. Sie gebar schließlich ein Kind, ein Ereignis, das für sie (wie für alle anderen Frauen des Dorfes, deren Ehen unter günstigeren Vorzeichen begannen) erst wirklich den Schritt ins Erwachsenensein bedeutete. In diese Welt der erwachsenen Frau wurde Bertrande eingeführt durch ihre Mutter, ihre baskische Schwiegermutter, ihre Patinnen. Was hatte sie zu erwarten? Zunächst einmal war es eine Welt, in der die organisatorische Struktur sowie die öffentliche Identität ausschließlich an Männer gebunden war. Die Partikel »de«, die wir so häufig in Frauennamen in und um Artigat finden, ist nicht Ausdruck des Versuchs der Bauern, die Adligen nachzuäffen, sondern des sozialen Gliederungssystems der dörflichen Gesellschaft. Bertrande hieß »de« Rols, weil ihr Vater Rols hieß; Jeanne hieß »de« Banquels, ihr Vater Banquels; Arnaude hieß »de« Tor, ihr Vater Tor. Entlang der Lèze wurde, wie wir gesehen haben, nur in männlicher Linie weitervererbt, es sei denn, die Familie hatte zu ihrem Unglück nur Töchter. Die *consuls* des Dorfes ließen nur Männer zu ihren Beratungen zu, Frauen und Witwen wurden nur hinzugezogen, wenn eine Anweisung entgegenzunehmen war.

Im täglichen Leben, bei der Arbeit auf den Feldern und im Haushalt, spielten die Frauen immer eine gewichtige Rolle. Sie verrichteten die typisch weiblichen Arbeiten wie Jäten, Ausputzen der Rebstöcke, Schneiden der Trauben. Gemeinsam mit ihren Männer pachteten und bearbeiteten sie das Land, schoren Schafe und nahmen Kühe und Kälber in *gasailhe*. Eine gewisse Maragille Cortalle, Witwe aus Saint-Ybars, übernahm sogar achtzehn Lämmer selbständig in *gasailhe* und versprach, sie auf vier Jahre »wie ein guter Familienvater« zu versorgen. Sie spannen Wolle für die Weber von Le Fossat und buken Brot, das sie an andere Dorfbewohner verkauften. Frauen wie Marguerite, genannt La Brugarsse, aus Le Carla verliehen kleine Geldsummen, während die Frauen und Witwen von Händlern, wie zum Beispiel Bertrande de Gouthelas und Suzanne de Robert aus Le Fossat große Verkäufe tätigten mit Weizen, Hirse und Wein. Natürlich waren Frauen als Hebammen tätig, und neben einigen Badern, die in der Gegend ansässig waren, pflegten sie die Kranken.

Die Frauen waren vom guten Willen ihrer Ehemänner abhängig, und als Witwen von dem ihrer Söhne. Grundsätzlich garantierten die Gebräuche im Languedoc der Witwe die Rückgabe der Mitgift zuzüglich einer »Verzinsung« in Höhe eines Drittels ihres Wertes. In Artigat und den umliegenden Ortschaften sagen die Eheverträge hierüber nichts aus. Sie sehen ein Anrecht der Frau auf den Besitz des Mannes nur für den besonderen Fall vor, daß ihre Eltern oder ihre verwitwete Mutter vorhaben, beim jungen Ehepaar zu leben. Verfügungen dieser Art finden sich meist im Testament des Ehemannes. Im besten Fall sieht er den Nießbrauch an seinen Gütern vor, solange sie »im Witwenstande« lebt (einige Testamente fügen noch »und in Ehrbarkeit« hinzu). Wenn er ihr wirklich vertraut oder wenn er sie für ihre »angenehmen Dienste« belohnen will, so legt er noch fest, daß sie über seinen Besitz verfügen kann, »ohne irgend jemandem auf der Welt dafür Rechenschaft schuldig zu sein«. Für den Fall, daß sie mit seinen Erben nicht auskommt, legt ihr Mann in seinem letzten Willen in einer Klausel detailliert ihren Unterhalt fest: Sieben Scheffel Weizen und ein Faß guten Weines pro Jahr, ein Kleid, je ein Paar Schuhe und Strümpfe alle zwei Jahre, Brennholz und so weiter. Wenn sie sich wieder verheiratet, erhält sie eine pauschale Summe, die im allgemeinen ihrer Mitgift oder der Mitgift plus einem Zuwachs entspricht.

Das Gefüge dieser bäuerlichen Welt förderte nicht allein die haushälterischen Talente einer tüchtigen Bauersfrau, sondern auch ihr Geschick im Umgang mit den Männern und im Abwägen ihrer Vorteile, wenn sie zum Beispiel Witwe blieb. Die Stellung einer Rose d'Espaigne, Herrin von Durfort, einer Erbin von Adel, die Ländereien östlich des Dorfes aufkaufte und ihre Pächter drangsalierte, war für eine Frau aus Artigat natürlich unerreichbar. Als Witwe konnte sie jedoch auf den Respekt der übrigen Dorfbewohnerinnen und einen gewissen Einfluß hoffen; sie erhielt den Ehrentitel *Na* und hatte das Recht, einem Sohn zur Heirat einen Weinberg und allen ihren Patenkindern Strümpfe zu vermachen. Die Frauen scheinen sich mit dem System arrangiert zu haben, dessen Werte dank der engen Bindung und dem geheimen Einverständnis zwischen Mutter und Tochter weitervermittelt wurden. Als Ehefrau machten sie ihre Männer zu Universalerben, waren sie verwitwet, so gaben sie gewöhnlich ihren Söhnen vor den Töchtern den Vorzug. Sie fühlten sich schwer beleidigt und forderten Genugtuung, wenn man sie als *»bagasse«*, als Hure, beschimpfte. Eine rechtschaffene Frau aus Le Fossat schleppte eine Nachbarin vor den Richter nicht allein deshalb, weil sie in einem Streit wegen eines Hühnerstalls von ihr geschlagen worden war, sondern auch, weil diese sie eine »Henne« genannt hatte.

Mit derlei Wertvorstellungen war Bertrande de Rols aufgewachsen. In allen Schicksalsschlägen, die sie durchzumachen hatte, zeigte Bertrande niemals auch nur die geringste Neigung, sich außerhalb der Dorfgemeinschaft zu stellen oder sich von ihr ausstoßen zu lassen. Sie verfolgte jedoch beharrlich ihren eigenen Weg. Das Vorbild ihrer Schwiegermutter, einer jener selbstbewußten baskischen Frauen, mag ihr dabei geholfen haben. Als Erbinnen, die eigenverantwortlich Herrin in ihrem Hause waren, waren die Baskinnen berühmt für ihre »Dreistigkeit« und später berüchtigt als Hexen.

Just in dem Augenblick, als sich zwischen Bertrande, nun selbst Mutter eines Sohnes, und ihrer Schwiegermutter eine neue Art von Beziehung bildete, verschwand Martin Guerre spurlos. Eine Katastrophe! Selbst Bauern, die für eine gute Klatschgeschichte immer zu haben sind, brachte das unerwartete Verschwinden eines wichtigen Dorfgenossen durcheinander, da dadurch eine beängstigende Lücke in den Rängen der Jungen entstand. Für die Guerre aus dem Baskenland war dies ein weiterer Skandal, mit dem sie fertigwerden mußten. Martins Eltern starben, ohne von ihrem Sohn noch einmal Nachricht erhalten zu haben. Der Vater verzieh ihm am Ende und hinterließ ein Testament, in dem Martin als Erbe beider Güter, in Hendaye und in Artigat, genannt wurde. Die örtlichen Notare wußten also, was bei Abwesenheit des Universalerben zu tun war: »Im Falle seines Todes oder seiner dauernden Abwesenheit«, so lautete die Formel, »treten andere an seine Stelle.« In der Zwischenzeit sollte Pierre Guerre den Besitz seines Bruders verwalten, und er wurde auch zum Vormund von Martins unverheirateten Schwestern bestimmt.

Irgendwann in diesen Jahren – wahrscheinlich um 1550, nach dem Tode des alten Sanxi – unternahm Pierre Guerre den Versuch, die Beziehungen zwischen den Guerre und den Rols zu retten und Martins verlassener Frau zu helfen. Als Witwer mit eigenen Töchtern heiratete er Bertrandes verwitwete Mutter. Ihr Ehevertrag war wohl von der besonderen Art, wie sie bei der Zusammenlegung von zwei Haushalten geschlossen wurden. Sicherlich brachte Bertrandes Mutter mit in die Ehe, was ihr Mann ihr an Geld oder Gut für den Fall einer Wiederheirat vermacht hatte. Pierre wird versprochen haben, für Bertrande und deren Sohn Sanxi zu sorgen; schließlich werden sie festgelegt haben, wie der Zugewinn zu verteilen sei. Das Nachbarhaus, in dem der alte und der junge Hausherr gelebt hatten, wurde vermutlich vorübergehend vermietet – niemand wird der jungen Bertrande zugetraut haben, es unter diesen Umständen unterhalten zu können –, und Pierre Guerre wurde Oberhaupt einer Familie, die im wesentlichen aus Frauen bestand, und dies auf seinem eigenen Land.

Infolge all dieser Ereignisse war Bertrandes Stellung sehr geschwächt. Weder Ehefrau noch Witwe, lebte sie nun wieder mit ihrer Mutter unter einem Dach. Weder Ehefrau noch Witwe, so mußte sie den anderen Frauen des Dorfes gegenübertreten, ob in der Mühle, am Brunnen, in der Ziegelei oder bei der Ernte. Und das Gesetz ließ hier kaum einen Ausweg. Seit dem Ende des Pontifikats Alexanders III. im 12. Jahrhundert hatten die Doctores verfügt, daß eine Frau bei Abwesenheit ihres Mannes nicht wieder heiraten durfte, gleichgültig, wie viele Jahre vergangen waren, es sei denn, sie hatte gesicherte Beweise für seinen Tod. Von den beiden konkurrierenden Traditionen im Zivilrecht hatte sich die strengere, die des Justinian, durchgesetzt, auf die sich noch im Jahre 1557 das Parlament von Toulouse in einem Urteil berief: »Während der Abwesenheit des Ehemannes kann sich die Frau nicht wieder verheiraten, es sei denn, sie hätte den Beweis für seinen Tod... Nicht einmal dann, wenn er seit zwanzig oder mehr Jahren abwesend geblieben wäre... Und der Tod muß durch Zeugen beglaubigt werden, die mit Gewißheit darüber aussagen können, oder durch starke und überzeugende Vermutungen.«

Natürlich konnten die Bauern versuchen, das Gesetz zu umgehen – von dieser Möglichkeit wurde immer wieder Gebrauch gemacht –, und Nachrichten über einen Tod durch Ertrinken oder auf dem Schlachtfeld fingieren. Man konnte es auch einfach ignorieren, sofern es im Dorf einen verständnisvollen Priester gab. Aber Bertrande zog es vor, nicht so zu handeln. Ihr materielles Interesse hielt sie bei ihrem Sohn und bei dessen zukünftigem Erbe; überdies achtete sie streng auf ihre persönliche Würde und auf ihren guten Ruf. Die schöne junge Frau blieb gleichgültig gegenüber Avancen und auffordernden Gesten, wie in der Folge alle bezeugten, und lebte »ehrbar und tugendsam«. Sie war im Haus und auf den Feldern beschäftigt, zog ihren Sohn groß und wartete. Vielleicht standen der einsamen jungen Frau die vier Schwägerinnen zur Seite und die weise Alte, die ihr damals, bei ihrer »Verhexung«, Ratschläge gegeben hatte. Die Pfarrer der Kirche von Artigat, die Jacques Boëri im Amt gefolgt waren, stammten nicht mehr aus ortsansässigen Familien und hielten sich nicht ständig im Kirchensprengel auf; Bertrande mag wohl ihren Kummer nur der heiligen Katharina anvertraut haben, deren Kapelle sich auf dem Kirchhof befand. Sicherlich dachte sie jedenfalls über ihr Leben nach, das sie in drei Teile gliederte, wie sie später vor dem Richter in Rieux darlegte: die neun oder zehn Jahre ihrer Kindheit, die neun oder zehn Jahre ihrer Ehe und schließlich die acht oder neun Jahre des Wartens. Nach einem Leben als junge Frau, die, wenn überhaupt, nur eine kurze Zeit sexueller Erfüllung gekannt hatte, nach einer Ehe mit einem Mann, der sie kaum verstand, möglicherweise sogar fürchtete, auf jeden Fall verlassen hatte, träumte Bertrande von einem Mann und Liebhaber, der zurückkommen würde und ganz anders wäre. Da erschien im Sommer 1556 ein Mann und stellte sich ihr als der lange vermißte Martin Guerre vor. Dieser Mann war vorher bekannt gewesen unter dem Namen Arnaud du Tilh, genannt Pansette.

Edward Shorter

Der weibliche Körper als Schicksal: Geburten in der frühen Neuzeit

Wer durfte dabei sein?

Als Samuel Sewalls Tochter am letzten Tag im Januar anno 1701 in Boston niederkam, waren anwesend ihre Mutter und Schwiegermutter, dazu die Hebamme Mrs. Wakefield sowie die Damen Usher, Pemberton, Hubbard, Welsteed und die »Amme Johnson«. Es befanden sich also von der Wöchnerin abgesehen noch mindestens acht Frauen im Zimmer. Etwa zur gleichen Zeit wurde Guillaume de la Motte zur Entbindung einer Schlachtersfrau in dem normannischen Städtchen Montebourg gerufen. Wir erfahren von de la Motte, daß eine Komplikation vorlag, denn er habe »in Gegenwart von mehr als dreißig Menschen« einen geburtshilflichen Eingriff vorzunehmen gehabt. Der Gerechtigkeit halber sei hinzugefügt, daß die Geburt früher ein Ereignis für die ganze Gemeinde war.

All diese Frauen waren natürlich dort, um der Mutter zu helfen und um ihr Mut zuzusprechen. Das hört sich gut an. Aber unsere positiven Vorstellungen von »Ermutigung« unterscheiden sich doch erheblich von dem notorischen Fatalismus und der Furcht vor übernatürlichen Kräften, auf die man bei traditionellen Bauern traf. Man dachte nur an die vielen Dinge, die schiefgehen konnten. So schrieb ein Frankfurter Arzt 1844, die Mutter werde während der Wehen mit Heldentaten aus der Praxis ihrer Hebamme unterhalten, mit Schreckensgeschichten über andere Geburten, die kaum geeignet gewesen seien, sie zu beruhigen, und mit Berichten über die Mißgriffe und die Nachlässigkeit verschiedener Ärzte aus der Nachbarschaft. In diesem – und manchem ähnlichen – Bericht prallen zwei Kulturen aufeinander, werden zwei unterschiedliche Auffassungen zu der Frage deutlich, wer sich bei der Gebärenden aufhalten und was man ihr erzählen dürfe. So vertritt auch Dr. Jean-Marie Munaret in seiner Empfehlung für Ärzte eine grundsätzlich andere Meinung: »Sagen Sie den alten Weibern, die sich gewöhnlich im Schlafzimmer herumtreiben, sie sollen hinausgehen. Sie verpesten die Luft, verängstigen Ihre Patientin, quälen sie und werden Ihnen bei Ihrer Arbeit ständig im Wege sein, nur um über Sie herzuziehen, wenn Ihnen der Erfolg versagt geblieben ist.«

In jener Zeit aber, von der hier die Rede ist, blieben sie. [...]

Die Hebamme greift ein

Jetzt befindet sich die Mutter auf dem Gebärstuhl oder liegt im Stroh neben dem Bett. Die Wehen haben eingesetzt. Was geschieht nun?

Zunächst dürfte die Hebamme für den »Abgang des Fruchtwassers« gesorgt haben, das heißt, sie ritzte mit dem Fingernagel oder einem spitzen Fingerhut die Blase mit Amnionwasser an, die das Kind in der Gebärmutter umgibt. Diese Punktierung ist nicht ganz das, was heute als »Geburtseinleitung« bezeichnet wird, da die Wehen ja schon eingesetzt hatten. Die Hebammen machten es, um den Geburtsverlauf zu beschleunigen. Willughby hielt das für eine verbreitete Praxis: »Es gibt etliche Hebammen, die aus Unwissenheit, Ungeduld oder weil sie dringend zu einer anderen Kreißenden müssen, die Fruchtblase mit den Nägeln zerreißen oder sie mit der Schere zerschneiden.«

Der Skeptiker mag vermuten, daß Willughby als Geburtshelfer nach Kräften bemüht war, seine Konkurrentinnen in Verruf zu bringen. Doch diese Gewohnheit der Hebammen, die Fruchtblase anzubohren, ist vielfach bezeugt. 1769 erklärte Moritz Gerhard Thilenius in seinem Handbuch für Hebammen, wie das Fruchtwasser durch die Kontraktionen der Gebärmutter auf natürliche Weise abgeht. Gar nicht genug könne er, so schreibt er, die Unsitte der Hebammen rügen, die Fruchtblase willkürlich und grundlos zu verletzen.

Viele Hebammen gaben sich nicht mit dem Abgang des Fruchtwassers zufrieden, sondern »sondierten« auch. Der Hamburger Arzt J. H. Wigand beschreibt die »böse Gewohnheit mancher Hebammen, nach welcher sie beym Explorieren gleich nach dem Wassersprunge den Kopf etwas in die Höhe schieben. Dadurch machten sie zwischen dem Kopfe und Bekken zuviel Platz, so daß nun nicht nur die Menge des Wassers, welches *vor* dem Kopfe lag, abfließt, sondern auch eine Menge dessen, was in der übrigen Gebärmutter befindlich ist« (etwa die Nabelschnur). Warum so viel Einmischung? Wigand meinte, da »die wenigsten Weiber im Stande sind, die Geschicklichkeit einer Hebamme nach vernünftigen Grundsätzen zu beurteilen; da überdem die Hebammen sich gottloß verleumden und einander kaum die alltäglichen Kenntnisse zugestehen; so halten sich die meisten Weiber gewöhnlich bey ihrem Urtheil über die Hebammen, an den Grad des Fleißes, den sich Frauen bey der Entbindung geben. Eine geschickte Hebamme ist daher in ihren Augen keine andere, als solche, die sich unter der Geburt von der Stirne bis zur Fußsohle in einen tropfbaren Schweiß arbeitet. Dieses Vorurtheil wissen denn auch die Wehemütter trefflich zu benutzen. Sie stecken mit ihren Händen unaufhörlich in der Mutterscheide; sie dehnen, zerren und arbeiten daran, wie an einem gewaltigen widerspenstigen Dinge; sie keuchen und stöhnen ordentlich dabey und fluchen wol dazu, so daß manche beynahe an der Möglichkeit der Geburt zweifeln sollte.«

Ganz in Gegensatz zu neueren Interpretationen, die eine Art »Goldenes Zeitalter« beschwören, haben die Hebammen im traditionellen Europa tatsächlich heftig in den natürlichen Geburtsverlauf eingegriffen. Unablässig zogen und zerrten sie am Geburtskanal der Mutter, am Kopf des Kindes und am Mutterkuchen, weil sie Opfer der volkstümlichen Auffassung waren, die beste Hebamme sei die, die am meisten eingreife. Um beim Leser kein Mißverständnis aufkommen zu lassen: Das Massieren des Bereichs zwischen den Schenkeln, das Weiten der Vagina oder der Versuch, den Kopf des Kindes mit der Hand zu »dirigieren«, sind ausnahmslos schädliche und nutzlose Maßnahmen. Sie bedeuten weder für die Mutter noch für den Fötus einen Vorteil und bergen die Gefahr, daß der Mutter die Weichteile zerrissen werden oder daß sie infiziert wird. Zwar kann man heute noch gelegentlich alten Praktikern begegnen, die auf die »Damm-Massage« schwören, doch ist man sich in der Medizin ansonsten einig, daß von solchen Maßnahmen Abstand zu nehmen sei. Das Herumhantieren im Geburtskanal gilt heute als gefährlich, und Maßnahmen wie die Verwendung von Geburtszangen werden nur als gerechtfertigt angesehen, wenn das Kind so schnell wie möglich geholt werden muß, weil beispielsweise die Blutversorgung seines Gehirns gefährdet ist.

In traditionellen Zeiten wußten weder Hebammen noch Ärzte etwas von Infektionsgefahr. Statt aber die Hände in den Schoß zu legen, standen die Hebammen in dem Ruf schrecklicher Ungeduld. Im Idealfall sollte die Kreißende den Stuhl erst besteigen, wenn der Geburtsvorgang weit fortgeschritten war, tatsächlich aber setzten viele Hebammen ihre Schützlinge schon beim Einsetzen der Wehen auf den Stuhl und drängten sie, Stunde um Stunde sinnlos nach unten zu pressen. Bekanntlich öffnet sich der Muttermund erst nach etwa zehn Stunden Wehen so weit, daß das Kind hinausgedrückt werden kann. C. F. Senff, ein Autor, dem es nicht an Sympathie für die Hebammen fehlte, schrieb 1812: »Es ist bekannt, wie ungeduldig die Hebammen gewöhnlich auf das Ende einer jeden Geburt warten, wie sie die Frauen meistens über Gebühr zur Ausarbeitung der Wehen antreiben, wie sie dieselben zu zeitig auf den Geburtsstuhl setzen, ... vorzüglich wenn sie zu einer andern Entbindung gerufen worden sind.« Von dem Zwang, vorzeitig zu pressen, seien die Mütter, so schrieb ein Sulzbacher Arzt, am Ende so erschöpft, daß sie dazu nicht mehr in der Lage seien, wenn es erforderlich werde.

Das ganze 18. Jahrhundert hindurch kämpften die deutschen Städte mit der Interventionsfreudigkeit ihrer Hebammen, nachdem den Ärzten klargeworden war, daß bei einer normalen Geburt, vom Auffangen des Kindes und dem Durchschneiden der Nabelschnur abgesehen, keinerlei Intervention erforderlich ist.

Derartige Kritik an den Hebammen können wir nicht einfach als böswillige Verleumdung durch eifersüchtige Ärzte abtun, denn alle waren sich einig darin, daß Hausentbindungen von Hebammen vorgenommen werden sollten. Die Frage war nur, wie.

Es wäre ermüdend, die Reihe der Beispiele mit Berichten aus anderen Teilen Kontinentaleuropas fortzusetzen, obwohl es in der Literatur eine Fülle von Schreckensgeschichten über ständig an den Kreißenden herumfummelnde Hebammen gibt. Allerdings scheint mir erwähnenswert, daß auch viele qualifizierte Hebammen den Übereifer ihrer Kolleginnen mit Besorgnis beobachteten. Louise Bourgeois, Ober-Hebamme des Hotel Dieu in Paris, meinte 1626: »Ich zweifle nicht daran, daß es einige sehr tüchtige Hebammen gibt, doch befinden sie sich den anderen gegenüber in der Minderzahl. Sie unterscheiden sich darin, daß jede gottesfürchtige Frau die Ehre höher als den Profit schätzen und niemals versuchen wird, eine Mutter zur Eile anzutreiben, um rascher zu anderen Kreißenden zu kommen. [Eine gute Hebamme] wird es nicht wie jene anderen machen, die ihre Häuser stets voller junger Frauen und Mütter ohne Ehemänner haben und sie zur Eile antreiben.«

Als Rose-Claire Schüle in den Jahren nach dem Zweiten Weltkrieg die Arbeit der Hebammen im Wallis untersuchte, war sie entsetzt, wieviel von dieser Überaktivität fortlebte: »Zunächst fetten sie sich die Hände ein, dann die Scheide und den Muttermund der Kreißenden«, – all das, um die »Gleitfähigkeit« des Geburtskanals zu erhöhen. Wenn die Geburt nur zögernd vorankam, »weiten sie den Muttermund eifrig mit den bloßen Händen, die nicht mit einem Desinfektionsmittel, sondern mit einer Gleitflüssigkeit eingerieben worden sind... Überflüssig zu sagen, daß ausgebildete Hebammen den Arzt holen.«

Ich glaube – um das Gesagte zusammenzufassen –, es ist deutlich geworden, daß sich die traditionellen Hebammen in Europa ständig in den Verlauf der normalen Entbindung einmischten. Die ärztlichen Zeugnisse für diese Tatsache lassen sich nicht einfach als Produkte von Eigennutz und Vorurteil abtun. Die Frage ist deshalb so wichtig, weil von der Sachkenntnis bei der Geburtshilfe das Leben der Gebärenden und Wöchnerinnen abhängt, um die es in diesem Abschnitt geht.

Elisabeth Badinter

Die lieblose Gesellschaft: Ehe und Familie zu Beginn der Neuzeit

Wenn es innerhalb der Familie trotz allem Liebe gibt, so ist sie in den uns bekannten Dokumenten kaum wahrzunehmen. Wenn sie irgendwo in den Familienbeziehungen auftaucht, dann geschieht das beiläufig, mit versteckten Worten, fast schamhaft.

Das ist nicht verwunderlich, wenn man weiß, welche Vorstellung man sich von der ehelichen Liebe machte. Die Theologen unterschieden zwischen der guten Liebe, der Freundschaft, und der schlechten Liebe, der Fleischeslust, die sie in Grund und Boden verdammten: »Der Mann soll seine Frau nicht wie eine Hure gebrauchen, und die Frau soll sich nicht ihrem Mann gegenüber wie zu einem Liebhaber verhalten.« In diesen Worten kommt exakt zum Ausdruck, daß der eheliche Geschlechtsverkehr nur dann als ein geringeres Übel anzusehen ist, wenn man kein Vergnügen daran findet.

Man wird nicht erstaunt sein zu hören, daß das Modell der guten ehelichen Liebe eine Liebe ist, die zwei Personen gleichen Geschlechts miteinander verbindet. Mann und Frau sollen Freunde sein, aber nicht Liebende, oder letzteres höchstens aus Zufall beziehungsweise aus unabweisbarer Notwendigkeit. In diesem Geiste beklagten die Theologen immer wieder die »Exzesse« des Ehelebens: »Der Mann, der sich seiner Frau gegenüber eher wie ein überschwenglicher Liebhaber denn wie ein Ehemann verhält, begeht Ehebruch.«

Wie Flandrin sehr richtig bemerkt, war die sexuelle Potenz offenbar kein Problem. Wenn ein Mann impotent war, konnte seine Frigidität nur an seinem schlechten Willen, an einer Verhexung oder daran liegen, daß der Himmel ihn dafür bestrafte, daß er geheiratet hatte, um seiner fleischlichen Begierde zu frönen. Diese letztere, besonders aufschlußreiche Erklärung verhieß den armen Unwissenden von damals: Wenn ihr Begierden habt, werdet ihr keine Freude haben. Wenn ihr hingegen keine

Begierden habt, werdet ihr mit der guten und reinen Freundschaft belohnt werden, die ihr eurem Gemahl entgegenbringt.

Zu den Ehevoraussetzungen gehörte allerdings nicht, daß der Freundschaft oder gar dem Begehren Rechnung getragen wurde. Für eine gute Eheschließung waren so viele Gebote zu beachten, daß Freundschaft und Zärtlichkeit bei der Wahl des Ehegatten praktisch keine Rolle spielten. Da er beim Abschluß des Ehevertrages fast nie dabei war, konnte man nur darauf hoffen, daß sich durch Zufall oder durch die Gewohnheiten des Ehelebens die Liebe einstellen würde.

Unter den Vorschriften für die richtige Wahl des Ehepartners steht an erster Stelle die Homogamieregel, nach der man jemanden heiraten soll, der dem eigenen Rang entspricht. Ebenso bedeutsam wie diese Vorschrift ist die Mitgift.

Ohne die wertvolle Rücklage kann ein junges Mädchen sich unmöglich verheiraten. Nichts ist in dieser Hinsicht beredter als die berühmte Stelle aus *Les Caquets de l'Accouchée*, welche die Äußerungen von drei Gevatterinnen aus der Zeit Ludwigs XIII. wiedergibt: einer Dame von Rang, die Frau eines Finanziers ist, ihrer Kammerfrau und ihrer Dienerin. Alle drei beklagen sich über die Inflation ihres jeweiligen Aussteuerbetrages. Die Herrin: »Ich habe geglaubt, wir (die Hochfinanz) würden bei solchen Heiraten (mit jungen Adligen) mit 50000 oder 60000 Talern davonkommen. Aber jetzt, wo einer unserer Kollegen seine Tochter mit einer Aussteuer von 500000 Pfund an einen Grafen verheiratet hat... will der ganze Adel ebensoviel... Und das wirft uns sehr zurück, ich sehe schon, daß mein Mann, um eine unserer Töchter zu verheiraten, zwei oder drei Jahre länger im Amt bleiben muß, als er dachte.«

Darauf antwortet ihr Kammerfräulein verstimmt: »Mein Vater, der Prokurator ist und über ganz passable Mittel verfügt, hat seine ersten Töchter mit 2000 Talern verheiratet und anständige Leute gefunden. Jetzt würde er, wenn er 12000 Pfund in bar gäbe, keine Partie für mich finden... Das hat meine Mutter dazu gebracht, mir die entsprechende Tracht zu verpassen, damit ich als Dienerin gehe und die Oberaufsicht über den Pißpott habe... « Darauf meldet sich die Dienerin, die von den dreien sicherlich die Beklagenswerteste ist: »Wenn wir früher acht oder neun Jahre gedient hatten und hatten 100 Taler in bar zusammengespart, dann fanden wir einen gutmütigen Unteroffizier oder einen Kurzwarenhändler zum Heiraten. Jetzt können wir für unser Geld nur einen Kutscher oder einen Stallburschen haben, der uns unverdrossen drei oder vier Kinder macht, die er dann nicht ernähren kann, so daß wir wieder gezwungen sind, wie vorher zu dienen.«

Ohne Mitgift blieb dem sanftesten und hübschesten Mädchen nichts übrig, als im väterlichen Haushalt zu bleiben, anderswo zu dienen oder in einem Kloster zu versauern.

Zu diesen Zwängen traten weitere Gebräuche hinzu, die die Wahl des Ehegatten nicht erleichterten. Dazu zählten die Rechte und Pflichten des Erstgeborenen, der das gesamte väterliche Vermögen erbte. Um den Familienbesitz nicht angreifen zu müssen, wünschte der Vater seinen Ältesten mit einem jungen Mädchen zu verheiraten, dessen Mitgift so groß war, daß er daraus wiederum seinen eigenen Töchtern eine Mitgift geben konnte. Der Sohn konnte also unmöglich ein armes Mädchen heiraten. Die jüngeren Söhne, die nichts zu erwarten hatten, konnten sich nur auf die Suche nach einer reichen Erbin machen. Wenn ihnen zufällig das Glück lachte, waren sie nicht wählerisch, was den Rest betraf: Schönheit, Intelligenz oder Charme der Partnerin.

Man kann aber ganz allgemein sagen, daß äußere Reize nicht nur kein Heiratsmotiv waren, sondern daß man sie beinahe fürchtete. Flandrin hat Sprichwörter und Volkslieder von damals untersucht und führt die Argumente an, die gegen die Schönheit der Partnerin sprechen. Erstens ist sie nicht von Dauer (»Schöne Rose wird zur Hagebutte«, sagt ein Sprichwort), zweitens ist sie zu nichts nütze (»Die Schönheit bringt nicht das Salz in die Suppe«), schließlich zieht sie einem nur Feinde zu (»Demjenigen, der eine schöne Frau hat ..., mangelt es nicht an Streit«).

Die Moral daraus: Wer sich gut verheiraten will, muß eine Künftige finden, die ihrem Künftigen im Alter entspricht, eine ihrem Rang entsprechende, gute Aussteuer mitbringt und tugendsam ist. Je weiter man auf der sozialen Leiter hinabstieg, um so wichtiger wurde die Arbeitsfähigkeit. Wenn alle Kriterien erfüllt waren, wurde unverzüglich der Heiratsvertrag unterschrieben. Eine lange Verlobungszeit war nicht nötig. Wenn man dann mit einem (einer) Unbekannten verheiratet war, mit dem man bis vor wenigen Stunden noch nie ein Wort gewechselt hatte, sind die freundschaftlichen Gefühle, die man ihm gegenüber empfand, leicht vorstellbar. Unsere Vorfahren, die jahrhundertelang auf diese Weise zusammenkamen, haben vermutlich in vielen Fällen am Hochzeitstag nichts von der Liebe gewußt.

Romeo und Julia mußten unausweichlich sterben, weil es unverzeihlich war, wie sie Unruhe stifteten. Natürlich war es nicht verboten, wenn sich im Laufe der Monate und Jahre zwischen den Eheleuten eine Liebe entwickelte, doch sprach auch ebensowenig dafür. Den Beweis dafür liefert die sehr verbreitete Haltung, beim Tod des Ehegatten keinerlei Anzeichen von Trauer erkennen zu lassen. Die Bauern und die kleinen Leute zeigen diese Haltung freimütiger als die Angehörigen der höheren Schichten, die mehr Sinn für die gesellschaftlichen Konventionen und Moden haben.

E. Shorter hat sehr schön gezeigt, wie gleichgültig die Armen sich in dieser Hinsicht verhalten, und er führt zahlreiche Belege dafür an, daß derselbe Bauer, der bereit war, den Tierarzt, der seine Kuh retten würde, mit Gold zu überschütten, manchmal bis zum letzten Augenblick zögerte, das Geld auszugeben, um den Arzt an das Bett seiner sterbenden Frau zu holen. Nichts anderes beschreibt am Ende des 19. Jahrhunderts Zola in seinem Roman *Die Erde*. Zahlreiche Redensarten und Sprichwörter belegen, wie wenig Wert man dem Menschenleben, insbesondere dem Leben des Ehegatten beimißt: »Tod der Frau und Leben des Pferdes machen den Mann reich« oder auch: »Trauer um die Tote dauert bis zur Tür« und schließlich: »Der Mann hat zwei schöne Tage auf Erden: wenn er die Frau nimmt und wenn er sie begräbt«, und zwar aus dem einfachen Grund, weil er mit einer neuen Ehefrau eine neue Mitgift einstrich. Die Frauen waren allerdings vom Tod ihres Ehegatten auch nicht stärker beeindruckt. Der noch nicht erkaltete Leichnam war noch im Hause, da dachten der Witwer oder die Witwe bereits an die Wiederverheiratung. Flandrin hat festgestellt, daß man sich im 17. und 18. Jahrhundert in ganz Frankreich rasch wiederverheiratete. Die von ihm vorgetragenen Statistiken beweisen, welche Dürre des Gefühls damals in den ehelichen Beziehungen herrschte. Zwischen 45,3 und 90% der Witwer waren, je nach Region, innerhalb von einem Jahr wiederverheiratet. Zieht man das Jahr 1950 zum Vergleich heran, in dem unter entsprechenden Bedingungen 15% wiederverheiratet sind, so begreift man den grundlegenden Wandel der Mentalität und Einstellung gegenüber dem Eheleben.

Das alles soll nicht heißen, daß niemand beim Tod des Ehegatten Kummer empfand, aber die Trennung, die der Tod bedeutet, rief nicht eine solche Erschütterung hervor wie heute. Das lag teilweise sicher daran, daß die Menschen gläubiger waren und der Tod mehr zum Leben dazugehörte, aber zum großen Teil auch wohl daran, daß man seinen Ehegatten nicht mit dem Herzen gewählt hatte ...

Erst im 19. Jahrhundert ändert sich diese Haltung zum Tod des Ehegatten. Nun ist es schicklich geworden, ihn zu beweinen, wobei die Tränen die Liebe symbolisieren, die man ihm entgegenbrachte. In der Zwischenzeit ist man von der Vernunftheirat zur Liebesheirat übergegangen.

Von alldem wollen wir festhalten, daß in der Zeit, die vor der Mitte des 18. Jahrhunderts liegt, die Liebe als ein familialer und sozialer Wert nicht vorkommt. Das soll allerdings nicht heißen, daß es die Liebe vor einer bestimmten Epoche nicht gegeben hat, denn das wäre absurd. Man muß jedoch annehmen, daß dieses Gefühl nicht die Stellung und Bedeutung hatte, die man ihm heute beimißt. Es hatte sogar eine zweifache negative Konnotation. Einerseits waren unsere Vorfahren sich deutlich der Vergänglichkeit der Liebe bewußt und lehnten es ab, auf einer so zerbrechlichen Grundlage irgend etwas aufzubauen. Zum anderen verknüpften sie mit der Liebe eher die Vorstellung von Passivität (die Vernunft kommt abhanden), Lähmung und Kurzlebigkeit als die gegenwartsnähere Vorstellung von Verständnis für den anderen. Wir sprechen nur dann von Liebe, wenn wir uns mit dem anderen identifizieren und dadurch mit ihm leiden oder glücklich sein können. Für uns ist die Liebe also etwas Aktiveres, und das Lähmende und Zufallsbedingte, das man früher beklagte, spielt für uns keine Rolle. Im Grunde sind wir überzeugt, daß, wenn wir lieben, es für das ganze Leben ist.

In der Zeit, die uns hier beschäftigt, konnte die Liebe dagegen wegen ihres negativen Ansehens nicht das vorrangige Band zwischen den Familienmitgliedern sein. Das Interesse und die sakrosankte Autorität des Vaters und Ehemanns lassen das Gefühl, das wir heute so schätzen, in den Hintergrund treten. Alle Beziehungen innerhalb der Familie sind im Innersten nicht von Zärtlichkeit, sondern von Furcht bestimmt. Bei dem geringsten kindlichen Ungehorsam holt der Vater oder derjenige, der ihn vertritt, die Rute hervor. Ludwig XIII. wurde bekanntlich nicht weniger geprügelt als der Sohn des strengen Bauern Pierre Rétif. Lange hatte die Ehefrau, die sich etwas zuschulden kommen ließ, mit der gleichen Sanktion zu rechnen. Diese Sitte geriet allerdings bei den höheren Klassen immer mehr in Verruf, und im 17. Jahrhundert galt sie schließlich als Barbarei. Wenn man jedoch gewissen Radierungen aus dem Anfang des 17. Jahrhunderts glauben darf, war diese Praxis bei dem einfachen Volk und sogar bei den Bürgern noch lange in Gebrauch. Aus unterschiedlichen Gründen war bis ins 19. Jahrhundert die klassische Tracht Prügel auf dem Lande gang und gäbe, auch wenn theoretisch die Ehefrau eine höhere Stellung einnahm als das Kind und der Diener.

Die Haltung der Mutter muß in diesem Zusammenhang gesehen werden. Gewalttätigkeit und Strenge waren das Los der Ehefrau und des Kindes. Die Mutter war von diesen Bräuchen nicht ausgenommen.

Gräfin de la Bouère

Idylle oder Elend? Bauernleben im Ancien Regime

Fast alle unsere Pächter übernahmen jeweils vom Vater auf den Sohn den Pachthof; auch den Grundbesitzern lag ja daran, über die Generationen Familien zu behalten, die ihnen seit unvordenklichen Zeiten verbunden waren. Deshalb brauchten die Familienväter sich auch wegen ihrer alten Tage keine Gedanken zu machen, weil sie so gut wie sicher sein konnten, sie dort, wo ihre Wiege gestanden hatte, im Kreise ihrer zahlreichen Kinder zu verbringen. Solange sie kräftig genug waren, taten sie die Bauernarbeit; wurden sie gebrechlich, machten sie sich noch nützlich, indem sie sich um das Haus kümmerten und während der harten Erntewochen die Kinder beaufsichtigten. (...)

Ein Pächterhaus besteht aus zwei Wohnräumen. Von außen betritt man den größeren, und häufig befindet sich die Tür zum anderen gleich gegenüber dem Hauseingang. Die Feuerstelle im Hauptraum dient der ganzen Familie, um sich im Winter zu wärmen und um das Essen zuzubereiten. In beiden Zimmern stehen jeweils zwei oder drei Betten; hinzu kommen mehrere Schränke und Truhen für Vorräte und Wäsche sowie der Backtrog für den Brotteig. Fast immer geht es eng zu, weil die vielen Möbelstücke zuviel Platz einnehmen. (...)

Im ersten Raum, der Feuerstelle am nächsten, steht das Ehrenbett; es ist für die Ältesten der Familie bestimmt, denn in der Vendée wird das Alter respektiert und in Ansehen gehalten. Ein weiteres Bett ist für den Hofnachfolger und seine Frau bestimmt; sie tun die schwere Arbeit, wenn der Großvater dazu nicht mehr in der Lage ist. Das dritte Bett dient den Töchtern oder Mägden. Die anderen Männer schlafen in dem hinteren Zimmer. Alle Betten sind rings mit Vorhängen aus grünem oder grauem Köperstoff abgeschlossen. Sie bestehen aus einem sehr hohen Strohsack, darauf ein Federbett als Auflage und eine Kopfrolle.

Die Decke besteht zumeist aus zwei einfachen Stoffbahnen und einer Füllung von Wolle oder häufig auch nur Flachswerg. Diese Decke ist gesteppt und kann sehr unbequem sein, wenn man nicht daran gewöhnt ist, denn sie ist so hart und steif, daß sie sich dem Körper nicht recht anschmiegt. Die Laken sind in Länge und Breite so knapp bemessen, daß sie sich nicht um die Matratze einschlagen lassen. (...)

Zur Beleuchtung zünden die Leute in unserer Gegend im Winter eine »Harzkerze« an, die von den Frauen hergestellt wird: Man nimmt einen Strang aus grobem Werg als Docht und taucht ihn in das abgekühlte Baumharz; dann gibt man der Kerze Form, indem man sie auf einem Brett mit den Fingern rollt. Man befestigt sie in einer Eisendrahtspirale, die als Leuchter dient, oder in einem gespaltenen Holzstab, dessen anderes Ende in der Mauer steckt. Das liefert ein trübes Licht, und es entwickelt sich viel Rauch; deshalb läßt man die Kerze im Kaminabzug brennen, und das genügt den Frauen zusammen mit dem Schein des Feuers an den Winterabenden für die Handarbeit.

Das Brot der Landbevölkerung ist sehr schlecht: Es besteht aus Roggen, nur ganz selten mit etwas Weizen untermischt, weil der Boden in etlichen Gegenden für dieses Getreide zu schlecht ist, und manchmal kommt etwas Gerstenmehl in den Teig. Deshalb essen die Leute das Brot auch nur selten trocken. Sie haben dreimal am Tag mit Pökelfleisch oder einem Stich Butter zubereitete Suppe dazu. Nach der Suppe gibt es Milch, im Sommer als Dickmilch, im Winter aufgekocht, aber stets entrahmt; es folgen frisches Gemüse oder Trockenbohnen, und abgeschlossen wird die Mahlzeit stets mit Butter oder etwas Pökelfleisch auf Brot.

Wenn die Männer zum Essen vom Feld kommen, tauchen sie ihre Hände zunächst in den *Lavereau*, einen Wasserbehälter, der in einem Holzgestell neben der Haustür hängt, und trocknen sie an einem »Wassertuch« statt »Handtuch« genannten Wäschestück. Jeder spricht sein Tischgebet und bekreuzigt sich dabei; auch der große fünfzehn- bis zwanzigpfündige Brotlaib wird nicht geteilt, um anschließend Stücke davon abschneiden zu können, ohne daß vorher mit dem Messer ein Kreuz darüber geschlagen worden ist.

Die Männer nehmen um den mit einem Tuch bedeckten Tisch auf Bänken Platz. Das ist der einzige Augenblick, an dem sie sich setzen und ausruhen, außer im Sommer zum Mittagschlaf. Die Frauen dagegen, von denen man annimmt, daß sie gesessen haben, nehmen ihre Mahlzeiten im Stehen ein.

Suppe und Milchspeise werden aus einer gemeinsamen Schüssel gegessen, wobei jeder den Löffel vor sich eintaucht; die Magd, die während der Mahlzeit aufgewartet hat, nimmt den Rest der dicken Suppe aus der Schüssel. Die Pächter essen im Winter dreimal, im Sommer viermal. Sie trinken daheim keinen Wein, außer gelegentlich zur Erntezeit, obwohl sie ihm sehr zugetan sind; sie halten sich dafür schadlos, wenn sie auf die Kirchweih oder auf den Markt gehen.

Wie alle Leute auf dem Lande tragen die Pächter Westen, Jacken und Kniehosen aus Serge, bei dem die Kette aus Leinen und der Schuß aus einem Gemisch von blauer und weißer Wolle besteht. Das Garn zu diesem Walkstoff wird ausschließlich von ihren Frauen gesponnen und dann von den ortsansässigen Webern verarbeitet, von denen es sehr viele gibt, und die Leinen- und Wollstoffe, aber auch Taschentücher herstellen. Am Sonntag tragen die Männer längere Gehröcke, selten Strümpfe, sondern statt dessen bis an die Knie reichende Gamaschen aus Leinen im Sommer und zum Anzug passendem Wollstoff im Winter.

Die Bauern tragen nur an Festtagen und nur im Sommer Lederschuhe; ihre gewöhnliche Fußbekleidung sind Holzpantoffeln. Ihre schwarzen Filzhüte liegen eng am Kopf an und haben eine runde, sehr breite Krempe, so daß sie gegen Sonne und Regen gleichermaßen schützen; die Haare hängen anderthalb Zoll über den Kragen. (...)

Die Tracht der Frauen ist von Kirchspiel zu Kirchspiel ganz verschieden. In der Gegend von Jallais zum Beispiel tragen sie andere Mieder als in der Gegend von Chalonnes, wo sie aus festem, dickem Stoff mit Fischbeinstäbchen gemacht sind und eine Art Brustpanzer bilden. (...)

Die Tracht ist sehr hübsch: An dem mit einem dunklen Stoff bezogenen Mieder sind am Schultereinsatz weite weiße Ärmel mit schwarzen Bändern befestigt. Der Rock besteht aus breit gestreiftem Stoff, hier dunkelblau und weiß, dort rot und blau oder rot und schwarz. Manchmal werden allzu grelle Farben durch einen schmalen Streifen voneinander getrennt.

Dieser Stoff, »Flanell« genannt, zu dem die Wolle von den Trägerinnen selbst gesponnen wird, hat eine Leinenkette, die so vollständig von der Wolle bedeckt ist, daß man sie nicht sieht; die Streifen verlaufen senkrecht. Die Schürzen bestehen aus dem gleichen Stoff mit dem gleichen, nur feineren Muster. Da die Frauen ihre Tracht anfertigen lassen, bestellen sie die Streifen nach ihrem Geschmack.

Ihre Unterröcke sind nicht kurz, aber auch nicht besonders lang. Die Frauen legen Wert auf schöne Fußbekleidung, auch wenn sie stets Holzschuhe tragen: Der Spann ist gut sichtbar, und wenn die Strümpfe dunkel sind, haben die Söckchen eine ganz andere Farbe, die den Fuß zur Geltung bringen. Sie tragen einen Kopfputz aus weißem, *Demi-Fil* genannten feinen Leinen, der auf einer festen, gefütterten Haube angebracht ist; der umgeschlagene Rand liegt flach auf der Stirn oder ist ganz fein plissiert und endet in langen Bändern, die sich über der Haube kreuzen. Dieser hohe Kopfputz steht den alten Frauen gut, und den jungen noch viel besser.

Ludwig Thoma

Die gute alte Zeit: Kindheit in der Vorderriß

Im Januar 1867 besuchte meine Mutter ihre Schwester Marie Lang in Oberammergau, um im Verlegerhause ihre Niederkunft abzuwarten, denn sie getraute sich nicht, in der Riß zu bleiben, weit ab von jeder Hilfe, die bei starkem Schneefalle überhaupt nicht erreichbar gewesen wäre.

Am 21. Januar gegen Mittag kam ich zur Welt, und meine Verwandten erzählen mir, ich hätte gerade, als sie von der Schule heimkamen, so laut geschrien, daß sie mich schon auf der Straße hörten.

Meine ersten Erinnerungen knüpfen sich an das einsame Forsthaus, an den geheimnisreichen Wald, der dicht daneben lag, an die kleine Kapelle, deren Decke ein blauer, mit vergoldeten Sternen übersäter Himmel war.

Wenn man an heißen Tagen dort eintrat, umfing einen erfrischende Kühle und eine Stille, die noch stärker wirkte, weil das gleichmäßige Rauschen der Isar deutlich herauftönte.

Hinterm Hause war unter einem schattigen Ahorn der lustig plätschernde Brunnen ganz besonders merkwürdig und anziehend für uns, weil in seinem Granter gefangene Aschen und Forellen herumschwammen, die sich nie erwischen ließen, so oft man auch nach ihnen haschte.

Drunten am Flusse kreischte eine Holzsäge, biß sich gellend in dicke Stämme ein und fraß sich durch, oder ging im gleichen Takte auf und ab.

Ich betrachtete das Haus und die hoch aufgeschichteten Bretterlager von oben herab mit scheuer Angst, denn es war uns Kindern strenge verboten, hinunterzugehen, und als ich doch einmal neugierig über den Bachsteg geschritten war, kriegte ich vom Vater, der mich erblickt hatte, die ersten Hiebe.

Noch etwas Merkwürdiges und die Phantasie Erregendes waren die rauchenden Kohlenmeiler, gerade unterm Hause, an denen rußige Männer auf und ab kletterten und mit langen Stangen herumhantierten. Hinter Rauch und Qualm leuchtete oft eine feurige Glut auf, aber trotz der Scheu, die uns der Anblick einflößte, trieben wir uns gerne bei den Kohlebrennern herum, die in kleinen Blockhütten hausten, auf offenem Herde über prasselndem Feuer ihren Schmarren kochten und die Kleinen, die mit neugierigen Augen in den dunkeln Raum starrten, davon versuchen ließen.

Wieder andere gefährlich aussehende Riesen, die große Wasserstiefel an den Füßen trugen, fügten Baumstämme mit eisernen Klammern aneinander; wenn sie, ihre Äxte geschultert, dicke Seile darum geschlungen, in unser Haus kamen und sich im Hausflöz an die Tische setzten, hielt ich die bärtigen Flößer für wilde Männer und traute ihnen schreckliche Dinge zu.

Sie waren aber recht zutunlich und boten uns Kindern Brotbrocken an, die sie zuerst ins Bier eingetaucht hatten; allmählich gewöhnten wir uns an sie und es mußte uns streng verboten werden, im Flöz bei den Tischen herumzustehen.

Unsere besonderen Freunde waren die Jäger. Fast alle gaben sich mit uns ab, keiner aber verstand es besser, unsere Herzen zu gewinnen, wie der Lenggrieser Thomas Bauer, der immer helfen konnte, wenn ein Spielzeug zerbrochen war, und der nie ungeduldig wurde, so oft wir auch mit Bitten zu ihm kamen. Gewiß waren die Geschichten, die uns Viktor erzählte, wunderschön, aber was waren sie gegen die Erlebnisse, die unser Bauer droben im Walde mit Zwergen und Berggeistern gehabt hatte! Wenn er vom Pürschgang heimkam, sprangen wir ihm entgegen, und staunten ihn an, wenn er einen erlegten Hirsch oder einen Gamsbock brachte, und immer hatte er was für uns, eine seltsam geformte Wurzel, einen Baumschwamm oder eine Pfeife, die er unterwegs aus einer Rinde zurecht gemacht hatte.

In seinem Jägerstübchen war er nie vor uns sicher; kaum hatte er es sich auf seinem Kanapee gemütlich gemacht und seine Pfeife angebrannt, dann trippelten kleine Füße über die Stiege hinauf und polterten gegen die Türe, deren Klinke nicht zu erreichen war.

Es half ihm nichts, er mußte die Quälgeister einlassen und

viele Fragen beantworten, ob er den Zwergkönig mit dem langen Bart und dem spitzen Hut gesehen habe, und ob die Gams mit den goldenen Krickeln noch auf dem Scharfreiter herumspringe.

Er mußte uns vormachen, wie die Gamsböcke blädern, und auf dem Schnecken, wie die Hirsche im Herbst schreien, und wenn er sein Gewehr zerlegte oder eine Uhr reparierte oder einen Gamsbart faßte, schauten neugierige Kinderaugen dem Tausendkünstler zu.

Vertrauen und Neigung hingen sich so fest an den Mann, daß er uns allen als Sinnbild und Verkörperung des stillen Glückes galt, das wir in der Riß gefunden hatten.

Ein gern gesehener Mann war der Lenggrieser Bote. Die allgemeine Freude über diese Verbindung mit der Außenwelt ging auch auf uns Kinder über, und der mit allerlei Gaben gefüllte Plachenwagen übte großen Reiz auf uns aus. Man lernt nur in einer solchen Abgeschiedenheit das Vergnügen am Kleinsten kennen, und Städter vermögen es sich kaum vorzustellen, wie Zeitungen, Briefe und Pakete erwartungsvolle Spannung verursachen, oder was frisch gebackene Semmeln einmal die Woche bedeuten können.

Wieviel Freude brachten damals die illustrierten Wochenschriften »Über Land und Meer« und die »Gartenlaube« in das Forsthaus!

Dazu gehörten Pfeife und duftender Kaffee und ein Kreis von Menschen, die gewillt waren, alles wohlwollend aufzunehmen, was ihnen geboten wurde, die Nachrichten aus einer fernen Welt mit Interesse zu hören und sich dabei in ihrem Winkel erst recht wohl zu fühlen. [...]

Heute, unter so veränderten Umständen, können den Leser die damaligen Verhältnisse interessieren, und so will ich bemerken, daß der Oberförster in der Vorder-Riß zu Anfang einen Jahresgehalt von 800 Gulden bezog, der nach und nach auf 1100 Gulden stieg.

Dazu kamen als Nebenbezüge: freie Wohnung, Dienstgründe, ein »Holzdeputat von 15 Klaftern Hartholz«, »Funktionsaversen und Bauexigenzaversen« von 200 Gulden und eine »Hochgebirgs-Leib-Reserve-Gehegsjagdetatremuneration« von 30 Gulden.

Man sieht, es war damals alles wohl geordnet und mit dem rechten Namen versehen.

Einen sehr erheblichen Dienst leistete mein Vater dem bayrischen Staate dadurch, daß er ihn im Jahre 1871 veranlaßte, vom Bankier La Roche in Basel das Jägerbauerngut in Fall um den Preis von 50000 Gulden zu erwerben.

Der Staat ließ sich zögernd auf das Geschäft ein, ist aber heute wohl zufrieden damit, denn die Waldungen repräsentieren einen Millionenwert.

In der Vorder-Riß gab es damals vier Hauptgebäulichkeiten. Drei auf der Anhöhe über der Isar: das von Max II. erbaute »Königshaus«, das Forsthaus und neben diesem eine Kapelle.

Dazu kamen Nebengebäude für Jagdgehilfen und Stallungen.

Im Tale, nahe dem Einflusse des Rißbaches in die Isar, lag eine Schneidsäge.

Das dazu gehörende uralte, mit Freskomalereien gezierte Bauernhaus fehlt in keiner Sammlung von Abbildungen altbayrischer Häuser.

Etliche Büchsenschüsse entfernt lag Isar aufwärts ein Bauernhof, der »Ochsensitzer«, und sein Eigentümer, der Danner Toni, schätzte meinen Vater und war ihm auf seine Art zugetan, aber das hielt ihn nie ab, einem Wilderer Unterschlupf zu geben, und wenn er von unseren Jägern etwas erfahren hätte, wäre die Botschaft heimlich weitergegeben worden.

Auch die Jäger waren Isarwinkler und nicht minder schlau wie der Toni; sie konnten geradeso unbefangen dreinschauen, jedes Wort abwägen, sich taub stellen, indes sie den braven Ochsensitzer von weitem gehen hörten, wenn er auch noch so leise auftrat.

Von dem heimlichen Kriege, der nie zum Ende kam, ließ man nichts merken; man saß bei Gelegenheit freundlich zusammen hinterm Bierkrug und kannte einander, ohne Worte zu verlieren.

Zuweilen hat Bauer, der Glaslthomä von Lenggries, sogar dem schlauen Toni die Würmer aus der Nase gezogen.

Die Wilderer trieben in jener Zeit ein arges Unwesen im Isartal. Manches Ereignis ist von den Zeitungen berichtet, auch romantisch aufgeputzt worden, und der »Dammei« in Tölz, der die Kämpfe der Wildbratschützen besang, hatte reichlich Arbeit.

Die Verwegensten waren die Lenggrieser, Wackersberger und Jachenauer; als besonders reich an Listen galten die Tiroler aus der Scharnitz.

Es mußten schneidige Jäger sein, die gegen sie aufkommen wollten, und man fand sie unter den Einheimischen, die selber gewildert hatten, bevor sie in den Dienst traten.

Ich habe nie gehört, daß einer untreu gewesen wäre, wohl aber weiß ich, daß der eine und andere beim Zusammentreffen mit den alten Kameraden sein Leben lassen mußte.

Diese Dinge entbehrten für die Beteiligten ganz und gar des Reizes, den sie für Fernstehende hatten; es ging dabei rauher zu, als es sich ein freundlicher, vom Schimmer der Romantik angeregter Leser vorstellen mochte.

Einer von meines Vaters Jagdgehilfen, der Bartl, ein braver, bildschöner Bursche, wurde aus dem Hinterhalt auf wenige Schritte Entfernung niedergeschossen.

Ein Jachenauer, der unter den Wilderern war und die Tat, wie man erzählte, verhindern wollte, wurde später Jagdgehilfe und fand einen schlimmen Tod auf der Benediktenwand; er wurde schwer verwundet mit Steinen zugedeckt und kam so jämmerlich um.

Ein Sagknecht aus der Jachenau, der den Bartl erschossen haben soll – bewiesen konnte es nicht werden –, traf nicht lange nachher wieder mit den Jägern zusammen und wurde schwer verwundet. Er kam mit dem Leben davon, verlor aber das Gehör.

In ihrer Art berühmt geworden ist die Floßfahrt der Wilderer im Jahre 1869, von der man sich heute noch im Oberland viel erzählt.

Die zwei Söhne des Halsenbauern von Lenggries und mit ihnen einige Kameraden hatten bei Mittenwald gewildert und wollten ihre Jagdbeute auf einem Floße Isar abwärts nach Lenggries oder Tölz bringen.

Sie kamen in der hellen Mondnacht in schneller Fahrt den Fluß herunter; die Ruder hatten sie mit Tüchern umwickelt.

Vor der Risser Brücke, unweit vom Ochsensitzer, wurden sie angerufen. Es kam zum Feuern heraus und hinein.

Der Mann am Steuer, der Halsen Blasi, wurde erschossen, zwei andere wurden verwundet. Der Halsen Toni erhielt einen Schuß mitten auf den Taler seiner Uhrkette, und dieser glückliche Zufall rettete ihm das Leben. Ein Fünfter versteckte sich unter das Wildpret, das auf dem Floße lag, und kam heil davon.

Sie hielten an der Schneidsäge an und schafften den Toten wie die Verwundeten ins Haus.

Die gerichtliche Untersuchung führte zu keinem Ergebnisse. Der Vorfall kann heute, wie damals, Verwunderung über »rechtlose Zustände« erregen, die in den Zeitungen ausführlich besprochen wurden.

Rechtlos schlechthin waren die Zustände nicht, aber schwierig genug.

Anzeigen hatten keinen Erfolg, denn die Strafen waren vor Einführung des Reichsstrafgesetzbuches so gelind, daß sie keinen abschrecken konnten; trotzdem haben die unbändigen Isarwinkler sich fast immer mit der Waffe gegen die Gefangennahme gewehrt.

Die drei oder vier Jäger hatten gegen die zahlreichen Schützen einen harten Stand in dem großen Revier; selten stand einer gegen einen, und so war rasche Selbsthilfe beinahe notwendig.

Wie unbeugsam die Leute waren, mag die Tatsache beweisen, daß der Halsen Toni, der bei der Floßfahrt wie durch ein Wunder gerettet worden war, bald darauf wieder ins Revier ging und etliche Jahre später doch erschossen wurde.

Seinem Bruder Blasi hat man übrigens in Lenggries nicht nachgetrauert, denn er war als gewalttätiger Mensch gefürchtet.

Meinem Vater aber rechnete man es hoch an, daß er die Verwundeten freundlich behandelt und mit Imbiß gestärkt hatte, bevor er sie auf einem mit Betten belegten Leiterwagen nach Tölz fahren ließ.

Der »Dammei« hat es nicht unterlassen, diese Guttat in seinem Liede hervorzuheben.

An derartige Geschehnisse habe ich kaum eine andere Erinnerung, als daß ich auch später noch unsere Jäger wie sagenhafte Helden bewunderte und ihr Tun und Wesen anstaunte.

Doch steht mir noch lebhaft im Gedächtnis, daß einmal an meinem Namenstag ein Wilderer gefangen eingebracht wurde; er saß im Hausflöz und ließ mich, als ich neugierig vor ihm stand, von der Maß Bier trinken, die man ihm gegeben hatte. Vielleicht bin ich dadurch zutraulicher geworden, jedenfalls schenkte er mir die geweihte Münze, die er an einer Schnur um den Hals trug.

Er hatte sie vermutlich von den Franziskanern in der Hinter-Riß erhalten.

In diesem zu tiefst ins Karwendelgebirge eingebetteten tirolischen Kloster versahen die Herren Patres ihr Amt noch in einer Art, die von jedem Zeitgeist unberührt geblieben war.

Der Bauer und der Hirte bewarben sich dort um einen wirksamen Viehsegen, um Schutz gegen Gefahr im Stall und auf den Almen, die Weiber kamen um Amulette, die sie vor häuslichen Unfällen und Krankheiten bewahren oder Gebrechen heilen sollten; wo immer eine Bedrängnis des Lebens sich einstellte, suchte das Volk Rat und Hilfe bei den Jüngern des heiligen Franziskus.

Ihr unleugbares Verdienst, in dieser Einsamkeit, losgelöst von allen Freuden der Welt, ohne Scheu vor Beschwerden die Werke der Nächstenliebe zu pflegen, wird jeder gerne anerkennen.

Und etwas Rührendes hat es, eine Bevölkerung zu sehen, die in urzeitlichen Zuständen, abgeschieden von den Hilfsmitteln, die moderne Einrichtungen gewähren, lebt und nur des einen Beistandes sicher ist, dem auch die Voreltern herzlich vertrauten.

So mag man es gelten lassen, daß auch der fromme Wildbratschütze sich in der Hinter-Riß den Kugelsegen holte, der ihn vor einem jähen Tod im Hochwald oder im Kar behüten mußte.

Das Kloster liegt zwei Wegstunden von dem Forsthause in Vorder-Riß entfernt.

An Sonntagen kam der Pater heraus und las in der Kapelle für Flößer, Jäger, Holzknechte und alle, die zu unserm Hause gehörten, die Messe.

Da geschah es zuweilen, daß vorne auf einem mit Samt ausgeschlagenen Betstuhle ein hochgewachsener Mann kniete, der sein Kreuz schlug und der Zeremonie andächtig folgte, wie der Sagknecht oder Kohlenbrenner, der durch ein paar Bänke von ihm getrennt war.

Wenn der Mann aufstand und die Kapelle verließ, ragte er über alle hinweg, auch über den langen Herrn Oberförster, der doch sechs Schuh und etliche Zoll maß.

Sein reiches, gewelltes Haar und ein Paar merkwürdige, schöne Augen fielen so auf, daß sie dem kleinen Buben, den man zu einem ehrerbietigen Gruß anhielt, in Erinnerung blieben.

Der Mann war König Ludwig II.

Er weilte allsommerlich sechs bis acht Wochen in der Vorder-Riß, und erst nach Erbauung des Schlosses Linderhof hat er darin eine Änderung getroffen.

Damals fühlte er sich wohl in dem bescheidenen Jagdhause, das sein Vater hatte errichten lassen, und er suchte nichts als Stille und Abgeschiedenheit.

Seine Freude an der Natur galt in meinem Elternhause wie bei allen Leuten in den Bergen als besonderer Beweis seines edlen Charakters, und niemandem fiel es ein, an krankhafte Erscheinungen zu glauben.

Der König schloß sich auch keineswegs auffallend vor jeder Begegnung mit Menschen ab, wenn er schon gegen manches empfindlich war.

Bei seinen kurzen Spaziergängen hatte er nichts dagegen, Leuten zu begegnen, die in den Wald gehörten, und zuweilen redete er einen Jäger an.

Jedenfalls hat er alle bei Namen gekannt und sich zuweilen nach ihnen erkundigt.

Aus späteren Erzählungen weiß ich, daß während seiner Anwesenheit in Hörweite kein Schuß fallen durfte; er wollte sich Tod und Vernichtung nicht in diesen Frieden hineindenken.

Daß er selten Besuche von hochstehenden oder offiziellen

Pesönlichkeiten empfing, ist bekannt, ebenso, daß er sich solchen Begegnungen durch schleunige Fahrten in die Berge entzog.

Hohenlohe vermerkt in seinen Denkwürdigkeiten häufig derartige Verstöße gegen die Etikette, und schüttelt den Kopf darüber, wenn der König dem Prinzen Napoleon, dem Kronprinzen von Preußen und anderen ausweicht mit der schlichten Erklärung, er müsse Gebirgsluft atmen. Unterm 3. Juli 1869 schreibt Hohenlohe ins Tagebuch, der König sei »in die Riß entflohen, um der Ankunft des Kaisers von Österreich zu entgehen«.

Wenn es dabei diplomatische Schwierigkeiten ergab, dann wußte man jedenfalls in der Riß nichts davon; diese kleine Welt freute sich, wenn der König kam. Seine Ankunft erfolgte oft unvermutet und war erst wenige Stunden vorher durch einen Vorreiter angesagt.

Die Vorbereitungen mußten dann schnell geschehen. Der mit Kies belegte Platz vor dem Königshause wurde gesäubert, Girlanden und Kränze wurden gebunden, alles lief hin und her, war emsig und in Aufregung.

Es gab für uns Kinder viel zu schauen, wenn Küchen- und Proviantwägen und Hofequipagen voraus kamen, wenn Reiter, Köche, Lakaien diensteifrig und lärmend herumeilten, Befehle riefen und entgegennahmen, wenn so plötzlich ein fremdartiges Treiben die gewohnte Stille unterbrach.

Die Forstgehilfen und Jäger mit meinem Vater an der Spitze stellten sich auf; meine Mutter kam festtäglich gekleidet mit ihrem weiblichen Gefolge, und auch wir Kinder durften an dem Ereignis teilnehmen.

Das Gattertor flog auf, Vorreiter sprengten aus dem Walde heran, und dann kam in rascher Fahrt der Wagen, in dem der König saß, der freudlich grüßte und seine mit Bändern verzierte schottische Mütze abnahm.

Meine Mutter überreichte ihm einen Strauß Gartenblumen oder Alpenrosen, mein Vater trat neben sie, und in der lautlosen Stille hörte man ein leise geführtes Gespräch, kurze Fragen und kurze Antworten.

Dann fuhr der Wagen im Schritt am Hause vor, der König

stieg aus und war bald, gefolgt von diensteifrigen Männern in blauen Uniformen, verschwunden.

In uns Kindern erregte die Ankunft des Königs stets die Hoffnung auf besondere Freuden, denn der freundliche Küchenmeister versäumte es nie, uns Zuckerbäckereien und Gefrorenes zu schenken, und das waren so seltene Dinge, daß sie uns lange als die Sinnbilder der königlichen Macht und Herrlichkeit galten.

Aus Erzählungen weiß ich, daß Ludwig II. schon damals an Schlaflosigkeit litt und oft die Nacht zum Tage machte.

Es konnte vorkommen, daß mein Vater aus dem Schlafe geweckt und zum König gerufen wurde, der sich bis in den frühen Morgen hinein mit ihm unterhielt und ihn nach allem Möglichen fragte, vermutlich weniger, um sich zu unterrichten, als um die Stunden herumzubringen.

Wenn wir zu Bett gebracht wurden, zeigte uns die alte Viktor wohl auch die hell erleuchteten Fenster des Königshauses und erzählte uns, daß der arme König noch lange regieren müsse und sich nicht niederlegen dürfe.

Etliche Male wurden wir aufgeweckt und durften im dunkeln Zimmer am Fenster stehen und schauen, wie drüben Fackeln aufloderten, ein Wagen vorfuhr und bald wie ein geheimnisvoller Spuk im Walde verschwand.

Die Zeit der sechziger Jahre war politisch so bewegt, daß sie auch auf das Risser Stilleben einwirken mußte.

Mein Vater stand mit seinen Ansichten auf Seite jener Altliberalen, die sich nach der Einigung Deutschlands sehnten, ohne sich über Ziele und Mittel völlig klar zu sein; ihre Abneigung gegen klerikale Forderungen und gegen Unduldsamkeit in jeder Form war bestimmter gerichtet. Seine politischen Meinungen fanden ihren Ausdruck in der Wahl der Zeitungen, die er las, in ein paar Briefen und in Bemerkungen, die ich von seiner Hand geschrieben in »Rottecks Weltgeschichte« finde.

Leidenschaftlichkeit war ihm fremd.

Vielleicht war sie es überhaupt jener Zeit, wenigstens in den Maßen, die wir kennen.

Ich besitze Briefe, die ein kluger und hochstehender Mann

an meinen Vater geschrieben hat, und das Hervorstechendste ist der maßvolle Ton und die Art, den Gegner noch immer gelten zu lassen.

Auch als der Krieg gegen Preußen ausgebrochen war, führte die Erregung nicht zu haltlosen und wüsten Schimpfereien.

Wer sich davon überzeugen will, der nehme alte Zeitschriften zur Hand, und er wird staunen, wie darin jede Eisenfresserei glücklich vermieden ist.

Die Philister allerdings, die Hohenlohe mit viel Unbehagen in Bierkellern beobachtete, mögen sich wütend gebärdet haben, aber in der Familie war der Ton nicht auf Mord und Tod gestimmt.

In der Vorder-Riß pflegte man in dem ereignisreichen Sommer 1866 einen regen Verkehr mit den bundesbrüderlichen Grenzern und Jägern aus Tirol, und man stellte dabei mit würdigem Ernste als unausbleibliche Folge den Untergang Preußens fest.

Ein bayerischer Oberkontrolleur, der zuweilen zur Visitation kam, schüttelte zu diesen Prophezeiungen den Kopf. Er hatte sich im Dienste des Zollvereins längere Zeit in Norddeutschland aufgehalten und versicherte auf Grund seiner Erfahrungen, daß die Geschichte auch anders kommen könne.

Man nahm dem liebenswürdigen Manne diese schrullenhafte Ansicht nicht übel und lächelte darüber.

Wie es dann sehr bald wirklich anders kam, wurde der Oberkontrolleur als einsichtiger Politiker betrachtet.

Nach dem Kriege war der deutsche Frühling, den Völk im Zollparlament begrüßte, nicht durchaus hell und sonnenwarm.

Am Himmel hing als finstere Wolke die Angst vor dem Verluste der bayerischen Selbständigkeit, und sehr hohe Herren, auch der König, schauten bedenklich nach ihr und befürchteten schlimmes Wetter.

In manchen Kreisen war das ja lange noch ein anregendes Gesprächsthema; wer sich aber in den Geist jener Zeit versetzt, wird feststellen, daß der von Ludwig II. niedergelegte Wunsch, »es möge Bayern, nicht mehr als nötig, mit Preußen verknüpft werden«, jeden politischen Gedanken, zum mindestens an offizieller Stelle, beherrschte.

Der Entwurf zu einer Gründung »der Vereinigten Staaten von Süddeutschland«, den Herr von Völderndorff anfertigte, liest sich für uns wie die Vereinsstatuten einer Harmonie und Bürgereintracht; damals wurde er mit feierlichem Ernste gewürdigt.

Über die mögliche nationale Verbindung der süddeutschen Staaten, über ihr selbständiges und nicht zu nahes Verhältnis zum norddeutschen Bunde unterhielt man sich in den Salons der Gesandten, in den Zimmern der Minister und in den Bierstuben, vielleicht nicht mit wesentlich abgestufter Einsicht.

Daß mein Vater von dieser Angstmeierei nicht angesteckt war und die deutsche Zukunft in den Händen des Fürsten Bismarck für gut aufgehoben hielt, beweist mir ein Brief, den er im Februar 1870 an seinen Freund, den Oberst Graf Tattenbach, geschrieben hat.

Darin drückt er seine Sorge aus, es könne das »weibsmäßige Getue und Sichsperren« noch einmal zu Dummheiten führen.

Das Mißtrauensvotum, das beide Kammern gegen den Ministerpräsidenten von Hohenlohe abgaben, indem sie ihm »die Fähigkeit zur Wahrung der bayerischen Selbständigkeit« absprachen, beunruhigte meinen Vater.

Ganz besonders aber die Tatsache, daß alle bayerischen Prinzen, mit Ausnahme des immer für ein einiges Deutschland eintretenden Herzogs Karl Theodor, dem Mißtrauensvotum zugestimmt hatten.

Nicht nur aus Zeitungsberichten, auch aus unmittelbarer Anschauung konnte mein Vater die Erkenntnis gewinnen, wie die Sorge um die Selbstherrlichkeit maßgebende Persönlichkeiten beherrschte. Der württembergische Minister Baron Varnbüler weilte öfters als Jagdgast in der Vorder-Riß. Der war ein Partikularist von besonderen Graden, und in seiner gut schwäbischen Offenherzigkeit machte er kein Hehl daraus. Er war übrigens kein Bürokrat, und seine Ansichten waren nicht in der Luft der Kanzleien gediehen, vielmehr hatte er eine für damalige Zeiten sehr ungewöhnliche Laufbahn durchmessen.

Er war Direktor einer Wiener Maschinenfabrik gewesen

und hatte große Reisen unternommen, ehe er ins Schwäbische heimkehrte und am Nesenbach Weltgeschichte machte.

Der Krieg von 1870 verscheuchte die Kümmernisse oder brachte sie doch zum Schweigen.

Mein Vater erlebte ihn mit freudiger Anteilnahme, und er mag oft ungeduldig auf Nachrichten gewartet haben.

Die Riß war in dem harten Winter schon im Dezember zugeschneit, und damit war der Postdienst eingestellt.

Da taten unsere Jäger ein übriges für ihren Oberförster. Sie stapften auf Schneereifen zum Forsthaus Fall hinaus und holten die Post, die von Lenggries aus dorthin gebracht worden war.

Eines Abends, als wir schon bei Lampenlicht in der Stube saßen, trat der Jäger Bauer, den Bart bereift und vereisten Schnee an den Schuhen, ein.

Er brachte die Nachricht, daß Paris gefallen sei. Daran würde ich mich vielleicht nicht mehr erinnern, aber daß mein Vater und die Jagdgehilfen hinauseilten und Schuß auf Schuß vor den Fenstern abfeuerten, machte einen so starken Eindruck auf mich, daß es mir im Gedächtnis blieb.

Und daran erinnere ich mich auch, wie völlig ich im Banne der bei Gustav Weise in Stuttgart erschienenen Kriegszeitung stand, die, zerlesen und vergilbt, mir heute noch das Andenken an meine Kinderzeit wachruft.

Ich kannte jedes Bild, und ein Gedicht, das ich damals lernte, kann ich heute noch zum Teil auswendig.

Die Hauptperson für mich war aber keiner der Herrscher oder Heerführer, sondern »der Bismarck«, den ich zur Verwunderung unserer Jäger auch aus figurenreichen Bildern sogleich herausfand.

Die leidenschaftliche Anhänglichkeit an ihn schlug Wurzeln im Kinderherzen, die mit meinem Aufwachsen erstarkten, zäher wurden und sich niemals lockern ließen.

Kluge Leute haben mir späterhin ihr Mitleid zugewandt wegen meiner unbekümmerten Hingabe an den Alten; ich habe daran festgehalten und nichts davon hergelassen bis auf heute.

Eine besondere Freude war es für meinen Vater, wenn er Nachrichten von seinem Forstgehilfen Mailer erhielt, der als Artillerieleutnant gegen Frankreich gezogen war.

Er ist nach Jahren Förster in der Valepp geworden und war dort so lange im Amt, daß ihn wohl die meisten Münchner Touristen kennen.

Nach dem Feldzuge kam er wieder in die Vorder-Riß und brachte als Trophäen einen französischen Küraß und mehrere Chassepotgewehre mit.

Der Küraß regte meine kindliche Phantasie an, weil er eine tiefe Schußbeule trug.

Mit den Chassepots aber machte mein Vater gründliche Schießproben, wie er überhaupt für Gewehre ein eingefleischtes Interesse zeigte. Jede Schußwaffe, die ein Jäger führte, wurde von ihm genau untersucht, zerlegt und ausprobiert. Das Werdergewehr, das den bayerischen Jägerbataillonen gute Dienste geleistet hatte, fand seine besondere Bewunderung, und eine Werder-Pürschbüchse, die er zu Weihnachten erhielt, machte ihm die größte Freude. Er schoß sie auf jede Entfernung ein, und als er dabei eine Henne, die sich an die Isar hinunter verlaufen hatte, auf sehr weite Distanz hinlegte, erhielt er von der Hausmutter eine eindringliche Vorlesung über Sparsamkeit und Besonnenheit in reiferen Jahren.

Carlamaria Heim

Die großen und die kleinen Ereignisse: Lehrjahre der Josefa Halbinger im Ersten Weltkrieg

Ich bin acht Jahr in die Volksschule gegangen. Vorher hat es nur sieben Schuljahre gegeben, meines war der erste Jahrgang mit acht Pflichtschuljahren. Am Land hat's aber noch länger nur sieben Schuljahre gegeben. Da haben dann viele ihre Kinder gleich nach der siebten Klaß weg aufs Land geschickt zum Arbeiten. Aber mich hat meine Mutter die achte Klaß machen lassen.

In den Sommerferien danach ist dann der Erste Weltkrieg ausgebrochen. Vorher war die Thronfolgerermordung. Da waren so Telegramme angeschlagen, daß der österreichische Thronfolger und seine Frau ermordet worden sind. In der Zeitung ist's auch gestanden. Meine Schwester hat gleich gesagt: »Das gibt Krieg.«

Man hat schrecklich Mitleid gehabt mit dem armen Kaiser Franz Joseph, wo er doch sowieso so viel mitgemacht gehabt hat. Sein Sohn hat sich doch in Meyerling umgebracht gehabt, seine Frau, die Sissy, habens ermordet, und jetzt noch das! Er ist uns immer als so ein braver, menschenfreundlicher und gut katholischer Monarch geschildert worden; hingestellt haben sie ihn wie den lieben Gott persönlich. Selber hat man das ja nicht beurteilen können, ich schon gar nicht. »Der schwergeprüfte Kaiser Franz« hat man gesagt.

Wie dann 1914 der Krieg ausgebrochen ist, das war ein Mordsjubel. Da haben sich die Leut gefreut. Die Soldaten sind alle bekränzt worden, und die Leut sind ihnen mit Blumen nachgelaufen. Drüben an der Johanniskirch sinds ausgesegnet worden, bevor sie naus sind ins Feld, und geheißen hat's: »An Weihnachten sind sie alle wieder da!« Und dann hat's bis 1918 gedauert, bis November 1918.

Die Stimmung war ganz toll. Ich weiß noch, wie der Kaiser gesagt hat: »Ich kenne keine Parteien mehr, ich kenne nur noch Deutsche!« Das weiß ich noch so gut.

Sonst war ja Bayern gar nicht so für den Kaiser Wilhelm. Das war nur unser Kriegsherr, der hat uns sonst nix zu sagen gehabt. Wir haben ja unseren eigenen König gehabt, den Ludwig III., den haben die Leut den Millebauern genannt, weil er am liebsten auf seinem Gut in Leutstetten war, und seine Frau, die »kropfert Resl«. Das war die, über die wir einmal einen Aufsatz schreiben haben müssen. Da war irgend ein besonderer Anlaß, was, kann ich nimmer sagen. Und da war der König da und der ganze Hofstaat. Und da hat die Lehrerin gesagt, wir sollen schreiben: »Die Königin mit ihrem Schwanenhals saß im Kreise ihrer Töchter«. Sie hat uns den Satz genau vorgesagt, und die andern haben ihn auch geschrieben. Und ich hab mir denkt: »Und ich hab die doch gesehen, die hat einen Kropf. Da kann ich doch nicht schreiben Schwanenhals, wenns doch einen Kropf hat!« Ich hab den Satz nicht geschrieben. Dann haben die, die den Satz mit dem Schwanenhals geschrieben haben, einen Einser gekriegt, und ich hab einen Vierer gekriegt. Was schlechteres als einen Vierer hats damals nicht gegeben.

Die Königin muß eine Österreicherin gewesen sein oder so was. Ich glaub eine Esterhazy. »Esterhazy, größter Bazi« hat man damals gesagt.

Sonst war das Königshaus nicht unbeliebt, bloß sie, die Königin. Meine Schwester hat im Krieg in der Residenz gearbeitet, für das Militär hat sie genäht. Und da war so eine Luftheizung, und die hat halt nicht naufgereicht bis zum dritten Stock, wo die Nähstuben waren. Da haben die Näherinnen schrecklich gefroren. Dann ist einmal eine von ihnen der Königin begegnet und hat gesagt: »Majestät, wir müssen da oben nähen und frieren so furchtbar.« Dann hat die Königin zur Antwort gegeben: »Die Soldaten in den Schützengräben frieren auch.« Aber sie hat gewiß nicht gefroren.

Der König Ludwig ist alle Tage durch die Maximilianstraß spazieren gegangen mit seinem Adjutanten. Sonst war da niemand dabei, keine Leibwach und nix. Den hat man jeden Tag um die gleiche Zeit sehen können. Damals hat man einen Hofknicks gemacht, und die Herren haben den Hut gezogen. Und ich hab immer nicht recht gewußt, was ich jetzt tun soll. Ich bin möglichst immer auf die andere Seite von der Straß gangen, weil der Knicks ist mir immer ein bißl komisch vorkommen.

Wie die Soldaten ins Feld naus sind – die sind doch mit Güterwagen transportiert worden – da haben sie an die Wagen hingeschrieben gehabt: »Serbien muß sterbien!« Und an den Läden waren Plakate, da ist drauf gestanden: »Grüß Gott sei unser deutscher Gruß, adieu laß weg beim Scheiden. Auf Wiederseh'n dir dienen muß, das Fremdwort zu vermeiden. Gott strafe England!« Das war, wie sich England dann in den Krieg eingeschaltet hat. Ja und dann: »Jeder Stoß ein Franzoß, jeder Schuß ein Ruß!«, das hat's auch immer geheißen.

In der Schule ist auch immer gesagt worden: der Franzose ist unser Erbfeind! Das war also schon vor dem Krieg. Wir haben nichts anderes gewußt, als daß das unser Erbfeind ist. Wir sind so erzogen worden.

Im Krieg, da waren dann natürlich auch Sammlungen. Wenn man Goldgeld hat, soll man's hergeben. Da haben viele die goldenen Markstückl hergeben, und dann hat man so ein Dokument gekriegt, da ist drauf gestanden: »Gold gab ich für Eisen.« Wir selber haben ja kein Gold hergeben, weil wir keines gehabt haben.

Später sind dann auch die Kirchenglocken eingeschmolzen worden, genau wie im Zweiten Weltkrieg.

Bei der Trambahn – damals hat man noch »Elektrische« gesagt, – hat's Sommerwagerl geben. Die waren rundherum offen, da waren bloß Vorhänge dran, das war so ein weiß-blauer Drellstoff. Und da sind dann während dem Krieg die Verwundeten vom Hauptbahnhof in die verschiedenen Krankenhäuser transportiert worden. Da haben wir oft gesagt: »Mei, die armen Verwundeten! Das schüttelt doch so, und gezogen hat's auch. Da waren nur die Vorhänge runtergelassen, damit man's nicht gesehen hat. Die meisten Schulen sind allmählich Lazarette geworden, meine auch.

Ich bin im Januar 1915 in die Lehr kommen. Ich wollt ins Büro gehen. Im Arbeitsamt habens gesagt, daß ich mit meiner Schrift im Büro überhaupt nicht genommen werd. Sonst hab ich ja gute Noten gehabt, aber im Schönschreiben war ich halt nicht so großartig, und damals, da ist noch alles mit der Hand geschrieben worden.

Dann haben sie mich aber doch zum Vorstellen geschickt, und dann ist die Mutter mitgangen. In dem Büro waren ein Haufen Leitz-Ordner, unendlich viele! Ich hab nicht gewußt, was das ist. Ich hab gedacht, das sind Bücher. Und wie der Mann, der mit uns gesprochen hat, kurz aus dem Zimmer gegangen ist, hab ich schnell gesagt: »Mama, Mama, gehn wir wieder! Wenn ich die Bücher alle auswendig lernen muß, das kann ich nicht!«

Meine Mutter hat auch gemeint, daß das Bücher sind, die ich auswendig lernen muß. Dann hab ich gesagt: »Ich mag nicht mehr ins Büro, weil ich das nicht kann, so viel auswendig lernen!« Dabei hab ich doch eigentlich gut gelernt, aber so viele Bücher, und so große, das hab ich mich nicht getraut.

Im Arbeitsamt war so was gegründet für junge Mädchen, die aus der Schule entlassen sind, wo's hingehen können und ein bißerl handarbeiten, bis sie in einer Arbeit oder einer Lehrstelle untergebracht sind. Da bin ich dann alle Tag hingangen. Gefallen hat's mir gar nicht, aber was hätt ich machen sollen. Da war so ein Speiseraum, da hat man billiges Essen gekriegt, so eine Art Suppenschul.

Nachdem das mit dem Büro nichts war, haben alle gesagt, ich soll Schneiderin werden. Hab ich gesagt: »Nein, das mag ich nicht.« Dann hat mich eine gefragt: »Magst Modistin werden?« Dann hab ich gedacht: wirst Modistin, weil um den Hutsaum ist nicht so weit rum wie um den Rocksaum. Nicht aus Begeisterung, bloß deswegen bin ich Modistin geworden.

Andere Berufe als im Büro, Schneiderin oder Modistin haben wir nicht gewußt. Und am Arbeitsamt, die haben überhaupt nicht weiter gefragt, was man werden will, die haben einen auch überhaupt nicht beraten.

Dann hab ich also eine Lehre als Modistin und Putzmacherin angefangen. Das war 1915, vorher hab ich nichts bekommen, da waren die Lehrplätze auch schon knapp. Ich hab vier Mark im Monat gekriegt.

Ich bin, so lang ich noch keine Lehrstell gehabt hab, freiwillig in die hauswirtschaftliche Fortbildungsschul gegangen. Da hat man zweimal in der Woch Unterricht gehabt. In der anderen Berufsschul war nur einmal in der Woch Schul.

Ein ganzes Jahr war ich in der Schul, dann hat mich meine Meisterin so geschimpft: »Es gibt doch auch Fortbildungsschulen, die nur einmal in der Woch sind!« Dann hab ich raus müssen und in eine andere Schul.

Meine Meisterin hat mich nach Strich und Faden schikaniert. Gelernt hab ich nicht viel. Ich hab die Wohnung putzen müssen, Schuhe putzen, einkaufen, Teppich klopfen, Gemüs putzen, und am Nachmittag hab ich die Hüt liefern dürfen.

Um acht Uhr in der Früh hab ich angefangen. Um zwölf Uhr hab ich Mittag gehabt. Da hab ich mir meistens ein Pfund Äpfel kauft, mehr Geld hab ich nicht gehabt. Um zwei hab ich wieder angefangen und bis um sechs auf d'Nacht gearbeitet.

Wenn ich Schul gehabt hab – die hat von mittags bis fünf Uhr nachmittags dauert – hab ich extra um fünf Uhr von draußen vom Kirchstein neirennen müssen in die Wurzerstraß, daß ich für sie das Abendessen kauf. Da hab ich dreiviertel Stunden gebraucht. Trambahngeld hat einem ja niemand geben.

Ich hab immer nüber gehen müssen zum Platzl ins Bratwurstglöckerl, da hab ich die Wurst kauft, und gleich in der Näh vom Geschäft war eine Wirtschaft, da hab ich das Bier geholt. Und dann hab ich wieder in die Berg-am-Laim-Straß zurücklaufen müssen, eine gute halbe Stund. Und da hab ich nix gekriegt dafür, keinen Bissen Brot, nix!

Das ist eine Zeitlang so fortgangen, dann bin ich einmal schlau geworden. Weil: meistens hat die Metzgerin, wenn sie die Wurst so runtergeschnitten hat, die war meistens im Ganzen, noch ein Scheiberl draufgeben, das war die Zuwaag, und die hab ich dann gefressen. Aber da war ich schon mindestens ein Jahr in der Lehr, da ist mir das eingefallen. Da hab ich mir denkt: »Jetzt freß ich ihr das Wurstradl weg!«

Das ist ihr gar nicht aufgefallen, das hat mich gewundert. Ich hab immer gedacht, sie sagt einmal was, weil jetzt kein Wurstradl mehr dabei ist. Aber sie hat nichts gesagt, und ich hab ohne Gewissensbisse alle Tag das Wurstradl gegessen. So was hat man sich doch normal sonst nicht geleistet, so eine Wurst, geh, so was hat's doch nicht geben!

Meine Meisterin hat so eine ganz alte Wohnung gehabt. Da war über dem Herd ein Türl, wo der Kaminkehrer hineingeschlüpft ist zum Kehren.

Wie er wieder einmal dagewesen ist, war alles voll Ruß, und die Meisterin hat schon geheizt gehabt. Dann war die Ofenplatte noch heiß, und ich hab da naufsteigen müssen und den Ruß von der Wand abputzen. Da bin ich dann immer so droben gestanden, hab immer einen Fuß nach dem andern hochgezogen, weil ich's vor Hitze nicht ausgehalten hab, und sagen hab ich mir auch nichts getraut. Und meine Meisterin hätt da auch kein Mitleid gehabt, die hätt bloß recht geschimpft. Dann waren meine Schuhsohlen verbrannt, und meine Mutter hat nicht gewußt, von was sie die Schuh doppeln lassen soll.

Beim Abspülen, da hab ich ins kochend heiße Wasser langen müssen. Und ich hab doch noch so zarte Kinderhanderl gehabt. Aber sie hat gesagt: »Lang nur rein, sei nicht so zimperlich!«

Die Leut im Haus haben sich aufgeregt, weil ich die schweren Teppiche hab klopfen müssen, und ich war doch so klein, einmeterzweiundvierzig bloß und schmächtig.

Mei, hat mich die schikaniert, meine Meisterin! Und ich hab daheim nie was erzählt, weil meine Mutter gesagt hat: »Lehrplatz wechseln darf man nicht. Wenn man mal wo ist, muß man bleiben, bis man ausgelernt hat.« Und wenn ich immer über die Isarbrücke – ich hab doch alle Tag über die Maximilianbrücke gehen müssen – wenn ich da drüber bin, dann hab ich mich immer an das Geländer hingestellt und hab gedacht: »Einmal hüpf ich doch noch runter!« So verzweifelt war ich. Geholfen hat mir niemand.

Bis einmal, ich weiß nicht mehr, was da war, da hat's auch einen Verdruß gegeben. Da bin ich dann drei Tag nicht ins Geschäft. Das muß schon ganz was Schlimmes gewesen sein. Ich bin daheim gesessen und hab geheult und geheult. Dann hat meine Mutter gefragt, was los ist, und dann hab ich's ihr halt erzählt und hab gesagt: »Du kannst jetzt sagen, was du willst, ich geh nimmer hin!«

Meine Mutter ist dann in die Handelskammer gegangen

und hat sich erkundigt. Dann haben die in der Handelskammer gesagt, sie kennen den Platz schon, und sie soll mich nur gleich wegtun, das hat ja keinen Sinn, ich besteh ja auf die Art meine Prüfung nicht, weil ich nichts lern. »Tun Sie sie weg«, haben sie gesagt, »in dem Fall dürfen Sie den Vertrag brechen.«

Da hat es doch im Vertrag geheißen, wenn man den Vertrag bricht, dann muß man fünfzig Mark Strafe zahlen. Das war für uns viel Geld, für die damalige Zeit! Das war mehr als heut fünfhundert Mark sind!

Dann ist die Mutter zur Meisterin und hat es ihr gesagt, daß sie sich in der Handelskammer erkundigt hat, und daß sie mich nicht mehr hingehen läßt. Dann hat die Meisterin gesagt: »Dann müssen Sie fünfzig Mark zahlen!« Dann hat aber die Mutter gesagt: »Nein, in dem Fall nicht.«

Und dann hat die Meisterin gesagt: »Nein, um Gottes willen, lassen Sie doch das Mädchen da! Ich geb ihr jetzt dann fünf Mark im Monat« – da bin ich grad ins dritte Lehrjahr gangen – »so ein ehrliches Mädchen, wie die ist, krieg ich nie mehr im Leben!«

Die hat immer Pfennige rumgeschmissen, und ich hab sie beim Putzen immer aufgehoben und auf den Tisch gelegt. Gesagt hab ich nichts, nur gepackt hab ich sie und raufgelegt. Ich hab mich nur gewundert, daß bei denen immer Geld am Boden liegt. Daß das eine Falle ist, auf die Idee wäre ich gar nicht gekommen. Und da hat sie's dann meiner Mutter gesagt, daß ich das Geld prompt immer hingelegt habe. Die Mutter soll mich halt dort lassen. Aber dann hat die gesagt: »Nein, kommt nicht in Frage.«

Dann bin ich wegkommen, dann bin ich endlich wegkommen. Das war im Frühjahr 1917.

Damit ich eine Abschlußprüfung machen kann, hat mich die Mutter für die Frauenarbeitsschule angemeldet. Die ist aber erst im Herbst angegangen. So bin ich nach der Lehr erst ein paar Monat in die Munitionsfabrik gangen, daß ein Geld hergeht. Da war ich siebzehn.

Ich weiß nicht mehr, was ich zuerst getan hab in der Munitionsfabrik, nur daß ich in einem großen Saal war mit vielen

Frauen. Die Frauen haben alle von ihren Liebhabern erzählt, und ich war halt noch recht dumm und hab gesagt, daß ich noch Jungfrau bin. Da habens mich so derbleckt und gesagt: »Da tät ich mich schämen, wenn ich noch Jungfrau wäre.« Ich war totunglücklich, weils mich deswegen so derbleckt haben.

Irgendwer muß das einmal gemerkt haben. Da habens mich dann versetzt. Da bin ich in so ein Häusl kommen, da war ich mit einem Mann allein. Da ist zugesperrt worden, da hat niemand Unbefugter eintreten dürfen. Da haben wir Patronen entschärft, die nicht ganz hundertprozentig waren. Da war ich recht gern drin. Der Mann war sehr nett und anständig. Ich hab ganz allein mit dem gearbeitet. Da war eine Maschine, in die man die Patronen hineingetan hat. Dann ist das innen rausgezogen worden, dann hat man das Pulver ausgeleert und das leere Ding weggetan. Auf den Gedanken, daß die Arbeit gefährlich sein könnt, bin ich gar nicht gekommen. Da hat mich auch niemand aufmerksam gemacht. Ich hab deswegen auch nicht mehr gekriegt als die andern. Viel später erst ist mir eingefallen, daß das gefährlich war. Aber ich war gern drin, weils so ruhig war. Und Munitionsarbeiterinnen waren allgemein besser bezahlt als andere.

Dann hats noch eine Pulverfabrik geben. Die Frauen, die in der Pulverfabrik gearbeitet haben, die waren im Gesicht und an den Händen gelb, aber so gruserlgelb waren die, wie bei einer ganz schweren Gelbsucht. Die haben die Leut immer »Kanarienvögel« geheißen. Die haben aber extra Zulagen gekriegt, weils so gelb worden sind. Da hab ich aber nicht hinmögen, weil ich nicht gelb werden wollt.

Aber da haben sich die Frauen gedrängt um die Arbeit. Die Brandmeier Bettl, meine Freundin, wollt auch hin. Da ist man aber vorher ärztlich untersucht worden, ob mans schaffen kann, und da hat sie die Erlaubnis nicht kriegt, weil sie auf der Lunge nicht in Ordnung war. Mich hat niemand untersucht gehabt.

Im Herbst bin ich dann in die Frauenarbeitsschul gegangen. Da war ich dann auch der Polante, weil, da waren lauter bessere Mädchen, solche, die grad vom Lyceum kommen sind. Eine war die Tochter von einem Minister, war ein ganz bekannter Name damals, heut fällt er mir nimmer ein, lauter solche, lauter solche! Das hat zehn Mark im Monat gekostet, die hat meine Mutter zahlen müssen.

Da bin ich dann hin mit zerrissenen Schuhen, das war ja schon 1817/18, kein gescheites Gewand hab ich mehr gehabt. Die haben mich aber dermaßen von oben behandelt, also die haben sichs so ankennen lassen!

Meine Mutter hat sich das Geld dafür erputzt und erhungert. Meine Schwester hat schon auch gearbeitet, aber sie war halt viel krank. Und dann hab ich endlich meine Prüfung gemacht, das war im Sommer 1918.

Also im ersten Weltkrieg, da waren zuerst auch immer Siege. Der Sieg über die Russen – vom Hindenburg! Da hat man das Lied gesungen: »Der Hindenburg, der alte Reck, der Russentod, der Russenschreck!« Erst Tannenberg und dann die Schlacht bei den Masurischen Sümpfen! Aber da kann ich mich noch gut erinnern, wie ich entsetzt war, weil es geheißen hat, die sind in die Sümpfe getrieben worden, die Russen. Da hab ich mir gedacht: »Um Gottes willen, so was Grausames!« Aber man hat ihn gefeiert, dann hab ich gedacht: »Na ja, wird vielleicht doch richtig sein, immerhin hat es uns zum Sieg verholfen.« Da ist die russische Armee vernichtet worden – vorläufig einmal.

1916 war ein Friedensangebot. Genau haben die Leute nicht erfahren, was los war, aber es ist was durchgesickert. Und da haben sie zu murren angefangen, da sind die Leut kriegsmüd geworden. Ab da haben sie schon gesagt: »Jetzt dürfts endlich mal Schluß werden.« Sie haben gesagt: »Der Kaiser ist schuld, daß nicht Frieden geworden ist.«

1916 ist auch schon der große Hunger angegangen. England hat die Hungerblockade über uns verhängt, also es haben keine Lebensmittel mehr nach Deutschland gebracht werden dürfen.

Mei, der Winter von sechzehn auf siebzehn, das war der Dotschenwinter*)! Da war drüben, in der Anlag am Johannis-

* Dotschen = Kohlrüben

platz, da wo jetzt wieder die Blumen sind, eine Holzhütte, eine große, da sind Dotschen verkauft worden, und das haben die Leut den »Dotschenpalast« genannt. Dotschen, das war schon fast die Hauptnahrung. Das war furchtbar.

Wenn du gemeint hast, jetzt machst einen Besuch irgendwo, daß d' vielleicht zum Essen eingeladen wirst, daß d' vielleicht einmal was anderes kriegst, dann haben die Leut auch bloß Dotschen gehabt. Daheim bist den Dotschen davon, und wo anders hast sie dann hingestellt gekriegt. Ich kann seitdem keine mehr sehen.

Das Brot war so schlecht, das ist einem am Messer pappen geblieben. Da war Sägmehl und alles mögliche mit hineingebacken.

Gehamstert und geplündert ist worden, und wer genug Geld gehabt hat, der hat sich am schwarzen Markt kauft, was er braucht hat. Das war genau so, wie wir's später, nach 1945, wieder erlebt haben. Die oberen Zehntausend, die haben nicht viel gemerkt von der Not. Deswegen haben die auch leicht vom »Durchhalten« reden können. Aber das einfache Volk – da sind viele verhungert damals, buchstäblich! Das heißt: offiziell sind sie natürlich an was anderem gestorben. Zum Beispiel war kurz vor Kriegsende in München eine furchtbare Grippeepidemie. Ich hab so was nie mehr erlebt. Die Leut waren so unterernährt, daß sie gar keine Widerstandskraft mehr gehabt haben. Da waren überall an den Läden Schilder: »Wegen Grippe geschlossen«. Da sind die Leut zu Tausenden gestorben, »an der Grippe« hat's geheißen. Sie sind halt verhungert.

So 1917 etwa, hat sich auch die Stimmung gegen den König Ludwig sehr verändert, weil er sich halt gar nicht gegen den Kaiser durchgesetzt hat. Der Kaiser war immer unbeliebt bei uns. »Der Kaiser ist schuld, daß nicht Schluß wird mit dem Krieg«, hat es geheißen, und »der König tut bloß noch, was die Preußen wollen«.

Da ist dann einmal dem König ein toter Kater vor die Tür gelegt worden mit einem Zettel: »Bist du nicht ein guter Landesvater, geht es dir wie diesem Kater!«

Sein Sohn, der Kronprinz Rupprecht, war vor dem Krieg

sehr unbeliebt, weil er solch ein Weiberheld war. Der war damals schon mit der Marie Gabriele verheiratet und hat bildschöne Kinder gehabt. Es ist erzählt worden, er soll seine Frau mit der Reitpeitsche geschlagen haben. Und in Afrika soll er's mit den Negerinnen getrieben haben. Alles Schlechte ist ihm nachgesagt worden, bis zum Krieg. Da soll er sich dann sehr für die bayerischen Soldaten eingesetzt haben, die haben ihn abgöttisch geliebt.

Ich weiß nicht mehr, was das war, da ist einmal was passiert, irgendeine Revolte, und da hat es geheißen: jeder zehnte Mann von dem bayerischen Regiment soll erschossen werden. Und der Rupprecht hat dagegen protestiert und hat das verhindert. Das haben ihm die Soldaten hoch angerechnet. Er soll auch einmal eine Debatte mit dem Kaiser gehabt haben. Ich weiß nicht, was der wollt, der Kaiser. Und da hat der Rupprecht gesagt: »Wir Bayern sind Verbündete und keine Versallen!« Das hat den Leuten gefallen.

1917 ist dann in Rußland die Revolution ausgebrochen. Da war vorher die Sache mit dem Lenin, also der ist in einem plombierten Wagen durch Deutschland nach Rußland gefahren. Man hat ihm erlaubt durchzufahren, und in Rußland hat er dann die Revolution angefangen.

Da war aber noch was mit Geld – irgendein Geldtransporter ist überfallen worden. Ich weiß nimmer, war das auch der Lenin oder ein anderer? Einer hat einen Geldtransporter überfallen, und das Geld haben sie für die Revolution gebraucht, da ist damals viel geredet worden.*

Bei der Revolution ist die ganze Zarenfamilie umgebracht worden. Das weiß ich noch gut. Man ist schon sehr erschrokken, das war doch furchtbar, die ganze Familie ermordet.

Aber der Krieg mit Rußland war dann bald gar, schon 1917. Mit der Revolution ist der Krieg mit Rußland beendet worden. Da haben wir dann wieder ein bißl gehofft, weil einen Feind haben wir wenigstens los gehabt.

* Gemeint ist der umstrittene Überfall Stalins auf einen Geldtransport der russischen Staatsbank in Tiflis.

Anna Wimschneider

»Herbstmilch sollst kriegen, bist verreckst«: Familiengründung in Niederbayern

Es kam das Jahr 1939, und manche Leute redeten vom Krieg. An einem Sonntag fragte mich Albert, ob ich seine Frau werden will. Ich konnte es anfangs gar nicht recht glauben. Dann hielt er bei meinem Vater um mich an. Da war es nun nicht mehr so leicht für den Vater, denn mit mir verlor er eine Arbeitskraft, und meine Schwester konnte mich nicht so leicht ersetzen. Er wurde sehr zornig und wollte keinesfalls zustimmen. Ich war ja noch nicht volljährig, und er mußte sein schriftliches Einverständnis geben. Ich erzählte das meiner Firmpatin. Sie sagte, ich will mit deinem Vater reden, aber überleg es dir genau, bei deinem Albert sind nun vier alte Leute im Haus. Auch Alberts Mutter war aus ihrer Stadtwohnung auf den Hof gezogen, weil es sich dort leichter leben ließ. Meine Firmpatin redete mit dem Vater, ich schaute vorsichtig durch den Türspalt. Sei froh, sagte die Patin, wenn du das Mädl unterbringst, die Kleinen sind nun auch schon groß, und es wird von Woche zu Woche besser. Da gab der Vater seine Zustimmung.

Ich war noch nicht einundzwanzig, Albert dreiundzwanzig Jahre alt. Zum Glück hatte ich in all den Jahren Enten und Gänse gehalten und mir aus den Federn zwei Betten gemacht. Ich bin auch oft Tagelöhnerin gewesen und habe von dem Geld Handtücher, Bettüberzüge und Wäsche gekauft, so daß ich nicht mit leeren Händen dastand. Für den Anfang hat es gereicht. Andere Mädchen, die eine Mutter hatten, haben oft nicht mehr gehabt.

Albert hatte auch Schwierigkeiten gehabt, seine alten Leute auf eine Hochzeit vorzubereiten. Er hat seinen Onkel auf den Knien um Zustimmung gebeten. Damit das leichter ging, bin ich einmal eine Woche lang als Erntehelferin bei seinen Leuten gewesen. Da lernten sie mich unvoreingenommen kennen und ich sie auch. Aber der Onkel Otto merkte doch, daß mit uns beiden was nicht stimmte. Er hatte beobachtet, daß sich unsere

Füße unter dem Tisch immer suchten. Als Albert dann sagte, daß dieses Mädchen seine Braut sei, konnten sie, nachdem sie mich vorher so gelobt hatten, schlecht das Gegenteil sagen.

Am 25. Juli 1939 wurde an Albert der Hof übergeben. Am 18. August war die standesamtliche und am 19. die kirchliche Trauung.

Wie wir damals geheiratet haben, da ging es gar nicht feierlich zu, und wenn es danach gegangen wäre, dann wäre nichts Gescheites draus geworden. Die Schmied Girgli hat oft erzählt, daß sie die schönste Hochzeit in der ganzen Gemeinde gefeiert haben, wahrscheinlich konnten die beiden das Feiern gar nicht mehr aufhören, denn nachdem sie ihr Haus und Anwesen durchgebracht hatten, die Kinder wurden immer mehr und das Vermögen immer weniger, kamen sie auf die Gemeinde. Diese hat sie dann überredet, in die Nachbargemeinde umzuziehen, dort hat ihnen die Heimatgemeinde ein Haus dafür gebaut, da waren sie diese Leute los. Das Bier ging ihnen aber auch dort nicht aus, eher die Arbeit.

Beim Standesamt angekommen, da zog der Standesbeamte schnell seine Jacke über, und dann saßen wir recht verloren auf den hochlehnigen Stühlen. Der Standesbeamte leierte was von der Ehe in der neuen Zeit, wo wir dem Führer alles zu verdanken haben. Er ließ uns unterschreiben, die Trauzeugen auch. Dann gab er uns ein Familienstammbuch, Hitlers »Mein Kampf« und einen Gutschein für ein kostenloses Monatsabonnement des »Völkischen Beobachters«. Die Zeitung bedeckte den halben Tisch, und die Schlagzeilen bedeuteten nichts Gutes. Elf Tage später mußte mein Mann einrücken, den »Völkischen Bobachter« brauchte ich nicht mehr, das Familienstammbuch wurde bei weitem nicht voll und das Buch »Mein Kampf«, das hat nachher ein Sammler gekauft, mitsamt den Kriegsauszeichnungen von meinem Mann, da war aufgeräumt.

Am nächsten Tag fuhren Vater und ich mit einem alten Auto vor die Kirche, Albert und sein Onkel als Trauzeuge kamen mit dem Omnibus. Der Pfarrer saß beim Wirt und schaute zum Fenster heraus. Da sind sie ja, sagte er, kam heraus, zog ein Meßgewand an, las eine Messe und traute uns. In der Kirche standen fünf Betonmaschinen, Gerüste waren aufgestellt und überall lagen Bretter herum. Ein altes Weib mit einem Henkelkorb am Arm war auch drinnen. In einer halben Stunde war es vorbei, und wir waren Mann und Frau. Wir zogen unsere schönen Kleider aus und fingen die Arbeit an. Das Essen war wie an anderen Tagen auch. Ein Hochzeitsfoto wurde nicht gemacht. Der Bruder meines Mannes, ein guter Fotograf, sollte es machen, doch dann kam er nicht.

Ich half mittags beim Geschirrwaschen, mein Mann machte die Stallarbeit. Am Nachmittag holten wir uns vom Dachboden zwei alte Bettstellen, zwei Strohsäcke mußten noch gestopft werden, und so richteten wir uns die Ehebetten. Der Onkel Otto sagte, habt ihr die Werkstatt schon fertig? Wir schämten uns und warteten am Abend, bis alle zu Bett gegangen waren, ehe wir auch gingen.

Meine Möbel brachte der Schreiner erst nach drei Wochen. In dem Zimmer, in dem sie später aufgestellt wurden, klaffte der Lehmbewurf weit auf, und der Schreiner wollte die schönen Möbel gar nicht aufstellen. Es war ein altes Haus, im Erdgeschoß gemauert, oben aus Holzbalken und innen mit Lehmbewurf. In der Küche war ein löcheriger Zementfußboden, in der Mitte eine hölzerne Säule, die die Decke stützte, und um diese Säule war ein runder Tisch gebaut.

Unsere alten Leute hatten es aber auch nicht leicht gehabt, sie hatten 1912 das Anwesen in bankrottem Zustand gekauft und viel Arbeit und Mühe aufgewendet, bis sie die Schulden abbezahlt hatten. Der Kuhstall war im Nordteil des Hauses, über dem Stall ein Futterboden. Drei Kühe, zwei Zugochsen, drei Schweine und fünf Jungrinder waren da. Das Wirtschaftsrecht und alle Einnahmen hat sich der Onkel Albert, der eigentliche Eigentümer, noch für zwei Jahre ausbedungen.

Wie wir geheiratet haben, waren wir so arm, das kann sich heute niemand vorstellen. Das mußte man schon von klein an gewöhnt sein, sonst hätte man das nicht ausgehalten. Vier alte Leute in einer Stube, davon drei gehbehindert! Nur die Schwiegermutter war früher verheiratet gewesen, die war auch am meisten eifersüchtig auf uns. Onkel Otto war mir der liebste.

Einmal erzählte er mir, daß er in Burghausen im Seminar war

und daß er in einer Brauerei Biersieden gelernt hat. Das hat mich sehr interessiert. Das meiste konnten wir uns beim Haarschneiden, bei der Finger- und Fußpflege erzählen.

So fingen wir dann gleich an, Bier zu brauen. Große Töpfe und Zuber waren da, Gerste und Hopfen hatten wir auch selber. Erst siebten wir so an die 40 Pfund Gerste, die wurde dann eingeweicht. Dann kam sie nach ein paar Tagen auf ein ganz feines Gitter und wurde wieder einige Tage leicht warm gestellt. Nun fing sie zu wachsen an. Die Gerste durfte nur Wurzelkeime kriegen, keine Blattkeime. Wenn sie richtige Haxen hatte, wurde die Gerste getrocknet, die Keime wurden abgerieben und schön gesiebt. Dann war sie bierfertig. Geschrotet mußte sie aber noch werden. Eine Schrotmühle hatten wir auch.

Onkel Albert hat extra fürs Bier die passenden Kübel und Fässer gemacht, das hatte er früher gelernt. Dieses Geschirr durfte man zu nichts anderem verwenden, sonst wäre der ganze Sud sauer geworden. Das erste Wasser wurde auf 30 Grad erhitzt und mit der Gerste eine Stunde stehengelassen, dann abgeseiht, dann wieder stärker erhitzt und nun mit Hopfen zu Bier gemacht. Wenn es dann in einem bestimmten Kübel ausgekühlt war, wurde Bierhefe und eine Kleinigkeit Zucker dazugegeben. Das machte die Gärung. Nach einigen Tagen wurde es in Literflaschen abgezogen und stehengelassen. Es war nicht so gut wie das heutige Bier, aber es hat doch allen Leuten geschmeckt. Man konnte auch einen ganz schönen Rausch kriegen.

Die Mutter meines Mannes war gegen die Heirat gewesen. Ich aber habe mich auf die alten Leute gefreut und gehofft, in meiner Schwiegermutter eine Mutter zu finden für meine Mutter. Aber ich wurde bitter enttäuscht. Als wir von der Trauung zurückkamen und ich das Haus betrat, stand die Schwiegermutter im Fletz und sagte, auweh, das wird schon nichts Gescheites, die ist schon mit dem linken Fuß zuerst herein. Ich habe das nicht gewußt, sonst hätte ich es anders gemacht. Die Schwiegermutter wollte auch die Hochzeit verschieben, damit ich ihr den Buben nicht wegnehme.

Die beiden Onkel hatten Hüftgelenke, die verrenkt waren,

und konnten nur mit Stöcken mühsam gehen, die Tante kochte noch. Die Schwiegermutter arbeitete gar nichts, aber paßte auf mich auf. Eine auswärtsbeinige alte Magd war noch da, die war auch noch bucklig. Wir hatten einen großen Arbeitseifer und sagten uns, wir werden es im Lauf der Zeit schon richten. [...]

Nun war es soweit, daß mein Mann an die Front mußte und noch einmal in Urlaub kam. Da packten wir unsere Hochzeitssachen ein und fuhren mit dem Rad zum Fotografen und taten, als wäre unser Hochzeitstag, weil der Bruder meines Mannes ja damals nicht hatte kommen können. Mein Mann nahm dann ein Bild mit in den Krieg und hat es sechs Jahre dabeigehabt. Er schrieb mir jeden Tag, aber dann wurden die alten Leute böse, weil die Briefe an mich adressiert waren, und so schrieb er beide Namen drauf, da konnten sie schon lesen, wenn ich noch auf dem Feld war.

Aber meine Schwiegermutter mochte mich nicht vor lauter Eifersucht. Du hast mir meinen Bub genommen, mußte ich immer wieder hören. Mein Mann hat natürlich auch Briefe geschrieben, die nur für mich waren, die habe ich dann versteckt, aber die Schwiegermutter suchte so lange, bis sie die Briefe gefunden hatte. Die beiden Onkel waren gut zu mir, die Tante Lini aber hat sich von der Schwiegermutter schon aufhetzen lassen, und dann waren beide gegen mich, auch wenn sie im Unrecht waren.

Als ich von zu Hause wegging, hatte mein Vater zu mir gesagt, wenn du dir von den alten Leuten alles gefallen läßt und nichts sagst, dann kommst du schon mit ihnen aus. Das habe ich meinem Vater versprochen und auch gehalten. Es war oft schwer, wenn mir die Weiber so unrecht getan haben.

Am Sonntag hatte ich jetzt nie einen Feiertag. Morgens die Stallarbeit, dann schnell mit dem Rad zur Kirche und gleich wieder heim, kochen, nachmittags die Wäsche machen, die Männer rasieren, Haare schneiden, ihnen die Füße waschen und Nägel schneiden. Wenn ich dann mit meiner Wäsche nicht fertig war, sagte die Schwiegermutter gleich, jaja, an Werktagen und Sonntagen nimmst du dir keine Zeit und andere Tage gibt es nicht, eine Schlampe bleibt eben überall hängen. Sie hatte immer ein passendes Wort. Aber ich hörte auf meinen Vater und sagte nichts. Nur ganz selten ging ich zu Besuch in mein Elternhaus, zu meinen Geschwistern, und habe mich nie bei ihnen beklagt.

Im nächsten Sommer kam mein Mann in Urlaub. Eines Tages machte ich die Betten, und die Schwiegermutter stand mit meinem Mann direkt unter dem offenen Fenster. Da hörte ich, wie sie zu ihm sagte, Albert, ich kann dich nicht verstehen, wie du diese Frau geheiratet hast. Schau doch, wie sie geht, sie macht ja einen Buckel, und die Knie hängen ihr vor, du hättest doch eine Bauerstochter bekommen können. Da sagte mein Mann, Mutter, ich weiß nicht, was du gegen sie hast, ich mag sie gern, und fleißig ist sie auch. Selbst wenn er in Urlaub war, sagte sie öfter, warte nur, wenn er erst wieder fort ist, dann helfen wir dir schon wieder.

In diesem Urlaub kaufte mir mein Mann einen hübschen Stoff für ein Sommerkleid. Das war gar nicht so leicht, weil alles auf Kleiderkarte ging. Nur weil er Fronturlauber war, hat er ihn bekommen. Das Kleid war hübsch geblümt, und ich bekam noch ein Jäckchen dazu. Eine Bekannte in der Stadt hat uns damit fotografiert, und mein Mann hat diese Bilder auch immer dabeigehabt. Dann war der Urlaub zu Ende, und ich habe ihn wieder zum Bergerl hinbegleitet. Ich habe immer gelächelt, damit es ihm nicht so schwer fallen soll, dann habe ich mich umgewendet und bin in Tränen zurückgegangen. Doch über mir haben die Krähen geschrien, das war ein gutes Zeichen.

Dann kam der Sonntag, ein schöner Sonnentag. Ich zog nun das neue Sommerkleid zum Kirchgang an. Als ich die Treppe herunterkam, stand meine Schwiegermutter schon unten und erwartete mich. Sie hatte ein Nervenleiden und ihre Zunge zuckte immer aus dem Mund, wie bei einer Schlange. Mit diesem Kleid gehst du mir nicht zur Kirche, sagte sie, du bist nun eine verheiratete Frau, da ziehst du mir so was Helles nicht an. Ich ging zurück und zog ein anderes Kleid an. Als ich wieder herunterkam, sagte sie, augenblicklich gehst du und ziehst ein anderes an, so kommst du mir nicht aus dem Haus. Da zog ich mich zum drittenmal um. Nach dem fünftenmal sagte ich, Mutter, nun habe ich kein Kleid mehr, kann ich jetzt gehen? Da ließ sie mich gehen. Auf dem ganzen Weg zur Kirche liefen mir die Tränen übers Gesicht. Der Gottesdienst war schon halb zu Ende, und ich stellte mein Fahrrad an die Kirchenmauer und drückte mich ganz hinten in die Kirche, damit niemand mein verweintes Gesicht sehen konnte. Und zum Ende, noch ehe sich die Leute umgedreht haben, bin ich schnell fort und heim zur Arbeit.

Die beiden Onkels und die Tante konnten nicht mehr zur Kirche gehen, der Pfarrer besuchte sie dann von Zeit zu Zeit. Die Schwiegermutter war noch gut zu Fuß, aber ihr war der Weg zu weit.

Nun war ich schwanger. Als meine Schwiegermutter das merkte, beschimpfte sie mich aufs Ärgste. Du allein hast schuld, nur du wolltest das Kind, der Albert wollte gewiß keins, und dir werde ich lauter Herbstmilchsuppe geben. Du solltest verrecken müssen bei der Entbindung, denn du hast mir meinen Buben genommen. Aber ich habe mich auf das Kindlein gefreut, wir hatten es uns ja gemeinsam gewünscht. Drum sagte ich zu ihr, Mutter, ich habe es ja nicht allein gemacht. Da konnte sie nichts mehr sagen.

Die Monate vergingen, und immer wieder mußte ich die bösen Worte hören. Eines Tages mußte ich aufs Feld, um die Kartoffeln mit dem Pflug anzuhäufeln. Vier Wochen waren es noch zur Entbindung. Da gingen mir die Ochsen durch. Weil ich die Leine um die Hand gewickelt hatte, konnte ich mich auch nicht freimachen, und so schleppten mich die Ochsen, ich war zu Fall gekommen, quer über die Furchen, gut hundert Meter weit auf dem Bauch dahin. Hinter mir den Pflug, der mich unweigerlich erfaßt und schwer verletzt hätte, wenn ich losgekommen wäre. Endlich ging es bergauf, und meine einzige Rettung war, daß die Ochsen nun langsamer wurden und ich auf alle Fälle auf die Füße kommen mußte, um sie anzuhalten. Mit aller Kraft raffte ich mich schnell auf und nun konnte ich sie in einen Bogen zwingen, so daß sie im Kreis liefen und schließlich anhielten.

Ich sah furchtbar aus. Erde, Gras, Kartoffelstauden, alles hing an mir herab, meine Schürze war zerrissen, Hände und

Arme aufgeschrammt. Es war schrecklich, ich dachte an mein Kind und hatte Angst.

Aber nun ergriff mich ein wilder Zorn, und ich zwang die Ochsen erst noch zur Arbeit, auf und ab das Feld, immer wieder, bis ihnen die Zunge heraushing und sie schweißnaß waren. Auch als schon Feierabendzeit war, hörte ich noch nicht auf, bis alle Furchen geackert waren. Als wir endlich heimkamen, erschraken doch alle sehr, wie ich aussah. Sie konnten nicht verstehen, daß ich nicht aufgegeben hatte.

Am nächsten Tag dachte ich mir, so kann das nicht weitergehen. Ich fuhr mit dem Rad zum Wehrbezirkskommando in der Stadt, um Urlaub für meinen Mann anzufordern. Die schickten mich erst einmal zur Kreisbauernschaft, damit mir ein Betriebshelfer zugeteilt würde. Ich bin hingegangen, und es wurde mir vom Stabsleiter Hilfe zugeteilt.

Am nächsten Tag, abends gegen halb sechs, war ich noch alleine bei der Arbeit auf dem Rübenfeld an der Straße, da kam ein ganz junges Mädchen und fragte nach meinem Namen. Es stellte sich heraus, daß sie meine Hilfe sei. Da stieg mir schon der Zorn auf, denn das war ja kaum eine Hilfe für den Haushalt. Auf der Stelle schickte ich sie zurück.

Am nächsten Morgen fuhr ich gleich wieder hinein zum Stabsleiter. Noch auf dem Stadtplatz traf ich seine Freundin an, die mir gleich die größten Vorwürfe machte, weil ich das arme Mädchen zurückgeschickt hatte. Mir war nun schon alles gleich. Was kann ich mit der anfangen, im Haus kann ich selber arbeiten, ich brauche einen Mann für die schwere Außenarbeit! Dann ging ich ins Büro zum Stabsleiter. Der hätte mich vor Wut am liebsten gefressen. Wir kamen nun derart zum Streiten, so daß ich sagte, hier bleibe ich stehen, um meine Arbeit und meine alten Leute kannst du dich kümmern!

So stritten wir immer weiter, je länger um so ärger. Dann drohte er mir. Ich meinte, ich trage ein Kind, und da kann mir schon gar nichts passieren. Dir aber, sagte ich, dir passiert noch was, da lebe ich noch lange, wenn sie dich längst umgebracht haben. Er sprang von seinem Stuhl auf und tobte wie ein Wilder. Er schrie seine Sekretärin an, sie solle die Polizei anrufen, auf der Stelle würde er mich verhaften lassen. Die Sekretärin, eine Rothaarige, wußte auch nicht recht, was sie tun sollte, weil er immer recht tobte. So blieb ich stehen und sagte, ich kann es aushalten, das ist für mich eine Erholung gegen daheim. Nun wußte er sich keinen Rat, mich loszuwerden, und endlich sagte er, morgen wird ein Mann als Betriebshelfer kommen. Gut, sagte ich, wenn nicht, bin ich übermorgen wieder da. Er schnappte nach Luft und war froh, mich nicht mehr zu sehen. Tatsächlich kam dann ein Mann zu mir auf unbestimmte Zeit zur Arbeit.

VI.
ALLTAG II:
BEI DEN FEINEN LEUTEN

Ernst Pitz

Stadtluft macht frei: Prozeß der Äbtissin von Gandersheim gegen den Braunschweiger Bürger Heinrich von Sottmar wegen Leibeigenschaft, 2. Nov. bis 10. Dez. 1356

Auf Pergament geschriebene Prozeßakten aus dem Besitz der Abtei, jetzt im Niedersächs. Staatsarchiv Wolfenbüttel, 6 Urk 176–178, ungedruckt.

Der Prozeß ist eine Spätfolge des großen Sterbens, das die Pest in den Jahren 1347 bis 1350 in ganz Europa ausgelöst hatte. Überall, wo Bauernfamilien ausgestorben waren, verfügten die Grundherren nun über wüste Höfe, von denen sie keine Einkünfte mehr bezogen. Hatten sie früher, solange genug Menschen auf den Höfen saßen, den Abzug jüngerer Söhne in die Städte geduldet, obwohl es schwer war, von solchen Flüchtlingen die leibherrlichen Abgaben einzufordern, und die Herrenrechte, wenn sie nicht ausgeübt wurden, rasch verjährten, so war den Grundherren jetzt daran gelegen, solche Männer aufs Land zurückzuholen und zur Bewirtschaftung eines mit Arbeitsdiensten und Abgaben belasteten Bauernhofs zu zwingen. Das Dorf Sottmar gehörte zur Villikation Groß-Denkte, die Kaiser Otto der Große (936–973) dem Stift Gandersheim übertragen hatte, und liegt in etwa 17 km Entfernung südöstlich von Braunschweig. Wir wissen nicht, wann Heinrich von dort in diese Stadt abgezogen war, nach deren Recht er binnen Jahr und Tag, d. h., wenn sein Leibherr es nur ein Jahr lang versäumte, von ihm die leibherrlichen Abgaben abzuholen, die Freiheit erlangte. Als Freier aber konnte er in die Bürgerschaft aufgenommen werden, die ihn alsdann gegen weitere Ansprüche schützte. Im Jahre 1317 hatte die Stadt anerkannt, daß für Klagen eines Leibherrn gegen einen Bürger nicht das Ratsgericht, sondern das Gericht des Herzogs von Braunschweig als Stadtherrn zuständig sein sollte.

Wenn die Äbtissin zunächst den Herzog angerufen hat, so mag sie dort unterlegen sein und die Appellation an den deutschen König ausgeschlagen haben, da nicht zu erwarten war, daß ein Hofgerichtsurteil in Niedersachsen vollstreckt werden könne. Jedenfalls nahm die Äbtissin auch die geistliche Gerichtsbarkeit in Anspruch, und zwar nicht die ordentliche des zuständigen Bischofs, sondern die päpstliche: Sie sandte ihre Klage nach Rom, der Papst setzte daraufhin den Dekan des Alexanderstifts in Einbeck als Richter ein, und dieser gab das Verfahren an den Dekan von St. Marien in Einbeck weiter, so daß sich zugleich ein Instanzenzug ergab für den Fall, daß eine der Parteien gegen das Urteil Berufung einlegen wollte.

Von den Prozeßakten der ersten Instanz ist ein Rest von drei Blättern erhalten, die uns Einblick gewähren nicht nur in die Frühzeit juristischen Prozessierens, sondern auch in die Schwierigkeiten, die das schriftlose Rechtsleben des Volkes den Ansprüchen der Leibherren in den Weg legte.

Das erste Schriftstück berichtet über die von Kommissaren des Gerichtes eingeholte Stellungnahme des Beklagten zu den einzelnen Punkten der Klage. Gemäß den Regeln des kanonischen Prozesses hatte die Äbtissin artikelweise geklagt, und auf jeden der elf Artikel hatte der Beklagte mit Ja oder Nein zu antworten; ein teilweises Einräumen oder Abstreiten und das Vorbringen von Einreden waren verboten, denn es überstieg die Kunst der damaligen Juristen, eine komplizierte Argumentation zu entwirren und zu bewerten. Was der Beklagte verneinte, hatte dann der Kläger zu beweisen. Da Heinrich einige Artikel ausweichend beantwortet hatte, ordnete der Richter an, daß er dazu erneut anzuhören sei. Das zweite Schriftstück enthält die entsprechenden Anweisungen an die Kommissare, und das dritte berichtet von der gerichtlichen Eröffnung der Aussage; man sieht, daß Heinrich nunmehr alle Fragen verneint hat, um der Formvorschrift zu genügen, und daß sich damit das Gericht von der Wahrheit nur weiter entfernte.

Der Ladung zum Beweistermin in Groß-Denkte blieb Heinrich fern: gewiß mit Zustimmung des Rates zu Braunschweig, da sich abzeichnete, daß die Klägerin den Beweis für die Klageartikel niemals werde erbringen können. Wir wissen nicht, ob sie den Prozeß überhaupt weiter verfolgt hat. Es wird aber deutlich, daß die Umstände die Sache des in die Stadt abgezogenen ehemaligen Eigenmannes über die Maßen begünstigten.

Der lateinische Text ist ungedruckt, die Übersetzung beruht auf dem Original. Die mit – – – bezeichneten Worte sind unter Tintenklecksen unleserlich geworden.

Heinrich, Dekan der Kirche St. Marien vor und nahe den Mauern von Einbeck, Mainzer Diözese, als Einzelrichter subdelegiert von dem ehrsamen Manne, dem Herrn Dekan der Kirche St. Alexander binnen den Mauern daselbst als vom Apostolischen Stuhle delegiertem Richter. Es erschienen vor uns im Gericht zu dem hierfür angewiesenen Termin, nämlich am Tage nach Allerheiligen, welches am 2. November war, im Jahre des Herrn 1356 der Prokurator oder Syndikus der ehrwürdigen Frauen Äbtissin Jutta und des Kapitels des weltlichen Stifts Gandersheim, Hildesheimer Diözese, für die klagende Partei und der Prokurator des Heinrich von Sottmar, Bürgers in Braunschweig, Halberstädter Diözese, für die beklagte Partei. Der Prokurator des Beklagten, Heinrich von Herford, legte im Gerichte vor uns die Klageartikel, die ihm kürzlich im jüngsten Termin seitens der klagenden Partei übergeben worden waren, sowie die darauf von Heinrich von Sottmar erteilten Antworten vor, jedoch verschlossen und versiegelt mit den beiden Siegeln der beiden hierfür von uns gegebenen Kommissare, nämlich des Werner von Ludolvessen, Pfarrers in Sebechtsen, der für die klagende Partei, und des Brunos von Erfurt, ständigen Vikars des Stifts St. Blasien in Braunschweig, Hildesheimer Diözese, der für die beklagte Partei gegeben worden war. Diese uns so verschlossen übergebenen [Schriftstücke] haben wir mit Zustimmung der Prokuratoren eröffnet und publiziert; ihr Inhalt folgt mit diesen Worten:

Dem ehrsamen Manne Herrn Heinrich, Dekan der Kirche St. Marien vor den Mauern von Einbeck, Mainzer Diözese, als Richter, subdelegiert von dem ehrsamen Manne, dem Herrn Dekan der Kirche St. Alexander binnen den Mauern daselbst als vom Apostolischen Stuhle hauptsächlich delegiertem Einzelrichter, [entbieten] Werner von Ludolvessen, Pfarrer in Sebechtsen, und Bruno von Erfurt, ständiger Vikar der Kirche St. Blasien in Braunschweig, Dienst und Ehre. Wisset, daß wir Heinrich von Sottmar, Bürger in Braunschweig, vor unsere Person geladen haben in der Kirche St. Magni in Braunschweig, und nachdem wir ihm den Kalumnieneid leiblich abgenommen hatten, wie es die Rechtsform vorsieht, haben wir ihn befragt über die einzelnen Klageartikel, die uns unter eurem Siegel übersandt worden waren. Auf die einzelnen erwähnten Klageartikel hat er unter Eid geantwortet, wie folgt; diese Fragen und ihre Antworten senden wir euer Ehren unter unseren Siegeln in das vorliegende Schreiben eingeschlossen zurück, geschehen und gegeben im Jahre des Herrn 1356 am Abend vor den heiligen Aposteln Simon und Judas [27. Okt.] am oben angegebenen Orte.

1. An erster Stelle hat der Syndikus behauptet, daß Heinrich von Sottmar, Bürger in Braunschweig, Halberstädter Diözese, Lite der Gandersheimer Kirche sei: Nein. 2. Ferner hat er behauptet, daß Heinrich eine Großmutter gehabt habe, die mit Eigennamen Gese hieß: Er erinnert sich nicht. 3. Ferner hat der Syndikus gegen den genannten Beklagten Heinrich behauptet, daß die genannte Gese, seine Großmutter, drei Töchter geboren habe, von denen eine Hanna hieß: – – – 4. Ferner hat er behauptet, daß der Ehemann der genannten Gese Santgrove hieß: Er erinnert sich nicht. 5. Ferner hat er behauptet, daß diese Hanna die Mutter des Beklagten Heinrich von Sottmar und seines Bruders Johann genannt Buchenghest gewesen sei: Er glaubt, seine Mutter – – –, aber nicht diese da. 6. Ferner hat der genannte Syndikus behauptet, daß die zweite der Töchter der erwähnten Großmutter Gese und Schwester der Hanna, der Mutter des erwähnten Beklagten, mit Eigennamen Gesa hieß und Heinrich genannt Woldenberg den Älteren geboren habe, der sich als Lite der Kirche zu Gandersheim aufführt: Nein. 7. Ferner hat der genannte Syndikus behauptet, daß die dritte der Töchter der genannten Großmutter Grete hieß und daß diese nicht in die Ehe gegeben worden sei: – – – 8. Ferner hat der genannte Syndikus gegen den gedachten Beklagten behauptet, daß diese dritte Tochter Grete alsbald gestorben sei und daß nach ihrem Tode Gunzelin von Asseburg und Her-

mann Holtnicker, Bürger zu Braunschweig, aus den von ihr hinterlassenen Gütern namens des Stifts Gandersheim den diesem geschuldeten Anteil entnommen hätten nach dem Rechte, welches Baulebung heißt: Er sagt, er wisse es nicht. 9. Weiter behauptet der vorgenannte Syndikus, daß das Stift Gandersheim seit 10, 20, 30, 40, 50 und mehr oder weniger Jahren im friedlichen Besitz oder Quasibesitz [des Rechtes] gewesen sei, von seinen verstorbenen Liten den dritten Teil von den von ihnen hinterlassenen Gütern zu erhalten, nämlich die Hälfte der beweglichen Güter oder eine andere Quote, die deren etwa vorhandene Erben oder andere, die interessiert waren, nach Gnaden der Äbtissin von Gandersheim erlangen konnten: Er weiß es nicht. 10. Ferner hat er behauptet, daß es über die letzte Behauptung eine allgemeine Kundschaft und Stimme gebe in Denkte, Wandsleben, Derneburg und Gitter, in Hoheneggelsen, in Rautenberg, in Gronau, in Brüggen, in Gandersheim und viel mehr umliegenden Orten: – – – 11. Ferner hat der vorgenannte Syndikus behauptet, daß es über die anderen oben aufgeführten Behauptungen eine allgemeine Stimme und öffentliche Kundschaft in Denkte und anderen umliegenden Dörfern gebe, wo man von den Vorfahren des genannten Beklagten Kenntnis habe: Nein.

Nachdem dies verlesen und publiziert worden war, wurde für die klagende Partei vorgetragen, es sei auf den 2., 3., 4., 7., 8., 9. und 10. Klageartikel nicht klar und unterschiedlich mit hierfür geeigneten Worten geantwortet worden, nämlich mit Ja oder Nein, und es wurde begehrt, daß wir den Beklagten zwingen möchten, von neuem darauf klar und deutlich mit hierfür geeigneten Worten zu antworten. Daher befehlen und auferlegen wir, der vorgenannte Richter, mit Zustimmung der Prokuratoren hiermit dem Beklagten Heinrich, auf die vorgenannten Artikel klar mit den Worten Ja oder Nein zu antworten. Ist diese Beantwortung geschehen, so will die klagende Partei sie als bestrittene Klageartikel gebrauchen und sich verbindlich machen, das Notwendige wenigstens zu beweisen. Und wir wollen, daß der Beklagte darauf antworte vor dem anstehenden Tage der seligen Katharina [25. Nov.] und daß hierauf die klagende Partei ihre Zeugen vorführe; für eine erste, zweite und dritte Dilation führe sie die in Braunschweig Wohnenden vor in Braunschweig, in Denkte und ebenfalls in Denkte vor dem Tage des seligen Nikolaus [6. Dez.], und um uns die Zeugenaussagen vorzulegen, bis zum Freitag nach diesem Tage des seligen Nikolaus [9. Dez.]; diesen Freitag weisen wir hierfür und um anderweitig zu verfahren, wie es Recht sein wird, den genannten Parteien mit Konsens ihrer Prokuratoren hiermit als Termin an. Gegeben Einbeck unter unserem Siegel im Jahre des Herrn und am Tage wie oben. Den neunten Artikel hat die klagende Partei berichtigt gemäß dem Protest, der in den Klageartikeln zuvor gemacht worden war.

Heinrich, Dekan [usw., wie oben], an die besonderen Männer Magister Hermann Advocatisse, Kanoniker der Kirche St. Blasii in Braunschweig, Hildesheimer, und Werner von Ludolvessen, Pfarrer in Sebechtsen, Mainzer Diözese, Segen und Gehorsam gegenüber apostolischem Befehl! In dem Prozeß, den die ehrwürdige Frau Jutta, Äbtissin des weltlichen, unmittelbar der römischen Kirche gehörigen Stifts Gandersheim, Hildesheimer Diözese, in ihrem und ihres Kapitels Namen vor uns im Gerichte verfolgt gegen Heinrich von Sottmar, Bürger zu Braunschweig, Halberstädter Diözese, ist der Streitgegenstand gesetzmäßig festgestellt und der Kalumnieneid von den Prokuratoren der Parteien beiderseits angenommen worden; auch sind die Klageartikel vorgelegt und von demselben Beklagten Hermann darauf Antworten erteilt und diese öffentlich gemacht worden. Nun hat der Syndikus oder Prokurator der klagenden Partei vorgetragen, es sei auf mehrere Artikel nicht klar geantwortet worden, sondern dunkel, und begehrt, wir sollten den Beklagten Hermann veranlassen, darauf klar und unterschiedlich zu antworten. Deshalb geben wir euch mit Zustimmung der Parteien den Auftrag und befehlen euch mit apostolischer Autorität, daß ihr, Magister Hermann, wegen der Partei des genannten Beklagten Heinrich, und ihr, Herr Werner, wegen der genannten Frau Äbtissin und ihres Kapitels den Beklagten an geeigneter Stätte in Braunschweig vor eure Personen vorladet und dem Beklagten Heinrich befehlt, auf die Klageartikel, die euch zusammen mit Gegenwärtigem ausgehändigt werden sollen, deutlich mit den Worten Ja oder Nein in Kraft seines geleisteten Eides vor dem bevorstehenden Tage der seligen Katharina zu antworten. Und wenn er so darauf geantwortet hat, so sollt ihr, wie der Syndikus oder Prokurator der klagenden Partei es begehrt, für die verneinten Klageartikel auch die Zeugen, die die genannte klagende Partei zum Beweise ihres Begehrens vorführen will, nach Vorladung derer, die vor eure Personen vorgeladen werden müssen, gesetzmäßig vernehmen und sorgfältig examinieren, solche, die in der Stadt Braunschweig wohnen, und solche, die in Denkte und auch in dem Dorfe Denkte wohnen, gemäß dem Begehren der klagenden Partei und den Fragstücken der beklagten Partei, wenn solche euch vorgelegt werden. Andernfalls sollt ihr ohne sie zur Examinierung der solcherart Zeugen schreiten unter Beachtung der schuldigen und gewöhnlichen Formen des Zeugenverhörs. Ihr sollt uns die Klageartikel, die Antworten und die Aussagen dieser Zeugen unter euren Siegeln getreulich verschlossen bis zum Freitage nach bevorstehendem St. Nikolaustage zurücksenden; diesen Tag weisen wir hiermit den Parteien als Termin an, um uns diese [Schriftstücke] einzusenden und um andernfalls in der Sache zu verfahren, wie Recht ist. Aber die Zeugen, die etwa benannt werden, sollten sie sich um Gunst, Haß oder Furcht willen verweigern, so zwingt sie mit kirchenlichem Strafgebot kraft apostolischer Autorität, der Wahrheit Zeugnis zu gewähren. Gegeben unter unserem Siegel im Jahre 1356 am Tage nach Allerheiligen [2. Nov.].

Heinrich, Dekan [usw., wie oben]. Im Jahre des Herrn 1356, am Samstage nach dem Tage des seligen Nikolaus [10. Dez.], in dem vom vorangehenden Freitage her fortgesetzten Termin, der in dem Rechtsstreit angesetzt worden war, den die ehrwürdige Frau Jutta, Äbtissin zu Gandersheim, Hildesheimer Diözese, in ihrem und ihrer Kirche Namen vor uns verfolgt, gegen Heinrich von Sottmar, Bürger zu Braunschweig, Halberstädter Diözese, damit uns die Antworten des Beklagten Heinrich auf die ihm durch uns übersandten Klageartikel und die Aussagen der Zeugen, die die Frau Äbtissin als Klägerin gegen ihn vorzuführen beabsichtigte, zurückgesandt würden, haben uns Magister Hermann von Göttingen, Kanoniker des Stifts St. Blasien in Braunschweig, und Magister Werner, Pleban in Sebechtsen, als von uns mit Zustimmung der Parteien für die genannten [Aufgaben] eingesetzte Kommissare zwei Schreiben, die unter ihren Siegeln getreulich verschlossen waren, übersandt durch den Syndikus oder Prokurator der klagenden Partei, der gesetzmäßig für seine Partei erschien, während der Beklagte Heinrich nicht im geringsten erschien, weder persönlich noch durch einen anderen, sondern sich hartnäckig fernhielt. Der Wortlaut aber des ersten Schreibens ist folgender:

Dem ehrsamen Manne Heinrich, Dekan [usw., wie oben, entbieten] Hermann von Göttingen, Kanoniker des Stifts St. Blasien in Braunschweig, Hildesheimer Diözese, und Werner, Rektor der Kirche in Sebechtsen, Mainzer Diözese, soviel sie können an Dienst und Ehre. Wisset: Als wir uns am Tage nach St. Andreas, dem Apostel [1. Dez.], in dem Dorfe Denkte konstituiert hatten, um die Zeugen zu examinieren oder zu vernehmen, die die ehrwürdige Frau Jutta, Äbtissin des weltlichen Stifts in Gandersheim, gegen Heinrich genannt von Sottmar, Bürger in Braunschweig, welcher, wie sie versichert, Lite ihres erwähnten Stiftes ist, vorzuführen beabsichtigte, und als wir diese Zeugen vor die Kirche des genannten Dorfes Denkte vor unsere Personen zitiert hatten, damit sie ein Zeugnis der Wahrheit erbrächten, wie wir es von euch zu Befehl erhalten hatten, da wollten zwar die Zitierten die gewöhnlich von Zeugen zu leistenden Eide nicht ablegen, obwohl sie hierzu von uns in Freundschaft angehalten und mit Nachdruck pflichtgemäß aufgefordert worden waren, aber sie versicherten zuverlässig, sie würden ohne Eid die Wahrheit sagen wollen, die sie über den bezeichneten Rechtsstreit wüßten. Gegeben im genannten Dorfe Denkte am Tag wie oben, unter unseren Siegeln. Auch haben wir die Antworten auf die Klageartikel, die durch die genannte Frau Äbtissin im Gericht vorgebracht worden waren, von dem genannten Heinrich von Sottmar entgegengenommen; wir übersenden sie euch auf einem in diesen Brief eingeschlossenen Zettel. Gegeben wie oben. Der Inhalt dieses Zettels folgt mit diesen Worten: 1. An erster Stelle [usw. wie oben;

die Antworten lauten zu 1: Nein, 2: Nein, 3: Nein; 4: Nein, 5: Nein, 6: Nein, 7: Nein, aber er wisse es nicht, 8: Nein, 9: Er wisse es nicht, 10: Er weiß es nicht, 11: Nein.]

Nachdem dieses Schriftstück so vor uns im Gerichte verlesen worden war, beantragte der Syndikus der klagenden Partei, daß es ihm in Kopie übergeben werden möge und daß der Beklagte Heinrich von Sottmar zum Rechtsverweigerer erklärt werde. Da haben wir beschlossen, ihm das genannte Schriftstück in Kopie übergeben zu lassen, und den Beklagten Heinrich haben wir, weil er an dem genannten, ihm angezeigten Termin weder persönlich noch durch einen Worthalter erschienen ist, nach Erfordernis der Gerechtigkeit zum Rechtsverweigerer erklärt. Gegeben im Jahre des Herrn und am Tage wie oben.

Dirk van der Cruysse

Die alltäglichen Probleme einer kleinen Prinzessin: Die Jugend der Liselotte von der Pfalz

In den acht Jahren, die Liselotte zwischen ihrer Rückkehr aus Hannover und ihrer Heirat in der rheinischen Pfalz verbrachte (1663 bis 1671), reiste sie, die Sophie »das Kind der Pfalz« nannte, an der Seite ihres Vaters durch das gelobte Land, das sich entlang der grünenden Ufer von Rhein und Neckar erstreckte. Dabei konnte sie sehen, daß es dank der unermüdlichen Bemühungen Karl Ludwigs wieder aufzublühen begann wie einst.

Liselotte lernte die Orte besser kennen, wo der Hof des Kurfürsten sich je nach Jahreszeit aufhielt: Heidelberg mit seiner reinen Luft und dem wohlschmeckenden Wasser, dem Schloß aus rosafarbenem Sandstein, der überdachten Brücke über den Neckar, der Heiliggeistkirche und der St.-Peter-Kirche, der Universität, dem Burgweg; Mannheim mit seiner Feste Friedrichsburg, den Straßen im Schachbrettmuster und seiner berühmten Kettenfähre, einem riesigen Kasten, auf dem man hundert Pferde übersetzen konnte; die kleine Residenz Schwetzingen, die in einem wunderschönen Park versteckt lag, in dem Nachtigallen sangen. Die Erinnerung an die rheinische Pfalz sollte sie ihr Leben lang nicht loslassen, so sehr war sie Teil ihrer selbst: Worms mit dem prächtigen Rathaus und der Liebfrauenkirche, die inmitten von Weingärten aufragte, Neckargmünd, wo es köstliche Krebse gab, Alzey, berühmt für seine Hasen, Schrießheim und seine saftigen Trauben, die Bergstraße, gesäumt von jahrhundertealten Nußbäumen, aber auch das von einem Sumpf umgebene Germersheim, heute wie damals verseucht von lästigen Stechmücken.

Vierzig Jahre nach ihrer Übersiedlung nach Frankreich hatte Liselotte den Zauber ihrer Heimat nicht vergessen; wenn sie schreibt: »bei uns«, dann meint sie die rheinische Pfalz. Welche Nostalgie spricht aus der folgenden Passage eines Briefes an Sophie: »Die Pfaltz ist ein gelobt Landt gegen andere länder zu rechnen, den alles ist ja gutt in unßerm lieben vatterlandt, lufft, waßer, wein, brodt, fleisch undt fisch...« Mit Leib und Seele beteiligte sie sich an den diversen Festen des Weinjahres, und das große Faß von Heidelberg mit seinem Fassungsvermögen von 22000 Litern, das Karl Ludwig wieder hatte aufstellen lassen und in dem die »Zenten an Wein« lagerten, war einer der Mittelpunkte in Liselottes Jugend. 1699 zitiert sie für Sophie die vier »Verse des Affen«, die auf das Faß gemalt waren, Verse, die sie auch in ihrem ersten Brief an Leibniz erwähnt. Wie ihr Vater hatte auch sie eine Vorliebe für die Weine der rheinischen Pfalz: der angenehme Gronauer, der nicht ganz so milde Kreuznacher, der runde Kirweiler, der Wein aus Eßling, der die Verdauung fördert, der aus Gieß, den man zum Frühstück trinkt, der köstliche Rotwein aus der Gegend um Kaub, zu dem man Würste ißt, der Boxberger, der am besten zu Pfirsischen schmeckt, der etwas herbe Pfedersheimer, der Neustädter, der so leicht ist, daß sogar Kinder ihn trinken dürfen, der Schrießheimer, der einen in Ekstase versetzt, und vor allem der edle Tropfen aus Bacharach. Diese Weinkultur der rheinischen Pfalz gehörte untrennbar zu Liselottes Kindheit und Jugend; sie sprach nie ohne innere Bewegung darüber.

Auch ihrer Eßlust ließ sie freien Lauf; sie bevorzugte deftige Gerichte, die in den Anweisungen für ihre Gouvernante in die Rubrik »schwer verdaulich« fallen. War sie auch eine Prinzessin, so liebte sie es doch, in der Küche zu stehen und Butter schaumig zu rühren und das Geflügel, das ihr die Pagen ihres Vaters brachten, oder die Fische aus dem Burggraben des Heidelberger Schlosses selbst anzurichten. Vielfraß, der sie war, ließ sie sich mitten in der Nacht von ihren Kammerzofen große Teller Kraut mit Speck bringen – trotz aller Verbote der Jungfer Kolb. Folgende Anekdote dürfte eigentlich in keiner Biographie Liselottes fehlen:

»Ich erinnere mich, daß man einsmahl in meiner cammer zu Heydelberg eine thür verendert undt derowegen mein undt der Colbin bett in die cammer thate, so vor meiner jungfern cammer war; die Colbin hatte mir verbotten, nachts in der jungfer cammer zu gehen, ich versprach, nicht über die schwelle zu kommen, sie solte sich nur zu bett begeben, ich könte noch nicht schlaffen, wolte die sternen noch ein wenig ahm fenster betrachten. Die Colbin wolte mir nicht trawen, blieb immer ahn ihrem nachtuch sitzen; ich sagte, sie jammerte mich, sie solte sich doch zu bett legen undt den vorhang auffmachen, so könte sie mich ja sehen; das that sie. Sobaldt sie im bett war, machten die jungfern ihre thür auff und setzten den theller mit dem Specksalat auff die schwell; ich that alß wenn mein schnupftuch gefahlen were, hub damitt den theller auff undt ging stracks ahns fenster; kaum hatte ich 3 gutte maul voll geschluckt, so schießt man auff einmahl das stück los, so auff der altan vor meine fenster war, denn es war ein brandt in der statt ahngangen. Die Colbin, so das feüer unerhört fürcht, springt auß dem bett, ich, auß forcht, ertapt zu werden, werfe mein serviet mitt sambt dem silbern theller mitt salat zum fenster 'nauß, hatte also nichts mehr, das maul abzuwischen. In dem höre ich die höltzerne stiege herauff gehen, das war der Churfürst unßer papa s., der kam in mein cammer, zu sehen, wo der brand war. Wie er mich so mitt dem fetten maul undt kinn sahe, fing er ahn zu schwöhren: ›sacrement, Lisselotte, ich glaub, ihr schmirt euch etwaß auff den gesicht‹. Ich sagte: ›es ist nur mundtpomade, die ich wegen der gespaltenen leffzen [Lippen] geschmirt habe‹. Papa s. sagte: ›ihr seyd schmutzig‹. Da kam mir das lachen ahn, papa undt alle, so bey ihm waren, meinten, ich were närisch worden, so zu lachen. Die raugräffin kame auch herauff undt ging durch meiner jungfern cammer, kam daher undt sagte: ›ah, wie richts in der jungfern cammer nach specksalat‹. Da merckte der Churfürst den possen undt sagte: ›Das ist denn ewer mundtpomade, Lisselotte‹. Wie ich sahe, daß der Churfürst in gutter laun war, gestundt ich die sache [...]. Der Churfürst s. lachte nur drüber, aber die Colbin hatt mirs lang nicht verziehen. Diß ist eine alte historie...«

Eine häusliche Szene vor dem Hintergrund eines Brandes, an der vier Personen mitwirken – eine gefräßige Prinzessin, eine argwöhnische Gouvernante; ein gutgelaunter Kurfürst (einmal ist keinmal) und eine Raugräfin, die herumspaziert und schnuppert.

Andere, etwas gehobenere, manchmal aber auch gefährliche Vergnügungen füllten die letzten Jahre ihrer Jugend. Ein Brief vom Januar 1666 an Anna Katharina von Harling berichtet von einer Schlittenfahrt in Heidelberg, bei der es zu einem tödlichen Unfall kam:

»Vergangenen montag seint wir hier masquerate in schliten gefahren; wie wir aber wider auß der stat herauf sein gefahren, da ist einer von den edelleüt auch mit herauf gefaren, welcher nimants im schliten hatte. Wie er aber hat wollen 'nunder faren, ist die stanck von schlitten gebrochen undt das pferdt hat ihn auf den berg von schlitten geworfen undt ist folgens den gantzen berg hinundergeloffen. Unterwegens aber ist des pauckers seine schwiegermutter, hat wollen den berg herauf gehen; das pferdt hat aber die frau zu Boden geworfen, hat sie tot getreten. Es ist schon eine alte frau gewessen und hat schon 5 mäner gehabt...«

Ein anderer Brief, ebenfalls an Anna Katharina, erzählt von mythologischen Spielen im Karneval 1670:

»Ich muß mein lieb fraw Harling doch sagen, wie daß mein bruder undt ich in unßer rechnung sein zu kurtz kommen: wir haben sollen auf die Faßnacht lauter götter und göttinen sein, undt weilen es damahls noch zu kalt war, ist es noch 10 tag aufgeschoeben worden undt hat es als gesteren 8 tag sein sollen, undt waren alle unßere kleider schon fertig. Mein bruder war Mercurius undt ich Aurora, die Landas Diane, jungfer Kolb ceres, suma sumarum wir waren lauter götter, göttinen, schäfer undt nimphen. Die triumphwagen waren schon alle fertig undt hat nichts mehr gefehlt als nur Donerstag, daß wir es gespilt hetten, so kam eben mitwogen die zeitung, daß der König in Denemark gestorben, so seindt auß lauter götter sterbliche menschen worden. Doch hat man unß alle auf 6 wochen vertröst, undt wan dan nichts darzwischen kompt, so kan mir fraw Harling nur berichten, ob sie gerne frühe aufstehen will oder nicht, dan weil ich aldan die pforten des tags werde in meiner macht haben, will ichs nicht eher aufmachen als wan sie will.«

Wir wissen nicht, ob unsere Aurora mit den Rosenfingern das Vergnügen hatte, die Pforten des Lichts zu öffnen. Karl Ludwig, der am Hof Karls I. bei *intermezzi* und Balletten mitgetanzt hatte, verweigerte seinen Kindern trotz seiner Knausrigkeit derlei fürstliche Vergnügungen nicht; seine Kinder aus der Ehe linker Hand wurden dabei jedoch offenbar nicht mit einbezogen.

Die letzten Jahre in Heidelberg waren nicht immer leicht. Karl Ludwig, der – empfindlich wie er war – erwartete, daß man ihm für die Komödie eines geregelten Ehelebens, die er spielte, Beifall zollte, duldete nicht, daß Liselotte es gegenüber seiner zweiten Frau an Respekt mangeln ließ. Der Gedanke, daß seine Tochter seine Leidenschaft für die *Signora illustrissima* nicht unbedingt teilte, kam ihm nicht einmal andeutungsweise in den Sinn. Nun ist aber offensichtlich, daß Liselotte, die ihre Halbgeschwister, die Raugrafen und Raugräfinnen, aufrichtig liebte, ziemliche Schwierigkeiten hatte, deren Mutter mit der gleichen Sympathie zu begegnen. Mochte sie auch ihre eigene Mutter nicht gerade überschwenglich lieben, so war doch die Raugräfin in ihren Augen nichts weiter als ein Eindringling. Die Briefe Karl Ludwigs lassen eine permanente Verstimmung zwischen Liselotte und ihrer Stiefmutter ahnen. Die Prinzessin, die trotz ihrer Allüren eines verhinderten Jungen sehr empfindlich hinsichtlich der ihr zukommenden Ehrbezeugungen war, meinte, über der Raugräfin zu stehen, und weigerte sich, sie »Madame« zu nennen. Karl Ludwig löste diese Schwierigkeit, indem er seiner Tochter bei Tisch einen ehrenvolleren Platz zuwies als der Raugräfin, ihr aber gleichzeitig befahl, diese mit »Madame« anzusprechen. Sie gab nach, aber es kam nicht von Herzen.

Aus einem vom April 1664 datierten Brief Karl Ludwigs geht hervor, daß Liselotte sich geweigert hatte, die Raugräfin auf ihr Boot zu lassen, und daß ihr Vater seinen Kanzler Bettendorf mit genauen Anweisungen zu ihr schicken mußte. Ein Jahr später äußert er sich besorgt: »mein schatz schreibt mir nicht, ob auch L[ise] L[otte] sich wohl gegen Sie und die kinder ahnstellet.« Er schickt seiner *Signora* seltene Früchte und schlägt ihr vor, sich diese mit ihrer Stieftochter zu teilen: »Hiemit überschicke ich zwey granat-äpfel, so in unserm hiesigen garten reiff worden. Wan mein schatz will, kan Sie bey L[ise] L[otte] mit dem einen danck verdienen, oder, welches beßer, alles beyde behalten...« Vier Jahre später hat sich der Ton etwas geändert: »Hiemit kommen auch zwey botten mit zwey körb mit trauben auß unßerem Canaan, einer vor mein schatz, der ander vor L[ise] L[otte].« Liselotte sprach später ohne jegliche Rachsucht von der Raugräfin; sie hatte Mitleid mit ihr, die so lange den argwöhnischen Karl Ludwig hatte ertragen müssen. »Es ist woll wahr, daß unßer papa s[eelig] greülich soubconeux war; die arme raugräffin hatt greülich drüber gelitten sowoll alß mein fraw mutter.«

Joan Haslip

Wozu ist eine Prinzessin da? Marie Antoinette in Versailles

In Versailles gab es Hunderte von Gärtnern, und die Parterres prangten in der Fülle ihrer Blumen. Dagegen gingen etliche der Bäume an Vernachlässigung zugrunde, und als Marie Antoinette einmal mit dem König durch die Gärten spazierte, stießen sie auf einen Steinhaufen. Während Ludwig XV. ihr darüber hinweghalf, bemerkte er mit einer gewissen Traurigkeit: »Vergeben Sie mir, Madame, aber ich erinnere mich, daß hier früher eine schöne Treppe war.« Sah Marie Antoinette nur die zerbröckelnden Stufen in den Gärten von Versailles, so schrieb in eben diesen Jahren einer der Minister des Königs: »Alles zerfällt. Alles befindet sich im Niedergang. Wenn wir ein Gebäude auf der einen Seite abstützen, zerbröckelt es auf der anderen... Wir gehen der letzten Periode des Verfalls entgegen.«

Die Provinzen waren unruhig, in den Städten kam es zu Brotkrawallen, und ein Volksaufwiegler brauchte nur das Thema Hunger anzuschneiden, um einen Aufruhr anzuzetteln. Choiseul mit seiner oberflächlichen Brillanz, seiner Liebe zur Grandezza war nicht willens, sich damit unbeliebt zu machen, daß er einer Wirtschaftsreform das Wort redete. Als Ausgleich für die blamable Niederlage im Siebenjährigen Krieg hatte er sich die kostspielige Geste geleistet, Korsika zu erobern. Doch das Volk war der kostspieligen Gesten überdrüssig und ebenso der reichen und bigotten Geistlichkeit wie der privilegierten Aristokratie. Die Menschen wollten Nahrung für ihre Familien und Berufschancen für ihre Söhne, unbehindert von den Fesseln des Klassensystems. Aber keine dieser Klagen drang bis nach Versailles, ans Ohr eines Königs, den nichts interessierte als sein Wohlleben. Und ebensowenig vernahmen sie seine Höflinge, die nichts anderes als Geld im Kopf hatten.

Seine Auseinandersetzungen mit den Stadtvätern von Paris hatten ihn von der Hauptstadt isoliert, und es vergingen drei

Jahre, bis er Louis Auguste und Marie Antoinette gestattete, ihren offiziellen Einzug in die Stadt zu halten. Inzwischen war auch keinerlei Versuch unternommen worden, den Dauphin mit der Kunst des Herrschens vertraut zu machen. So gut wie ohne Beschäftigung, gab er sich seiner vom Großvater geerbten Passion für die Jagd hin, und in den ersten Monaten ihrer Ehe war seine junge Frau beinahe ausschließlich auf die Gesellschaft seiner Tanten angewiesen.

In einem Brief an ihre Mutter beschreibt Marie Antoinette ihren Tagesablauf in Versailles: »Ich stehe um neuneinhalb oder um zehn Uhr auf, kleide mich an und sage mein Morgengebet. Dann frühstücke ich und gehe zu den Tanten, wo ich gewöhnlich den König treffe. Das währt bis zehneinhalb Uhr, Hierauf, um elf, gehe ich mich frisieren. Zu Mittag ruft man meinen Hofstaat, und da dürfen alle eintreten, außer Leuten ohne Rang und Namen. Ich lege Rot auf und wasche mir vor den Versammelten die Hände, dann entfernen sich die Männer, die Damen bleiben, und ich kleide mich vor ihnen an. Um zwölf Uhr ist Kirchgang. Ist der König in Versailles, so gehe ich mit ihm, meinem Gatten und den Tanten zur Messe. Ist er abwesend, so gehe ich allein mit dem Herrn Dauphin, aber immer zur selben Zeit. Nach der Messe essen wir öffentlich zu Mittag, aber das ist um einhalb zwei zu Ende, denn wir essen beide sehr rasch. Hierauf gehe ich zum Herrn Dauphin, und wenn er beschäftigt ist, kehre ich in mein Zimmer zurück, ich lese, schreibe oder arbeite, denn ich mache für den König einen Rock, mit dem es nur langsam vorangeht, aber ich hoffe, daß er mit Gottes Hilfe in einigen Jahren fertig sein wird. Um drei Uhr gehe ich wieder zu den Tanten, bei denen sich der König um diese Zeit einfindet; um vier Uhr kommt der Abbé [Vermond] zu mir, um fünf Uhr der Klavierlehrer oder der Gesangslehrer, bis sechs Uhr. Um einhalb sieben gehe ich fast immer zu den Tanten, wenn ich nicht spazierengehe. Sie müssen wissen, daß mein Gatte fast immer mit mir zu den Tanten geht. Von sieben bis neun Uhr spielt man, aber wenn es schön ist, gehe ich spazieren, und dann findet das Spiel nicht bei mir, sondern bei den Tanten statt. Um neun Uhr speisen wir zu Abend, und wenn der König nicht da ist, essen die Tanten bei uns. Aber wenn der

König anwesend ist, gehen wir nach dem Nachtessen zu ihnen. Wir erwarten den König, der gewöhnlich um dreiviertel elf kommt. Ich aber lege mich inzwischen auf ein großes Kanapee und schlafe bis zur Ankunft des Königs, aber wenn er nicht da ist, gehen wir um elf Uhr schlafen.«

Dieser Brief eines jungen Mädchens, das gerade Gattin geworden ist, weckt Mitgefühl, doch die Dauphine beklagt sich nicht. Mit ihrem optimistischen Naturell findet sie sich in das monotone Einerlei, die ständigen Besuche bei den Tanten, deren Gesellschaft ihr vermutlich lieber war als die von Madame de Noailles, denn sie arrangierten mit ihren Hofdamen kleine Tanzpartien, um ihr eine Freude zu machen. In ihrem Brief betont Marie Antoinette, daß der Dauphin sie gewöhnlich begleite, wenn sie die Tanten aufsuche, aber sie läßt durchblikken, daß sie nach dem Abendessen nur selten, wenn überhaupt, Zeit miteinander verbringen. Sie blieb sich selbst überlassen, aufs Lesen oder Schreiben verwiesen, was sie beides nicht gerne tat. Trotzdem wagte sie nicht, diese Dinge zu vernachlässigen, weil sie den Abbé Vermond zu verlieren fürchtete, den ihr Feind, der Duc de la Vauguyon, mit der Begründung auszubooten versuchte, ein Vorleser sei nutzlos für die Dauphine, wenn sie nie ein Buch aufschlage. Von Anfang an hatten Vauguyon und Madame de Marsan, Louis Augustes Kinderfrau und Mitglied der mächtigen Familie Rohan, Intrigen gesponnen, um die von Choiseul geförderte Ehe zugrunde zu richten. Vauguyon war sogar so weit gegangen, dem Dauphin anzuraten, er solle doch seinen Großvater um die Erlaubnis bitten, an den Soupers im Jagdschloß von St. Hubert teilnehmen zu dürfen, bei denen Madame du Barry als Gastgeberin waltete und Benehmen wie Konversation leger, ja, derb waren. Sehr zum Verdruß seiner jungen Gattin fand der Dauphin diese Abende recht angenehm, bis seine Tanten ihm ein Licht über Herkunft und Reputation der charmanten Gastgeberin aufsteckten, die in so ungezwungenem Ton mit dem König umging. Von Stund an faßte Louis Auguste eine heftige Abneigung gegen Madame du Barry, und seinem Erzieher gegenüber wurde er zusehends mißtrauischer. Marie Antoinette schrieb an ihre Mutter. »Der Herr Dauphin hat gewiß keine

Sympathie für Monsieur de la Vauguyon, aber er fürchtet ihn sehr. Unlängst geschah ein sonderbares Vorkommnis. Ich war allein mit meinem Gatten, als Monsieur Vauguyon an die Tür trat, um zu lauschen. Ein Lakai, der entweder sehr dumm oder sehr anständig war, öffnete die Tür, und da stand der Herzog, starr wie ein Pikenschaft und unfähig, sich vom Fleck zu rühren, worauf ich zu meinem Gatten sagte, wie störend es sei, wenn man Leuten gestatte, an Türen zu lauschen, was er sehr gut aufnahm.«

Keiner dieser in den ersten Monaten in Versailles geschriebenen Briefe war dazu angetan, Maria Theresia den Eindruck zu geben, daß ihre Tochter glücklich sei, oder sie – für die Kaiserin noch viel wichtiger – vom politischen Erfolg einer Verbindung zu überzeugen, bei der alles von der Geburt eines Sohns und Thronerben abhing. Mercy mochte ihr mitteilen, daß der Dauphin zu seinen Tanten gesagt habe, seine Gattin, ihr Aussehen und ihre Art, sich auszudrücken, gefielen ihm sehr und daß Louis Auguste nach allen Berichten nun regelmäßig Marie Antoinettes Schlafgemach aufsuche. Doch als eine Frau, die jede Nacht ihres Ehelebens mit dem Gemahl das Bett geteilt hatte, beklagte Maria Theresia den in Versailles herrschenden Brauch, daß die Eheleute in getrennten Zimmern schliefen. Nach vier Monaten Ehe berichtete Marie Antoinette mit der Unverblümtheit, die beider Korrespondenz durchzieht: »Was die Generalin* betrifft, so kommt sie schon den vierten Monat nicht, ohne daß es dafür einen ersichtlichen Grund gäbe.« Die Kaiserin wurde allmählich ungeduldig, obwohl ihr Botschafter ihr mit wahrem diplomatischen Taktgefühl schrieb: »... angesichts der großen Jugend des Paares gibt der Umstand, daß es bislang zu keiner wirklichen Intimität zwischen den beiden gekommen ist, keinen Anlaß zur Sorge, denn eine Beziehung, die sich langsam entwickelt, ist oft am dauerhaftesten.«

Selbst König Ludwig wurde allmählich unruhig, und im Juli überwand er seine Abneigung gegen jedes freimütige Gespräch

* »Die Generalin« oder »die Generalin Krottendorf« sind Ausdrücke, die von Mutter und Tochter für die Monatsregel verwendet werden. (Anm. d. Übers.)

mit Familienmitgliedern so weit, daß er bei seinem Enkel das Thema der nicht vollzogenen Ehe anschnitt. Louis Auguste versicherte ihm, er habe durchaus die Absicht, seine Pflicht als Ehemann zu tun, und warte nur den Sommeraufenthalt in Compiègne ab, wo es sich friedlicher und geruhsamer lebe als in Versailles. Doch als der Hof nach Compiègne übersiedelte, bekam der Dauphin eine schwere Erkältung und mußte zwei Wochen lang das Bett hüten. In Versailles schienen Einflüsse von außen am Werk zu sein, um das Paar möglichst wenig zusammenkommen zu lassen. Im Herbst entdeckte Marie Antoinette in Fontainebleau, daß die Arbeiten an den Appartements des Dauphins, ihren eigenen jetzt benachbart, absichtlich verzögert worden waren, so daß er am anderen Ende des Schlosses schlafen mußte. Sie nahm all ihren Mut zusammen und beschwerte sich beim König persönlich, der diesmal tatsächlich etwas unternahm und Befehl erteilte, die Arbeiten binnen zwei Tagen abzuschließen.

An einem Hof, dessen Angehörige in so großer und beengender Intimität zusammenlebten, mußte sich dieses kaum den Kinderschuhen entwachsene Mädchen seinen Weg durch einen Dschungel von Intrigen bahnen, ohne einen einzigen Freund, bis auf den Botschafter – und Spion – ihrer Mutter. Die Tanten, ihr nach außen hin so wohlgeneigt, so bereit, sie zu verwöhnen und ihren Launen Vorschub zu leisten, waren voll von bitterem Neid auf Marie Antoinettes Jugend und Anmut, und klatschten begierig jede ihrer kleinsten Unbesonnenheiten weiter. Man bestärkte sie in ihrer instinktiven Antipathie gegen Madame du Barry, und jedes abfällige Wort, das Marie Antoinette über sie äußerte, wurde entweder von Mesdames oder von ihren Hofdamen weitergeklatscht. Daß Marie Antoinette – ihrem Alter gemäß – in ihrer Kleidung nachlässig war, daß sie sich weigerte, das schwere Fischbeinkorsett zu tragen, wie Madame de Noailles es wünschte, sahen ihr die Tanten nach. Sie vernachlässigten ja selbst ihr Äußeres so sehr, daß sie den lieben langen Tag zumeist im *déshabillé* verbrachten und sich nur einigermaßen richtig ankleideten, wenn sie dem König begegneten. Dann zog jede von ihnen eine üppige Krinoline über das Morgenkleid, befestigte an der Taille eine Schleppe und bedeckte das übrige mit einem kurzen, schwarzen Taftüberwurf. Doch selbst wenn sie nur zu der kurzen Zeremonie des *débotté du Roi* – bei der Rückkehr Seiner Majestät von der Jagd – mit dem König zusammentrafen, mußten Mesdames auf ihrem Weg von einem Teil des Schlosses in einen anderen der Etikette gemäß von einem ganzen Gefolge aus Pagen und Kammerherren begleitet werden. Waren sie dann wieder in ihren eigenen Gemächern, entledigten sie sich ihres Putzes, nahmen sich ihre Strick- und Stickarbeiten vor und den Klatsch und Tratsch wieder auf, der ihrem langen, leeren Tag doch wenigstens ein bißchen Würze gab.

Der kritische Graf Mercy, dem Mesdames ein Dorn im Auge waren, beklagte ihren Einfluß auf die eindrucksfähige Dauphine. Und schon bald darauf schrieb Maria Theresia an ihre Tochter:

> »Ich bitte Sie sehr, Ihr Äußeres nicht zu vernachlässigen. Es ist in Ihrem Alter ein großer Fehler, und ein noch ärgerer angesichts Ihrer Position. Was der Grund ist, warum ich Ihnen mit dem Thema in den Ohren liege, damit Sie sich nicht gehen lassen und es so weit bringen wie die königliche Familie, die gut und persönlich tugendhaft ist, aber keine Vorstellung hat, wie sie sich präsentieren oder den Ton angeben oder sich auf eine ehrbare Weise vergnügen soll... Man kann tugendhaft und zugleich fröhlich und gesellig sein. Aber wenn man sich zu sehr zurückzieht und nur ein paar Leute sieht, kränkt man schließlich die anderen und hat nichts als Unzufriedenheit und Scherereien ringsum.
>
> Ich bitte Sie als eine Freundin und zärtliche Mutter, die aus Erfahrung spricht, weder Ihr Aussehen noch Ihre Manieren zu vernachlässigen. Tun Sie es dennoch, werden Sie es bereuen, wenn es zu spät ist. Folgen Sie also hier bitte weder dem Vorbild noch den Ratschlägen der Familie. Es liegt an Ihnen, den Ton in Versailles anzugeben, und bislang ist Ihnen dies vortrefflich gelungen.«

Dies war für Marie Antoinette jedoch nicht einfach, denn von Monat zu Monat geriet Ludwig XV. immer mehr unter

Madame du Barrys Einfluß, so daß die Dauphine sich den König nur gewogen machen konnte, indem sie die Favoritin für sich einnahm, und es war ihr beinahe unerträglich, sich mit ihr im gleichen Raum aufzuhalten.

Am Ende des ersten Jahres einer aus unerklärlichen Gründen noch immer nicht vollzogenen Ehe war Marie Antoinettes Position am Hof von Versailles so verwundbar geworden, daß die Favoritin Ludwigs XV. sich verschiedene kleine Triumphe leisten konnte. Der König behandelte die Gattin seines Enkels zwar noch mit Höflichkeit, aber es war schon die Rede davon, die Vermählung des Comte de Provence mit einer piemontesischen Prinzessin zu beschleunigen. In Wien befragte Maria Theresia Ärzte, was es für einen Grund haben könne, daß ihr Schwiegersohn gegenüber einem so bezaubernden Geschöpf wie ihrer Tochter gleichgültig bleibe. Um die Sorgen der Mutter noch zu vermehren, hatte Marie Antoinette zu reiten begonnen, was Maria Theresia für ungesund befand. Aber die Tochter wurde darin nicht nur von den Tanten bestärkt, sondern fand auch die Zustimmung des Königs wie des Dauphins.

»Sie nehmen mit Recht an, daß ich es nicht gut finde. Sie führen Ihre Tanten an, doch sie waren dreißig, als sie zu reiten begannen, nicht fünfzehn. Außerdem waren sie die Mesdames und nicht die Dauphine. Ich grolle ihnen etwas, weil sie Ihnen zugeredet haben. Aber da Sie schreiben, daß der König und auch der Dauphin dafür sei – das allein zählt, denn sie haben jetzt die Verantwortung für Sie. Das Reiten verdirbt den Teint und ruiniert auf lange Sicht auch die Figur. Sollten Sie im Herrensattel reiten, woran ich nicht zweifle, ist es sogar gefährlich, was das Kinderkriegen angeht. Denn schließlich sind Sie dazu da, und das ist es, was Sie glücklich machen wird.«

Heinz Ohff

Der Fürst sucht eine reiche Frau: Hermann Pückler in England

Man muß sich den Lausitzer Fürsten in London wieder als Dandy unter Dandies vorstellen. Mondän gekleidet, mit pechschwarz gefärbten Haaren, amüsant und außerordentlich gut aussehend, wird er bald zum festen Bestandteil der High-Society. Alle Türen öffnen sich ihm. Der elegante, wenngleich umstrittene Ausländer ist überall dabei, wo die Spitzen der Gesellschaft sich versammeln. Unermüdlich erneuert er alte Bekanntschaften und schließt neue, wobei er geschickt seinen – nicht allzu guten – Ruf im Lande ausnutzt; jeder möchte den berühmt-berüchtigten »fortune-hunter« doch mal sehen und ein paar Worte mit ihm wechseln. Auf diese Weise schmückt Pückler jede Einladung, Soiree, Premiere, jeden adligen Ball, jedes Galadiner. Bald regnet es Einladungen, vor allem vom Lande, wo die »Gentry«, der niedere Adel, ebenfalls neugierig zu werden beginnt. Es sind sogar seriöse Einladungen darunter, von Besitzern Englischer Landschaftsgärten, die in Fachzeitschriften über den Muskauer Park gelesen haben.

Zudem ist Pückler als preußischer Fürst derart hochgestellt, daß König George IV. ihn offiziell empfangen muß, in seinem merkwürdigen, an 1001 Nacht erinnernden orientalischen »Pavillon« zu Brighton. Auch zu staatlichen oder halbstaatlichen Gelegenheiten wie etwa dem alljährlichen Inaugurationsbankett des Londoner Bürgermeisters wird er wie selbstverständlich als Gast geladen.

Lauter glänzende Voraussetzungen für das, was Pückler anstrebt, sollte man meinen. Aber dem ist nicht so, denn die Töchter des Landes bleiben ihm zu seinem großen Kummer mehr oder weniger verschlossen; da ist man vorgewarnt, durch die Zeitungen und im Hochadel durch den Herzog von Cumberland, den mephistophelischen Feind des Mitgiftjägers.

»Der Himmel gebe mir endlich ein Wild, was der Mühe wert ist«, klagt Pückler brieflich seiner Lucie, »und ist es kein Edelhirsch, so müssen wir uns eben mit einem Häschen begnügen.« Doch so viel er auch »auf Anstand« geht – »keine üble Benennung«, lobt er selbst die eigene Formulierung –, es will sich weder ein Edelhirsch noch, fürs erste wenigstens, auch nur ein Häschen zeigen.

Mit König George IV. versteht er sich gut. Die beiden sitzen zwar nicht in einem Boot, sind aber einander in Temperament und Charakter ähnlich. George ist 65, ein durch Genußsucht und mancherlei Ausschweifung frühzeitig gealterter und verfetteter Mann. Den Thron hat er erst vor sieben Jahren bestiegen, beim Tode seines Vaters, George III., der ihn nicht weniger als 60 Jahre innehatte. Allerdings war dieser zeitweilig geistig umnachtet; zweimal mußte sein Sohn für ihn als Prinzregent einspringen, das letzte Mal zwischen 1811 und 1820, in Zeiten tiefer wirtschaftlicher Rezession. Schon aus diesen Jahren der sogenannten »Regency« stammt seine Unbeliebtheit.

Unbeliebt waren alle vier Könige aus dem Hause Hannover, die aufeinanderfolgten und alle Georg hießen, woran in der Hauptsache ihr als sehr liederlich empfundener Lebenswandel schuld war. Dabei sind die Engländer letztlich so schlecht mit ihnen nicht einmal gefahren. Die vier hannoverschen Georgs hatten ihre Meriten.

George I. brachte seinen Hofkomponisten Händel nach London und machte ihn damit zum Engländer. George II. akzeptierte in Sir Robert Walpole den ersten Premierminister in heutigem Sinn neben sich und kann als Vorläufer der konstitutionellen Monarchie gelten. Georg III. verlor zwar die amerikanischen Kolonien, war aber ein als Vorbild empfundenes treusorgendes Familienoberhaupt (seine Frau, Caroline von Mecklenburg-Strelitz, gebar ihm neun Söhne und sechs Töchter, was ihm den Spitznamen »Farmer George« einbrachte). Und unter unserem George, im Regency, einer der musisch fruchtbarsten Epochen englischer Kulturgeschichte, erhielt London sein hauptsächliches Gesicht – Regent's Street!

Verschweigen wir auch nicht ihre Nachteile. Mit Ausnahme Georges III. waren alle unverbesserliche Schürzenjäger, dabei nicht allzu gescheit, aber jähzornig und streitsüchtig. Die beiden ersten Georgs sprachen nicht einmal Englisch, sondern mußten sich in einer Art von Küchenlatein mit ihren Ministern verständigen.

Eines jedoch konnten sie alle, ganz besonders George IV.: repräsentieren. Wo ein Georg hofhielt, da war der Mittelpunkt Englands. Sie haben insgesamt das Gesicht dessen geprägt, was man bis heute unter einem Gentleman versteht.

Das gilt sogar noch für den alten, dicken, den vierten Georg. Pückler hat ihn schon als flotten Prinzregenten gekannt, als schönen Mann und großen Spieler vor dem Herrn mit ständig wachsendem Schuldenberg, als champagnertrunkenen Lebemann. Jetzt ist er entsetzt, als er ihn bei der Parlamentseröffnung wiedersieht: »Er sah blaß und geschwollen aus, und mußte lange auf seinem Throne sitzen, ehe er genug zu Atem kommen konnte, um seine Rede abzulesen. Währenddessen warf er einigen begünstigten Damen freundliche Blicke und herablassende Grüße zu.«

Auch später, in Brighton, erlebt Pückler in der Umgebung eine Reihe peinlicher Vorkommnisse. Bei einem Ritterschlag trifft George mit dem Schwert daneben und statt der Schulter des Geehrten dessen Perücke, was eine langanhaltende Staubwolke zur Folge hat. Und um ihn aufs Pferd zu hieven, haben Ingenieure ein Mittelding zwischen Kran und Fahrstuhl entworfen, in dem der König zappelt wie ein Frosch im Storchenschnabel.

Trotzdem, wenn auch schwer vorstellbar, gilt George IV. seinen Bewunderern, die er durchaus hat, nach wie vor als »Europas vornehmster Gentleman«. Dem schmeichelhaften Satz lassen sie allerdings, zeitgenössischen Quellen zufolge, einen weniger schmeichelhaften folgen, der mit »wenn auch« beginnt: »wenn auch ein schlechter Sohn, ein schlechter Ehemann, ein schlechter Vater, ein schlechter Mensch, ein schlechter Monarch und ein schlechter Freund.«

Pückler bewundert an England neben der Schönheit der Landschaft, dem Parlamentarismus und dem Können der Shakespearedarsteller Kean, Kemble und Young am meisten die absolute Meinungsfreiheit, die dort herrscht. Seit den von Metternich 1819 diktierten »Karlsbader Beschlüssen« steht in Preußen, wie überall auf dem Kontinent, alles unter strenger

Zensur, werden unliebsame Zeitungen unterdrückt, erhalten Redakteure und Schriftsteller Berufsverbot, gelten selbst leidenschaftich vaterländisch gesinnte Männer wie der Turnvater Jahn oder Ernst Moritz Arndt als verdächtige Subjekte, zu schweigen von E. T. A. Hoffmann, den nur ein vorzeitiger Tod vor einer Verurteilung rettet, oder Görres, der nach Frankreich fliehen muß.

Hauptleidtragende der allgemeinen Meinungsfreiheit in England sind freilich der König – und Pückler. Unerbittlich ziehen Karikaturisten und Satiriker über sie her. England erlebt eine erste, nie wieder übertroffene Blüte politischer und sozialkritischer Karikatur. Zeichner wie Georges Cruikshank werden nicht müde, den König inmitten seiner Mätressen als chinesischen Mandarin, als Cellospieler oder Bassisten darzustellen, wobei sie nicht versäumen, des Königs gichtige Dickbäuchigkeit oder den übermäßig ausladenden Hintern seiner letzten Konkubine, Lady Conyngham, gebührend zu übertreiben.

George bricht, wenn er derartige Blätter zu Gesicht bekommt, in Tränen aus. Er, der Gentleman mit der raffiniert verfeinerten Etikette, würde alles tun, um nur seinen Untertanen zu gefallen. Aber das wird ihm bis zu seinem Tod im Jahre 1830 nicht mehr gelingen.

Auch Pückler mag mitunter vor Zorn über die respektlosen Cartoonisten und Witzblattschreiber gebebt haben. Da man den Umlaut in seinem Namen in England nicht aussprechen kann, nennt man ihn kurz »Prince Pickle« (Fürst Sauergurke), und im ersten Roman des Charles Dickens, den »Pickwickiern«, tritt er als »Graf Smorltork« auf, der schlecht Englisch spricht, alles falsch versteht und trotzdem aus seinen Notizen dicke Bücher über England zusammenschustert. Weder in seinen Briefen noch in seinem späteren Werk ist Pückler jemals auf solche Sottisen eingegangen, obwohl es letztlich eine Ehre sein dürfte, in diesem besten aller Dickens-Romane einen wenn auch ungünstigen Auftritt zu haben.

Die Krone setzt dem allem ein Parodist auf, der behauptet, Pückler sei in Wahrheit ein unehelicher Sohn Napoleons. Man nimmt das im Volk und selbst beim Landadel wörtlich, begrüßt den Gast außerhalb Londons häufig mit französischen Trikoloren oder der Marseillaise, beschimpft ihn auch mitunter als Spion aus Paris.

Was Wunder, wenn Pückler in seinen Briefen an Lucie munter zurückspottet und manches über den englischen Volkscharakter verlauten läßt, was er, nach eigenem Eingeständnis, später, als diese Briefe in Buchform erscheinen, bedauert hat. Seine eigentliche Aufgabe, die Jagd nach einer reichen Erbin, verliert er dabei nie aus den Augen. Sie zwingt ihn, seine Suche über London hinaus zu betreiben. Er geht auf zuweilen lange Reisen, wobei freilich auch Neugier eine Rolle spielt, die Tatsache, daß er noch längst nicht alle wichtigen Landschaftsgärten Englands gesehen hat, auch eine steigende Vorliebe für die »Gentry«, den Landadel, unter dem er sich wohler fühlt als in der Hofgesellschaft.

Wenn er sich in London oder Brighton einsam fühlt – oder eben keine zärtlichen Bande, innerhalb oder außerhalb seiner Aufgabe, zu knüpfen versucht – reitet er gern nach Cobham Hall, wo der alte Lord Darnley residiert. Humphry Repton hat dort einen mustergültigen Landschaftsgarten mit Pleasureground geschaffen. Lady Darnley, die er in London schon gleich in den ersten Tagen kennenlernt, ihrerseits eine »Parkomanin«, lädt ihn ein, beides zu besichtigen. Die Darnleys führen – wie die Gentry im allgemeinen – ein gastfreies Haus. Sie sind bekannt für ihre Jagden und Feste, die manchmal wochenlang dauern.

Cobham Hall liegt an der Ostküste, nahe Rochester, in der Grafschaft Kent. Der Ritt dorthin von London muß Stunden gedauert haben. Bei Pücklers erstem Besuch leidet der alte Lord Darnley an einem Anfall von Gicht und kann nicht an der Tafel teilnehmen. Pückler macht dem Kranken mit anderen Gästen einen Höflichkeitsbesuch.

»Lord D...«, berichtet er, »lag in der Mitte des Salons auf einem Sofa, mit einem schottischen Mantel zugedeckt, und setzte mich durch seine Anrede etwas in Verlegenheit. ›Sie erkennen mich nicht‹, sagte er, ›und doch haben wir uns vor 30 Jahren gar oft gesehen.‹ – Da ich nun in jener Zeit noch im Flügelkleide (Kinderkleidchen) umherschwebte, so mußte ich um nähere Erläuterung bitten, war aber gar nicht erfreut, mein

Alter – denn Du weißt, daß ich noch prätendiere (vorgebe), nicht älter als dreißig Jahre auszusehen – so genau vor der ganzen Gesellschaft deklinieren (entschlüsselt) zu hören. Übrigens mußte ich Lord D . . . s Gedächtnis bewundern, denn er erinnerte sich aus jener Zeit, wo er mit dem Herzog von Portland bei meinen Eltern auf dem Lande gewesen war, so sehr jeder Kleinigkeit, daß es selbst *mir* das Andenken schon längst vergessener Dinge von neuem auffrischte. Welche Originale es damals gab, und wie lustig man in jener Zeit alle Arten von Amüsements aufgriff, bestätigte mir seine Erzählung auf ganz unterhaltende Weise.«

Diese Stelle gehört zu den wenigen in Pücklers literarischem Werk, in denen er so etwas wie Heimweh zeigt und auf sein Elternhaus mit einer gewissen Nostalgie zurückblickt. So selbstverständlich und manchmal protzig er auftritt, so verlassen muß er sich bisweilen wohl doch in England gefühlt haben. Einem Glücksritter bringt man vielleicht Bewunderung, aber keine menschliche Wärme entgegen.

Sie umgibt ihn in Cobham Hall, bei sozusagen alten Bekannten, die er dann mehrfach aufsucht, auch wenn der erste Abend bezeichnenderweise wie folgt endet: »Für die Nacht erwartete mich heute auf meiner Stube ein vortreffliches chinesisches Himmelbett, groß genug, um als Sultan mit sechs Weibern in seinem weiten Raum schlafen zu können, aber allein fror ich in der großen Kälte darin wie ein Eiszapfen, ehe die eigene Wärme durchdrang, denn der entfernte Kamin gab keine.«

Cobham Hall dient heute als Mädchenpensionat, aber das sechsschläfrige chinesische Himmelbett und der »entfernte Kamin« sind immer noch vorhanden. Ich habe sie bei Fernsehaufnahmen für einen Pückler-Film dort noch 1989 gesehen.

Nach Lord Darnleys Genesung hat Pückler mit ihm Landschaftsgarten und Umgebung noch oft hoch zu Pferd durchstreift. Eine Erhebung in der Nähe heißt bis heute bei den Darnleys »Puckle Hill«. Sein Pech: Ausgerechnet bei einer Garten-Party auf dem Pleasure-ground von Cobham Hall lernt ihn der junge Dickens kennen, der im nahen Rochester aufwächst; die Folgen sind bekannt.

Dennoch dürfte sich der »fortune-hunter« nirgendwo anders

so wohl und so zu Hause gefühlt haben wie bei Lord und Lady Darnley. Vielleicht noch bei Lord Egremont, dem exzentrischen Kunstsammler auf Petworth House in West Sussex, wo er auf einer seiner längeren Reisen aber nur kurz verweilt.

Wir können nicht alle Landsitze, Gärten, Parks, Spieltische, Bäder, Kirchen und, last not least, Boudoirs aufzählen, die Pückler besucht hat. Er konzentriert sich bei seiner Suche ohnehin auf London und Brighton. Die Reisen absolviert er sozusagen im Eiltempo, obwohl die »Diligence«, die Eilpostwagen des vorzüglichen britischen Kutschensystems, seine alte Wander- und Reiselust wieder beflügelt: »Wenn ich die Ehre hätte, der ewige Jude zu sein (...), so würde ich ohne Zweifel einen großen Teil meiner Unsterblichkeit auf der Landstraße zubringen, und dies namentlich in England (...). Dazu, gestehe ich, geht es mir zum Teil wie dem Doktor Johnson, der behauptete: das größte menschliche Glück sei, in einer guten englischen Postkutsche mit einem schönen Weibe rasch auf einer guten englischen Chaussee zu fahren.«

Unterwegs interessieren den Fürsten im übrigen nicht nur »die schönen Weiber«, wenngleich diese vor allem, sondern auch Land und Leute sowie Parks. Die erste, nur viertägige Reise führt ihn von London nach Epping in Essex, wo er zwei Landschaftsgärten besucht, die zweite dauert rund fünf Wochen, vom 25. Dezember 1826 bis zum 31. Januar 1827, und führt ihn über Watford, Woburn, Warwick, Birmingham, Chester in die Midlands, wobei er auch Stratford-on-Avon, die Shakespearestadt, Oxford und bei Aylesbury die berühmten Gärten von Stowe besucht. In ihnen hat einst »Capability« Brown bei William Kent sein Handwerk gelernt.

Nach Zwischenspielen in Brighton und Cobham Hall geht es dann nach Richmond zum Stoke Park, einem weiteren Werk »Capability« Browns, sowie Windsor, Tagesausflüge, denen eine knapp vierwöchentliche Fahrt in den Norden des Landes folgt. Vom 7. September bis zum 5. Oktober 1827 bereist Pückler Scarborough, Whitby, Flamborough Head, Ripon, Harrogate, Leeds und Sheffield, ein für damalige Verhältnisse enormes Pensum, mit York als nördlichstem Punkt.

Die darauf geplante Reise nach Schottland muß ausfallen,

was Pückler bis ans Ende seines Lebens bedauert hat. Bis hinein in den Januar 1828 liegt der Fürst krank in Brighton oder rekonvaleszent in London, von wo er sich nur kurze Ausflüge nach Hatfield in Hertfordshire und natürlich Cobham Hall gestattet.

Seine längste Unternehmung dauert dann fünfeinhalb Monate. Der Fürst reist über Cheltenham und Worcester nach Wales und setzt von Holyhead über nach Dublin, unnötig zu sagen – »eine widerwärtigere Seefahrt kann man nicht bestehen!« –, daß die Passage rauh ausfällt, »zehn Stunden wurde ich, zum Sterben krank, umhergeworfen«. Noch lange danach scheint ihm, »als schwanke Irland ein wenig«.

Irland wird in der Hauptsache von Dublin aus nach Süden durchstreift, zum ersten weil sich dort die schönsten Landschaftsgärten befinden, zum anderen, weil 30 Meilen von Glengariff entfernt Daniel O'Connell, der Führer der katholischen Emanzipations- (wir würden heute sagen: Bürgerrechts-) Bewegung, verborgenen Hofstaat hält. Zum Entsetzen der englischen Oberschicht sucht Pückler ihn in halsbrecherisch-abenteuerlicher Weise mehrfach auf. Er sympathisiert mit den Freiheitsbestrebungen der Iren und erfährt zu seiner Beschämung, daß viel Elend auf der Grünen Insel durch die sogenannten »absentees« verursacht wird. Das sind – meist englische – Landbesitzer, die ihr Land zwar gründlich auspowern, aber sich weder darum kümmern noch auch nur dort blicken lassen. Ihr Geld geben sie munter in London, Paris oder Baden-Baden aus. Was das arme Muskau betrifft, so muß der liberale Sympathisant mit den entrechteten Iren bekennen, auch nichts anderes zu sein als ein absentee, ein Abwesender. Nicht jeder lernt jedoch, wie er, dazu. »Hochmütig durch Geburt und Erziehung und liberal durch Nachdenken und Urteil«, hat er sich wenig später (in »Tutti-frutti«) analysiert.

Sein nachdenkliches Ich läßt ihn den Schattenseiten des englischen »Way of Life« nicht ausweichen. Er besucht in York nicht nur das Münster und die umliegenden Herrensitze, sondern auch das Schuldgefängnis, das es in England – im Gegensatz zu Preußen – noch gibt und in dem die Ärmsten der Armen schmachten, ohne Hoffnung, je daraus erlöst zu werden. In

Birmingham sieht er die Vor-, aber auch die Nachteile der einsetzenden industriellen Revolution mit Luftverschmutzung, Umweltzerstörung und Ausbeutung der Arbeitskräfte: »Die armen Arbeiter«, schreibt er Lucie, »sind doch mitunter übel dran! Sie verdienen zwar hinlänglich (...), aber bei manchen Arbeiten ist ein Geruch auszustehen, den der ungewohnte Besucher kaum minutenlang ertragen kann.«

Das ist die eine Seite. Die andere, sein von Geburt und Erziehung geformtes Ich, macht sich, um es burschikos auszudrücken, einen flotten Lenz, genießt das Leben auf Feudalsitzen wie dem von ihm besonders geschätzten romantischen Warwick, oder ebenso feudal-luxuriösen Kurorten wie Cheltenham, vor allem jedoch in jedem Himmelbett, feudal oder nicht, das sich ihm bietet.

Da macht er wie immer keinen Unterschied zwischen reich und arm, hoch und niedrig, nicht einmal jung und alt – oder sagen wir: mittelalterlich, geschweige denn verheiratet oder ledig. Auf Anstand nach Liebe nimmt Pückler jedes Wild. Man hat sogar den Eindruck, daß er zeitweilig gar nicht mehr auf die Vermögensverhältnisse der betreffenden Damen achtet. Manche hätte er, wie er selbst zugibt, auch ohne einen Pfennig Mitgift nur zu gern geheiratet – wenn sie ihn genommen hätten. Aber Albions Damen haben ihren eigenen Stolz.

Ihr Herz verlieren viele an den hochgewachsenen preußischen Aristokraten. Auch seine unzähligen Affären sind bald Stadtgespräch der Londoner Gesellschaft. »Einer, der es mit dem König aufnehmen kann«, höhnt eine Klatsch-Gazette.

Es sei hier auch darauf verzichtet, alle Namen – soweit bekannt – zu nennen. In seinen häufigen, übermäßig dicken und daher enorme Portokosten verschlingenden Briefen an Lucie in Muskau verschweigt er keinen, verbirgt ihn bestenfalls hinter einem Anfangsbuchstaben und einigen Pünktchen.

Das gerät oft nahe an einen handfesten Skandal. Zunächst mit Sarah Austin, dann, stärker noch, mit Lätizia Wyse. Sarah Austin, eine begabte Schriftstellerin und Übersetzerin, die lange auf Malta, aber auch in Frankreich und Deutschland gelebt hat, macht ihm mit tränenreichen hysterischen Ausbrüchen das Leben schwer. Die Freundin der Brüder Grimm, Rankes, Alexander von Humboldts und Heinrich Heines schreibt ihm ferner unerträgliche Liebesbriefe, was sie erst aufgibt, als Pückler – wenig galant – droht, diese zu veröffentlichen. Dennoch hat Sarah Austin ihrem Hermann, wie sie ihn nennt, ihre volle Liebe bewahrt.

Schlimmer ergeht es ihm mit einer Nichte Napoleons, die den englischen Diplomaten Sir Thomas Wyse geheiratet hat und diesem nicht zum erstenmal Hörner aufsetzt. Lätizia Wyse, eine maskuline und sehr selbstbewußte Erscheinung, leidet an einer Gemütskrankheit, die von einem Tag auf den anderen ausbrechen kann. Da sie Pückler, den angeblich illegitimen Sohn Napoleons, von vornherein gleichsam als Vetter wie ein Familienmitglied behandelt, kommt es rasch zu engerem Kontakt. Als die Affäre – wie bei Pückler üblich, ebenso rasch – zu Ende geht, droht sie mit Selbstmord. Der Schauplatz ist eine Kutsche, die sich auf dem Weg zu einem Fest befindet. »Dabei zog sie ein Fläschchen Opium oder Blausäure aus ihrem Busen«, berichtet Pückler, »und versicherte, daß sie dieses noch vor Nacht auszuleeren entschlossen sei.« Der Fürst, dem derartige Szenen nicht unbekannt sind, beruhigt die Schluchzende, entwindet ihr das Fläschchen und wirft es zum Fenster hinaus.

Er glaubt die Sache damit erledigt, soll sich jedoch täuschen – eine Lätizia Bonaparte beläßt es nicht bei leeren Drohungen.

Am nächsten Tag erfährt er, ausgerechnet von Rothschild: »Heute früh hat sich die W... im Serpetine-River ersäuft, ist nachher von einem vorbeigehenden Bedienten herausgefischt und schon mehrere Stunden, ehe unsereins aufsteht, unter großem Volkszulauf nach ihrer Wohnung zurückgebracht worden.«

»Mein Gott, ist sie tot?« will Pückler ausgerufen haben. »Ich glaube nicht«, erwidert Baron Rothschild, »sie soll, wenn ich recht hörte, wieder zu sich gekommen sein.« Pückler fährt sofort zur ihm gut bekannten Wohnung der Wyse, wird aber dort nicht vorgelassen. Die Herrschaft sei auf den Tod krank, versichert der Diener.

Unglücklicherweise trifft Pückler am Abend in einer »großen Gesellschaft bei der Marquise H...« auf seinen notorischen Gegner, den Herzog von Cumberland. »Oh, Pückler, was zum Teufel haben Sie da schon wieder angestellt!« brüllt der ihn durch den ganzen Raum entgegen. »Es steht schon in der Zeitung, daß sich die Wyse Ihretwegen ersäuft hat!«

Pückler: »Meinetwegen, Euer Königliche Hoheit! Was für ein Märchen!«

Cumberland: »Leugnen Sie es nur nicht, ich sah Sie ja selbst solus cum sola (allein zu zweit) mit ihr im Wagen – alle Welt ist davon unterrichtet, und ich habe es auch schon nach Berlin an den König geschrieben.«

Pückler: »Nun, diese fremde Sünde auf meinem Konto fehlte mir noch.«

Sie wird seinem Konto zugebucht, in London, wo der gesamte Blätterwald ins Rauschen gerät, in Berlin vom König, der den Brief – wahrscheinlich vielsagend schmunzelnd – ad acta legt.

Im gleichen Brief, in dem er Lucie den Wortwechsel mit Cumberland mitteilt, deutet Pückler, wenn auch auf umständliche Weise, an, daß die Brautschau zum Scheitern verurteilt sein dürfte: »Irgendwo sagt Lord Byron von sich selbst, seine Seele habe nur in der Einsamkeit ihren vollen freien Wirkungskreis gehabt. Diese Wahrheit paßt auch, sehe ich, auf geringere Leute, denn mir geht es nicht anders.«

Auf vieles ist Pückler in England gestoßen – auf eine reiche Erbin nur einmal beinahe. Immerhin scheint ihm im Mai 1827, einem gesellschaftlich besonders aktiven Monat (»mehr als 40 Einladungen liegen auf meinem Tisch, fünf bis sechs zu einem Tag«), Fortuna einigermaßen gewogen. Es tun sich gleich vier Möglichkeiten auf: die Tochter eines Arztes, hübsch und wohlerzogen (Mitgift, wie damals üblich, für einen eventuellen Ehevertrag bei den Brauteltern zu erfragen: 50000 Pfund Sterling), eine Kaufmannstochter, sehr hübsch und sehr dumm (40000 Pfund Sterling), eine adlige Dame, leider häßlich (100000 Pfund Sterling) und eine weitere Adlige, hübsch, sanft und klug (25000 Pfund Sterling). Das sind jedoch alles Summen, die nicht ausreichen würden, Muskau zu retten. Eine Weile schwankt Pückler – besser wenig, als gar nichts –, ob er nicht trotzdem zugreifen soll, entscheidet sich aber dagegen.

»Ach Schnucke! hättest Du doch nur 150000 Taler, ich heiratete Dich gleich wieder!« lautet sein nach Muskau gerichteter Stoßseufzer.

Nur einmal kommt er seinem Ziel nahe. Da gibt es einen steinreichen Juwelier mit dem vielversprechenden Namen Hamlet in Birmingham, der nicht zögert, seiner Tochter Harriet zuzureden. Harriet besitzt ein eigenes Vermögen von 200000 Pfund, das ihr bei einer Heirat zufällt, und sie hat sich in den vornehmen Ausländer bis über beide Ohren verliebt. Vater Hamlet sähe seine Tochter nur zu gern als Fürstin und ist durchaus bereit, seine Zustimmung zu geben.

Pückler spielt mit offenen Karten. Er gesteht dem Juwelier, daß sein Besitz, hochverschuldet und mit Hypotheken belastet, nur durch das Geld saniert werden kann, das seine Zukünftige in die Ehe bringt. Und Harriet scheint er sogar gestanden zu haben, daß seine geschiedene Frau weiterhin ein Wohnrecht im Schloß Muskau behalte. Beides scheint kein Hinderungsgrund.

Aber dann erfährt man beim Rechtsanwalt, daß nach englischem Recht Pücklers Scheidung ungültig ist. In Großbritannien kann der König keine Ehen scheiden. Und es gibt nur einen einzigen Scheidungsgrund: eheliche Untreue. Der wäre zwar, was Pückler betrifft, reichlich vorhanden, hat aber bei der Scheidung von Lucie keine Rolle gespielt. Eine erneute Heirat Pücklers wäre nach englischem Recht Bigamie.

Da zuckt nun Harriet Hamlet doch zurück. Man kann es verstehen, auch wenn spätere Biographen die »Stockengländerin« dafür als »dumm und zimperlich« heruntergemacht haben. Ihr eigener Vater beschwört sie, es sich noch einmal zu überlegen; am Ende werde sie durch eine Heirat preußische Staatsbürgerin, für die preußische Gesetze gelten, keine englischen mehr. Aber vergeblich. Der reiche Juwelier nimmt, Pückler zufolge, »mit Tränen Abschied von mir und ich von seinen 200000 Pfund Sterling«. Sie wären noch heute – rund 600000 DM – ein ansehnliches Kapital.

Außer Spesen nichts gewesen, könnte man – etwas anachronistisch – die Ergebnisse der Reise Pücklers nach England zusammenfassen. Auf der Haben-Seite finden sich immerhin eine ganze Reihe wertvoller Dinge, die man aber nicht in klingende

Münze umsetzen kann, wenigstens nicht gleich. Der Fürst hat sein Englisch vervollkommnet und ein funktionierendes Parlament, eine konstitutionelle Monarchie mit republikanisch-demokratischen Zügen erlebt. Seine politischen Auffassungen findet er bestätigt und wird sie bis ans Ende seines Lebens behalten. Überdies kommen seine gründlicheren Erfahrungen mit englischen Landschaftsgärten, intensiver noch, englischen Gärtnern, in Zukunft dem Park Muskau wie auch später dem in Branitz zugute.

Willy Ritter Liebermann von Wahlendorf

Die Ehre eines Juden: Mein Duell mit Rittmeister v. M.

Und der Tag der Abrechnung und Zahlung kam am 1. Oktober 1887, als das Jahr zu Ende war. Wir traten zum letzten Mal an, erhielten unseren Paß, und der Rittmeister, vielleicht in einem hellen Augenblick ahnend, daß ich Jude doch schließlich ein Herr und kein Muschkote sei, sagte etwa: Wenn auch nicht jeder von uns das Ersehnte erreicht habe, so wünsche er doch, daß jeder an die Zeit, wo er den Rock des Königs getragen habe, mit Freuden zurückdenke. Ich glaube, der König selbst hätte anders als dieser sein Vertreter gehandelt. Mir aber war mein eigenes Hemd und ein Herz darunter, das für die Ehre seines Hauses und seiner Rasse schlug, näher als des Königs Rock, und eine Stunde später war mein Cartellträger, ein netter lieber Mensch, Tübinger Franke, mit dem gar nicht für ihn passenden Namen Dr. Teufel bei meinem Rittmeister. Dieser muß gedacht haben, der leibhaftige Gottseibeiuns müsse bei ihm erschienen sein, als Teufel eintrat und ihm eine Pistolenforderung auf fünf Schritt »Barriere« überbrachte. Herr von Mackensen erklärte, er habe mich doch nie persönlich beleidigen wollen, und was geschehen sei, sei nur dienstlich geschehen. Teufel, der mir dies überbrachte, ging auf meine Direktive sofort zurück und meldete, Herr v. L. lasse sich auch dienstlich eine solche Behandlung nicht gefallen und bestehe auf der Forderung, worauf der Rittmeister sagte, er werde die Sache dem Ehrenrat übergeben.

Ich hatte als Forderungsgründe ausdrücklich nichts von Antisemitismus, Einladung oder dergleichen erwähnt, weil diese Dinge allzu leicht nach Gefallen umdeutungsfähig sind, sondern drei für den Militärgebrauch gar nicht so schlimme Ausdrücke, zum Beispiel, »daß ich ein frecher, unverschämter Mensch« sei. Der Ehrenrat wollte die Forderung nicht genehmigen und ließ eine andere Beilegung durchschimmern; worauf ich durchfühlen ließ, es täte mir leid, wenn ich bei Nichtgenehmigung den Rittmeister in der Uniform des Regiments eventuell auf der Straße tätlich beleidigen müßte, um das Duell zu erzwingen. So blieb dem Ehrengericht kein Ausweg.

Dieses Duell, das ungeheures Aufsehen in ganz Deutschland machte – denn wohin sollte es denn kommen, wenn frühere Einjährige ihre früheren Vorgesetzten forderten? – fand am 4. Oktober früh statt. Es war schon aus prinzipiellen Gründen mehr wie ernst. Mir natürlich lag nichts am Töten, sondern nur daran, den Gegner vor die Pistole zu bekommen und an ihm ein Exempel zu statuieren – fühlte ich mich doch als Exponent einer gewissen Gesellschaftsschicht; dem Gegner aber müßte doch wohl aus Gründen militärischen Prestiges daran liegen, mich sozusagen »abzuführen«.

Die Nacht war sehr häßlich! Die guten Ratschläge, die optimistischen Worte der Freunde, die immer dasselbe sind und sein müssen, klingen gesucht; der Gedanke, daß man nun nach dem Dienst froh und glücklich wieder die goldene Freiheit hätte genießen können, wenn sich dieser Mann nicht so gehässig benommen hätte, ärgert; die Möglichkeit, daß in einigen Stunden Auge, Mund und ein anderer edler Körperteil getroffen werden und man zeitlebens zum Krüppel werden kann, ohne erlöst zu sein, läßt keine innere Ruhe aufkommen, und die nötigen Abschiedsbriefe an Vater und Bruder rufen tausend Erinnerungen wach. Den Gedanken an Trinken und Verbummeln der Nacht verwarf ich im Duellfall stets als unwürdig, und endlich schlief ich ein, alle fünf Minuten nach Träumen erwachend, die Stunden gedauert zu haben schienen. Aber dann kommen die Freunde, holen einen ab, und von diesem Augenblick ab ist alles Ruhe und Kraft.

Meine Sekundanten waren Corpsstudenten, die des Gegners Offiziere unseres Regiments; den Unparteiischen von dem Knesebeck und den Gegensekundanten von Mitzlaff, urvornehme Leute, später Kommandeure der ersten und zweiten Gardedragoner – ersteres war das Leibregiment des englischen Königs – habe ich im Leben noch manchmal in Berlin gesehen und gesprochen.

Ich hatte mit meinen Sekundanten verabredet, nach eventuellem zweimaligem fruchtlosem Kugelwechsel, wie es bei

Corpsstudenten Sitte ist, den immer wiederkehrenden Versöhnungsversuch des Unparteiischen anzunehmen. – Meine Sekundanten waren: Dr. Teufel und Richard Ladenburg, mein Arzt – der Davoser, Dr. Spengler. Ich war in schwarzem Rock und Zylinder, der Gegner in Offizieruniform. Ich will hier gleich bemerken, daß ich niemals, auch bei meinen anderen Duellen, schoß, ohne mit meinen Leuten beraten zu haben, wie ich schießen sollte, was an und für sich beweist, wie wenig blutgierig man in Wirklichkeit ist; auch sind weder ich noch meine Gegner jemals avanciert, was bei Forderungen »auf Barriere«, wo man sich bis auf fünf Schritt nähern darf, erlaubt ist.

Nach den üblichen Formalitäten und dem Versöhnungsversuch erhielten wir die Pistolen. Ich zielte auf den Fuß, da ich den Gegner nur kampfunfähig machen wollte. Er schoß sofort beim Anfang des Zählens, und zwar auf den Kopf, und mein Schuß krachte sofort hinterher, wie das, der menschlichen Natur entsprechend, wohl stets der Fall ist. Wir fehlten beide; ich hatte zu kurz geschossen; es ist schwer, mit unbekannten, nicht gezogenen Pistolen zu schießen. Wieder folgte ein Vermittlungsversuch, der aber nicht angenommen wurde. Beim zweiten Schuß – ich hatte verabredet abzuwarten und dann eventuell in die Luft zu schießen, weil wir das Duell nach zweimaligem Kugelwechsel für erledigt hielten – zielte der Gegner wieder auf den Kopf, denn ich habe alle drei Mal die Kugel pfeifen gehört. Rasch nahm ich die Waffe hoch und schoß absichtlich in die Luft. Der Gegner muß dies nicht bemerkt und wohl gedacht haben, ich könne nicht schießen, denn als der Unparteiische wieder versuchen wollte, uns zu versöhnen und meine Partei den Versuch angenommen hatte, rief er laut: »Die Forderung ist auf dreimaligen Kugelwechsel gestellt, ich verlange den dritten Gang.« Nun sagten mir meine Freunde: »Halte auf ihn.« Sein Schuß krachte; sofort meiner hinterher; ich hatte auf's Bein gehalten und traf höher als ich gewollt. Man sah den Gegner die Hände in die Luft strecken, sich halb um- und dann nochmals zurückdrehen und hinstürzen. Nach einigen Minuten, nachdem die Ärzte untersucht hatten, und ich sicher war, daß die Verwundung keinesfalls tödlich sei, ging ich hin und sagte dem Gegensekundanten, ich hoffte, es sei nur ein Streifschuß, worauf er erwiderte »leider der Oberschenkel«. Ich konnte mich nicht dazu überwinden, dem Rittmeister die Hand zu bieten. Ich habe niemals im Leben über einen Gegner schlecht gesprochen – denn ein Duell ist, wenn auch nur eine Erinnerung aus dem Mittelalter, so doch immerhin aus der ritterlichen Zeit – aber mein Gegner hatte etwas getan, was ich selbst nie fertigbekommen hätte oder habe: So höllisch scharf ich bei einer an und für sich mehr wie gutmütigen Veranlagung sein konnte, so habe ich doch niemals im Leben einem Menschen innerlich da wehegetan, wo er zutiefst verwundbar ist und zumal unschuldig leidet. *Einen* solchen Punkt gibt es aber bei jedem Menschen, sei es der Höchste oder der Niedrigste, und das ist der, wo sich Gefühl und Liebe zu seinen Eltern, seinen Voreltern, seiner Rasse und ein unbewußtes Ahnen wie aus der Urzeit im Menschenherz treffen. Diesen gewissen, nicht zu definierenden, aber von jedem gefühlten Punkt, das *Urgefühl*, darf man nicht berühren, und ich weiß nicht, warum just Alldeutsche und Antisemiten glauben sollten, sich herausnehmen zu dürfen, gerade dort zu verletzen. Das war wohl der Gedanke, aus dem heraus ich die Hand nicht bot; die angebotene hätte ich wohl ergriffen. –

Ich und meine Leute empfahlen sich, wir fuhren heim. Es hatte sich alles so gut wie denkbar gefügt. Des Gegners Tod hätte mich schwer berührt; das Treffen beim dritten Schuß bewies meinen Schonungswillen; und ich hatte eine glänzende Genugtuung. Viele Jahre später saß ich in Ostende an der Roulette, da sagte mir mein Freund Werner Begas, Sohn des großen Bildhauers Reinhold: »Drüben sitzt der Sohn Deines einstigen Gegners Mackensen« – und auf meine Frage: »Kennt er mich?« – antwortete Begas, er hätte mich ihm gezeigt und er hätte geantwortet: »Also das ist der Mann, der meinen Vater lebenslänglich unglücklich gemacht?« – Ich weiß sonst nichts weiter, als daß Herr v. M. sehr lange gelegen hat und dann dienstunfähig blieb. –

Susanna Agnelli
»Wir trugen immer Matrosenkleider«: Kindheit einer Tochter aus gutem Hause

Der Korridor war lang, rechts und links davon lagen die Schlafzimmer. Auf halber Höhe des Gangs befand sich das Spielzimmer, vollgestopft mit Regalen und Spielsachen, in dem wir uns fast immer aufhielten. Wir waren viele Kinder und hatten zahlreiche Gouvernanten, die einander nicht mochten: sie saßen im Spielzimmer und beklagten sich über die Kälte, über die Heizung, über die Dienstboten, übers Wetter, über uns. Im Winter brannten immer die Lampen; das Turiner Licht, das durch die Fenster hereindrang, war grau und milchig.

Wir trugen immer Matrosenkleider: blaue im Winter, blauweiße in der Übergangszeit und weiße im Sommer. Zum Abendessen zogen wir uns ein elegantes Kleid und seidene Kniestrümpfe an. Mein Bruder Gianni wechselte nur den Matrosenanzug.

Beim abendlichen Waschen ging es sehr laut zu, mit viel Gekreisch und Geplansche. Wir drängelten uns im Badezimmer, in der Badewanne und brachten die Zimmermädchen zur Verzweiflung. Sie kämmten und bürsteten uns die langen krausen Haare und banden sie schließlich mit riesigen schwarzen Schleifen zusammen.

Dann erschien Miss Parker. Wenn sie uns alle beisammen hatte, sagte sie: »Let's go, und macht keinen Lärm!« Wir flitzten so schnell wir konnten den Korridor entlang, durch die marmorne Eingangshalle, wirbelten um die Ecke, wobei wir uns an der Säule der Herrschaftstreppe festhielten, und weiter bis zum kleinen Eßzimmer, wo wir keuchend stehenblieben. »Ich habe euch doch gesagt, ihr sollt nicht rennen«, tadelte Miss Parker, »one day verletzt ihr euch, und wir sind daran schuld. Dann werdet ihr es keinem danken.«

Zu essen gab es immer das, was wir am wenigsten mochten; ich glaube, das gehörte zu unserer britischen Erziehung. Und was wir auf den Teller bekommen hatten, mußte aufgegessen werden. Mein Alptraum waren weiße Rüben und gekochtes Fleisch, bei dem kleine helle, elastische Sehnen zum Vorschein kamen. Wer seinen Teller nicht leeraß, bekam ihn bei der nächsten Mahlzeit wieder vorgesetzt.

Den Nachtisch durften wir reihum bestimmen, jeden Tag ein anderer. Kam die Reihe an Maria Sole, sagten wir zu ihr: »Such jetzt um Himmels willen nicht wieder Crème caramel aus, die keiner ausstehen kann!« Unabänderlich fragte Miss Parker: »Nun, Maria Sole, was für eine Nachspeise morgen? It's your turn.« Maria Sole zögerte, errötete und flüsterte: »Crème caramel.«

»Aber warum sagst du immer wieder Crème caramel, wenn du sie gar nicht magst?«

»Mir fällt nichts anderes ein.«

Bis heute habe ich nicht herausgefunden, ob ihr diese verdammte Crème caramel wirklich schmeckte und sie es bloß nicht zugeben wollte oder ob ihr nur die Anstrengung, sich einen anderen Nachtisch auszudenken, zu groß war.

Nach dem Mittagessen machten wir lange Spaziergänge. Wir durchquerten die Stadt bis zur Piazza d'Armi, wo die Soldaten exerzierten. Nur wenn es regnete, durften wir unter den Arkaden gehen (den berühmten Arkaden von Turin) und die Auslagen der Geschäfte ansehen. Natürlich ohne stehenzubleiben, denn ein Spaziergang ist ein Spaziergang und kein Herumbummeln, das nicht der Gesundheit dient. Turin war, auch damals, für seine Konditoreien berühmt. Im künstlichen Licht der Schaufenster erschienen arabeskenverzierte Torten, cremegefüllte kleine Kuchen, Pralinen, Marzipan, Berge von Brioches und Platten mit bunten, wie Blumen angeordneten Fondants, aber wir hätten es niemals zu träumen gewagt, daß man ein solches Geschäft betreten und diese verführerischen Köstlichkeiten erstehen könnte. »Man ißt nicht zwischen den Mahlzeiten, das verdirbt den Appetit«, lautete eine eiserne Regel, die in Frage zu stellen mir nie in den Sinn gekommen wäre.

So marschierten wir von zwei bis vier – Matrosenmantel und runde Matrosenmütze mit dem Namen eines Schiffes Seiner Britischen Majestät auf dem Band, Miss Parker in der Mitte, zwei von uns auf der einen, eines oder zwei auf der anderen Seite – bis es Zeit wurde, nach Hause zurückzukehren.

Wir blickten voll Neid auf die Kinder, die in den Alleen des Corso Duca di Genova oder in den öffentlichen Anlagen spielen durften. Da sah man Gruppen von Ammen mit farbigen Rökken, Spitzenschürzen und Kopftüchern aus glänzender Seide, die mit goldenen Filigranbroschen am Haar befestigt waren. Alle trugen sie das Jäckchen aus schwarzem Kaninchenpelz, das jeder zustand, die in eine Familie ging, um das Neugeborene zu säugen; später blieben diese Frauen dann als sogenannte »Trockenammen« im Haus. Die Babys saßen in ihren Kinderwagen; die größeren Kinder spielten miteinander, hatten Reifen, Murmeln, Roller; sie hatten Kameraden, und sie stritten, schwatzten, sprangen umher, grölten. Wir marschierten.

Miss Parker verabscheute die Ammen, die den Kindern die Schlüpfer herunterzogen, sie an den Beinen gegen einen Baum hielten und »pss, pss« machten.

Ein paar Familien hatten ein englisches Fräulein. In diesem Fall wollte Miss Parker nicht, daß wir mit Kindern spielten, deren Eltern nicht in unserem Haus empfangen worden waren. »Don't forget, you are an Agnelli«, fügte sie hinzu.

Um vier Uhr kehrten wir nach Hause zurück, machten unsere Aufgaben, spielten. Während ich Gianni half, die Dampflokomotive oder die elektrische Eisenbahn in Betrieb zu setzen, kroch die Furcht vor der Dunkelheit und der herannahenden Nacht in mir hoch.

Unsere Eltern sahen wir nach unserem Abendessen, während sie sich für das ihre fertigmachten. Manchmal, wenn sie nicht zu viele Gäste hatten, saßen wir mit ihnen in der Bibliothek, bis das Essen aufgetragen wurde. Und hin und wieder durften wir uns sogar mit an den Tisch setzen. Aber da wir mit dem Wachs der Kerzen herumspielten und lästig fielen, schickte man uns gleich wieder fort. Im Spielzimmer las uns Miss Parker dann eine Geschichte vor, oder wir machten ein Spiel, bis es hieß: »Time for bed now! Putzt euch die Zähne, ich komme in zehn Minuten zum Gute-Nacht-Sagen; vergeßt nicht, die Kleider ordentlich hinzulegen und euer Nachtgebet zu sprechen.«

Ich kniete im Schlafzimmer nieder und betete verzweifelt. Ich küßte das Kruzifix und die Madonna neben meinem Bett und bat nur darum, nicht zuviel Angst haben zu müssen und schlafen zu können, ohne in der Nacht aufzuwachen.

Ich schlüpfte ins Bett. Jeder von uns hatte sein eigenes Zimmer, und wenn Miss Parker hereinkam, schlang ich die Arme um ihren Hals, preßte sie an mich und flehte sie an, die Tür offenzulassen, »nur ganz, ganz wenig«, damit ich das Licht sehen könne. »Nein, nein«, antwortete sie ruhig, »du mußt lernen, im Dunkeln zu schlafen, it is silly, Angst zu haben.«

Wenn sie wegging, sah ich für ein Weilchen das Licht aus dem Spielzimmer durch den Spalt unterhalb der Tür dringen. Erlosch dann das Licht, erstarrte ich in dem Gefühl, nun allein im Dunkeln zu liegen. Ich stand auf, ging in die Zimmer meiner Geschwister und sah, wie sie schliefen; mir schien, als wären sie gar nicht vorhanden, weil wir nicht miteinander reden und sie mich nicht sehen konnten; mir war, als sei ich tot; und ich hatte noch mehr Angst. Ich ging ins Bett zurück und machte Pipi, um ein Gefühl von Wärme und Leben zu empfinden. Manchmal schrie ich. Aber niemand hörte mich, oder wenn sie mich hörten, taten sie so, als ob sie mich nicht hörten.

Wenn ich morgens aufwachte, interessierte mich nur, daß es hell war und die Menschen um mich herum lebendig. Tagsüber vergaß ich.

Vigiassa war für uns eine Quelle ständigen Vergnügens. Im Haus wurde sie verachtet, weil ihr Mann sie mit einer kleinen Tochter sitzengelassen hatte und nach Amerika gegangen war. Vigiassa hatte rote Haare und eine Haut voller Sommersprossen. Sie wollte »Amme Vigia« genannt werden, obwohl sie gar nicht als Amme, sondern als Kindermädchen für Cristiana bei uns eingestellt worden war. Später wurde sie Zimmermädchen der Kinder und stritt sich ständig mit den jungen Herrschaften und den englischen Nannies herum. Nur Miss Parker wurde von ihr respektiert, denn Miss Parker war gerecht, obgleich protestantisch. Vigiassa zitterte vor unserem Vater. War Papa guter Laune, so überredeten wir ihn, Vigiassa vor dem Abendessen in sein Zimmer rufen zu lassen, als ob er sie ausschimpfen wolle. Vigiassa erschien, röter denn je und schweißgebadet, schaute mit furchtsamen und erschrockenen Augen um sich, bis sie uns hinter einem Vorhang kichern hörte und Papa sagte: »Schon gut, Luisa, ich wollte nur wissen, wie es dir geht.« Hinterher heulte sie und sagte zu uns: »Das dürft ihr nicht machen, ich hab' solche Angst und muß schwitzen, und dann sagt die Mama, daß ich ›rieche‹. Natürlich ›rieche‹ ich, aber das kommt nur davon, weil ich rothaarig bin; das ist nicht meine Schuld, dagegen kann man gar nichts machen, auch wenn ich mich viel mehr wasche als die anderen.« Wir lachten. Sie setzte sich schließlich an den Tisch des kleinen Garderobezimmers, auf dem die Kleider meiner Mutter gebügelt wurden, und sang uns ein eintöniges, trauriges Lied vor, in dem es hieß: »Er ist fort nach Merika, er ist fortgegangen.«

Der Teil des Hauses, der auf die Via Papacino hinausging, gehörte uns, den Kindern. Er mündete in eine überdachte Terrasse, die später in eine Turnhalle umgewandelt wurde. Die Zimmer unserer Eltern gingen dagegen auf den Corso Oporto, dort, wo die Allee in seiner Mitte von Kastanien gesäumt wurde. Zum Corso hin lagen auch die Bibliothek sowie der kleine und der große Salon, deren Türen sich auf die marmorne Eingangshalle und die Herrschaftstreppe öffneten.

Der dritte Trakt des Hauses, in dem sich die Küchen, die Wirtschaftsräume und die Zimmer der Dienerschaft befanden, ging auf die Via Avogadro. Mitten zwischen diesen Dienstbotenräumen lag ein kleines Studierzimmer, in dem wir unseren Privatunterricht erhielten; es war ein fröhliches Zimmer voller Bücher. Vielleicht war es so fröhlich, weil man rundherum das Lachen und Arbeiten der Dienstboten hörte. Die drei Flügel des Hauses umschlossen einen Hof mit einem weißen Marmorbrunnen. Im Frühling fuhren wir mit den Rädern im Kreis um den runden Brunnen. Wenn wir mit zehn Jahren aufs Gymnasium kamen, besuchten wir die öffentliche Schule, aber bis dahin wurden wir zu Hause privat unterrichtet. Wir lernten bei Fräulein Corsi. Fräulein Corsi war neurotisch und sehr umständlich, und Miss Parker hätte sie, wäre sie gefragt worden, bestimmt nicht als Lehrerin für uns ausgesucht. Schon allein deshalb nicht, weil Fräulein Corsi darauf bestand, daß ihr um halb elf ein Cappuccino serviert wurde, und das widersprach sämtlichen Prinzipien von Miss Parker. Es verging kein Tag, an dem uns Fräulein Corsi nicht an den Cappuccino erinnerte. Sie hatte ausdrücklich darauf hingewiesen, daß sie den Unterricht bei uns nur halten könne, wenn sie ihren Cappuccino bekäme, denn ohne Cappuccino, hatte sie erklärt, würde sie ohnmächtig. So war man widerstrebend auf ihre Bedingungen eingegangen, und jetzt hatte sie ein Recht auf ihren Cappuccino, der, wie sie nicht versäumte, uns jeden Vormittag zu berichten, aus schwachem, lauwarmem Kaffee und gekochter Milch mit Haut bestehe und, wenn auch auf einem silbernen Tablett von einem Dienstmädchen mit Häubchen serviert, ausgesprochen schlecht sei, ausgesprochen schlecht, wiederholte sie.

Fräulein Corsi hatte die Angewohnheit, beide Hände nach oben zu strecken und sie wie Fähnchen in der Luft zu schwenken, um ihren Schweiß zu trocknen. Sie war sehr empfindlich und mußte zum Schutz ihrer Blusen Schweißblätter aus Gummi unter den Achseln tragen. Sie hatte violette Ringe unter den Augen und ein langes, trauriges und blasses Gesicht. Man roch ihren Schweiß. Betrat mein Vater, was selten vorkam, das Zimmer, um sich nach unseren Fortschritten zu erkundigen, faßte Fräulein Corsi mit beiden Händen das Vorderteil ihrer Bluse und zog es zwei- oder dreimal vom Körper weg, um ihre Achselhöhlen zu lüften. Mein Vater ging sofort wieder hinaus.

»Arme Anna«, sagte Fräulein Corsi, wenn sie von sich sprach. Ab und zu spielte sie in geheimnisvollem Ton auf einen Hauptmann an, den es in ihrem Leben gebe.

Eines Nachmittags kam Vigiassa ins Spielzimmer und flüsterte etwas über Fräulein Corsi. Miss Parker machte »tsch, tsch«, als ob sie einen im Käfig lärmenden Vogel zum Schweigen bringen wolle, dann schüttelte sie mißbilligend den Kopf, zog ihren Mantel an und ging fort. Um diese Stunde des Tages etwas Unerhörtes.

Von den Zimmermädchen erfuhren wir, daß Fräulein Corsi versucht hatte, sich umzubringen, »wegen des Hauptmanns«. Eine Woche lang kam sie nicht zum Unterricht, dann erschien sie wieder, blasser denn je und mit noch dunkleren Ringen unter den Augen, immer mehr einem toten Fisch hinter einem Vergrößerungsglas ähnlich. Keiner sprach je über das, was vorgefallen war.

Selbstmorde waren damals sehr in Mode. Die Zimmermädchen, die sich in den Butler, einen großen Don Juan, verliebten, pflegten unten in ihren Zimmern eine Überdosis Schlafmittel zu schlucken.

»Alles deine Schuld, Virginia«, sagte Großmutter Jane zu meiner Mutter, »du schenkst diesen Mädchen dauernd deine seidene Unterwäsche. Was erwartest du? Sie müssen sie schließlich jemandem zeigen.«

Diese eleganten und raffinierten Zimmermädchen meiner Mutter blickten voll Verachtung auf die anderen Hausmädchen herab, die mit Dienern und Chauffeuren ins Bett gingen. Stritten sie sich mit ihren Liebhabern einmal herum, dann sagten sie zwar entsetzliche Dinge, aber sie versuchten nicht, sich umzubringen. Selbstmord lag über ihrem sozialen Niveau.

Am oberen Ende des Dienstbotenaufgangs, den man vom Hof aus betrat, waren einige Kammern an andere Leute vermietet. In einer davon wohnte die Pignolo. Sie war Kinderschneiderin.

Man stieg die schmutzigen und verräucherten Stufen hoch, drehte an der Holztür eine Klingel, die wie eine Fahrradglocke aussah, und wartete. Wenn die Pignolo öffnete, war man zuerst entsetzt über den Küchengeruch, der aus dem Topf unterm Fenster hochstieg, und dann entzückt von den bestickten Kleidchen, die überall im Zimmer herumhingen. Es gab Stoffe in den verschiedensten Schattierungen, Seiden, Tafte, Lochstickereien, Bänder in allen Längen und Breiten. Inmitten dieser Pracht stand die Pignolo, die aussah wie eine Eichel auf zwei dünnen Beinchen, wenn sie auf ihrem Hocker an der Nähmaschine saß, glich sie den Figuren auf den »happy families«-Karten, mit denen wir eine Etage tiefer vor dem Schlafengehen spielten. Die Pignolo nähte und nähte. Und was sie in die Hand nahm, wurde so schön, daß man den Geruch nach abgestandenem Essen, der ihre Dachkammer erfüllte, völlig vergaß.

Auch in der Portierloge stank es nach Essen. Der Geruch

drang aus der kleinen Tür, wenn Guglielmo den Gästen, die aus den vorgefahrenen Autos stiegen, die Glastüre öffnete. Meine Mutter verabscheute den Geruch von Zwiebeln und Knoblauch und erlaubte nicht, daß diese Gewürze in der Küche verwendet wurden. Aber Giuseppina war vor ihrer Heirat mit Guglielmo viele Jahre lang ihre Zofe gewesen, und sie kochte stets fröhlich mit Knoblauch und Zwiebeln. Auf die Vorhaltungen meiner Mutter erwiderte sie mit blitzenden schwarzen Augen, man müsse einem Mann das vorsetzen, was ihm schmecke.

Wenn wir sicher sein konnten, daß Miss Parker uns nicht entdeckte, ließ uns Giuseppina ihre leckeren Gerichte mit viel Tomaten und seltsamen Gewürzen probieren. Guglielmo war groß, freundlich, dumm und sah in seiner Livrée sehr stattlich aus. Giuseppina war klein, zierlich und flink, wie es nur eine piemontesische »Madamin« sein kann. Sie bediente das Telefon, und sie wußte alles, was im Hause vorging.

Mitte Juni brachte man uns in eine wenige Straßen entfernt liegende Schule, damit wir zusammen mit den anderen Kindern die Prüfung zur Versetzung in die nächste Klasse ablegten. Der Geruch nach Tinte, nach Bleistiften, nach den Haaren der Schulkinder mischte sich mit der kühlen Luft der Klassenzimmer und der breiten Korridore. Die anderen Kinder, die das ganze Schuljahr zusammen verbracht hatten, musterten mich, die Privatschülerin, mit einer Mischung aus Neugier und Mitleid. Ich trug keinen Schulkittel, sondern ein Matrosenkleid, und meine lockigen Haare waren länger als üblich. Einmal, bei der Prüfung für die vierte Klasse, rief mich die Lehrerin nach vorn. Ich stieg die drei Holzstufen zum Katheder empor und blieb vor der Tafel stehen. Die Lehrerin prüfte mich in Geographie.

»Erzähl mir von Venedig«, sagte sie. Dann: »Bist du in Venedig gewesen?«

»Ja.«

»Lernt man bei euch zu Hause keinen Anstand?«

Ich schwieg erstaunt. Ich verstand nicht, worauf sie hinauswollte.

»Lernt man bei euch nicht, daß man ›Ja, Signora‹ antwortet?«

»Nein«, gab ich zur Antwort.

»Nein, Signora«, verbesserte sie mich gehässig, und ich bemerkte in ihren Augen eine seltsame Befriedigung. Später habe ich begriffen, daß das eine Art Rache war.

Nach dem Examen fuhren wir ans Meer.

Ich bin zehn Jahre alt. Ich gehe in die Schule, alles ist schwarz. Draußen ist es dunkel wie Linsensuppe, der Nebel kitzelt im Hals. Das Licht in der Mitte des Zimmers wird angezündet. Wir rennen ins Bad, putzen uns die Zähne und ziehen die Kleidungsstücke an, die gestern auf dem Stuhl bereitgelegt wurden: dicke schwarze Wollunterhosen unter dunklem Matrosenrock, Kniestrümpfe aus schwarzer Wolle. Das Zimmermädchen bürstet mir die Haare und bindet sie mit einem schwarzen Band zusammen, meine Haare plustern sich in dichten goldenen Locken um die Schultern und bedecken den Kragen meiner Matrosenbluse. Meine schwarze Schulmappe ist vollgepackt mit den Büchern für die heutigen Unterrichtsstunden, dazu Hefte, Wörterbuch, Füllfederhalter, Lineal, eine Hälfte der Bücher auf der einen Seite, die zweite auf der anderen. In den Raum dazwischen stecke ich ein kleines, weißes, glänzendes Päckchen, das uns zusammen mit dem Frühstück gebracht wird. Wir sitzen artig am Frückstückstisch, trinken die heiße Milch und kauen die Toasts mit Butter und Marmelade. Dann schlüpfen wir in die dunkelblauen Matrosenmäntel. Miss Parker steht bereits in Hut und Mantel da, und gemeinsam machen wir uns auf den Weg zum Gymnasium und Lyzeum D'Azeglio. Die Schulmappe ist sehr schwer. Meine Hand wird steif vor Kälte. Während ich die Stufen zur Schule hinaufrenne, zeigt sich langsam so etwas wie ein Tag. Mein Bruder betritt das Gebäude durch den Knabeneingang in der Via San Quintino. Er verschwindet, und wir sehen uns erst mittags wieder, wenn uns Miss Parker vor dem Tor abholt, an dem sie mich jetzt verlassen hat.

Fast alle Kinder kommen allein zur Schule. Ein paar werden

von ihren Müttern gebracht, das eine oder andere von einem Dienstboten. Einige wenige Mädchen, Töchter von Offizieren, haben einen Soldaten, der sie begleitet: den Burschen des Vaters. Die Dienstboten, die Burschen und manchmal sogar die Mütter tragen die Mappen ihrer Schützlinge. »Beschämend«, sagt Miss Parker. Ab und zu kommt ein Kind sogar mit Auto und Chauffeur zur Schule. Miss Parker findet das äußerst vulgär. Nie und nimmer werden wir mit dem Auto in die Schule fahren dürfen, auch nicht bei Gewitter, Platzregen oder Schnee.

Wir sitzen in einem häßlichen und tristen Klassenzimmer, zehn oder zwölf Mädchen, den schwarzen Schulkittel überm Kleid, inmitten von dreißig Jungen. Die Unterrichtsstunden sind langweilig und unpersönlich. Sie bestehen im allgemeinen darin, daß ein Schüler an die Tafel gerufen und über das zu Hause gelernte Pensum abgefragt wird, worauf der Lehrer sehr geheimnisvoll eine Zensur in ein Buch einträgt. Alle halten den Atem an, bis der Name des Aufgerufenen fällt, dann geben sie sich bis zum Ende der Befragung wieder ihren eigenen Gedanken hin. Die Zeit, die der Lehrer dem Unterrichten oder Erklären, dem gemeinsamen Lesen oder dem Gespräch mit den Kindern widmet, wird so knapp wie möglich gehalten. Die Beziehung zwischen Lehrer und Schüler basiert im wesentlichen auf der Bedrohung durch die einzige Note, die in dieses geheimnisvolle Buch eingetragen wird.

Um zehn Uhr ist Pause; die Mädchen gehen in einen großen unfreundlichen Raum, der auf einen Balkon führt, an dessen Seiten sich jeweils ein schmutziges und stinkendes Klo befindet. Der Gestank dringt auch in den Raum, in dem wir während der zehn Minuten Pause im Stehen unser mitgebrachtes Brot essen dürfen. Die Mädchen schauen voll Neid auf das Sandwich aus meinem weißen Päckchen: Weißbrot mit Butter und Hühnerfleisch, das ich nicht ausstehen kann. Ich schaue voll Neid auf ihr Schwarzbrot mit Salami oder auf ihr Stück Kastanienkuchen oder Schokoladenbrot. Mit der Zeit lerne ich, mein Pausenbrot gegen das ihre zu tauschen.

Danach kehren wir in das Klassenzimmer zurück, und der

Unterricht geht in der gleichen Eintönigkeit weiter, bis die Mittagsglocke läutet und wir alle die Treppe hinunterstürmen, hinaus auf die graue Straße. Miss Parker steht da und wartet. Wir finden Gianni und machen uns auf den Heimweg. Ich hasse die Schule, die Unterrichtsstunden, die Hausaufgaben, den Mangel an Interesse und Zuneigung. Ich hasse Schwarz.

VII.
STATT EINES EPILOGS: NACHDENKEN ÜBER DEUTSCHE GESCHICHTE

Alfred Weber

Weststaat oder Provisorium? (1948)

Es mehren sich die deutschen Stimmen, die der Errichtung eines deutschen Weststaates zustimmen. Darunter sind auch so gewichtige und gewiß aus voller Unabhängigkeit kommende, wie die des ersten Bürgermeisters von Hamburg.

Es sei gestattet, einiges dazu zu bemerken. Gewiß ist die Entscheidung für die Errichtung eines deutschen Weststaates und gegen die Fortführung eines Provisoriums im Westen an irgendeiner sehr entscheidenden Stelle wenigstens für den Augenblick gefallen oder in Erwägung. Aber dürfen diejenigen Deutschen, die ernsthaft die Wiederherstellung der gesamtdeutschen Einheit wollen, dieser Entscheidung zustimmen? Diese Entscheidung ist sachlich nicht notwendig für die wirtschaftliche Vereinigung der Westzonen und deren Einfügung in den Marshall-Plan. Sie birgt aber die ungeheuersten Gefahren für unsere gesamtdeutsche politische Zukunft in sich.

Ihrem Vollzug würde sofort die Errichtung eines deutschen Oststaates durch die Russen auf dem Fuß folgen. Es ist nicht leicht zu sehen, wie Berlin, das von den Westmächten ausdrücklich als Hauptstadt Deutschlands mitbesetzt, gehalten und geschützt wird, samt seiner tapferen, seit Jahren für die Freiheit und Demokratie kämpfenden Bevölkerung von 3,2 Millionen dann unter dem bisherigen Titel noch zu halten wäre, und wie vermieden werden könnte, seine Bevölkerung dem östlichen Terror zu opfern.

Ebenso ist es nicht leicht zu sehen, wie die Verhandlungen über die Erhaltung der Einheit der deutschen Währung bei ihrer notwendigen Reform, zu deren Weiterführung die Russen nach ihren Äußerungen bereit sind, fortgesetzt, und wie darin liegende Reste der Lebenseinheit zwischen Westen und Osten noch erhalten bleiben könnten. Überhaupt wäre die Brücke abgebrochen, die Berlin zwischen Osten und Westen trotz aller Spannungen noch bildet und auf der in günstigerer Lage Verhandlungen mit den Russen wieder aufgenommen werden könnten.

Man stünde vor der auf geschichtlich absehbare Zeit definitiven Teilung Deutschlands. Kein frommer Wunsch kann die grausame Tatsache des vorläufigen Endes der gesamtdeutschen Geschichte, die damit gegeben wäre, und die weitere Tatsache aus der Welt schaffen, daß wir dann statt ein drittes, die beiden Rivalen auseinanderhaltendes Element zwischen Osten und Westen zu werden, nur noch das strategisch sehr entscheidende Kampffeld zwischen beiden wären.

Kann irgendein Deutscher die Entwicklung, die nicht nur den Untergang Gesamtdeutschlands, sondern auch die entsetzlichsten sonstigen Perspektiven für uns eröffnet, mit seiner Stellungnahme decken wollen? Es müßten ja alsbald von beiden Seiten mitten durch Deutschland hindurch strategische Positionen bezogen werden. Das würde dann einfach zur Vorsichtspflicht auf beiden Seiten.

Mir scheint, wir müssen bis zum letzten Augenblick, auch wenn wir das Gefühl haben, daß sehr entscheidende internationale Kräfte nach anderer Richtung wirken, dagegenstehen. Das deutsche Volk, vor allem dessen Jugend, wird keinen deutschen Politiker, der sich im gegenwärtigen geschichtlichen Moment anders verhält, begreifen können.

Beibehalten der Brücke für Verhandlungen, Versuche, mit den Russen in der Währungsfrage irgendwie technisch zu einer Verständigung zu kommen und provisorische Regelung im Westen, bei der wir politisch statt einer separaten Verfassung ein auf dem Boden des internationalen Rechts fußendes Besatzungsrecht erhalten, das die persönlichen Freiheitsrechte sichert –, das sollte weiterhin unsere Bitte an die Westmächte bleiben. Lieber jetzt noch eine Weile politische Einschränkung auf uns nehmen, als unsere Zukunft faktisch preisgeben und schrecklichste kriegerische Möglichkeiten näherrücken lassen, das sollte unsere innere Einstellung sein.

Karl Jaspers

Die Schuldfrage

a) Folgen der Schuld

Daß wir Deutschen, daß jeder Deutsche in irgendeiner Weise schuldig ist, daran kann, wenn unsere Ausführungen nicht völlig grundlos waren, kein Zweifel sein:

1. Jeder Deutsche, ausnahmslos, hat teil an der politischen Haftung. Er muß mitwirken an den in Rechtsform zu bringenden Wiedergutmachungen. Er muß mitleiden an den Wirkungen der Handlungen der Sieger, ihrer Willensentschlüsse, ihrer Uneinigkeit. Wir sind nicht imstande, als Machtfaktor hier einen Einfluß zu haben.
   Nur ständige Bemühung um vernünftige Darlegung der Tatsachen, der Chancen und Gefahren kann an den Voraussetzungen der Entschlüsse mitarbeiten. Man darf sich in angemessenen Formen mit Gründen an die Sieger wenden.
2. Nicht jeder Deutsche, sogar nur eine sehr kleine Minderheit von Deutschen, hat Strafe zu leiden für Verbrechen, eine andere Minderheit hat zu büßen für nationalsozialistische Aktivität. Man darf sich verteidigen. Die Gerichte der Sieger oder die von ihnen eingerichteten deutschen Instanzen urteilen.
3. Wohl jeder Deutsche – wenn auch auf sehr verschiedene Weise – hat Anlaß zur Selbstprüfung aus moralischer Einsicht. Hier aber braucht er keine Instanz anzuerkennen als nur das eigene Gewissen.
4. Wohl jeder Deutsche, der versteht, verwandelt in den metaphysischen Erfahrungen solchen Unheils sein Seinsbewußtsein und sein Selbstbewußtsein. Wie das geschieht, das kann niemand fordern und niemand vorwegnehmen. Es ist Sache der Einsamkeit des Einzelnen. Was daraus erwächst, das muß die Grundlage dessen schaffen, was in Zukunft deutsche Seele sein wird.

Die Unterscheidungen lassen sich sophistisch benutzen, um sich von der ganzen Schuldfrage zu befreien, etwa so:

Politische Haftung – gut, aber sie schränkt nur meine materiellen Mittel ein, ich selbst in meinem Innern werde davon ja gar nicht betroffen.

Kriminelle Schuld – sie trifft ja nur wenige, nicht mich, – es geht mich nichts an.

Moralische Schuld – ich höre, daß nur das eigene Gewissen Instanz ist, andere dürfen mir keine Vorwürfe machen. Mein Gewissen wird schon freundlich mit mir umgehen. Es ist nicht allzu schlimm – Strich drunter, und ein neues Leben.

Metaphysische Schuld, die hat vollends – wie ja gesagt wurde – niemand vom andern zu behaupten. Die soll ich in einer Verwandlung wahrnehmen. Das ist der spleenige Gedanke eines Philosophen. So etwas gibt es nicht. Und wenn es das gibt, ich merke ja nichts davon. Das darf ich auf sich beruhen lassen.

Unser Zerfasern der Schuldbegriffe kann zum Trick werden, mit dem man sich von der Schuld befreit. Unterscheidungen liegen im Vordergrund. Sie können den Ursprung und das Eine verdecken.

b) Die Kollektivschuld

Nach der Trennung der Momente der Schuld kehren wir am Ende zurück zur Frage der Kollektivschuld.

Die Trennung, zwar überall richtig und sinnvoll, bringt mit sich die geschilderte Verführung, als ob man sich durch solche Trennungen der Anklage entzogen, seine Last erleichtert hätte. Es ist dabei verlorengegangen, was in der Kollektivschuld trotz allem unüberhörbar bleibt. Die Roheit des Denkens in Kollektiven und der Verurteilung von Kollektiven verhindert nicht unser Zusammengehörigkeitsgefühl.

Zwar ist zuletzt das wahre Kollektiv die Zusammengehörigkeit aller Menschen vor Gott. Jeder darf sich irgendwo freimachen von der Gebundenheit an Staat, Volk, Gruppe, um hindurchzubrechen in die unsichtbare Solidarität der Menschen als Menschen guten Willens und als Menschen in der gemeinsamen Schuld des Menschseins.

Aber geschichtlich bleiben wir gebunden an die näheren und engeren Gemeinschaften und würden ohne sie ins Bodenlose sinken.

Politische Haftung und Kollektivschuld

Zunächst noch einmal der Tatbestand: Urteil und Gefühl der Menschen werden in der ganzen Welt weitgehend durch Kollektivvorstellungen geführt. Der Deutsche, wer auch immer der Deutsche sei, ist heute in der Welt als etwas angesehen, mit dem man nicht gern zu tun haben möchte. Deutsche Juden im Ausland sind als Deutsche unerwünscht und gelten wesentlich als Deutsche, nicht als Juden. Infolge dieses Kollektivdenkens wird die politische Haftung zugleich als Strafe durch moralische Schuld begründet. Dieses Kollektivdenken geschah oft in der Geschichte. Die Barbarei des Krieges hat die Bevölkerung als Ganzes genommen, sie der Plünderung, Vergewaltigung, dem Verkauf in die Sklavarei preisgegeben. Und dazu wurde den Unglücklichen auch noch die moralische Vernichtung im Urteil seitens des Siegers zuteil. Er soll sich nicht nur unterwerfen, sondern bekennen und Buße tun. Wer Deutscher ist, ob Christ oder Jude, ist eines bösen Geistes.

Diesem Tatbestand einer verbreiteten, wenn auch nicht allgemeinen Meinung der Welt gegenüber sind wir immer wieder aufgefordert, unsere einfache Scheidung zwischen politischer Haftung und moralischer Schuld nicht nur zur Abwehr zu benutzen, sondern den möglichen Wahrheitsgehalt des Kollektivdenkens nachzuprüfen. Wir geben die Scheidung nicht auf, aber wir haben sie einzuschränken durch den Satz, daß das Verhalten, welches zur Haftung führte, in politischen Gesamtzuständen begründet ist, die gleichsam einen moralischen Charakter haben, weil sie die Moral des einzelnen mitbestimmen. Von diesen Zuständen kann sich der einzelne nicht völlig trennen, weil er, bewußt oder unbewußt, als ihr Glied lebt, das sich der Beeinflussung gar nicht entziehen kann, auch wenn er in der Opposition gestanden hat. Es ist so etwas wie eine moralische Kollektivschuld in der Lebensart einer Bevölkerung, an der ich als einzelner teilhabe und aus der die politischen Realitäten erwachsen.

Denn der politische Zustand und die gesamte Lebensart der Menschen sind nicht zu trennen. Es gibt keine absolute Scheidung von Politik und Menschsein, solange der Mensch nicht als Einsiedler abseitig zugrunde geht.

Durch die politischen Zustände ist der Schweizer, der Holländer geformt und sind wir alle in Deutschland durch lange Zeiten erzogen worden, wir nämlich zum Gehorsam, zur dynastischen Gesinnung, zur Gleichgültigkeit und Unverantwortlichkeit gegenüber der politischen Realität – und wir haben etwas davon in uns, auch wenn wir in Gegnerschaft zu diesen Haltungen stehen.

Daß die gesamte Bevölkerung tatsächlich die Folgen aller Staatshandlungen trägt – quidquid delirant reges plectuntur Achivi – ist bloß empirisches Faktum. Daß sie sich haftbar weiß, ist das erste Zeichen des Erwachens ihrer politischen Freiheit. Nur soweit dieses Wissen besteht und anerkannt wird, ist Freiheit wirklich da und nicht nur Anspruch nach außen seitens unfreier Menschen.

Die innere politische Unfreiheit gehorcht, andererseits fühlt sie sich nicht schuldig. Sich haftbar wissen, ist der Anfang der inneren Umwälzung, welche die politische Freiheit verwirklichen will.

Der Gegensatz der freien und unfreien Gesinnung zeigt sich beispielsweise in der Auffassung des Staatsführers. Man hat gesagt: Haben die Völker Schuld an den Führern, die sie sich gefallen lassen? Z. B. Frankreich an Napoleon. Man meint: die überwältigende Mehrzahl ging doch mit, wollte die Macht und den Ruhm, den Napoleon verschaffte. Napoleon war nur möglich, weil die Franzosen ihn wollten. Seine Größe ist die Sicherheit, mit der er begriff, was die Volksmassen erwarteten, was sie hören wollten, welchen Schein sie wollten, welche materiellen Realitäten sie wollten. Sagte etwa Lenz mit Recht: »Der Staat war ins Leben getreten, der dem Genius Frankreichs entsprach«? Ja, einem Teil, einer Situation – aber doch nicht dem Genius eines Volkes schlechthin! Wer kann den Genius eines

Volkes derart bestimmen? Auch ganz andere Realitäten sind demselben Genius erwachsen.

Vielleicht könnte man denken: Wie der Mann haftet für die Wahl der Geliebten, mit der er, durch die Ehe gebunden, in Schicksalsgemeinschaft sein Leben durchwandert, so haftet ein Volk für den, dem es sich gehorsam ergibt. Der Irrtum ist eine Schuld. Seine Folgen müssen unerbittlich getragen werden. Aber das gerade wäre verkehrt. Was in der Ehe möglich und gehörig ist, das ist im Staat grundsätzlich schon Verderben: die unbedingte Bindung an einen Menschen. Die Treue der Gefolgschaft ist ein unpolitisches Verhältnis in engen Kreisen und in primitiven Verhältnissen. Im freien Staat gilt Kontrolle und Wechsel aller Menschen.

Daher ist eine doppelte Schuld: erstens sich überhaupt politisch einem Führer bedingungslos zu ergeben und zweitens die Artung des Führers, dem man sich unterwirft. Die Atmosphäre der Unterwerfung ist gleichsam eine kollektive Schuld.

Das eigene Bewußtsein einer Kollektivschuld

Wir fühlen etwas wie Mitschuld für das Tun unserer Familienangehörigen. Diese Mitschuld ist nicht objektivierbar. Jede Weise der Sippenhaftung würden wir verwerfen. Aber wir sind doch geneigt, weil gleichen Blutes, uns mitgetroffen zu fühlen, wenn einer aus unserer Familie unrecht tut, und darum auch geneigt, je nach Lage und Art des Tuns und der vom Unrecht Betroffenen, es wiedergutzumachen, auch wenn wir moralisch und juristisch nicht haften.

So fühlt der Deutsche – d. h. der deutsch sprechende Mensch – sich mitbetroffen von allem, was aus dem Deutschen erwächst. Nicht die Haftung des Staatsangehörigen, sondern die Mitbetroffenheit als zum deutschen geistigen und seelischen Leben gehörender Mensch, der ich mit den andern gleicher Sprache, gleicher Herkunft, gleichen Schicksals bin, wird hier Grund nicht einer greifbaren Schuld, aber eines Analogons von Mitschuld.

Wir fühlen uns weiter beteiligt nicht nur an dem, was gegenwärtig getan wird, als mitschuldig am Tun der Zeitgenossen, sondern auch an dem Zusammenhang der Überlieferung. Wir müssen übernehmen die Schuld der Väter. Daß in den geistigen Bedingungen des deutschen Lebens die Möglichkeit gegeben war für ein solches Regime, dafür tragen wir alle eine Mitschuld. Das bedeutet zwar keineswegs, daß wir anerkennen müßten, »die deutsche Gedankenwelt«, »das deutsche Denken der Vergangenheit« schlechthin sei der Ursprung der bösen Taten des Nationalsozialismus. Aber es bedeutet, daß in unserer Überlieferung als Volk etwas steckt, mächtig und drohend, das unser sittliches Verderben ist.

Wir wissen uns nicht nur als Einzelne, sondern als Deutsche. Jeder ist, wenn er eigentlich ist, das deutsche Volk. Wer kennt nicht den Augenblick in seinem Leben, wo er in oppositioneller Verzweiflung an seinem Volk zu sich sagt: Ich bin Deutschland, oder im jubelnden Einklang mit ihm: Auch ich bin Deutschland! Das Deutsche hat keine andere Gestalt als diese Einzelnen. Daher ist der Anspruch der Umschmelzung, der Wiedergeburt, der Abstoßung des Verderblichen die Aufgabe für das Volk in Gestalt der Aufgabe für jeden einzelnen.

Weil ich mich nicht entbrechen kann, in tiefer Seele kollektiv zu fühlen, ist mir, ist jedem das Deutschsein nicht Bestand, sondern Aufgabe. Das ist etwas ganz Anderes als die Verabsolutierung des Volkes. Ich bin zuerst Mensch, ich bin im besonderen Friese, bin Professor, bin Deutscher, bin mit anderen Kollektiven nahe, bis zur Verschmelzung der Seelen, verbunden, näher oder ferner mit allen mir fühlbar gewordenen Gruppen; ich kann mich in Augenblicken vermöge dieser Nähe fast als Jude fühlen oder als Holländer oder als Engländer. Darin aber ist die Gegebenheit des Deutschseins, das heißt wesentlich das Leben in der Muttersprache, so nachhaltig, daß ich mich auf eine rational nicht mehr faßliche, ja rational sogar zu widerlegende Weise mitverantwortlich fühle für das, was Deutsche tun und getan haben.

Ich fühle mich näher den Deutschen, die auch so fühlen, und fühle mich ferner denen, deren Seele diesen Zusammenhang zu verleugnen scheint. Und diese Nähe bedeutet vor allem die gemeinsame, beschwingende Aufgabe, nicht deutsch zu sein, wie man nun einmal ist, sondern deutsch zu werden, wie man es noch nicht ist, aber sein soll, und wie man es hört aus dem Anruf unserer hohen Ahnen, nicht aus der Geschichte der nationalen Idole.

Weil wir die Kollektivschuld fühlen, fühlen wir die ganze Aufgabe der Wiedererneuerung des Menschseins aus dem Ursprung – die Aufgabe, die alle Menschen auf der Erde haben, die aber dringender, fühlbarer, wie alles Sein entscheidend, dort auftritt, wo ein Volk durch eigene Schuld vor dem Nichts steht.

Es scheint, daß ich als Philosoph nun vollends den Begriff verloren habe. In der Tat hört die Sprache auf und nur negativ ist zu erinnern, daß alle unsere Unterscheidungen unbeschadet dessen, daß wir sie für wahr halten und keineswegs rückgängig machen, nicht zum Ruhebett werden dürfen. Wir dürfen nicht mit ihnen die Sache erledigen und uns befreien von dem Druck, unter dem wir unseren Lebensweg weiter gehen und durch den das Kostbarste zur Reife kommen soll, das ewige Wesen unserer Seele.

Hannah Arendt

Warum Eichmann sterben mußte

In engem Zusammenhang mit diesem Versagen stand die sichtbare Hilflosigkeit der Richter vor der Aufgabe, der sie sich am wenigsten entziehen konnten, nämlich, den Angeklagten zu verstehen, über den sie zu Gericht saßen. Dafür genügte es nicht, sich der offenbar falschen Beschreibung des Angeklagten durch den Staatsanwalt als eines »perversen Sadisten« nicht anzuschließen, und es hätte auch nicht geholfen, wenn sie einen Schritt weiter gegangen wären und die Inkonsequenz aufgezeigt hätten, mit der die Anklage Eichmann als das größte Ungeheuer, das die Welt je gesehen hat, verurteilt sehen wollte, um im gleichen Atemzug zu erklären, es gäbe »viele wie ihn«, ja er sei typisch für »die ganze Nazibewegung und für alle Antisemiten überhaupt«. Ihnen war natürlich klar, wie beruhigend es gewesen wäre, an die Legende von dem »Ungeheuer« zu glauben, obwohl es, was Hausner offenbar nicht begriff, um die Anklage Israels gegen ihn dann nicht gut bestellt gewesen wäre und der Fall alles Interesse verloren hätte. Man kann schließlich nicht Gott und die Welt mobilisieren und Korrespondenten aus allen Himmelsrichtungen heranholen, um ihnen Ritter Blaubart auf der Anklagebank vorzuführen. Das Beunruhigende an der Person Eichmanns war doch gerade, daß er war wie viele und daß diese vielen weder pervers noch sadistisch, sondern schrecklich und erschreckend normal waren und sind. Vom Standpunkt unserer Rechtsinstitutionen und an unseren moralischen Urteilsmaßstäben gemessen, war diese Normalität viel erschreckender als all die Greuel zusammengenommen, denn sie implizierte – wie man zur Genüge aus den Aussagen der Nürnberger Angeklagten und ihrer Verteidiger wußte –, daß dieser neue Verbrechertypus, der nun wirklich *hostis generis humani* ist, unter Bedingungen handelt, die es ihm beinahe unmöglich machen, sich seiner Untaten bewußt zu werden. In dieser Hinsicht war das Beweismaterial im Fall Eichmann sogar noch überzeugender als in den Prozessen gegen die Hauptkriegsverbrecher, deren Aussage, sie hätten ein reines Gewissen gehabt, leichter abgetan werden konnte, da sie es infolge ihres Ranges mit dem Argument des Gehorsams gegenüber »Befehlen von oben« nicht bewenden ließen und sich auch noch rühmten, gelegentlich den Gehorsam verweigert zu haben. Aber obgleich der böse Wille der Angeklagten deutlich war, konnte man ihnen das gesetzlich erforderte »Schuldbewußtsein« – *mens rea* – nur dadurch nachweisen, daß man sich auf die verzweifelten Versuche der Nazi-Bürokratie und besonders der Organisationen, zu denen Eichmann gehörte, berief, in den letzten Monaten des Krieges die Spuren ihrer Verbrechen zu tilgen. Und da bewegte man sich nicht auf sehr sicherem Grund. Es ließ sich damit nämlich nicht mehr nachweisen als ein Bewußtsein davon, daß das Gesetz des Massenmords wegen seiner Neuigkeit noch nicht von anderen Nationen anerkannt wurde, oder, in der Sprache der Nazis, daß sie ihren Kampf um die »Befreiung« der Menschheit von der »Herrschaft der Untermenschen« und besonders von der Herrschaft der Weisen von Zion verloren hatten; kurz: es bewies nicht mehr als das Eingeständnis der Niederlage. Wem von ihnen hätte das Gewissen geschlagen, wenn sie gewonnen hätten?

Nun gehörte diese Frage des Schuldbewußtseins zweifellos zu den zentralen Problemen, die der Eichmann-Prozeß aufwarf, da ja alle modernen Rechtssysteme davon ausgehen, daß ein Unrechtsbewußtsein zum Wesen strafrechtlicher Delikte gehört. Es ist der Stolz zivilisierter Rechtsprechung, den subjektiven Faktor immer mit in Rechnung zu stellen. Wo die Absicht, Unrecht zu tun, fehlt, wo, aus welchen Gründen immer, z.B. wegen moralischer Unzurechnungsfähigkeit, der Angeklagte nicht in der Lage war, zwischen Recht und Unrecht zu unterscheiden, gilt die Tat als strafrechtlich nicht faßbar. »Daß ein großes Verbrechen der Natur Gewalt antut und die Erde selbst nach Vergeltung schreit; daß das Böse eine naturgegebene Harmonie zerstört, die nur durch Sühne wiederhergestellt werden kann; daß Unrecht der betroffenen Gruppe um der moralischen Ordnung willen die Pflicht auferlegt, den Schuldigen zu bestrafen« (Yosal Rogat) – all das sind für uns antiquierte Vorstellungen, die wir als barbarisch ablehnen. Und dennoch, scheint mir, läßt sich kaum leugnen, daß Eichmann auf Grund solcher längst vergessenen Vorstellungen überhaupt vor Gericht kam und daß sie allein schließlich die Todesstrafe rechtfertigen. Er konnte nicht länger auf der Erde unter den Menschen bleiben, weil er in ein Unternehmen verwickelt war, das zugegebenermaßen gewisse »Rassen« für immer vom Erdboden verschwinden lassen wollte. Und wenn zutrifft, daß »Recht nicht nur geschehen, sondern sichtbar geschehen muß«, dann wäre die Rechtmäßigkeit dessen, was in Jerusalem getan wurde, manifest geworden, wenn die Richter es gewagt hätten, an den von ihnen Angeklagten etwa die folgenden Worte zu richten:

»Sie haben das während des Krieges gegen das jüdische Volk begangene Verbrechen das größte Verbrechen der überlieferten Geschichte genannt, und Sie haben Ihre Rolle darin zugegeben. Sie haben hinzugefügt, daß Sie nie aus niederen Motiven gehandelt, die Juden niemals gehaßt hätten und daß Sie dennoch nicht anders hätten handeln können und sich bar jeder Schuld fühlten. Dies ist schwer zu glauben, aber es ist nicht völlig unmöglich, daß Sie ungefähr die Wahrheit sagten; in dem uns vorgelegten Beweismaterial findet sich einiges, nicht sehr vieles, das zweifelsfrei gegen Ihre Darstellung in Fragen des Gewissens, der Motivation und des Schuldbewußtseins bei den von Ihnen begangenen Verbrechen spricht. Sie haben auch gesagt, daß Ihre Rolle in der ›Endlösung der Judenfrage‹ ein Zufall gewesen sei und daß kaum jemand an Ihrer Stelle anders gehandelt hätte, ja daß man gleichsam jeden beliebigen Deutschen mit der gleichen Aufgabe hätte betrauen können. Daraus würde folgen, daß nahezu alle Deutschen so schuldig sind wie Sie, und was Sie damit eigentlich sagen wollten, war natürlich, daß, wo alle, oder beinahe alle, schuldig sind, niemand schuldig ist. Dies ist in der Tat eine weitverbreitete Meinung, der wir uns jedoch nicht anschließen können. Vielleicht erinnern Sie sich an die Geschichte aus der Bibel von Sodom und Gomorrha, den beiden Städten, die durch Feuer vom Himmel zerstört wurden, weil alle Einwohner sich gleichermaßen vergangen hatten. Und diese Strafe, die alle traf, hat nichts mit den heute gängigen Begriffen einer ›Kollektivschuld‹ zu tun, denen zufolge Menschen angeblich schuldig werden oder sich schuldig zu fühlen haben für Dinge, die nicht von ihnen, wenn auch in ihrem Namen, begangen wurden, für Handlungen, an denen sie nicht teilhatten und aus denen sie keinen Vorteil zogen. In einem Gerichtshof, der nicht das sogenannte Weltgericht der Geschichte zu repräsentieren beansprucht, gibt es nur persönliche Schuld und Unschuld, die sich auf Grund objektiver Tatbestände nachweisen lassen muß. Mit anderen Worten, auch wenn achtzig Millionen Deutsche getan hätten, was Sie getan haben, wäre das keine Entschuldigung für Sie.

»Zum Glück brauchen wir uns hierauf nicht weiter einzulassen. Sie selbst haben sich ja nicht auf einen objektiv vorliegenden Tatbestand, sondern nur auf die potentiell gleiche Schuld aller anderen berufen, die mit Ihnen in einem Staatsverband lebten, dessen politischer Endzweck das Begehen unerhörter und beispielloser Verbrechen geworden war. Durch welche Zufälle innerer und äußerer Art Sie auch immer auf den Weg geraten sein mögen, auf dem Sie dann zum Verbrecher wurden – zwischen dem, was Sie tatsächlich getan haben, und dem, was andere möglicherweise unter den gleichen Umständen auch getan hätten, liegt eine nicht überbrückbare Kluft. Uns gehen hier nur Ihre wirklichen Handlungen etwas an, und weder die möglicherweise nichtverbrecherische Natur Ihres Innenlebens und Ihrer Motive noch die möglicherweise verbrecherischen Neigungen Ihrer Umgebung. Sie haben sich, als Sie Ihre Lebensgeschichte erzählten, als einen Pechvogel dargestellt, und in Kenntnis der Bedingungen, unter denen Sie lebten, sind wir bis zu einem gewissen Grad sogar bereit, Ihnen zuzugestehen, daß es höchst unwahrscheinlich ist, daß Sie unter günstigeren Umständen je in diesem oder einem anderen Strafprozeß als Angeklagter erschienen wären. Aber auch wenn wir unterstellen, daß es reines Mißgeschick war, das aus Ihnen ein willfähriges Werkzeug in der Organisation des Massenmords gemacht hat, so bleibt eben doch die Tatsache bestehen, daß sie mithalfen, die Politik des Massenmordes auszuführen und also diese Politik aktiv unterstützt haben. Denn wenn Sie sich auf Gehorsam berufen, so möchten wir Ihnen vorhalten, daß die Politik ja nicht in der Kinderstube vor sich geht und daß im politischen Bereich der Erwachsenen das Wort Gehorsam nur ein anderes Wort ist für Zustimmung und Unterstützung. So bleibt also nur übrig, daß Sie eine Politik gefördert und mitverwirklicht haben, in der sich der Wille kundtat, die Erde nicht mit dem jüdischen Volk und einer Reihe anderer Volksgruppen zu teilen, als ob Sie und Ihre Vorgesetzten das Recht gehabt hätten, zu entscheiden, wer die Erde bewohnen soll und wer nicht. Keinem Angehörigen des Menschengeschlechts kann zugemutet werden, mit denen, die solches wollen und in die Tat umsetzen, die Erde zusammen zu bewohnen. Dies ist der Grund, der einzige Grund, daß Sie sterben müssen.«

Robert Havemann

Die Zukunft der deutschen Staaten

Die politische Perspektive wird noch düsterer, wenn man ins Auge faßt, welche Rolle die nationale Frage in Zukunft in Deutschland spielen wird. Oder sagen wir lieber: spielen könnte, um wenigstens auch die optimistische Version unseres nationalen Schicksals nicht gänzlich abzuschreiben. Das Gedächtnis der Menschen ist schwach. Darum ist es leicht, selbst die jüngste Vergangenheit, die die Mehrheit der Bürger miterlebt hat, total zu verfälschen. Die Zerreißung der deutschen Einheit wird heute von der Mehrheit der Deutschen in völliger Verdrehung der Tatsachen als ein Werk des Ostens angesehen. Daß sie primär einfach das Ergebnis des Zweiten Weltkriegs ist, in dem die Völker Europas den großdeutschen Ambitionen der Nazis endgültig den Garaus machten, daß also alle Nachbarn Deutschlands für die Zerstückelung Deutschlands waren, daß es sogar in erster Linie die Westmächte waren, die die Spaltung Deutschlands systematisch herbeiführten, weil sie insbesondere für die Erreichung der politischen und militärischen Ziele der USA gegenüber der Sowjetunion eine unbedingte Notwendigkeit war, während die Russen bei einer Fortsetzung der alliierten Kontrollratspolitik unter Aufrechterhaltung der deutschen Einheit Möglichkeiten gehabt hätten, ihren Einfluß weiter nach Westen auszudehnen – diese und viele andere simple Tatsachen sind fast spurlos aus dem Bewußtsein getilgt.

Statt dessen hat eine systematische Kampagne bewirkt, daß die Spaltung als ein Werk der Kommunisten angesehen wird, so daß Antikommunismus und nationales Geltungsstreben bereits wieder in der altgewohnten Weise eine gefährliche Einheit bilden. Gerade jetzt erleben wir, wie die CDU/CSU auf dieser ideologischen Grundlage ihren Kampf gegen die Deutschlandpolitik Willy Brandts und insbesondere gegen die völkerrechtliche Anerkennung der DDR führt. Angeblich, um die Spaltung Deutschlands, die eine Tatsache ist, nicht zu legalisieren, wird der andere deutsche Staat für illegal, der eigene aber für allein legal erklärt. Das bedeutet, daß man eine Wiedervereinigung Deutschlands nur durch Annexion der DDR für möglich hält. Man will also die Unterwerfung der DDR, und das ist, wie jeder weiß, nur mit Gewalt, nur durch Krieg möglich. Dieses Ziel ist faschistisch. Solange es in der Bundesrepublik verfolgt wird, ist dort der Faschismus noch am Leben, auch wenn man noch so oft scheinheilig behauptet, man wolle dies Ziel nur auf friedlichem Weg erreichen. Der einzige Weg, der zur Wiedererlangung der deutschen Einheit führt, ist die friedliche Annäherung, die die gegenseitige gleichberechtigte Anerkennung voraussetzt.

Zwar ging 1945 die Zeit der Naziherrschaft in ganz Deutschland zu Ende. Der Nazistaat brach zusammen. Aber die Zeit, in der die Ideen, Ziele und politischen Praktiken der Nazis auf der politischen Bühne operieren, sie ging noch nicht zu Ende, jedenfalls nicht in der Bundesrepublik. Aber in der DDR, ging sie dort zu Ende?

Politisch-ökonomisch ist in der DDR der Nazi-Ideologie der Boden entzogen. Es gibt keinen Privatbesitz an Produktionsmitteln mehr. Der Kapitalismus hat aufgehört zu existieren. Das bedeutet aber nicht, daß bürgerliches und faschistisches Denken aus den Köpfen der Menschen bereits mit einem Schlage verschwunden seien und sich ein neues Bewußtsein durchgesetzt hätte. Ideologien leben länger als die Zustände, die sie hervorbrachten. Ihre Quellen reichen tief in die Vergangenheit, und ihre letzten Rudimente leben fort bis weit in die Zukunft hinein.

Aber mit diesen sehr allgemeinen Feststellungen ist die Frage der ideologischen Situation in der DDR in ihrer eigentlichen Problematik natürlich kaum erfaßt. Eine Unzahl innerpolitischer Zustände und Erscheinungen in der DDR erzeugt zumindest den Anschein eines Fortlebens, ja einer Neuauflage faschistischer Verhaltensnormen und Denkweisen. Es gibt wieder »die« Partei, eine langweilige, gleichgeschaltete Presse, eine übermächtige Geheimpolizei, ein Parlament ohne Opposition, eine amtliche Kulturpolitik, die sich in alle Fragen der Kunst und der Literatur einmischt, eine staatlich verordnete Weltanschauung und eine staatliche Unterdrückung aller Abweichungen von der herrschenden »Ideologie«. Die Rechte des Bürgers gegenüber den staatlichen Organen sind fragwürdig: Es gibt keine Verwaltungsgerichte, vor denen der Bürger sein Recht gegenüber obrigkeitlicher Willkür zur Geltung bringen kann. In der ersten Verfassung der DDR, die 1969 durch eine neue ersetzt wurde, war die Einrichtung solcher Gerichte noch vorgesehen. Aber es kam nie dazu. Heute hat der Bürger auch verfassungsmäßig nur die Möglichkeit, seine Beschwerden in Form von Eingaben an den Staatsrat und die Volksvertretungen vorzubringen, was in der Praxis meist darauf hinausläuft, daß seine Beschwerde vor die gleiche Stelle kommt, über die er Beschwerde führt. Es gibt noch unzählige nicht bedeutungslose Praktiken und Gebräuche in der DDR, die zumindest formal in der peinlichsten Weise an die vergangenen Tausend Jahre erinnern. Ich will sie hier nicht aufzählen. Zwar will ich keine dieser politischen Erscheinungen rechtfertigen. Im Gegenteil, ich meine, sie verdienen die schärfste Verurteilung. Aber ich habe versucht, verständlich zu machen, warum ich trotzdem diesen Staat als einen entscheidenden Fortschritt in der deutschen Geschichte bejahe und ihn für den Teil Deutschlands halte, der zur Überwindung von Kapitalismus und Faschismus in Deutschland entscheidend beitragen kann.

Gleichwohl diskreditieren diese Rückstände den Sozialismus und verzerren sein Bild in unerträglicher Weise. Ich sehe um mich heute viele, die alle Hoffnung verloren haben, daß der Ausweg aus dieser Lage noch offen ist. Ich sehe auch viele, besonders unter den jüngeren, die unsere Revolution in den sozialistischen Staaten für endgültig gescheitert ansehen, aber auf den Sieg des Sozialismus in den großen kapitalistischen Zentren hoffen. Und ich sehe die radikalen Linken, die sich auf Mao Tse-tung berufen. Sie halten nichts von dieser ganzen verrotteten westlichen Welt, ob sie sich nun kapitalistisch oder sozialistisch gebärdet.

Ich selbst glaube nach wie vor daran, daß die sozialistischen Staaten, und damit auch die DDR, den Anschluß an die Zukunft noch nicht endgültig verpaßt haben. Der XX. Parteitag der KPdSU und der Prager Frühling des Jahres 1968 sind die beiden großen historischen Ereignisse, die diese Überzeugung aufs neue in mir gefestigt haben.

Hagen Schulze
Die Deutschen und ihre Nation

I

Bonn, 23. Februar 1972: Erste Lesung der Ostverträge mit Polen und der Sowjetunion im Deutschen Bundestag. Die Wogen der Emotionen gehen hoch; im Kern stehen nicht Austausch von Botschaftern, Herstellung üblicher völkerrechtlicher Beziehungen, »Normalisierung« zur Debatte, sondern die Zukunft Deutschlands in Europa. Geht es, wie die christdemokratische Opposition will, um den Primat des Gebots der Wiedervereinigung »in den Grenzen von 1937«, das freilich mit den Verträgen ein weiteres Stück Unwirklichkeit annähme – oder soll die mit großem moralischen Pathos von der sozialliberalen Regierungskoalition verkündete »Neue Ostpolitik« der alten Verkrampfung der Adenauer-Ära ein Ende bereiten, Entspannung und Versöhnung in Europa fördern, auch auf Kosten des Traums von der Wiedervereinigung aller Deutschen, die doch nach Lage der Dinge nur gegen den Willen der Sowjetunion und Polens zu haben wäre? Geht es den Deutschen, anders gewendet, um die Einheit ihrer Nation, oder ist das Thema überholt?

Den Ton der Debatte gibt der Oppositionssprecher Richard von Weizsäcker an: Um die Neuerrichtung des deutschen Nationalstaates geht es vor allem, wie ihn Bismarck 1871 begründet habe – denn wenn man ihn aufgäbe, was hätten die Deutschen statt dessen? »Ich meine, Nation ist ein Inbegriff von gemeinsamer Vergangenheit und Zukunft, von Sprache und Kultur, von Bewußtsein und Wille, von Staat und Gebiet. Mit allen Fehlern, mit allen Irrtümern des Zeitgeistes und doch mit dem gemeinsamen Willen und Bewußtsein hat diesen unseren Nationsbegriff das Jahr 1871 geprägt. Von daher – und nur von daher – wissen wir Heutigen, daß wir uns als Deutsche fühlen. Das ist bisher durch nichts anderes ersetzt.«

Der Unionspolitiker stößt auf breiten Widerspruch. Erhard Eppler (SPD) wirft ihm vor, er verwechsle Staat und Nation, denn der Bismarck-Staat habe große Teile der Nation, wie Katholiken und Sozialisten, diskriminiert und als »Staatsfeinde« gebrandmarkt. Für Carlo Schmid (SPD) ist die deutsche Nation ein Übergangsstadium, historisch gegeben, doch fast schon überwunden, ein Schritt auf dem Weg zur Nation Europa. Und selbst bei seinen Fraktionskollegen findet Weizsäcker nicht bloß Zustimmung: Franz Josef Strauß (CSU), den anschließend Horst Ehmke (SPD) ausdrücklich unterstützt, weist darauf hin, daß Deutschland zunächst nichts anderes war als ein Bündel deutscher Staaten, Preußen, Bayern, Württemberg, Sachsen und viele andere, die sich erst spät und nur für einige wenige Jahrzehnte zu einem Nationalstaat zusammengeschlossen haben.

II

Man denke sich Argumente wie diese in einem anderen Parlament, etwa in der französischen Nationalversammlung: Die Dritte Republik (beispielsweise) Brennpunkt der nationalen Identität; die Nation unverbunden mit dem Staat; die Regionen älteren und erhabeneren Rechts als die »nation une et indivisible«... Undenkbar, absurd. [...]

III

Was ist anders mit den Deutschen? Ihre Unfähigkeit, ein Geschichtsbild zu finden, das auf die Dauer Identität und Selbstbewußtsein der Nation verbürgt, hat eine Fülle von Ursachen, die aber allesamt auf einen letzten Grund zurückführen: Deutschlands Lage in Europa. Deutschland: das ist durch die Jahrhunderte hindurch europäisches Niemandsland, eine Fülle von »Deutschländern« – les Allemagnes, wie die Franzosen sagen, eine Menge größerer und kleinerer Territorialstaaten zwischen Maas und Memel, Etsch und Belt, in denen man in aller

Regel Deutsch spricht, im übrigen aber dem jeweiligen Landesherrn und dessen Konfession anhängt und Kaiser und Reich allenfalls wie eine bunte Fata Morgana wahrnimmt, anrührend, aber weit entfernt und wesenlos. Da gibt es keinen natürlichen Mittelpunkt; kein Land hat in seiner Geschichte so viele Hauptstädte gehabt wie Deutschland, von Aachen über Goslar, Nürnberg, Prag, Wien, Frankfurt, Berlin bis Bonn. Das Land zerfließt, es hat keinerlei natürliche Grenzen, zudem ist seine Verkehrsgeographie von Gebirgen und Flüssen zerhackt.

Und da ist die Verfassung des Heiligen Römischen Reichs, einer zunehmend metaphysischen Wesenheit ohne eigene Staatlichkeit, Organisation und Macht. Alles das ist auf die Territorien und Reichsstädte übergegangen, deren »Libertäten« als selbständige Völkerrechtssubjekte durch einen internationalen Vertrag, den Westfälischen Frieden von 1648, garantiert sind – seitdem ist die Verfassung des Reiches Bestandteil des internationalen Rechts. Nur dieser amorphe Zustand Mitteleuropas hält den Kontinent in seiner Balance; »Deutschland, formlos von Natur«, schreibt später der Historiker Ludwig Dehio, »lag auf dem Schnittpunkt der Drucklinien der großen festländischen Politik, und seine Desorganisation war seit drei Jahrhunderten mit der Organisation des Staatensystems eng verknüpft.« Jeder Übergriff einer europäischen Großmacht, aber auch jeder Versuch, im Zentrum Europas eine Großmacht entstehen zu lassen, ruft die Konkurrenz der übrigen Großmächte auf den Plan – das garantiert das Überleben und die Unabhängigkeit der deutschen Duodez-Fürstentümer und der Reichsstädte bis zum Beginn des 19. Jahrhunderts. [...]

VI

Es ist das große Unglück Deutschlands und Europas, daß das kleindeutsche Reich, das 1871 mit Hilfe der preußischen Waffen ins Leben tritt, den Deutschen nicht genügt. Was nützt es, wenn Bismarck aller Welt versichert, das Deutsche Reich sei saturiert, ein nützliches, bescheidenes Mitglied der Völkerwelt und als »ehrlicher Makler« an der Wiederbelebung des europäischen Konzerts interessiert, wenn aus Deutschland auch ganz andere Töne dringen? Das Problem sind nicht die preußischen Junker und die preußischen Militärs, die den Außenstehenden so furchterregend kriegerisch und unzivilisiert vorkommen – diese alte, vorindustrielle Machtelite hat sich schon mit dem Aufgehen Preußens im Reich schwer abfinden können, ihre politischen Ambitionen sind hauptsächlich auf die Erhaltung ihrer Stellung in der industriellen Gesellschaft der Gegenwart gerichtet, von außenpolitischer Aggressivität ist wenig zu spüren.

Das wirkliche Problem Deutschlands ist sein Bürgertum, eigentlicher Träger des deutschen Nationalstaatsgedankens, dessen Bewußtsein sich über Generationen hinweg an den Bildern und Mythen einer romantischen, rückwärtsgewandten Utopie gebildet hat, dem die Wirklichkeit Mitteleuropas nur ein schwacher Abglanz des großen Traums, eine Abschlagszahlung auf das eigentliche Ziel, das Reich aller Deutschen, ist.

Die preußischen Geschichten und Legenden, die das Bismarck-Reich vorzubereiten halfen, wirken mächtig: Menzels Illustrationen der Kuglerschen Friedrich-Biographie sind in die Herzen der Deutschen, vom Adel bis zur Arbeiterschaft, eingegraben – aber von Potsdam führt der Weg geradewegs zurück in die strahlenden Nebel des Mittelalters. Der erbliche Bundespräsident des neuen Nationalstaats nennt sich Kaiser, der Bund der deutschen Staaten nennt sich Reich, obwohl nicht die geringsten legitimierenden Bezüge Wilhelm I. mit dem letzten Römischen Kaiser, mit Franz II., verbinden, obwohl der großpreußische Nationalstaat der Deutschen mit dem transnationalen, halb metaphysischen Wesen des Heiligen Römischen Reichs nichts zu tun hat. Kaiser Friedrich III., der Hunderttagekaiser von 1888, will Friedrich IV. genannt sein, weil er die Zählung nach den alten deutschen Kaisern verlangt. Das Geschichtsbild des Deutschen Reichs von 1871, das bald zur führenden industriellen Großmacht Europas emporsteigen wird, das an wirtschaftlicher und wissenschaftlicher Modernität kaum seinesgleichen hat, ist eine große Totenbeschwörung.

VII

Der Erste Weltkrieg verstärkt das Syndrom. Zur schweifenden Suche nach der Identität der deutschen Nation über ihre Grenzen hinaus gesellt sich nun das Trauma des Versailler Vertrags, der alle Parteien von den Kommunisten bis hinüber zu den extremen Nationalisten umfassende Wunsch nach der Revision der neuen Grenzen, die die Sieger von 1918 gezogen haben. Zudem ist jetzt das deutsche Selbstbewußtsein angeschlagen; das erste Mal seit Jena und Auerstedt ist der Weltgeist nicht mehr auf seiten der Deutschen, der »siegesdeutsche Anstrich« der Historie, den der Basler Historiker Burckhardt seinen deutschen Kollegen nach 1871 vorgeworfen hat, wird seinerseits historisch: Das 19. Jahrhundert gerät ins Blickfeld der Geschlagenen, der lange Weg von der napoleonischen Unterdrückung bis zur Errichtung des Nationalstaats soll sich wiederholen. »Wir fangen noch einmal wie nach 1648 und 1807 von vorn an«, schreibt der sonst so skeptische, Gefühlsaufwallungen abholde Max Weber an einen Freund. »Wir haben der Welt vor 110 Jahren gezeigt, daß wir – nur wir – unter Fremdherrschaft eines der ganz großen Kulturvölker zu sein vermochten. Das machen wir jetzt noch einmal! Dann schenkt uns die Geschichte, die uns – nur uns – schon eine zweite Jugend gab, auch die dritte.«

Der Weg vom Zweiten zum Dritten Reich ist mit historischen Reminiszenzen gepflastert wie einst der vom Ersten zum Zweiten. Die entwurzelten, enttäuschten Soldaten, die sich nach 1918 in den Freikorps sammeln, beschwören die heroische Zeit von 1813 und 1814; ihre Verbände heißen Schwarze Jäger. Deutsche Legion, Freikorps Yorck von Wartenburg, Freikorps Lützow. General von Seeckt wird mit Scharnhorst verglichen, Stresemann liest mit höchst gegenwartsnahem politischen Interesse Srbiks Metternich-Biographie. Und die großdeutsche Idee, im klein-deutschen Reich obsolet geworden, erscheint in der allgemeinen Rückerinnerung an das vergangene Jahrhundert erneut, ein zweites Mal historisch gespiegelt: Die Vereinigung Deutschlands mit Österreich wird zur Verfassungsforderung der Weimarer Republik.

Es ist einer der genialsten Einfälle Hitlers, als erster und letzter deutscher Staatsmann germanische Urzeit und Mittelalter, Preußen und Habsburg, alle die disparaten, auseinanderstrebenden, widerspruchsvollen Mythen des deutschen Nationalbewußtseins in der Wirklichkeit zusammenzuzwingen. Im Dritten Reich werden die deutschen Wunschträume für kurze Zeit alptraumhafte Wirklichkeit. Die Existenz Deutschlands in Europa war nur so lange möglich, wie die Deutschen das »Kalkül von Zahl und Wahrscheinlichkeit« (Clausewitz) im Auge behielten und sich mit bescheidenen Lösungen zufriedengaben. Aber schon Goethe hatte mit Schaudern das Maßlose der deutschen Nationalbewegung als das »Dämonische« in *Dichtung und Wahrheit* beschrieben: »Alles, was uns begrenzt, scheint für dasselbe durchdringbar; es scheint mit den notwendigen Elementen unseres Daseins willkürlich zu schalten; es zieht die Zeit zusammen und dehnt den Raum aus. Nur im Unmöglichen scheint es sich zu gefallen und das Mögliche mit Verachtung von sich zu stoßen.« Die Vergeblichkeit der deutschen Geschichte ist bereits Teil ihrer Hoffnungen.

VIII

Deshalb zerplatzt auch das deutsche Nationalbewußtsein 1945, im Jahr der »deutschen Katastrophe« (Meinecke), mit seinem historisch befestigten Geschichtsbewußtsein wie eine Seifenblase. Vom Alles oder Nichts ist das Nichts geblieben. Gewiß, die Deutschen widerstehen immer noch nicht der Versuchung, ihren gegenwärtigen Zustand als das Außergewöhnliche anzusehen, dem sie eh und je nachjagten. Könnte Deutschland nicht eine ungewöhnliche und beispielhafte Tat für die Menschheit vollbringen, indem es darauf verzichtet, ein Nationalstaat wie die anderen Völker der Welt zu sein? Ein ganzes Volk beschließt das Ende seiner Geschichte und tritt die Flucht nach Europa an. Das ist, zumal in den Wirtschaftswunderjahren der Adenauer-Ära, ein durchaus komfortabler Zustand, jedenfalls für die Deutschen der Westzonen. »So bieten wir in der Bundesrepublik das Bild eines Volksteils, der nur an seine Motorräder, Rundfunkgeräte, Ferienreisen und Eigenheime denkt«, resümiert 1960 Friedrich Sieburg. »Fast alle öffentlichen Vorgänge der letzten Jahre bieten auf den ersten Blick den Beweis dafür, daß wir die Problematik der Welt, an der wir auf so exponiertem Posten teilnehmen, von uns schieben, ja, daß wir vor den wahren Gefahren die Augen schließen und in allen unseren politischen Entscheidungen nur den einen Wunsch ausdrükken, keine Entscheidungen treffen zu müssen und in Ruhe gelassen zu werden.« Von einem »Geschichtsbild« kann, wie die Historiker gramvoll konstatieren, nicht die Rede sein; bis etwa 1949 kümmert der Geschichtsunterricht an den deutschen Schulen dahin, weil erst neue Lehrbücher geschrieben und die Lehrer entnazifiziert werden müssen, und danach bleibt der Geschichtsunterricht an den Schulen das Sorgenkind der Kulturpolitiker: Kaum ein deutscher Abiturient, der die Geschichte des 19. und 20. Jahrhundert kennt. In den siebziger Jahren erreicht die Geschichtslosigkeit der Bundesdeutschen ihren Höhepunkt: Wo Geschichte nicht an den Schulen völlig zugunsten einer »politischen Gegenwartskunde« aufgegeben wird, dort wird sie in den Lehrplänen zur zusammenhanglosen Fallsammlung für gesellschaftstechnologische Gegenwartszwecke zusammengestrichen.

IX

Aber das geht nicht lange gut; eine Nation kann sich nur so lange mit einer Gesellschaft zur Erzielung eines höchstmöglichen Bruttosozialprodukts verwechseln, wie sie im politischen Windschatten schlummert, gepolstert durch dicke wirtschaftliche Zuwachsraten. Das Erwachen erleben wir derzeit. Die problemlose Einbettung Westdeutschlands in ein stabiles Wirtschafts- und Bündnissystem geht ebenso zu Ende wie die Zeit der langen Nachkriegskonjunktur. Wirtschaftsflaute und neue Konstellationen der Weltpolitik scheuchen die Deutschen auf, Unruhe, Angst, Identitätszweifel und Orientierungsverlust erschüttern die Gesellschaft. Neben anderem rächt sich hier der jahrzehntelange Verzicht der Deutschen auf ihre Geschichte. Für einzelne Menschen wie für Völker gibt es keine Zukunft ohne Geschichte, und was nicht erinnernd aufgearbeitet wird, das macht sich als Neurose oder Hysterie bemerkbar.

Daß sich die Frage nach der deutschen Identität neuerdings wieder allenthalben stellt, hat also seine guten Gründe; doch damit wachsen auch wieder altbekannte Gefahren. Die deutsche Mittellage, von der sich das Elend unserer Geschichte nicht zuletzt ableitet, ist durch die Teilung Deutschlands und Europas vorerst beendet; West- wie Ostdeutsche leben nunmehr am Rande großer Machtsysteme, ihre Daseinsbedingungen haben sich radikal geändert. Aber in den Köpfen vieler Deutscher hat sich die alte Mittellage verselbständigt, und damit das alte deutsche »Sonderbewußtsein« (Karl-Dietrich Bracher), der Glaube, in Europa und in der Welt eine besondere Sendung zu besitzen. Die »incertitudes allemandes«, die deutschen Unberechenbarkeiten, beginnen wieder die Welt und uns zu beunruhigen. Es ist deshalb an der Zeit, den alten und neuen Mythen entgegenzuwirken. Geschichte ist, mit den Worten des niederländischen Historikers Johan Huizinga, die Form, in der ein Volk über sich selbst Rechenschaft ablegt. Jetzt, da Deutschland von seiner Geschichte eingeholt wird, ist die Trägheit der Deutschen und ihrer Nation neu zu schreiben – nicht, um ihnen ein einheitliches, widerspruchsfreies Geschichtsbild zu vermitteln, auch nicht, um ihnen, in den Schuhen der historiographischen Kathederpropheten von einst stehend, den Sinn ihrer Geschichte, ihrer Vergangenheit und ihrer Zukunft zu enthüllen. So hoher Ämter, mit Ranke zu reden, unterwindet sich der skeptische Historiker unserer Tage nicht: Ihm geht es im Sinne Huizingas lediglich um nüchterne Rechenschaftslegung, damit die Deutschen wissen, was sie waren und was sie sein können.

Ernst Reinhard Piper

Der Historikerstreit

> Aber wir hätten nichts, aber auch gar nichts aus der Geschichte gelernt, wenn wir Grausamkeiten gegeneinander aufrechnen wollten.
> *Bundeskanzler Helmut Kohl*
> *am 21. 4. 1985 in Bergen-Belsen*

Dieses Buch macht den Versuch, eine Auseinandersetzung zu dokumentieren, die im vergangenen Jahr begonnen hat und unter dem Stichwort »Historikerstreit« bekanntgeworden ist. Ausgelöst wurde die Debatte durch die Publikation eines Vortrages, den Ernst Nolte bei den Frankfurter Römerberg-Gesprächen hätte halten sollen (Nr. 3) und einen Aufsatz von Jürgen Habermas (Nr. 5), in dem dieser sich mit jenem Vortragstext, vor allem aber auch mit dem kurz zuvor erschienenen Buch »Zweierlei Untergang« von Andreas Hillgruber auseinandersetzt. Diesen Texten vorangestellt ist der Aufsatz von Nolte aus dem Jahr 1980 (Nr. 1), in dem er seine Postulate zur weiteren Geschichtsschreibung über die Zeit des Nationalsozialismus ausgeführt hat. Dieser Aufsatz wird hier erstmals auf deutsch vollständig publiziert.

Nolte sieht die gegenwärtige Kontroverse so:

> »Ihr Kern besteht nach meiner Meinung aus drei Hauptbestandteilen:
> 1. der Hillgruber-Kontroverse über ein Sich-Identifizieren des Historikers mit bestimmten Vorgängen oder Personen und konkret über Wendungen wie ›bewährte Hoheitsträger der NSDAP‹,
> 2. der Nolte-Habermas-Fest-Debatte über das Verhältnis von Bolschewismus und Nationalsozialismus bzw. die Vergleichbarkeit oder Unvergleichbarkeit von Massenvernichtungen,

3. der Kontroverse um das geplante Historische Museum und um eine mit Hilfe der Geschichte zurückzugewinnende ›Identität der Deutschen‹, die besonders mit dem Namen von Michael Stürmer verbunden ist.«

Der dritte dieser Hauptbestandteile bleibt in dieser Dokumentation insofern im Hintergrund, als von der Aufnahme von Texten, die sich vor allem mit dem Für und Wider der geplanten historischen Museen in Berlin und Bonn beschäftigen, abgesehen wurde.

Um den Charakter der Dokumentation zu wahren, wurden alle Texte vollständig unverändert, also so, wie sie erschienen sind, wiedergegeben. Natürlich hätte man ohne weiteres neben die hier aufgenommenen 42 Texte noch 42 weitere stellen können. Aber, abgesehen von der Notwendigkeit der quantitativen Beschränkung, wird man wohl sagen können, daß die wichtigsten Beiträge zum »Historikerstreit« im vorliegenden Band zu finden sind. Der Leser, der sich für die weiteren Äußerungen zu dieser Kontroverse interessiert, findet viele von ihnen in den aufgenommenen Texten diskutiert oder zumindest genannt. Im übrigen stellt dieser Textkorpus einen Kompromiß zwischen den naturgemäß divergierenden Vorstellungen der Autoren dar. Auf einen Herausgeber wurde deshalb verzichtet.

Von Anfang an schien es ratsam, auf die Aufnahme von ausländischen Beiträgen zu verzichten, so bedauerlich dies im Einzelfall sein mag. Zum gegenwärtigen Zeitpunkt wäre es unmöglich, hier einen repräsentativen Überblick zu gewinnen. Es gibt aber Überlegungen, dieser Dokumentation eine zweite mit ausländischen Stimmen folgen zu lassen.

Tatsächlich ist die Resonanz auf den »Historikerstreit« im Ausland außerordentlich lebhaft. So haben sich eine große Zahl von italienischen und französischen Zeitungen mit der Kontroverse beschäftigt und zum Teil auch Beiträge nachgedruckt. Durch die deutsche Presse ging der Fall der italienischen Wochenzeitung »L'Espresso«, die dem »Historikerstreit« einen großen Bericht gewidmet hat. Bei den etwa 1000 nach Deutschland verkauften Exemplaren wurde der Artikel vom Importeur herausgeschnitten mit der Begründung, es liege ein Verstoß gegen § 86 a StGB (»Verwendung von Kennzeichen verfassungswidriger Organisationen«) vor, da die historischen Hitler-Karikaturen von George Grosz und anderen auch Hakenkreuze zeigten. Nach der Logik jenes Importeurs dürfte auch Noltes Standardwerk »Der Faschismus in seiner Epoche« nicht verkauft werden, das sogar auf dem Umschlag ein Hakenkreuz als Bildelement hat. Der Artikel des »L'Espresso« ist aber auch in anderer Hinsicht bemerkenswert, da er ein gutes Beispiel für die Gefahr der verkürzten Wahrnehmung des »Historikerstreits« im Ausland ist. Das Editorial des Artikels lautet:

»Deutschland wird von einer heftigen Polemik erschüttert. Eine Gruppe von Historikern der Rechten hat eine Offensive gegen die deutsche Vergangenheit gestartet. Sie sagen: Schluß mit den Schuldkomplexen. Der Nationalsozialismus war keine europäische Erfindung, sondern, wie der Stalinismus, ein asiatisches Modell. Vergessen wir also Auschwitz.«

Ungleich differenzierter ist Gordon Craigs große Sammelrezension »The War of the German Historians«, in der er Neuerscheinungen von Martin Broszat, Andreas Hillgruber, Thomas Nipperdey und Michael Stürmer bespricht. Der Position von Habermas nahe stehen die Aufsätze von Charles Meier und Judith Miller. Den entgegengesetzten Standpunkt nehmen zwei, auch auf deutsch vorliegende, amerikanische Stellungnahmen, von Franz Oppenheimer und Alfred de Zayas, ein. Wiederum der Position von Habermas folgt Saul Friedlaender (Jerusalem).

Als ausländische Stimme – auch dies ein Ergebnis deutscher Zeitgeschichte – wird man auch die von Cordelia Edvardson ansehen müssen. In ihrer Rede aus Anlaß der Verleihung des Geschwister-Scholl-Preises 1986 sagte sie:

»Wie ich höre, ist in Deutschland im Augenblick eine sehr eigenartige Debatte im Gang. Die Behauptung wird aufgestellt, Auschwitz und der Holocaust – benutzen wir lieber das deutlichere schwedische Wort: *Die Vernichtung* – seien in der Geschichte der Menschheit *nicht einmalig*. Es gäbe zwischen der Vernichtung und anderen Untaten der Geschichte sozusagen einen Quantitäts-, nicht jedoch einen Qualitätsunterschied. Stalin habe zum Beispiel noch mehr Menschen umgebracht.

Ich habe weder Geschichte noch sonst etwas studiert, aber ich bin, wie man mit einem englischen Ausdruck so treffend bezeichnet, ›*a graduate of Auschwitz*‹. Deshalb möchte ich ganz deutlich sagen, daß diese Behauptung eine Fälschung der Geschichte und damit ein weiteres Verbrechen ist, das größtmögliche Verbrechen an den Opfern.

Nein: In Auschwitz, Maidanek, Treblinka, in allen Vernichtungslagern, wurden nicht nur Menschen – oder, richtiger gesagt, wurden Menschen nicht *nur* – deswegen ermordet, weil sie Gegner des damaligen deutschen Regimes gewesen wären. Zwar wurden auch politische Gegner, wurden Homosexuelle, sogenannte Asoziale – denen man auch die Zigeuner zurechnete –, wurden russische Kriegsgefangene und andere ermordet, aber eigentlicher Sinn und Zweck der Vernichtungslager war, ein Volk »auszumerzen«, so das damalige Wort – nämlich das jüdische Volk, von Säuglingen bis zu Greisen, und die Säuglinge zuerst. Ziel war, das jüdische Volk vom Angesicht der Erde zu tilgen. Das hatte auch nichts mehr mit religiösen Motiven zu tun; wie ja bekannt, half der Taufschein den Juden keineswegs, wofür ich persönlich ein gutes Beispiel bin. Hier wurde der *Völkermord um seiner selbst willen* betrieben – und das war neu, ganz neu in der Geschichte der Menschheit. Ja, ich bin mir der Untaten Stalins voll bewußt, aber selbst Stalin hat weder Säuglinge noch kleine Kinder *systematisch* ermorden lassen. Daß die Vernichtung so weitgehend durchgeführt werden konnte, beruhte *nicht ausschließlich*, wie man behaupten will, auf der Perfektion der modernen Technik und Organisation, es beruhte darauf, daß Völkermord um seiner selbst willen neu war und deshalb für die Opfer undenkbar und unvorstellbar; sie konnten ihn nicht gedanklich vorwegnehmen und sich deshalb nicht davor schützen.«

Angesichts des großen Interesses im Ausland hat das Auswärtige Amt bereits am 6.11.1986 eine umfangreiche Dokumentation des »Historikerstreits« an alle deutschen Botschaften versandt. Im Begleitschreiben des AA heißt es unter anderem:

> »Die Kontroverse zeigt, wie in unserer Öffentlichkeit auf dem Hintergrund der NS-Zeit um den Sinn von Geschichte und Geschichtswissenschaft sowie das Selbstverständnis und das Geschichtsbild der Bundesrepublik Deutschland gerungen wird. Die Debatte knüpft teilweise an den 40. Jahrestag des Kriegsendes und den Besuch von Präsident Reagan auf dem Soldatenfriedhof in Bitburg im Jahre 1985 an. Die Diskussion ist auch verknüpft mit der Erarbeitung eines Konzepts für die beiden Museumsprojekte eines Hauses der Geschichte der Bundesrepublik Deutschland in Bonn und eines Deutschen Historischen Museums in Berlin.
>
> U. a. geht es um folgende Fragen:
> - Soll Geschichte Sinn stiften, Träger nationaler Identität sein, ggf. wie?
> - Wird Geschichte als Instrument der politischen Auseinandersetzungen mißbraucht?
> - Welches Selbstverständnis und Geschichtsbild soll die Bundesrepublik Deutschland haben?
> - Streben wir einen ›Verfassungspatriotismus‹ oder einen ›Nationalpatriotismus‹ an?
> - Sind die Verbrechen der NS-Zeit einmalig oder vergleichbar mit anderen Massenvernichtungen der Geschichte, insbesondere in der SU?
> - Soll die Geschichtswissenschaft den Nationalsozialismus ›historisieren‹ oder ›moralisieren‹?
> - Besteht zwischen den Verbrechen des nationalsozialistischen Regimes und der russischen Revolution bzw. dem Stalinismus in der Sowjetunion ein ›kausaler Nexus‹?
> - Welches war die Funktion des deutschen Ostheeres im Winter 1944/45?
> - Ist Deutschland 1945 ›befreit‹ worden?
> - Stellt die Zerschlagung des Deutschen Reiches eine Antwort auf die Untaten des Dritten Reiches dar?

Abgesehen von den obenaufgeführten Substanzfragen wird in der Historiker-Kontroverse auch gestritten um unsere politische Kultur, den wissenschaftlichen Pluralismus der deutschen Geschichtswissenschaft, gegenseitige Fehlinterpretationen von Historikern und die wissenschaftliche Sorgfalt beim Zitieren anderer Autoren.«

Am 7. Dezember 1986 wurde die von der »Aktion Sühnezeichen« initiierte und erbaute Internationale Jugendbegegnungsstätte in Auschwitz eingeweiht. Die Delegation der Bundesrepublik zur Eröffnungsfeier wurde von der Bundesministerin für Jugend, Familie und Gesundheit Rita Süssmuth geleitet. In dem an Ort und Stelle ausgegebenen Text ihrer Ansprache hieß es:

> »Wir Deutsche dürfen das Vergangene weder relativieren noch als zufälliges historisches ›Ausgleiten‹ begreifen... Hier ruht der Kern unserer besonderen Verpflichtung für eine Politik der Versöhnung, des Friedens und der Menschenrechte... Die Völker, die durch uns so unsäglich gelitten haben – allen voran Juden, Polen und Russen –, sollen wissen, daß wir dies nicht verdrängen und ihre Opfer nicht vergessen werden. Unsere Jugend... wird sich bewußt, daß wir unser nationales Selbstbewußtsein nach Auschwitz allein aus den besseren Traditionen unserer nicht unbesehen, sondern kritisch angeeigneten Geschichte schöpfen können – wie dies Jürgen Habermas kürzlich zum Ausdruck gebracht hatte.«

Beim mündlichen Vortrag hat die Ministerin diese Passage weggelassen, aus, wie vermutet wird, »wahlpolitisch bedingte(r) Rücksichtnahme«. Die Bayerische Staatsregierung hat es abgelehnt, den auf das Land Bayern entfallenden Anteil an der Finanzierung des Unterhalts der Jugendbegegnungsstätte in Höhe von DM 180000,– zu übernehmen.

Beim Bundestagswahlkampf 1986/87 gehörte die Frage der nationalsozialistischen Vergangenheit zu denen, die der Bayerische Ministerpräsident in das Zentrum seiner Wahlkampfaussage stellte. Der Grundtenor war dabei, daß das deutsche Volk aus dem Schatten der Vergangenheit heraustreten müsse. In einem Interview sagte er über seine Wahlveranstaltungen:

»Sie sollten den Beifallsorkan derer erleben, die nicht dauernd mit dem Dritten Reich belastet werden wollen.«

Keiner der in diesem Band vertretenen Autoren kann für die hier erkennbar werdende Position in Anspruch genommen werden. Sie hatte auch zu keiner Zeit eine politische Mehrheit für sich, wie nicht nur die Verjährungsdebatten des Deutschen Bundestages von 1965, 1969 und 1979 zeigen, sondern auch die Reden von Bundeskanzler Helmut Kohl und Bundespräsident Richard von Weizsäcker zur vierzigsten Wiederkehr des Kriegsendes und auch die Antisemitismus-Debatte des Bundestages vom 27.2.1986.

Die Bayerische Staatsregierung, die dem Geschichtsbewußtsein große Bedeutung beimißt, könnte ein Zeichen setzen und die eingesparten DM 180000,– für die Restaurierung des jüdischen Friedhofs in Pappenheim zur Verfügung stellen, der sich in einem erbarmungswürdigen Zustand befindet. Dieser Friedhof, der wahrscheinlich auf das 11. Jahrhundert zurückgeht, ist der älteste jüdische Friedhof in Bayern und einer der ältesten in Deutschland.

Der französische Historiker Marc Bloch, der 1944 von der Gestapo erschossen wurde, hat einmal gesagt, Aufgabe der Historiker sei es, den Dialog zwischen den Lebenden und den Toten zu organisieren. Welche unter den Toten könnten uns näher sein als die Opfer von deutscher Hand?

Anmerkung des Herausgebers:
Dieser Text ist der einzige in diesem Buch, der hier erstmals in deutscher Sprache vorgelegt wird. Er wurde 1987 als Vorwort zu dem Band »Historikerstreit. Die Dokumentation der Kontroverse um die Einzigartigkeit der Judenvernichtung« verfaßt. Obwohl bewußt neutral gehalten, wurde er von mehreren Beiträgern als zu »unausgewogen« abgelehnt. Der Band erschien deshalb ohne Vorwort. Da der Text Position wie Stimmung dieser intensivsten Debatte der deutschen Historiker über die »Vergangenheitsbewältigung« wiedergibt, wurde er in diese Anthologie aufgenommen.

Autoren- und Quellenverzeichnis

Susanna Agnelli, geboren 1922 in Turin als Enkelin des Fiat-Gründers. In ihrem mehrfach preisgekrönten Buch erzählt sie ihre Kindheit und Jugend im faschistischen Italien.
Text: S. A. Wir trugen immer Matrosenkleider. Aus dem Französischen von Ragni Maria Gschwend. 1976. (S. 9–23)

Hannah Arendt, geboren 1906, gestorben 1975, promovierte 1928 bei Karl Jaspers, 1933 Emigration. Zuletzt Professorin an der New School for Social Research in New York. Werke u. a.: Rahel Varnhagen (1959); Über die Revolution (1963); Eichmann in Jerusalem (1964); Vita activa (1967) Macht und Gewalt (1970).
Text: H. A., Eichmann in Jerusalem. Ein Bericht von der Banalität des Bösen. Aus dem Amerikanischen von Brigitte Granzow. 1964. (S. 325–329)

Franz Babinger, geboren 1891, gestorben 1967, gilt als Begründer der Orientalistik als historischer Wissenschaft. Zahlreiche Bücher zur Geschichte des Orients.
Text: F. B., Mehmed der Eroberer. Weltenstürmer einer Zeitenwende. 1959. (© F. Bruckmann Verlag, München), NA Serie Piper 621 (1987). (S. 94–100)

Elisabeth Badinter, geboren 1944, ist Professorin für Philosophie an der Ecole Polytechnique in Paris. Werke u. a.: Emilie, Emilie (1984); Ich bin Du (1987); Die Mutterliebe (1981).
Text: E. B., Die Mutterliebe. Geschichte eines Gefühle vom 17. Jahrhundert bis heute. Aus dem Französischen von Friedrich Griese. 1981. (S. 29–34)

Hans-Georg Beck, geboren 1910, hatte von 1960 bis 1975 den Lehrstuhl für Byzantinistik an der Universität München inne. Werke u. a.: Das Byzantinische Jahrtausend (1978); Byzantinisches Lesebuch (1982, u. d. T. Lust an der Geschichte: Leben in Byzanz SP 1457).
Text: H.-G. B., Kaiserin Theodora und Prokop. Der Historiker und sein Opfer. 1986. (S. 99–109)

Wolfgang Behringer, geboren 1956, promovierte mit einer Arbeit über Hexen und Hexenprozesse.
Text: W. B., Thurn & Taxis. Die Geschichte ihrer Post und ihrer Unternehmen. 1990. (S. 13–23)

Max Beckmann, geboren 1884, gestorben 1950, zählt zu den bedeutendsten expressionistischen Malern. Werke u. a. Briefe im Kriege (SP 286); Tagebuch 1940–1950 (1955; SP 786).
Text: M. B., Briefe im Kriege. Gesammelt von Minna Tube. Nachwort von Peter Beckmann. 1915. NA 1984 (SP 286). (S. 50–47)

Gräfin de la Bouère berichtete kurz vor dem Beginn der Französischen Revolution über das Leben der Bauern auf ihrem Besitz in der Vendée.
Text: Lust an der Geschichte: Die Französische Revolution 1789–1799. Ein Lesebuch. Herausgegeben übersetzt und mit einem Nachwort von Ulrich Friedrich Müller. 1988. (SP 933). (S. 19–22)

Margret Boveri, geboren 1900, gestorben 1975. Redakteurin und Korrespondentin am »Berliner Tagblatt« und »Frankfurter Zeitung«. Nach dem Krieg freie Publizistin. Werke u. a. Tage des Überlebens (1968); Verzweigungen (1976).
Text: M. B., Tage des Überlebens. Berlin 1945. 1968, NA 1985 (SP 695). (S. 95–99)

Arno Borst, geboren 1925, hatte bis zu seiner Emiritierung 1990 den Lehrstuhl für Mittelalterliche Geschichte an der Universität Konstanz inne. Werke u. a. Der Turmbau zu Babel (1956); Lebensformen im Mittelalter (1973); Das Zahlenkampfspiel (1986).
Text: A. B., Barbaren, Ketzer und Artisten. Welten des Mittelalters. 1988. (S. 598–607)

Jean-Pierre Cartier, geboren 1925, war 25 Jahre lang Journalist und Chefreporter bei »Paris Match«.
Text: J.-P. C., Der Erste Weltkrieg. 1914–1918. Aus dem Französischen von Ulrich Friedrich Müller. 1985. (S. 243–246)

Dirk Van der Cruysse, geboren 1939, lehrt an der Universität Antwerpen französische Literaturgeschichte.
Text: D. V. C., »Madame seyn ist ein ellendes Handwerck«. Liselotte von der Pfalz – eine deutsche Prinzessin am Hof des Sonnenkönigs. Aus dem Französischen von Inge Leipold. 1990. (S. 99–104).

Werner Dahlheim, geboren 1944, ist seit 1972 Professor für Alte Geschichte an der TU Berlin.
Text: W. D., Julius Cäsar. Die Ehre des Kriegers und der Untergang der Römischen Republik. 1987 (SP 5218). (S. 73–80)

Fjodor M. Dostojewski, geboren 1821, gestorben 1881. Er wurde 1849 wegen Beteiligung an politischen Gesprächen verhaftet, zum Tode verurteilt, dann zu vier Jahren Zwangsarbeit und anschließendem Dienst in einem sibirischen Linienregiment verurteilt. Aus dieser Zeit stammen die »Aufzeichnungen aus einem Totenhaus«. Dostojewskis Gesamtwerk erschien erstmals 1906–1909 im Piper Verlag.

Text: F. M. D., Aufzeichnungen aus einem Totenhaus. Aus dem Russischen übertragen von E. K. Rahsin. 1908. NA 1985 (SP 688). (S. 17–23)

Natalie Z. Davis, geboren 1928. Lehrte in Toronto, Berkeley und Paris. Professorin für Geschichte an der Universität Princeton.
Text: N. Z. D., Die wahrhaftige Geschichte von der Wiederkehr des Martin Guerre. Mit einem Nachwort von Carlo Ginzburg. Aus dem Amerikanischen von Ute und Wolf Heinrich Leube. 1985. (S. 44–53)

Ruth Elias, geboren 1922, war Häftling in Theresienstadt und Auschwitz. Seit 1949 lebt sie in Israel.
Text: R. E., Die Hoffnung erhielt mich am Leben. Mein Weg von Theresienstadt und Auschwitz nach Israel. 1988. (S. 176–191)

Joachim C. Fest, geboren 1926, ist Mitherausgeber der Frankfurter Allgemeinen Zeitung. Werke u. a.: Das Gesicht des Dritten Reiches (1963); Hitler (1973). Aufgehobene Vergangenheit (1981).
Text: J. C. F., Das Gesicht des Dritten Reiches. Profile einer totalitären Herrschaft. 1963. NA 1988. (S. 139–155)

Richard Friedenthal, geboren 1896, gestorben 1976. Bis zu seiner Emigration 1938 als Herausgeber und Verlagsleiter tätig, seit 1955 freier Schriftsteller in London. Werke u. a.: Goethe (1963); Luther (1967); Die Welt in der Nußschale (1956).
Text: R. F., Karl Marx. Sein Leben und seine Zeit. 1981. NA SP 1172. (S. 401–413)

Jörg Friedrich, geboren 1944, lebt als freier Publizist in Berlin. Werk u. a.: Die kalte Amnestie. NS-Täter in der Bundesrepublik. 1984.
Text: J. F., Die Hausschlüssel sind beim Hausmeister abzugeben. Die Verfolgung und Beraubung der Juden, in: Jörg Wollenberg (Hrsg.), Niemand war dabei und keiner hat's gewußt. Die deutsche Öffentlichkeit und die Judenverfolgung 1933–45. 1988 (SP 1066). (S. 185–203)

Richard Feynman, geboren 1918, gestorben 1988, Profesor für Physik am California Institute for Technology in Pasadena. Nobelpreis 1965. Werke u. a.: Sie belieben wohl zu scherzen, Mr. Feynman (1988); QED Die seltsame Theorie des Lichts und der Materie (1989).
Text: R. F., Sie belieben wohl zu scherzen, Mr. Feynman! Abenteuer eines neugierigen Physikers. Aus dem Amerikanischen von Hans-Joachim Metzger. 1986. (S. 174–180)

Brigitte Hamann, geboren 1940, promovierte mit einer Biographie des Kronprinzen Rudolf, der sie mehrere Lebensbeschreibungen österreichischer Herrscher folgen ließ. Werke u. a.: Bertha von Suttner (1986); Elisabeth. Kaiserin wider Willen (1978, NA SP 990, 1989); Rudolf. Kronprinz und Rebell. (1980, NA SP 800). Die Habsburger (Hrsg.).

Text: B. H., Elisabeth. Kaiserin wider Willen. 1978 (© Amalthea Verlag, München–Wien 1978). NA SP 990, 1988. (S. 201–204; 207–214)

JOAN HASLIP lebt als freie Autorin in der Nähe von Florenz. Werke u. a.: Marie Antoinette (1989).
Text: J. H., Marie Antoinette. Ein stürmisches Leben in bewegter Zeit. 1989. (S. 47–53)

ROBERT HAVEMANN, geboren 1910, gestorben 1982, war Chemiker. 1943 wurde er vom Volksgerichtshof als Mitglied einer Widerstandsgruppe zum Tod verurteilt; die Vollstreckung wurde jedoch wegen seiner Beteiligung an kriegswichtigen Forschungen aufgehoben. Seit 1952 Professor an der Humboldt-Universität, wurde er 1964 nach einer aufsehenerregenden Vorlesungsreihe (»Dialektik ohne Dogma?«) 1964 entlassen und mit Berufs- und Publikationsverbot belegt.
Text: R. H., Fragen Antworten Fragen. Aus der Biographie eines deutschen Marxisten. 1970. (S. 276–280).

CARLAMARIA HEIM, geboren 1932, gestorben 1984, war Autorin und Schauspielerin. Sie erzählte das Leben ihrer Mutter nach Tonbandprotokollen.
Text: C. H., Josefa Halbinger Jahrgang 1900. Lebensgeschichte eines Münchner Arbeitskindes ergänzt durch *Zusehen beim Sterben* aus dem Nachlaß der Autorin. 1980 (© Obalski & Astor Verlag, München). NA SP 965, 1990 (S. 20–29)

HERODOT, geboren nach 490, gestorben nach 430 v. Chr., griechischer Geschichtsschreiber.
Text: Lust an der Geschichte: Leben im antiken Griechenland. Ein Lesebuch. Herausgegeben von Rolf Rilinger. 1990 (SP 850). (S. 420–425), © Heimeran Verlag, München 1963).

KARL JASPERS, geboren 1883, gestorben 1969, war Professor für Philosophie in Heidelberg bis zu seiner Entlassung 1937 durch die Nazis. Von 1948 bis 1962 hatte er den Lehrstuhl für Philosophie in Basel inne. Er gelangte als einer der Gründer der deutschen Existenzphilosophie zu Weltruhm. Werke u. a.: Die großen Philosophen (1957); Von der Wahrheit (1948); Wohin treibt die Bundesrepublik (1966).
Text: K. J., Die Schuldfrage. 1948. NA SP 698. (S. 53–59)

ANDREAS KALCKHOFF, geboren 1944, Dr. phil., lebt in Stuttgart als Historiker und freier Publizist. Werke u. a.: Richard III. (1980).
Text: A. K., Karl der Große. Profile eines Herrschers. 1987. (SP 5263). (S. 118–131)

WILLY LIEBERMANN VON WAHLENDORF, geboren 1863, gestorben 1939, war promovierter Chemiker. Er schrieb seine – im Manuskript »Mein Kampf. Erinnerungen eines Juden« betitelte – Autobiographie 1936 im Exil in Meran.

Text: W. L., Erinnerungen eines deutschen Juden 1863–1936. Herausgegeben und mit einem Nachwort von Ernst Reinhard Piper. 1988. (SP 761). (S. 60–64)

Garrett Mattingly, geboren 1900, gestorben 1962, war zuletzt Professor für Geschichte an der Columbia University in New York.
Text: G. M., Die Armada. Sieben Tage machen Weltgeschichte. Aus dem Englischen von Curt Meyer-Clason. Mit einem Vorwort von Konrad Repgen. 1959. NA SP 533, 1988. (S. 15–19)

Heinz Ohff, geboren 1922, war fast 25 Jahre Feuilletonchef des Berliner Tagesspiegel. Bei Piper liegt von ihm vor: 2mal Berlin (1985); Gebrauchsanweisung für England (1988); Ein Stern in Wetterwolken. Königin Luise von Preußen (1989; NA SP 1548, 1992); William Turner (SP 5205, 1987).
Text: H. O., Der Grüne Fürst. Das abenteuerliche Leben des Hermann Pückler-Muskau. 1991. (S. 136–148)

Platon, geboren 427 vor Christus, gestorben 347. Griechischer Philosoph, Schüler des Sokrates.
Text: Platon, Phaidon oder Über die Unsterblichkeit der Seele. Übertragen und erläutert von Arthur Hübscher. 1948. (NA SP 805, 1988). (S. 101–105)

Adalbert Podlech, geboren 1929, studierte Philosophie, Katholische Theologie und Geschichte (Dr. phil. 1955), anschließend Rechtswissenschaft (Dr. jur. 1959). Seit 1973 Professor für Öffentliches Recht an der Technischen Hoschschule in Darmstadt.
Text: A. P., Abaelard und Heloisa oder die Theologie der Liebe. 1990. (S. 15–17)

Ernst Reinhard Piper, geboren 1952, Dr. phil., ist geschäftsführender Gesellschafter des Piper Verlages. Zahlreiche Veröffentlichungen.
Text: Vorwort zu dem SP-Band 816 »Historikerstreit. Die Kontroverse um die Einzigartigkeit der Judenvernichtung«. Es mußte wegen des Einspruchs mehrerer Beiträger aus dem Band herausgenommen werden.

Ernst Pitz, geboren 1928, Prof. Dr. phil., lehrt Mittelalterliche Geschichte an der Technischen Universität Berlin.
Text: Lust an der Geschichte: Leben im Mittelalter. Ein Lesebuch, herausgegeben von E. P. 1990 (SP 1166). (S. 424–431).

Reinhard Raffalt, geboren 1923, gestorben 1976. 1954–1960 Leiter der Biblioteca Germanica in Rom. Berichtete später über den Bayerischen Rundfunk aus Rom und veröffentlichte zahlreiche Bücher über Italien.
Text: R. R., Großer Kaiser Roms. 1977. (NA SP 499, 1986). (S. 110–125)

Ralf Georg Reuth, geboren 1952, promovierte in neuerer Geschichte bei Andreas Hillgruber. Er ist Berliner Korrespondent der »Frankfurter Allgemei-

nen Zeitung«. Bei Piper liegt von ihm herausgegeben vor »Die Tagebücher des Joseph Goebbels in fünf Bänden«. (SP 410).
Text: R. G. R., Goebbels. 1991. (S. 609–614)

Maximilien de Robespierre, geboren 1758, hingerichtet 1793, war eine der Hauptfiguren der Französischen Revolution, Initiator des *terreur*, dessen Opfer er schließlich selbst wurde.
Text: Lust an der Geschichte: Die Französische Revolution 1789–1799. Ein Lesebuch. Herausgegeben, übersetzt und mit einem Nachwort von Ulrich Friedrich Müller. 1988 (SP 933). (S. 193–197)

Hagen Schulze, geboren 1943, Prof. Dr. phil. lehrt Neuere Geschichte an der Universität der Bundeswehr München.
Text: H. S., Wir sind, was wir geworden sind. Vom Nutzen der Geschichte für die deutsche Gegenwart. 1987. (S. 167–178)

Detlef Graf Schwerin von Schwanenfeld, geboren 1943, Dr. phil., arbeitete lange Jahre in der Deutschen Entwicklungshilfe. Er ist ein Sohn des Ulrich Graf Schwerin von Schwanenfeld, der im Zusammenhang mit dem 20. Juli 1944 hingerichtet wurde.
Text: D. S., Dann sind's die besten Köpfe, die man hängt. Die junge Generation im deutschen Widerstand. 1991. (S. 396–411)

Edward Shorter, geboren 1941, Professor für Geschichte an der Universität Montreal.
Text: Der weibliche Körper als Schicksal. Zur Sozialgeschichte der Frau. Aus dem Amerikanischen von Hainer Kober. 1984. (S. 74–75; 78–81)

Alexander Solschenizyn, geboren 1918, Studium der Mathematik. Philosophie, Geschichte und Literatur. 1941–45 Militärdienst. 1945 Verurteilung zu acht Jahren Straflager. Rehabilitation. Seine erste Veröffentlichung »Ein Tag im Leben des Iwan Denissowitsch« erschien 1962. 1970 Nobelpreis für Literatur. 1974 Ausweisung aus der Sowjetunion. »August 1914« erschien erstmals 1971, neu bearbeitet und stark erweitert 1987 auf deutsch.
Text: A. S., Das Rote Rad. Eine Erzählung in bestimmten Zeitausschnitten. Erster Knoten: August vierzehn (23. August–3. September). Aus dem Russischen von Swetlana Geier. 1987. (S. 910–920)

Leo Strauss, Sohn des »Operettenkönigs« Oscar Straus, war Häftling im KZ Theresienstadt, wo er zahlreiche Lieder und Chansons für das Lagerkabarett schrieb. Er wurde im Oktober 1944 in Auschwitz ermordet.
Text: Und die Musik spielt dazu. Chansons und Satiren aus dem KZ Theresienstadt. Herausgegeben und mit einem Nachwort von Ulrike Migdal. 1986 (SP 451). (S. 71–74)

Michael Stürmer, geboren 1938, Professor Dr. phil., ist Direktor der Stiftung Wissenschaft und Politik in Ebenhausen. Im Piper Verlag erschienen u. a. Dissonanzen des Fortschritts (1986); Deutsche Fragen. Oder die Suche nach der Staatsräson. (1988, SP 957): Wägen und Wagen. Sal. Oppenheim jr. & Cie. 1789–1989. Geschichte einer Bank und einer Familie. 1989.
Text: M. S., Bismarck. Die Grenzen der Politik. (SP 5224, 1987). (S. 22–30)

Ronald Syme, geboren 1903, gestorben 1989, lehrte von 1949 bis 1970 am Brasenose College in Oxford Alte Geschichte. Sein Buch »Roman Revolution«, 1939 erstmals erschienen, gilt als ein Klassiker.
Text: R. S., Die Römische Revolution. Aus dem Englischen von Friedrich Wilhelm Eschweiler und Hans Georg Degen. Übersetzung der Anmerkungen von Tilo Wedemeyer. Herausgegeben und mit einem Nachwort von Werner Dahlheim. (1992, SP 1240). (S. 187–198)

Ludwig Thoma, geboren 1867, gestorben 1921, Anwalt, dann Mitarbeit am Simplicissimus, später freier Schriftsteller. Thoma ist der bis heute populärste und wirksamste Schriftsteller Bayerns in diesem Jahrhundert. Sein Gesamtwerk liegt im Piper Verlag vor.
Text: Ludwig Thoma, Erinnerungen. 1919. NA im Piper Verlag erstmals 1947. (S. 21–37)

Alfred Weber, geboren 1868, gestorben 1958, gilt als einer der Begründer der modernen Gesellschaftswissenschaften in Deutschland. 1933 emigriert, begründete er nach 1945 zusammen mit Karl Jaspers die Heidelberger Universität neu. Wichtige Werke: Kulturgeschichte als Kultursoziologie (1935); Abschied von der bisherigen Geschichte (1946); Der dritte oder der vierte Mensch (1953).
Text: W. A., Haben wir Deutsche nach 1945 versagt? Ein Lesebuch. Herausgegeben von Christa Dericum. 1979. (S. 233–234)

Anna Wimschneider, geboren 1919, gestorben 1993, lebte in der Nähe von Pfarrkirchen/Niederbayern. Ihre »Lebenserinnerungen einer Bäuerin« wurden zu einem der größten Bucherfolge der Nachkriegszeit.
Text: A. W., Herbstmilch. Lebenserinnerungen einer Bäuerin. 1984. (S. 70–76; 84–90).